泰山概论

王雷亭　主编

山东人民出版社·济南

国家一级出版社　全国百佳图书出版单位

图书在版编目（CIP）数据

泰山概论 / 王雷亭主编. — 济南：山东人民出版社，2024.6

ISBN 978-7-209-14213-7

Ⅰ. ①泰… Ⅱ. ①王… Ⅲ. ①泰山－文化研究 Ⅳ. ①K928.3

中国版本图书馆CIP数据核字(2022)第245586号

泰山概论
TAI SHAN GAI LUN
王雷亭 主编

主管单位 山东出版传媒股份有限公司
出版发行 山东人民出版社
社　　址 济南市市中区舜耕路517号
邮　　编 250003
电　　话 总编室（0531）82098914
　　　　　市场部（0531）82098027
网　　址 http://www.sd-book.com.cn
印　　装 山东华立印务有限公司
经　　销 新华书店

规　　格 16开（185mm×260mm）
印　　张 22
插　　页 4
字　　数 279千字
版　　次 2024年6月第1版
印　　次 2024年6月第1次
ISBN 978-7-209-14213-7
定　　价 49.00元

如有印装质量问题，请与出版社总编室联系调换。

《泰山概论》编委会

顾　问：陆松年（自然部分）　叶　涛（文化部分）

主　审：彭淑贞（自然部分）　周　郢（文化部分）

助　审：丁　敏（自然部分）　杨　炯（自然部分）

王子孟（考古部分）　张　琰（文化部分）

编　委：（以姓氏笔画为序）：

王　雨　王雷亭　叶育伦　刘兴顺　张　琰

金　坡　周　郢　周晓冀　聂立申　蒋明超

主　编：王雷亭

副主编：周　郢　刘兴顺　张　琰

彩图 1　流水侵蚀作用形成的彩石溪（泰山景区资料）

彩图 2　泰山雪凇（刘水摄）

彩图 3　云海日出（刘水摄）

彩图 4　泰山姊妹松（王雷亭摄）

彩图 5　岱庙汉柏（刘水摄）

彩图 6　泰山的岩岩气象（为泰山西路傲徕峰一带，王雷亭摄）

彩图 7　岱顶大观峰（刘水摄）

目录

绪　论

中华泰山：从海岛山地到文化圣地

遍寻域内，泰山不是最高、最大，且远离帝都，何以成为“天下第一山”？单独从文化或自然的角度都难以完全说清。从多学科视角，放眼更长时间、更广空间，审视沧海桑田的地质变迁，综合考古以及文史研究进展，或许能有更深入的解读。

一、由海岛山地到自然高地

从自然视角看，泰山所在的海岱地区位于中国的东部，东临大海，西靠广阔的欧亚大陆腹地，其最古老的岩群距今约 28 亿年。泰山是华北新太古代（距今 28 亿—25 亿年）岩石出露和保存最好的地区之一，也是华北最经典的花岗岩 – 绿岩带[①]，是研究华北乃至全球新太古代地球演化的窗口。从泰山区域普遍覆盖的在海洋环境中形成的石灰岩等海相沉积岩看，泰山在地球数十亿年历史中海陆变迁历经了若干轮回。

根本塑造泰山区域自然环境的最新地壳运动是“喜马拉雅运动”，这是因首先在喜马拉雅山区确定而得名，这一造山运动贯穿了地质纪年上的新生代[②]，至今仍在持续。

① 绿岩带是由变质火山 – 沉积岩系组成，分布于古老的花岗岩或片麻岩内，主要形成在太古宙。由于绿岩带是早期地壳的残块，是地壳最古老的岩石之一，许多矿产如金、铜、锌、铁、镍、铬等与绿岩带有关，因而绿岩带成为了解早期地壳的成分和演化、太古宙地幔的性质和成分及大陆、水圈、地幔、地核的演化等的窗口，并且对找矿也有实际指导意义，因而于 20 世纪 70 年代以后在世界范围内掀起了研究绿岩带的热潮。

② 新生代：属于地质年代的纪年，从距今约 7000 万年至今（对新生代起始年限尚有不同认识，一说距今 6500 万年），分为第三纪（是古近纪及新近纪的旧称，本文仍沿用第三纪）和第四纪两个纪。在此期间地球有强烈的造山运动，中生代的爬行动物绝迹，哺乳动物繁盛，生物达到高度发展阶段，后期人类出现。下文的第三纪、第四纪、始新世、渐新世、中新世、更新世、全新世等均为地质纪年。

按照板块学说理论，大约始于距今 7000 万年前，印度板块向北移动并与中国大陆所在的欧亚板块相撞，因其密度稍大，遂向欧亚大陆板块之下俯冲，造成欧亚板块的抬升。两板块的持续挤压作用导致了青藏高原及其东南缘与北缘强烈挤压缩短与隆升，东亚大陆向东挤出、深部岩石圈隆升等，导致了中国东部及其滨太平洋带的伸展与裂陷。受喜马拉雅运动影响，太平洋板块俯冲挤压抬升欧亚大陆板块，造成泰山所在的泰沂山区断块掀斜抬升，泰山顶部的上千米巨厚沉积盖层因此而被剥蚀掉。据测算，在最近的 100 万年时间里，泰山的总上升量达 500 米左右，目前仍以 0.5 毫米 / 年的速度在继续抬升。① 周边则断块下陷，直至被海侵后，泰山便成为海岛或半岛中的山地。

青藏高原的抬升是个几千万年的过程，距今 500 万年其海拔高度仅约 1000 米，强烈的隆起开始于约 300 万年前至今的第四纪时期②。青藏高原的强烈隆起是影响中国尤其是泰山所在的山东区域的重要源头性事件。受青藏高原隆起而决定的以下几件大事皆与泰山区域自然地理现状形成高度相关。

（一）西风北支急流出现和东亚季风增强

因为青藏高原的崛起，形成了中国地形地势的三级阶梯。青藏高原代表的是第一级阶梯，平均海拔 4000–4500 米；云贵高原、黄土高原、内蒙古高原等所在的第二级阶梯，海拔 1500–2000 米；华北平原、山东丘陵、长江中下游平原等所在的第三级阶梯，大部分海拔在 500 米以下。

正常地势的话，由于地球自转，在中纬度也就是泰山区域上空偏南有一个西风急流。但由于青藏高原的崛起和抬升，干扰了西风急流。青藏高原逐步形成了西风急流的环岛，西风急流最后形成了南支和北支急流，影响黄土高原和泰山区域的主要是西风北支急流。另一方面，由于青藏高原的热力作用③，在高原低层大气冬季盛行冷高压而夏季盛行热低压，其大气环流形势与冬、夏季风方向一致，这样，来自太平洋的夏季风和来自西部内陆的冬季风都得到了增强。

西风北支急流的出现和东亚季风的增强，为黄土高原的形成和东西物质循环奠定

① 田明中等：《泰山地质综合研究》，济南：山东人民出版社，2018 年，第 97 页。

② 潘保田、李吉均等：《青藏高原：全球气候变化的驱动机与放大器》，《兰州大学学报（自然科学版）》，1995 年第 4 期，第 160–167 页。关于青藏高原的具体隆起时期，说法不一，有说 248 万年（贾承造等：《中国喜马拉雅运动的期次及其动力学背景》，《石油与天然气地质》，2004 年第 2 期，第 121–125 页）。

③ 青藏高原冬夏太阳辐照都很强，夏季地表升温快，加热高原低层大气使之上升，低层成为热低压；而冬季因为太阳高度角低，加之高原地表冰雪对阳光的反射，所带来的升温效应弱，在寒冷环境下，空气密度加大，形成冷高压。

了基础，而东亚季风系统也从气候角度决定了泰山区域对人类生存的适宜程度。

（二）黄土高原形成

黄土高原从无到有，主要源于沙尘和风力。西风北支急流与被加强的冬季风就是沙尘空中运输的重要载体。因为青藏高原崛起，阻止了印度洋暖湿气流更多的北进，像西北地区一带只能接受少量大西洋、北冰洋的东进、南下水气和极少量的东部强季风时吹来的水气，致使中国西北地区出现干旱化、沙漠化，于是产生了大量的沙尘。随着地表风力加大和垂直气流的产生，它带来的沙尘直接被西风急流和冬季风从空中向东输送。

北支急流绕过青藏高原环岛后，进入黄土高原上空的宽阔地带，约束力减小，风速降低，由此带来的载荷能力也随之下降，在此形成了沙尘的主要沉降区；而处于低空的冬季风所携带的大量沙尘则在沿途进行叠瓦式沉降。同时，大小河流带来的泥沙也在此沉淀，还有青藏高原东北缘风化物被黄河带到蒙古高原一带成为沙漠物源，继而又通过沙尘暴沉降在黄土高原区域。

如此，在风力、流水等外力作用下逐步积淀成的黄土高原，加之秦岭、太行等山脉风化剥蚀的物质，为未来的华北平原形成准备了丰厚的物质基础。

（三）黄河东向入海

有了黄土高原等区域所储备的物质，还需要搬运工具。由于青藏高原的崛起，出现了自西至东流淌的黄河，因为其巨大的水量和落差所形成了极强搬运能力，沿途又汇聚泾河、渭河等大小河流，携带了黄土高原及秦岭、太行山脉等的大量泥沙，向地势低平的东部搬运。

当时泰山所在的山东版图与现在不同，是由三段构成：西侧是与太行山脉隔海相望的浅海，中部泰沂山区是海岛，东部胶东丘陵也是海岛①。黄河在距今百万年左右冲破三门峡②，携带大量泥沙、冲破太行山脉来到了第三级阶梯的河南东部、山东西部浅海。在此区域，由于落差降低，流速下降，黄河携带的大量泥沙沉淀下来，填海成陆，通过约百万年的来回摆尾沉积，形成了冲积平原。黄河（还有淮河、海河等河流辅助）持续在冲积平原上奔流，见湖填湖（比如淤积巨野泽等），遇河袭夺（比如分

① 刘明光：《华北平原发展过程》，《中国自然地理图集》（第三版），2010 年，第 127 页。这时的泰山究竟是海岛还是半岛，尚需进一步探讨。

② 由于研究路径、测年手段等的差异，目前“黄河切穿三门峡的时间”仍存在很大争议，有 15 万年、120 万年、140 万年说不等，但根据姚政权等最新（2017 年）的一项研究认为，其时间下限应不低于 88 万年。

别夺淮河、夺济水入海等），逐步成就了华北平原今天的面貌，整个山东的三部分也逐步由浅海、海岛成为连成一体的陆地，形成了今天的山东陆地版图（图 0–1）。

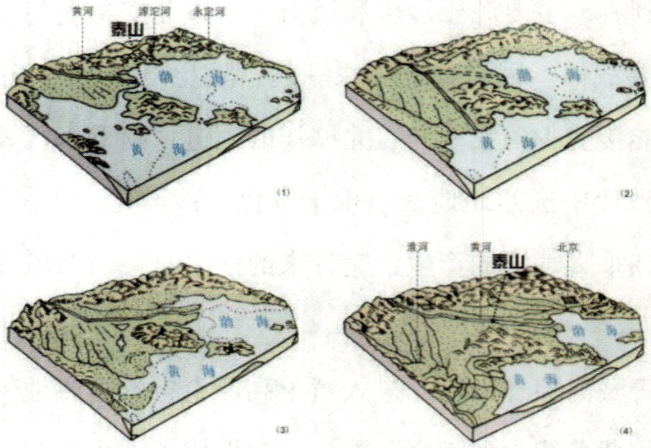

图 0–1　华北平原的发展过程（据刘明光）

（四）东西物质循环

单靠黄河等河流流水、冬季风、西风北支急流等从西到东方向的搬运作用，还不能形成可持续的物质循环，而青藏高原所增强的东亚夏季风就解决了这一问题。

夏季，青藏高原受到强烈的太阳辐射，使其温度远高于周围大气温度，在这个热力作用下青藏高原形成上升气流，使得高原低层因为空气升腾扩散而成为热低压。上升气流则在对流层的中上部高空集聚，形成较为稳定的高压，与东部海域高空的低气压及中低空的高压形成大气环流闭环，有利于湿热的夏季风循着内陆中低空的低气压深入中国大陆，形成降水。当然，也要看到，北冰洋、大西洋、印度洋区域的大气环流也参与到该过程中，只是贡献相对较小罢了。如此就形成了一个有利于华北平原生长的完整物质循环链条：通过东亚夏季风由东向西输送，把东部海洋（包括部分陆地）的水热气流输送到中西部，再由中西部高原地带以雨雪形式降到地表，通过大小支流进入黄河等河流向东输送泥沙和水分，还有上述所说的从西向东的风力搬运，这其实就构成了一个典型的削峰填谷式的地球外力夷平化过程。这一系列过程，反映了泰山在自然演变上的全球价值和意义。

这个自然地理过程造就了泰山区域优越的自然环境。黄河携带泥沙的绝大部分都是黄土高原肥沃的表层土和秦岭、太行等山脉的风化物，含有大量矿物质和腐殖质的泥沙沉积在海岛与大陆之间，使得泰沂山区周边陆地表层的土壤十分肥沃，加之泰山等山地古老的角闪岩、花岗片麻岩、辉绿玢岩、蛇纹岩（二十世纪六十至八十年代组成泰山玉的蛇纹石在泰安地区仍作为肥料被粉碎肥田）等岩石风化物的加入，其所形成的土壤疏松肥沃且排水透气性好，极大地增强了土壤的生产力，泰山山前的倾斜平原就成为史上齐鲁必争的“汶阳田”；黄河上中游的大量生物种质资源也通过河流（少部分通过气流沉降）带入本区域，增加了生物多样性；靠近海洋，又有了渔盐之利；再加上东亚季风系统形成的雨热同期的气候，使泰山区域成为最适宜人类生存发展的地区之一。

泰山区域就这样随着青藏高原的崛起，从海岛中的山地变成平原上的山地，成为条件优越的自然高地。

二、由自然高地到文化圣地

《国语》言，“国必依山川”。山岳以其出云雨通天地和化生万物的神秘莫测而被早期人类社会所依赖并神化和崇拜。越是人类早期，对自然条件的依赖越强。抛开人种来源与迁徙这一考古人类学的焦点问题不谈[①]，远古时期，不论是土著还是外来族群，一旦接触到像泰山所在的海岱地区这样具备渔盐之利的优渥环境，对其生存发展的巨大促进作用就会立即显现出来。

史上选择泰山为五岳之首并非理所当然，更非完全必然，还有很大的或然性，其中就有来自嵩山、华山的强有力竞争。仅就泰山、嵩山两者而言，占渔盐之利、地势更为高耸、土壤更为肥沃、腹地更广阔的泰山，自然条件占据上风。但两者之间的比较，除自然条件优劣外，主要焦点还在与统治者的区位关系、历史传统和文化重心上。从上古之后，统治中心渐定中原，泰山在区位上渐处劣势，这在若干时段的地位变迁中已见端倪。探讨泰山地位形成涉及的因素众多且盘根错节，牵扯到上古各族群、各地域之间的发展演化及互相间的复杂关系。现删繁就简，更多从政治视角，以时间为轴做极简梳理。

（一）史前时期：泰山已现文明初光

中华大地文明起源是一元还是多元，中原文明、海岱文明等是原生还是次生，意见不一。苏秉琦认为，中国文明的起源存在多个中心，是“满天星斗”。其中，对于陶寺这样一处以中原地区龙山文化遗存为主的重要史前遗址，其文化来源，他认为，“华

① 其实这是文明起源与演变的核心问题，也是许多根本性问题水落石出的关键所在。中国乃至东亚地区现代人起源问题，在国际学术界“近期出自非洲说”和“多地区进化说”两派学说激烈争论的背景下，一直存在着“本土连续演化”与“非洲移民替代”两种假说的碰撞，真相尚有待于未来的进一步发现和研究。

山一个根、泰山一个根、北方一个根，三个根在晋南结合”，这就是陶寺[①]，依此出现了最初的“中国”概念。泰山为何能以“根”的面目存在？

山东地区史前文化的发展自有其演化序列，与中原地区和长江下游地区的各不相同。[②]优越的自然条件，使得海岱地区东夷初民从大汶口文化时期到龙山文化时期，文明进程比起中原地区、长江中游等其他文化区域来，明显地先行了一步。[③]龙山时代，“制作工艺极为复杂、令现代陶工都叹为观止的、薄如蛋壳（厚度不足1毫米）的‘蛋壳陶’，以及制作精致并雕刻有繁缛的兽面纹饰的穿孔玉石器等，成为当时最为先进的史前文化之一”[④]。大汶口文化早期已出现四五十万平方米的中心聚落，社会成员之间开始出现财富地位等分化，中期分层等级差别加大，中晚期对中原等周边区域的影响明显增强。大汶口文化在礼仪制度等精神文化方面为中华古代文明的形成做出了突出贡献，其中，中国最早的棺椁就是在大汶口文化中生产出来的，奠定了夏商周时期逐步完备的棺椁制度的基础[⑤]。泰山作为海岱地区的最高地标，被海岱先民尊崇为神山当是顺理成章的事。观察泰山周边多地出土陶器上的“日、火（鸟）、山”刻符（图0–2），应当说明至少在大汶口文化时期泰山已是东夷先民的崇拜或祭祀对象，这

图0–2　大汶口文化刻符（2020年宁阳县于庄出土，济南市考古研究院提供）

① 苏秉琦：《中国文明起源新探》，北京：生活·读书·新知三联书店，2019年，第145页。
② 夏鼐：《中国文明的起源》，北京：中华书局，2009年，第99页。
③ 江林昌：《考古发现与文史新证》，北京：中华书局，2011年，第63页。
④ 王巍：《公元前2000年前后我国大范围文化变化原因探讨》，《中华文明探源工程文集》（社会与精神文化卷I）（上），2009年，第78–91页。
⑤ 高广仁、栾丰实：《大汶口文化》，北京：文物出版社，2004年，第170–171页。

应是人类早期山川自然崇拜的延续，文明的初光已然呈现。

值得关注的是对山岳所处区位的认知，其中包含有许多可用于解读文明程度等方面的比较信息。《礼记·中庸》有云，“中也者，天下之大本也……天地位焉，万物育焉”，仿佛只有在天地之中居中，才有了不言而喻的合理性。嵩山一带以其八方辐辏而成为“天地之中”，为世所公认。[①]但相关文献中却保留有对泰山区域也作为“天地之中”的区位描述与认知，似乎透露出一定的早期史影。《淮南子》记，“中央之美者，有岱岳，以生五谷桑麻，鱼盐出焉”；说到泰山所在的齐地时，《尔雅·释言》也在提示，“殷、齐，中也”。吕思勉认为，“以嵩高为中，乃是吾族西迁后事，其初以泰岳为中。故《释地》又云：‘中有岱岳。’”[②]王国维认为，“自上古以来，帝王之都皆在东方”[③]；王献唐解释帝王功成何以必告泰山时说，“泰山一带，既为中华原始民族之祖国……之策源地”[④]。上述言论多从历史学角度记载或推演，从考古发现的大汶口、龙山文化在周边的影响扩散与分布上似乎也能呼应此“中心”之说：栾丰实认为，仰韶时代晚期，中原地区仰韶文化的势力衰退，而东方的大汶口文化迅速崛起，进而发展到移民迁徙，逐渐形成一股潮流，这种趋势到龙山时代早期后段达到高潮，大汶口人这一西进大潮不仅大大拓展了海岱文化区的范围，而且对中原地区龙山时代文化的发展和夏王朝的形成，都有不容忽视的作用和贡献。[⑤]许宏也认为，“在中原周边地区的诸考古学文化中，黄河下游地区的大汶口—龙山文化系统在文化和社会发展上与中原文化并驾齐驱，某些方面甚至超过中原同期文化的发展水平”[⑥]。

当然，这些所谓的“中心”论说，多少也会与远古、上古时期处于相对封闭的族群或地区的自我中心认知有关，这些言论尚待进一步通过考古，尤其是最新生物与测年等技术精准破译人类迁徙融合轨迹来验证或校正。需要指出的是，尽管从后李文化、北辛文化、大汶口文化到龙山文化的一个相当完整的发展谱系已经建立起来，但后李文化只不过相当于新石器时代中期，山东新石器时代早期文化仍是一个未知数[⑦]，需要继续探索。但无论如何，泰山是探索中华文明起源回避不了的区域和山岳。

---

① 徐卫民：《“天地之中”与嵩山文明》，《中华之源与嵩山文明研究》（第一辑），北京：科学出版社，2013年，第336–337页。

② 吕思勉：《先秦史》，上海：上海古籍出版社，1982年，第31页。

③ 王国维：《殷周制度论》，《观堂集林·卷第十·史林二》，石家庄：河北教育出版社，2001年，第287页。

④ 王献唐：《炎黄氏族文化考》，济南：齐鲁书社，1985年，第538–539页。

⑤ 栾丰实：《试论仰韶时代东方与中原的关系》，《考古》，1996年第4期，第47–60页。

⑥ 许宏：《何以中国：公元前2000年的中原图景》，北京：生活·读书·新知三联书店，2016年，第99页。

⑦ 严文明：《序》，《山东20世纪的考古发现和研究》，北京：科学出版社，2005年，第i页。

（二）三代中后期：泰山地位初步显现

三代早期许多信息限于传说和考古材料不足等尚难以完全确认，夏文化及与之相关的早商文化仍有待进一步考证，近年围绕中华文明探源的考古工作取得了不少进展。许宏等认为的“二里头文化全为或主体为夏文化，二里头遗址为夏都”，是1996年至今学术界的“基本共识”，但也承认，仍存在不同意见[①]。商的起源地问题也存争论，东方说、陕西说、河北说、山西说等等不一而足。王国维认为商之先公先王祖居东方，且其中的相土曾在泰山脚下建“东都”[②]。林剑鸣则称，“殷人来自东方，且为大多数史学家所公认”[③]。侯仰军在其博士学位论文中表述，“商的始祖契一生活动的足迹，就在今天的豫东、鲁西南地区。商族的兴起之地，就在这里”[④]。而刘延常在总结山东20世纪的考古发现时认为，“商文化不可能起源于山东”[⑤]。相关研究成果仍存冲突，但真相只有一个，需要进一步研究确认，因为这是文明起源地研究的重要一环。

商代早中期对东夷人长期征伐，最终取得胜利。方辉对地处泰山北麓的大辛庄遗址发掘后认为，大辛庄遗址是商王朝经略东方的统治中心，在商代前期后段至后期早段，为中国东方地区规格最高的一处遗址[⑥]。至商代后期殷墟文化已经布满了海岱大部分地区，被征服的东夷已经接受了商文化[⑦]。在古本《竹书记年》中有“南庚迁奄，阳甲居之”的记载，李白凤认为，“因为东夷或服或畔，所以南庚迁奄（故称‘商奄’），这是在东夷的心脏部分插进一把刀子，以收镇压的实效。根据本人的研究，商奄并非鲁奄，它不在曲阜而在益都莱芜一带，或今之莱芜谷”[⑧]。此论无论成立与否，作为商朝王都之一的商奄，不论是在曲阜还是莱芜谷，都属于海岱地区，作为该区域最高山地，泰山至少在商奄之时当是商朝最为关注的山岳。

但有商一代，泰山地位好像并不明朗。商的甲骨卜辞与山有关的多为祈雨、求年成等，卜辞中的“三山”“十山”“岳”等并未见确指泰山。[⑨]彭裕商认为甲骨文中的岳

---

① 许宏、袁靖主编：《二里头考古六十年》，北京：中国社会科学出版社，2019年，第365页。

② 王国维：《说自契至于成汤八迁》，《观堂集林》卷第十二，石家庄：河北教育出版社，2001年，第326页。

③ 林剑鸣：《秦史稿》，北京：人民中国大学出版社，2009年，第24–25页。

④ 侯仰军：《商族起源之地考辨》，《考古发现与夏商起源研究——以鲁西南考古为中心》，山东大学博士学位论文，2006年，第80–85页。

⑤ 刘延常：《商文化东渐及夷商关系》，《山东20世纪的考古发现和研究》，北京：科学出版社，2005年，第350页。

⑥ 方辉等：《济南大辛庄遗址：记录曾经的辉煌》，《走向世界》，2015年第12期，第34–35页。

⑦ 叶文宪：《新夷夏东西说》，《中国史研究》，2002年第3期，第3–12页。

⑧ 李白凤：《东夷杂考》，开封：河南大学出版社，2008年，第56页。

⑨ 张富祥：《东夷文化通考》，上海：上海古籍出版社，2008年，第526页。

就是“嵩高维岳”的今之嵩山。[①] 张怀通认为，与“山”不同，“岳”或为专称，从当时商王国的疆域范围和“天下”形势看，岳或指今中岳嵩山。[②] 王晖认为商人的上帝与祖先崇拜体系中未有山岳崇拜[③]，而张怀通认为商代存在山川崇拜，只是次于祖神。[④] 周郢则根据张富祥的分析，认为泰山祠祀商时可能已经肇始。[⑤] 限于考古等发现，作为受命帝王封禅泰山这一重大议题究竟起于何时难以定论，《封禅书》所言商汤立商，封泰山，禅云云，因该书为后人所书，难以确信；而司马相如《封禅颂》所称“三代之前，盖未尝有”当为事实。

“东夷”二字的联称，在商代甲骨文尚未见到，而在周代金文中已经多见[⑥]，可见三代只是到周，泰山所在的东夷区域才真正成为“东方”，因为周为西来[⑦]。周人崇祀天神，山岳为天，实际上就化崇天为山岳崇拜。周人始崇岐山，随着东迁转为嵩山，认为嵩山为其祖先神群居之处，且名其山巅曰“天室”。西周至春秋时期嵩山地位最高[⑧]，但张富祥认为嵩山“显见是受到东岳泰山文化的影响”。[⑨] 至战国，随着周王室的衰落，嵩岳的地位下降，代之而起的是东方的泰山。随着齐鲁文化的影响力增强，泰山的位置逐步靠前，取代嵩山的位置。[⑩] 对此，张怀通解释，西周前期选择嵩山，是因为泰山尚在奄、薄姑等方国控制之下，周人势力尚未深入东土，西周中期以后，东土已成太平之境，泰山的地位逐渐超过嵩山。[⑪]

值得一提的是商周之时神权观念的变革对山岳祭祀乃至审美的长远影响。《礼记·表记》言：“殷人尊神，率民以事神，先鬼而后礼……周人尊礼尚施，事鬼神而远之。”周人初承殷礼，嗣后，周公通过“制礼作乐”，从治国的角度将原始文化上升到哲学理论的高度。其核心是确立血缘与等级之间的同一秩序，由这种同一的秩序来建立社会的秩序。[⑫] 由此奠定了周代的制度基础，成为全国上下各阶层的行动纲领，形

① 彭裕商：《卜辞中的“土”“河”“岳”》，《四川大学学报丛刊》第十辑，1982年。（转引自《中华之源与嵩山文明研究》第二辑，北京：科学出版社，2015年，第58页）
② 张怀通：《先秦时期的山川崇拜》，《河北师院学报（社会科学版）》，1997年第2期，第50–57页。
③ 王晖：《商周文化比较研究》，北京：人民出版社，2000年，第7页。
④ 张怀通：《先秦时期的山川崇拜》，《河北师院学报（社会科学版）》，1997年第2期，第50–57页。
⑤ 周郢：《泰山编年通史》，济南：山东人民出版社，2021年，第92页。
⑥ 张富祥：《东夷文化通考》，上海：上海古籍出版社，2008年，第9页。
⑦ 也有人认为周之始祖起于东部。
⑧ 王晖：《商周文化比较研究》，北京：人民出版社，2000年，第103页。
⑨ 张富祥：《东夷文化通考》，上海：上海古籍出版社，2008年，第532页。
⑩ 王晖：《商周文化比较研究》，第91页。
⑪ 张怀通：《先秦时期的山川崇拜》，《河北师院学报（社会科学版）》，1997年第2期，第50–57页。
⑫ 葛兆光：《中国思想史》（第一卷），上海：复旦大学出版社，2017年，第33页。

成了尊天、敬德、保民的天人合一观，并逐步形成轻神重民、以民为本的观念，从而为春秋战国时代孔子、孟子为代表的儒家思想的繁荣奠定了基础。[①]至春秋战国时代，“天地不通”“民神不杂”的局面被彻底打破，神权从神秘走向开放，从贵族走向民间，祭祀权彻底普及了。[②]孔门弟子所记载的孔子“登泰山而小天下”，孟子称“太（泰）山之高，参天入云”，意义非凡：客观上看，其时泰山已成为非祀可登、可审美抒情的场所，而不是纯粹的神灵所居的天室，打破了商代或类似欧洲中世纪时的山地上下“人神二分”的观念，深刻影响和丰富了中国后世的山岳文化，堪称泰山文化名山建构的原点。

（三）秦汉时期：泰山首山地位奠定

泰山地位的奠定，嬴秦人当为首功，起到了承前启后的重要作用。起于泰山山脉东缘瀛汶河流域的嬴姓一族，商末周初有记载的至少就有三批嬴姓人以不同的身份进入西部，其中包括清华简上记录的周初“三监之乱”时被废姓绝祀的一批嬴秦族人：“成王伐商奄，杀飞廉，西迁商奄之民于朱圄，以御奴且之戎，是秦之先，世作周卫。”[③]

嬴秦人在西陲励精图治上百年，被周王室认可并复姓得祀后，表现出了极强的对东部的历史记忆与认同：一是西畤祭祀时最尊白帝，而白帝则是源于东部被嬴秦人奉为始祖的少昊；二是保留东夷人的人殉习俗；三是其主墓道朝向东部；四是西首葬，面朝东部。古代中国陵墓唯独秦代陵墓主墓道一律朝东，为何？“面东，昭告自身之所从来，蕴含着对故土的眷恋”，“这种朝向东方的葬俗恰能表达他们‘不忘其本’、返本归根的心理”[④]，嬴秦人坚定的东向意志可见一斑。虽然从西迁至秦始皇东巡时隔800余年，也许嬴秦一族已经忘记所本事物的原意初心，但早期被压抑超百年之久的强烈东部记忆或许早已变成了心灵深处的潜意识，某种程度上说，这也可能是嬴秦人自西向东攻城略地最终实现统一的重要原动力。

从始皇得天下后的行动，或许可以进一步回答嬴姓起源及与泰山的关系问题。一是以其族姓在泰山瀛汶河流域设置“嬴县”，二是统一第三年便东巡泰山并行封禅大典。

① 江林昌：《五帝时代中国古文明的重心不全在中原》，《考古发现与文史新证》，北京：中华书局，2011年，第56–57页。

② 王晖：《商周文化比较研究》，第7页。

③ 李学勤：《清华简关于秦人始源的重要发现》，《嬴秦始源》，北京：中国社会科学出版社，2013年，第2页。

④ 叶文宪：《秦公墓为什么朝向东方》，《历史教学问题》，1987年第1期，第51–54页。

封禅，可以说是为泰山“定制”的仪式，是先秦人士鼓吹的上古帝王之礼，是宣示君权神授、告成功于天的天人合一的政治礼仪，是独一无二的“中国古代封建社会最隆盛崇高的国祀大典”①。始皇五次出巡四次至东部地区，并审慎而隆重地封禅了泰山，成为第一个有确切记载并留有碑刻遗物的泰山封禅帝王，开启了后世帝王一统天下后争相至泰山封天禅地的先河。从泰山拔地通天且岱顶具备最适宜天人对话的平台以及文献记载看，泰山祭祀封禅等传统当由来已久。稷下学宫作为战国时期百家争鸣的中心，也成为主流意识形态的塑造者、推广者，掌握了强大的话语权。其中泰山封禅的入门资格与祥瑞条件等的限定，当是稷下学宫的精心“创设”，这一切尽在托为管仲所作的《管子》佚文《封禅》篇中，成为以后儒家讨论封禅与泰山的理论基础。其历史背景是当时的社会需求与历史必然趋势：由于只有一位合法的天子能够行封禅之礼，所以封禅和泰山都与中国的统一相联系，反映了东周王朝走向衰亡与纲纪混乱、社会动荡时的人心所向。五行学说与封禅说的共同作用，加之长生不老等的祈求，成就了一代雄主秦始皇的泰山之行。用巫鸿的话，一旦举行了封禅大典，帝王和泰山就不再是原来的皇帝和泰山了：泰山由于被“封”而崇而尊，皇帝则由于行了封禅大礼而延受天命，他对国家的统治是秉承天意的行动②。

当然，始皇的泰山之行，也要看到另外两个重要诉求：一是国家安全的需求。国必定四至，而“四岳”“五岳”则为领土四至的象征物，《尧典》《舜典》所载的尧舜岁巡“四岳”，与其说是泽被四方，不如说是对领地完整安全的再确认。“一家天下，兵不复起”（峄山刻石），“皇帝之明，临察四方……皇帝之德，存定四极”（琅琊刻石），“登兹泰山，周览东极”（泰山刻石），从秦始皇东巡的上述纪功刻石看，正反映了此类诉求。二是宣示统一天下。上古以来人们最早以日出为判断东方的依据，“東”字即日在木中③，东方自有其特殊意义，是自然崇拜、太阳崇拜的沿袭，崇东就是崇日崇阳崇生，从而“东”成为尊位。泰山是“东极”的象征，是战国盛行的五行说中化生万物之所在。泰山之所以具备统一的标志性，就是因为其地处东极，对地处西部的帝王而言，一旦东极在手就代表着天下统一。当然，秦在疆域统一上的开拓性贡献远不是一个封禅巡视所能概括的——除横扫六合的军事行动外，秦在周的基础上实行郡县制，进一步加强了地缘管理，从此统一大势不可挡，这是秦对国家统一的最根本的行政制

① 何平立：《巡狩与封禅》，济南：齐鲁书社，2003年，第378页。
② 巫鸿：《礼仪中的美术》，北京：生活·读书·新知三联出版社，2016年，第621页。
③ 葛兆光：《中国思想史》（第一卷），上海：复旦大学出版社，2017年，第22页。

度上的贡献。

可以说，上古传统、疆土统一象征与战国时期五行说、封禅说等共同建构了泰山首山地位。有无嬴秦一族荣归故里的愿力尚无从考证，但能在秦人身上实现泰山封禅，从中至少也可以看出稷下学宫身后的影响力，更见识到儒家一派神道设教的政治手段。至于后世所言始皇与儒家的过节及秦之功过是非本文不议。刘宗元认为，嬴秦一族从东到西、又从西到东，是中华文化大融合的推动者[①]，而泰山就是重要的见证者。与此同时，始皇还给后世开启了谈论泰山的新角度：谈泰山不谈统一，与谈统一不谈泰山一样，都未触及泰山文化精髓——华夏统一、江山永固、国泰民安的象征。

汉承秦制，在泰山封禅上也是如此。在汉初的变革中独尊儒术，作为儒家“靠山”的泰山，自然而然被推上独尊地位。汉武帝不但封禅泰山，修建明堂，更为惊人的是，在那个交通不便的年代，能八次亲至泰山，使得任何山地在有汉一朝均无法超越泰山的地位。汉武帝曾孙汉宣帝更是一锤定音，汉神爵元年（前 61），制诏太常，“唯泰山与河岁五祀，江水四，余皆一祷而三祠”，从国家祭祀制度角度上根本厘定了泰山五岳之首的位置。传说，颁诏之时“凤凰集于泰山”，国以为瑞。

（四）唐宋以来：第一山地位巩固

有唐以来，泰山五岳首山位置又生插曲。太宗封禅泰山的意愿强烈，奈何立国不久百废待兴，加之贤臣劝阻，泰山之行未成而终成憾事。高宗携皇后武则天登封泰山，联袂行了封禅泰山的旷世大典，至今双束碑仍在述说着皇帝夫妇的佳话与趣闻。许是对在泰山封禅中仅行的亚献不满，抑或是向世人表明其承继周统、弘扬武周、另辟天地，武则天称帝后在嵩山行封禅大典，并开加封山川神以人爵的先河。陈子昂《为赤县父老劝封禅表》称“太室居五岳之尊”可知，武周一朝，五岳之长已从泰山变为嵩山。

至玄宗登封泰山，将泱泱大唐气象的《纪泰山铭》留在岱顶。泰山封禅典礼后不久，玄宗便封嵩岳为“中天王”，巧妙削去了武则天册封嵩山及嵩山神的“神岳”“天中皇帝”“天中王”等封号，嵩山仍仅作为五岳地理中心的象征，加之各种原因玄宗对其“本命山”华山的封禅未能成行，客观上恢复了泰山作为传统礼制上五岳之首的地位。而武则天参与禅地的泰山脚下的社首山，却于 1951 年因凿石被毁，使原本构成

① 刘宗元：《浅析嬴秦文化与远古文明》，《嬴秦文化与远古文明》，北京：中国文史出版社，2018 年，第 1–9 页。

“双峰挺秀”大地之母格局的蒿里山与社首山，仅剩孤峰蒿里山，空留一条“社首山街”，这是泰山保护史上的一大悲剧。

当是赵宋王朝太祖赵匡胤于陈桥驿东岳庙内黄袍加身的缘故，宋真宗封禅泰山时，将东岳泰山神格由“天齐王”上升为“天齐仁圣帝”，并诏令天下广建泰山东岳大帝行祠，使得泰山东岳庙遍布天下，自然也遍布各名山所在地。至此，已无任何山地能撼动泰山根深蒂固的传统地位。

宋后，元代的加封、明代皇室与泰山的密切往来、清代帝王破纪录地登临泰山、民国的泰山国山议案，泰山的地位已经层累到无以复加的地步。

除帝王外，文人墨客的影响力巨大而持久。素王独步泰山，留下名山圣人相映生辉的千古绝唱：“孔子圣中之泰山，泰山岳中之孔子”；“人固有一死，或重于泰山，或轻于鸿毛”，司马迁之语不知激励、抚慰了多少仁人志士；李白“天门一长啸，万里清风来”，杜甫“会当凌绝顶，一览众山小”简直就是泰山观光招募令。同样，升斗小民的进香祈愿也让泰山更进一步深入人心，不同历史时期分布于各地的东岳庙、元君庙等泰山庙宇更是就近慰藉着华夏子孙的心灵。

当然，对“第一山”的选择，还有一个不能忽视的因素——相对高度和山的形态。泰山掀斜抬升带来的拔地通天气势，在古人没有“等高线”概念、不知绝对海拔高度的情况下，其相对海拔就成为制胜高度：有泰山一般雄伟气势，且山岳形态又“如坐”“稳固”者，鲜见，其尊荣气度呼之欲出。这似乎也正合儒家所希望的“稳如泰山”般的天地人间秩序与处事心态。

泰山封禅、祭祀、祈愿、登攀的背后，是各类人等心愿的集结与寄托。“帝王将相、文人墨客、黎民百姓把内心最神圣、最私密的愿望说给泰山听，中国人对一个山地的信任与依赖从来没有像对泰山这样，泰山已然成为国泰民安的象征。”①

不独中国人，百年前登上泰山的德国汉学家卫礼贤也有同感：“人们认为泰山是具有灵性的……中国各地都有敬奉这座圣山的庙宇……生和死都归称之为东岳的泰山掌管。敬献给它的牺牲往往是最壮观的……登上这座大山总是一种有意义的经历。”②

历代帝王的封禅加持，让自然泰山首先成为“政治山”，这是古代中国始终以世俗国家为主导、王权为大、帝王本位的必然，也是古代中国的特色。以源于齐鲁的儒家

① 王雷亭：《泰山——最中国的山》，《泰山旅游发展研究》，济南：山东人民出版社，2013年，第5页。
② ［德国］卫礼贤：《中国心灵·圣山》，北京：国际文化出版公司，1998年，第87-88页。

学派的持续建构并最终形成的泰山政治山为核心，各类力量纷至沓来，或依赖，或依附，或借势利用，逐渐又形成了“宗教山”“文化山”“民俗山”“精神山”等。仁者乐山，在儒家与皇权互构的伦理纲常体系下，儒释道相对和谐地统一于泰山，使泰山成为以儒家文化为内核、多元文化兼收并蓄的中华民族传统文化之集大成者，成为中华神山、圣山、文化圣地。

三、结语

自然演变、人文化成，是历史上泰山地位得以奠定的基础与关键。

喜马拉雅运动带来的中国三级阶梯地形及海陆格局，奠定了东西联动、利于统一的自然地理基础；嬴秦一族的东西纵横与不懈追求使之成为实现华夏一统的首个实践者；上古的传统和齐鲁文化的影响让泰山见证国家统一并成为其象征；秦汉帝国的建立使多元一体的中华民族形成；家国秩序的维护又让泰山成为“国泰民安”的祈福之地、“向善向上”的教化之地。这是历经亿万斯年自然和文化的选择与塑造的结果。由此，泰山成为自然演变的全球标本，成为华夏文明的重要发祥地、中国历史文化的局部缩影、中华民族的精神家园。

1987年泰山成为全球首例山岳自然与文化双遗产，世界遗产委员会如此评价泰山：“庄严神圣的泰山，两千年来一直是帝王朝拜的对象，其山中的人文杰作与自然景观完美和谐地融合在一起。泰山一直是中国艺术家和学者的精神源泉，是古代中国文明和信仰的象征。”

泰山成为世界遗产，对致力于泰山保护和研究的人来说是荣誉，更是责任。首要任务是保护与传承，要为世界保存和保护全人类的这一共同珍宝。着眼于泰山世界遗产的可持续性，如何处理好自然与文化、景观本体与审美通廊、山与城、发展与保护、当下与未来等关系，让双遗产永续健康留存，是当前及今后面临的巨大挑战。

第一章
自然造化：泰山文化的地学基础

宏观上，泰山区域东临大洋，西靠广阔的欧亚大陆腹地，在地球数十亿年的环境演变中，受各地质时期地壳运动的影响，升降起伏、海陆变迁。全球环境演变决定了泰山区域地质演变的过程、程度与方向，特别是新生代以来，青藏高原的隆起引起泰山区域自然环境的深刻变化，重新塑造了泰山与大洋和大陆腹地的关系，从根本上决定了泰山从海岛（或半岛）山地到自然高地的演变路径。地学是揭示该过程的重要学科，而泰山地学的研究主要集中在基础性更强的地质研究上，其他如地貌、水文、土壤、气象等自然地理学科的研究也多有开展，只是少有地质研究的持久与深入。综合前人研究综述与近年文献梳理，泰山地学研究大体可分为三个阶段：

一是新中国成立前的一般性观察考察阶段。1868—1872 年德国地学家李希霍芬用“泰山系”描述泰山变质岩群，首开近代泰山地学考察研究先河；1903—1907 年美国地质学家 B. 维里斯和 E. 布莱克威尔德命名泰山变质岩群为“泰山杂岩”，对寒武纪地层进行了初步划分；1923 年美国古生物学家毕可脱研究了张夏、崮山一带寒武纪地层中的古生物化石；从 1923 年起，我国地质学家孙云铸对张夏、崮山地区的寒武系进行了长达 20 多年的研究，并把在蒿里山发现的三叶虫化石命名为“蒿里山虫”；1932 年气象学家竺可桢在岱顶建设了泰山测候所并任所长，开展泰山气象气候的观测研究；1935 年冯景兰、王植两位地质学家对泰山进行过地质路线观察；1940—1943 年日本学者富田达也对泰山周围进行过地质路线考察。这个阶段的泰山地学研究基本上停留在一般性的观察考察上，参与的人员不多，手段原始，资料零散，认识较为粗浅。

二是新中国成立后至改革开放前的全面系统调查研究阶段。1953 年地质学家卢衍豪、董南庭将张夏、崮山一带的寒武系划分出 7 个地层单位，1959 年全国地层会议后，张夏寒武系地层剖面被正式确定为华北寒武系标准地层剖面。1957 年地理学家陈吉余对泰山的山地地貌及构造背景进行系统论述；1959 年陈汉斌发表了泰山植被垂直分布论文；1959 年徐本坚的泰山地区自然地理研究，汇集了泰山地貌、水文、气象、土壤、生物等研究成果。1958—1961 年北京地质学院师生在泰山地区填制了 1∶20 万地质图，1962—1965 年山东省地质局 805 地质队在泰山进行了 1∶5 万的地质测量，通过区域性的地质填图和地质测量，获得了大量有价值的实际资料，把泰山的太古代变质岩系进行了划分，并命名为“泰山群”，对泰山地区的地质情况有了一个比较全面而系统的认识。此阶段，地质学家程裕淇等对泰山群进行了比较深入的专题研究，并于 1977 年发表新泰雁翎关一带泰山群变质岩系的研究成果。

三是改革开放后以专题为主的深入研究阶段。泰山的保护、管理和开发建设得到了很大的加强，世界遗产与世界地质公园的申报进一步深化了泰山地学研究。1985—1987 年谢凝高组织地理与地质等多学科专家对泰山进行联合考察，形成了地质与自然地理等系列专题研究报告，为泰山被列入世界自然与文化遗产名录奠定了基础；进入世界遗产名录又促进了泰山地学研究并取得了一些新进展。如 1991 年程裕淇、徐惠芬发表对雁翎关组出露科马提岩的研究成果，1996 年曹国权对“泰山群”重新进行划分并改名为“泰山岩群”，2000 年张明利对泰山新生代上升高度进行了研究与推断等。在泰山水文及大汶河流域研究方面，庞清江等 1996 年以来对水资源及其承载力进行了长期研究。2004 年泰山决定申报并于 2006 年成为世界地质公园以来，泰山地学研究更为深入。2004—2006 年，陆松年、田明中、武法中等围绕地质公园的申报进行了综合研究，陆松年在第一届、第二届世界地质公园大会上做泰山地质报告，并邀请命名科马提岩的南非专家现场再次确认了泰山科马提岩的存在[①]。需要特别指出的是，泰山形成与演化一直是地学界的重要课题，王世进、万渝生等在长期研究基础上，2015 年对山东地质公园地质遗迹特征进行了总括[②]；王伟、翟明国等 2016 年发表了泰山所在的鲁西太古宙表壳岩的成因及其与地壳演化关系的成果[③]；2018 年以来，陆松年、

① 以上梳理主要参考谢凝高：《中国泰山》，济南：山东科学技术出版社，1992 年；吕朋菊：《泰山地质与地貌》，《泰山大全》（刘秀池主编），济南：山东友谊出版社，1995 年，第 1-51 页；陆松年等：《泰山新太古代地质演化史》（上），济南：山东人民出版社，2018 年。

② 王世进等：《山东省地质公园的主要地质遗迹特征》，《地球学报》，2015 年第 5 期，第 669-684 页。

③ 王伟等：《鲁西太古宙表壳岩的成因及其对地壳演化的制约》，《中国科学》，2016 年第 46 卷第 7 期，第 949-962 页。

相振群等发表了泰山新太古代地质演化史、鲁西新太古代洋板块地质及板块构造活动遗迹等成果[①]，泰山地学的奥秘正在被深入揭示。此阶段，吕朋菊对泰山地质进行了长期而大量的研究，并联合或协助来泰山调研的国内外地学专家进行考察研究，共同奠定了较为坚实的泰山地学研究基础。值得一提的是，泰山地学研究也促进了国内高校地质与自然地理的野外实习，泰山也成为国内重要的地学实习基地。

150余年来，围绕地质调查（普查）、矿产勘探、基础地学研究与教学、世界遗产与世界地质公园申请等任务，泰山地学研究成果颇为丰硕，涵盖了泰山形成与构造演变等丰富的地学内容，成为国内外地学研究尤其是前寒武纪[②]地学研究的经典基地。

随着近年国内外地学前沿领域，如地球起源、宜居地球等课题的深入研究，正在修正甚至颠覆一些传统认识。我国围绕宜居地球形成演化的核心科学问题所进行的“深地、深海、深空和地球系统”的研究，与国际学术界一道，也在形成一些新的理论假说或解释模型，如针对经典的板块构造理论无法解释的太古宙大陆克拉通基本特征等问题，提出了“洋板块地质”“前板块构造”等理论[③]，必将促进泰山区域形成演化的深入研究，泰山地学领域的一些传统认识也会随之而更新，古老的泰山会因进一步深入研究而呈现出更为迷人的魅力。

---

① 陆松年等：《鲁西新太古代洋板块地质及板块构造活动遗迹》，《地球科学》，2020年第45卷第7期，第2279-2292页。

② 前寒武纪：寒武纪是显生宙古生代第一个年代地层单位，是生物大爆发的最重要时期。前寒武纪则是寒武纪之前很长的一段时期，除顶部发育软躯动物外，动物基本尚未形成，是非正式年代地层术语。根据国际地质科学联合会地层委员会多年来关于国际年代表的划分，地球划分为冥古宙、太古宙、元古宙和显生宙等4个宙一级年代地层单位。宙级单位之下为二级年代地层单位“代”，“纪”则为三级单位。例如冥古宙的时代从地球形成的距今45.6亿年左右至40亿年。由于这一时期大规模的星体撞击，地质记录被破坏殆尽，迄今在地球上尚未发现岩石记录，只在澳大利亚Jack Hills等地发现大于距今40亿年的锆石等矿物遗迹。所以冥古宙又被称为地球的黑暗时代。太古宙划分为4个年代地层单位，分别是始太古代（距今40亿—36亿年）、古太古代（距今36亿—32亿年）、中太古代（距今32亿—28亿年）和新太古代（距今28亿—25亿年）。太古宙是探索板块构造启动、大陆地壳形成和生命诞生及早期演化最重要的地史期。元古宙包括3个年代地层单位，古元古代（距今25亿—16亿年）、中元古代（距今16亿—10亿年）和新元古代（距今10亿—5.4亿年），是研究地史中超大陆和超大陆旋回和雪球地球及环境演变的地史阶段。显生宙（距今5.4亿年至今），划分为古生代（距今5.4亿—2.5亿年）、中生代（距今2.5亿年—7000万年）、新生代（距今7000万年至今）3个年代地层单位。古生代再分为寒武纪、奥陶纪、志留纪、泥盆纪、石炭纪、二叠纪，以寒武纪初期地球生命大爆发开始，以二叠纪末地球历史上最大规模的一次生命灭绝事件结束。中生代再分为三叠纪、侏罗纪、白垩纪，是地球板块、气候、生物演化极大改变的时代。新生代再分为古近纪、新近纪、第四纪，在此期间地球有强烈的造山运动，逐渐形成今天的地球海陆分布，新生代又称为哺乳动物时代或被子植物时代，生物达到高度发展阶段，约260万年前至今的第四纪时期人类出现。

③ 深入了解请参见李廷栋等：《中国区域地质研究的十大进展》，《地质学报》，2022年第5期，第1544-1581页；董云鹏等：《地质学科未来5—10年发展战略：趋势与对策》，《科学通讯》，2022年第67卷第23期，第2708-2718页。

第一节 泰山自然地理条件

一、地貌

泰山地区地处山东省中部，是华北平原内部地势最高、高差最大的山地。泰山地貌分界明显，地貌类型繁多，其中，由地球内力作用直接造就的构造地貌和各类外力作用形成的侵蚀与堆积等地貌十分发育。从地貌成因和形态上，有以泰山玉皇顶、徂徕山太平顶为代表的侵蚀构造中山[①]，以泰山傲徕峰、新甫山为代表的侵蚀构造低山，以崮山、陶山为代表的溶蚀侵蚀构造低山，以蒿里山、千佛山为代表的溶蚀侵蚀丘陵，以虎山、卧虎山为代表的侵蚀丘陵，以岱庙、天外村为代表的山前冲洪积台地等。

图 1–1　构造作用形成的醉心石（刘水摄）

图 1–2　构造作用形成的桃花峪一线天（泰山管委资料）

由此形成的地貌景观也类型多样，构成了泰山及周边的多彩景致。如，由构造作用形成的醉心石（图 1–1）、一线天（图 1–2）景观以及南天门、中天门和一天门三大台阶式的地貌景观，由溶蚀作用形成的邱家店溶洞岩溶地貌景观（图 1–3），由流水堆积作用形成的天外村、岱宗坊等山前冲洪积台地景观，由流水侵蚀作用形成的大石峡（图 1–4）、彩石溪（彩图 1）等侵蚀地貌景观，还有由重力崩塌作用形成的拱北石（图 1–5）、仙人桥（图 1–6）景观等。

---

① 中国山地分类标准：极高山 >5000m，高山 3500m–5000m，中山 1000m–3500m，低山 500m–1000m，丘陵 <500m。

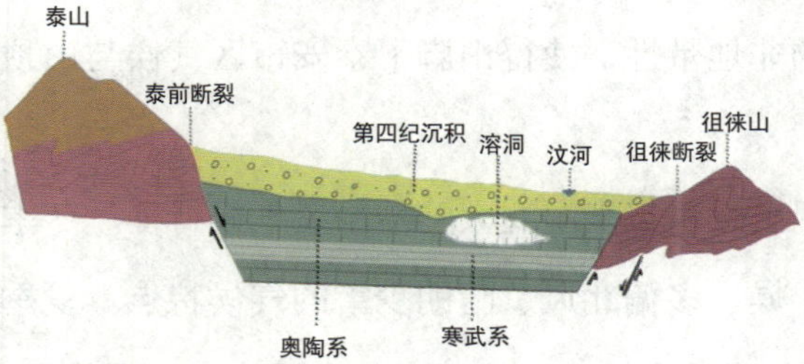

图 1–3　邱家店溶洞形成环境图（据田明中）

图 1–4　流水侵蚀作用形成的大石峡（王雷亭摄）

图 1–5　重力崩塌作用形成的岱顶拱北石（王雷亭摄）

图 1–6　重力崩塌作用形成的仙人桥（刘水摄）

人们对泰山雄伟、厚重、稳固、通天等的感知，更多来自地貌形态。泰山主峰玉皇顶海拔高度 1532.7 米，与地处南侧的泰城岱庙相比，相对高差约 1400 米。从岱庙到泰山山顶，在约 8 千米的步行登山距离内，泰山从低平的山前冲洪积台地、丘陵，到低山、中山等，形成层层递进、凌空高拔的态势，造就了泰山拔地通天的“岩岩”气象。泰山形体巨大，基础宽广，厚重安稳，在山前北望，整个山形犹如一尊坐佛，端庄稳重，古今人言“稳如泰山”“重于泰山”，的确贴切自然。

二、气候

由纬度和海陆位置决定，泰山地区主要受西伯利亚冷高压（包括蒙古高压）和西太平洋副热带高压的影响，二者的强弱、交锋与进退基本上决定了本区的冷暖干湿。泰山地区在地带性气候上属于暖温带半湿润大陆性季风气候，但由于受地形的影响，泰山山地尤其是山顶的气候表现出较强的非地带性，使得山脚下泰安市区气候与山顶的迥然不同。

泰安市区四季分明，雨量集中，表现出暖温带半湿润大陆性季风气候特征。冬季以西伯利亚冷高压控制为主，具有寒冷干燥、多偏北风、晴朗少雪的气候特点。夏季以西太平洋副热带高压影响为主，湿热空气自海上吹来，形成以东南风为主的夏季风，并伴随大量降水，仅 6、7、8 三个月降水量就达全年降水量 70% 以上。夏季太阳高度角大，日照时间长，天气较为炎热，但与华北平原相比，泰山山脚下昼夜温差大，夏季早晚相对凉爽。

春秋二季，温度与湿度不同的两高压来回拉锯，介于冬夏之间。春季，随太阳直射点的北移，西太平洋副热带高压逐日加强，南方暖湿空气较冬季活跃，春季降水比冬季明显增多。但由于春季温度回升快、蒸发旺盛，多入不敷出，时有春旱现象。秋季，来自西伯利亚的干冷空气南侵，首先侵占低空，而副热带高压减弱南退，这种退缩影响在高空迟于地面，在本区域，就出现地面为冷高压，高空为暖高压的局面，上暖下冷，大气层结比较稳定，降水大减，风力微弱，阳光灿烂，气温适中，形成秋高气爽的天气。

与市区相比，泰山山顶没有明显的四季，春秋相连，冬长无夏，属于中温带半高山型湿润气候。随着海拔高度的增加，气温降低，山顶年均气温 5.3℃，比市区低 7.5℃，结冰期可达 150 天，易出现雪凇雾凇雨凇奇观（彩图 2）。年均降水量 1124.6mm，相当于山下的 1.5 倍。因湿度较大，常云雾蒸腾，且瞬息万变，容易形成“云海日出”（彩图 3）、“晚霞夕照”、“碧霞宝光”（图 1–7）等泰山著名景观。

图 1–7　碧霞宝光（刘水摄）

由于山地复杂多样，局部小气候较多，如泰山山前的局部小气候：在冬季向阳背风的南坡谷地台地中，水热条件良好，能种植茶树、竹子之类亚热带植物，成为冬无严寒、夏少酷暑、春秋舒适、利于康养的四季宜居宜游之地，成就了泰安这一国家历史文化名城和中国优秀旅游城市。

三、水文

地形决定着地表水的分布，地层岩性及其地质构造决定着地下水特性。大气降水到达泰山地面，一部分沿地表形成径流进入河流，一部分直接蒸发进入大气循环，一部分被植物吸收或截留，其余则通过地表土壤进入岩石裂隙而形成地下水，而地下水进入深断裂后往往又会形成温泉，如岱道庵、桥沟等温泉。复杂的水文地质条件造成泰山地区河、溪、瀑、泉、潭、池、湖以及人工水库等多种水体类型。

泰山水系沿山脊分水岭形成南北两部分，皆属黄河流域。北部为玉符河、大沙河，南部为大汶河。大汶河是黄河下游最大支流，是自东向西流经整个泰山之阳的大河，是中国东部最大的“倒淌河”。大汶河自大汶口镇以上称上游，其上源头众多，汇“五汶”（北支主干流牟汶河，纳瀛汶河、石汶河，下至大汶口镇段称渐汶河，又纳泮汶河，南支干流柴汶河）之水。大汶口镇至东平县南城子村北戴村坝为中游，此段称大汶河，纳漕河、汇河（其上游为康王河）等。戴村坝以下至河口段为大汶河下游，又称大清河，入东平湖。东平湖是《水浒传》中“八百里水泊”唯一遗存的水域，面积627平方千米，为山东省蓄水量第一、面积第二的淡水湖，是黄河下游的滞洪区，也是南水北调的枢纽湖。

由泰山而形成的泉水名闻天下。泰山主体四周名泉（群）众多。泰山北侧寒武、奥陶系石灰岩地层中岩溶发育，地下水可潜入深处。由于地层缓向北倾，地下水潜流北行，遇到山洼河谷地形受切割处即出露成泉，多为下降泉。济南锦绣川两岸，众多泉水的出露便基于此成因。再往北至济南

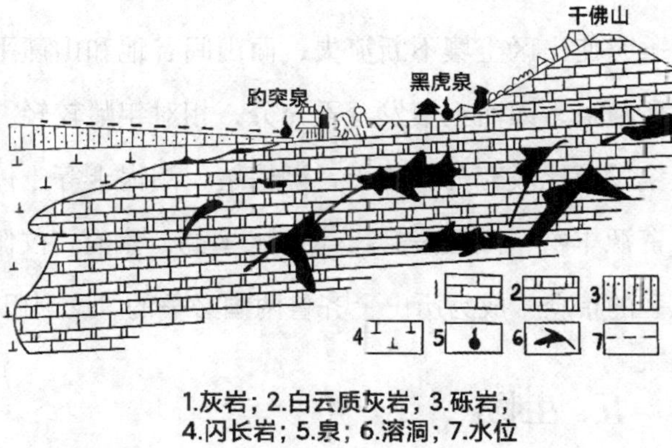

图 1-8　济南泉城形成机制图（据谢凝高）

城区，由于不透水的岩浆岩体（如闪长岩等）上突，阻挡了顺层流来的地下潜流，使

地下水汇聚承压，在裂隙处大量涌出地表，成为上升泉（图 1-8），形成趵突泉等四大泉群，水温稳定在 16-18℃之间，属冷泉，水质良好，为重碳酸钙型泉水。可以说是泰山的崛起造就了济南“家家泉水，户户垂杨”的泉城形象。

泰山南侧，是雨季的迎风坡，降水量较多且随山地高度增加而增加，水分较为充足，又逢比较发育的基岩断裂构造和节理，每次雨后，裂隙之中，河床卵石之下赋存潜水，在重力作用之下形成潜流。在河谷等低洼之处流出地表形成滴水、渗流泉、裂隙泉，形成了山高水长的特点。古已命名的泉水就有王母泉、玉液泉、白鹤泉等，这类泉属下降泉，涌水量相对较小，是季节性较强的间歇泉。泰山泉水矿化度低，含锶、硅、锌等微量元素，属低矿化度、低钠、中性或略偏弱碱性的优质矿泉水，是“泰山三美”（白菜、豆腐、水）中的核心要素。多年来，当地居民上山灌装山泉水已成为泰山一景，成为泰山回馈当地百姓幸福生活的具体写照。

四、土壤

本区地带性土壤是在暖温带半湿润季风气候和阔叶落叶林下发育而成，主要是棕壤与褐土两大类。由于海拔高度和地貌形态、局地气候、成土母质、植被及水分条件等因素的差异，本区形成的土壤类型具多样性。除两大类地带性土壤类型外，在山前平原及交接洼地发育了潮土及砂姜黑土等非地带性土类，并具有石灰性与非石灰性之分。在垂直地带土谱中，除棕壤外，还出现了山地暗棕壤和山地灌丛草甸土等。

本区土壤在自然和人类农林活动的影响下受到很大扰动，土壤母质除山地丘陵区由基岩风化构成，其余多为第四纪松散沉积物。由于山区流水的冲刷侵蚀和搬运作用显著，使山区土壤不断流失，而山间谷地和山麓平原的土壤，往往又不断被新来的物质所覆盖，因而土壤发育不充分，相对年龄较轻。而泰山山前倾斜平原上则不同，其土壤发育比较充分，潮土、潮棕壤、潮褐土等土体很厚，透气透水，质地适中，地下水资源丰富，灌溉发达，生产水平高，素有“汶阳之田，沃壤千里”之称，是鲁中南地区的粮仓，成为历史上齐鲁两国必争的“汶阳田”。

五、生物

泰山在植被分区上属于暖温带落叶阔叶林区，但经过几千年来山上的樵采和山下的开垦，除个别地段外，原始森林植被早已无存，代之以次生性质和栽培的人工林。

目前仅后石坞、对松山存有成片的原始油松林，属于天然次生林，是我国暖温带天然针叶林的典型代表，古树虬枝，高耸入云，具有很高的保护和观光价值。其中，后石坞的“姊妹松”虽被发现并命名不过40余年[①]，却是岱顶周边探奇寻幽的著名“打卡地”（彩图4）。

1948年泰安城解放后，林场工人即开展大规模植树营林，使绿色遍布泰山。现泰山景区植物资源丰富，植被覆盖率达90%以上，涵盖森林、灌草丛、草甸、湿地等生态系统，1992年泰山成为国家森林公园。森林类型主要包括针叶林、落叶阔叶林、针阔混交林等。值得一提的是，历代帝王封禅祭祀泰山时，均禁止樵采，广植树木，以示对泰山的敬畏与呵护。其中，汉武帝八次来泰山，其手植柏至今仍矗立岱庙，“汉柏凌寒”独成一景（彩图5）。

泰山良好的植被条件利于动物的栖息。泰山鸟类2013—2015年的调查记录到繁殖鸟类11目34科84种，以栖息于林地的鸟类最多，为65种，其次分别是灌丛29种、建筑区21种、农田草地12种、湿地11种、山坡裸岩9种、山涧溪流10种（各栖息地间的种类有重合）。既有家燕、喜鹊等常见鸟类，也有国家一级保护野生鸟类黑鹳[②]等。泰山兽类约11种，均较常见，如仓鼠、刺猬、草兔、獾、黄鼬等。泰山昆虫达873种，以鳞翅目、鞘翅目种类最多。

众多鱼类中，尤引人瞩目的是“泰山赤鳞鱼”，是泰山最为珍贵的鱼类特产。泰山赤鳞鱼为鲤科，突吻鱼属，多见于泰山海拔270–800米的山涧溪流中，对生态环境质量要求极高，喜食藻类及浮游动物，生长缓慢，野生环境中成鱼长不足20厘米，重不过百克（图1–9）。

图1–9 泰山赤鳞鱼（泰山管委资料）

① 1978年孙健等人发现并命名。参见王雷亭主编：《泰山旅游四十年口述史》，济南：山东人民出版社，2020年，第46–47页。

② 任月恒等：《30年泰山繁殖鸟类种类变化》，《动物学杂志》，2016年第5期，第761–770页。

第二节 泰山区域地质与环境演变

泰山地处中国东部大陆边缘构造活动带的西部，位于华北地台鲁西地块鲁中隆断区内。泰山所在的鲁西地块，是华北地台的一个次级构造单元，是华北克拉通新太古代早期岩石分布最广泛的地区，也是华北克拉通迄今唯一分辨出新太古代早期（27.5亿—27亿年）和晚期（25.6亿—25.25亿年）表壳岩系共存的地区。[①] 而新太古代是华北克拉通陆壳增生的最主要时期，虽然这个时期是在新太古代早期还是晚期仍需进一步研究，但是鲁西新太古代两期表壳岩系的共存，表明该区域涵盖或至少含有这个陆壳增生时期，为研究鲁西以至华北新太古代陆壳演化历史提供了物质基础。

一、泰山形成演变过程

（一）泰山形成演变

泰山的形成经历了一个漫长而复杂的演变过程，大体可分为三个阶段[②]：

1. 泰山结晶基底形成与抬升阶段（距今约28亿—5.4亿年前[③]）

距今约28亿年始的新太古代已形成薄而活动的原始地壳，当时泰山所在的鲁西地

① 翟明国：《华北克拉通构造演化》，《地质力学学报》，2019年第5期，第722-745页；万渝生等：《华北克拉通太古宙研究若干进展》，《地球学报》，2015年第6期，第685-700页。“克拉通”是形成于早前寒武纪并保持长期稳定的古老陆块，是地球上最古老的大陆之一，是揭示地球早期大陆形成与生长以至地球演化的重要研究对象。华北克拉通是世界上最著名的古老陆块，是地学研究大陆演化的天然实验室，是当前地学研究的热点领域。“表壳岩（系）”是指经变形变质改造，原岩为沉积岩、火山岩、火山碎屑岩组成的变质岩层。其中时代较老（一般为前寒武纪），分布在麻粒岩—片麻岩区及造山带核部的深成侵入体内，呈大小不等、形态各异、难以建立层序的变质岩层的包体与捕虏体等，称表壳岩系。表壳岩系主要岩石类型为：富硅铝的变粒岩、浅粒岩、石英岩及部分钙质岩石、斜长角闪岩、超镁铁质岩等。泰山岩群是鲁西地区规模最大的新太古代表壳岩系，它们以不同规模残存于太古宙晚期花岗质侵入岩体中，所占比例约5%，虽然其原岩层序和构造特征遭到不同程度的破坏，但其原岩是在地表条件下形成的，可以保留原岩形成时地球表生环境、火山活动和沉积－构造格局的信息，是研究地壳演化的重要对象。

② 吕朋菊：《泰山的形成及其年龄》，《山东矿业学院学报（自然科学版）》，1984年第2期，第14-19页。关于泰山的形成阶段目前基本沿用此说，本书引用时结合最新测年等研究与陆松年先生建议进行重组，尤其是照顾到地层和岩石的产生与山地形成的关系，将原文的“古泰山形成阶段”“海陆演变阶段”“今日泰山形成阶段”分别调整为“泰山结晶基底形成与抬升阶段”“泰山沉积盖层形成与抬升阶段”“泰山山地形成阶段”，可能更为准确些，对后面提到的泰山年龄也更好理解。

③ 受测年方法、采样地点、样本密度等因素影响，泰山多次岩石测年得出的结论并不一致，其中最古老的岩石有30亿、29亿、28亿、27.5亿年不等，有待于进一步深入探索，综合翟明国、程玉琪、陆松年、万渝生、王世进、田明中、江博明等研究，本书采用“约28亿年”。

区是一个沉降带，为海洋环境，沉积了很厚的各种砂岩、泥砂岩等，同时由于地壳薄弱，火山活动频繁，也堆积了大量火山碎屑物及火山岩。其间在距今约27亿—25亿年间分别有望府山期、大众桥期、傲徕山期三期岩浆侵入；在距今约25亿—18亿年间则有中天门期、摩天岭期、红门期三期岩浆侵入，泰山岩浆活动在距今约18亿年时谢幕。如此，在距今约28亿—18亿年漫长的时间里，多次的岩浆活动、地壳运动，使这些堆积物普遍发生了强烈的区域变质和混合岩化，逐步形成了巨厚的泰山基底，即泰山前寒武纪结晶基底。

在新太古代至新元古代的地壳运动中，泰山所在的整个鲁西地区强烈抬升，至中元古代，鲁西地区逐步上升形成鲁西古陆，在元古宙历时10多亿年的时间里以古陆形态为主，剥蚀了部分先前形成的古老岩层，故泰山地区缺失元古宙的沉积岩层。经长时间的风化剥蚀，至元古宙末期，本区域地势也渐趋平缓。

2. 泰山沉积盖层形成与抬升阶段（距今约5.4亿—1亿年前）①

至古生代初期，地壳运动使华北地区沉降，海水侵入，泰山基底又沉没在海洋之中。在泰山基底的剥蚀面上，堆积了一系列的海相沉积物，由于地壳不断下降，形成了厚达约2000米的海相地层，即寒武－奥陶系的石灰岩和页岩。

中奥陶世末至早石炭世末，泰山又缓慢上升为陆地，故缺失了晚奥陶世、志留纪、泥盆纪、早石炭世的沉积地层。中石炭世初，华北地区发生过短暂的升降交替，整个鲁西处于时陆时海的环境，在中奥陶统的剥蚀面上，沉积了中、晚石炭纪的海陆交互相含煤地层。之后，又持续上升，进入大陆夷平化阶段。此阶段，本区地势高差不大，基本上是缓丘地形。

3. 泰山山地形成阶段（距今约1亿年前至今）

中生代晚期，燕山运动近东西向水平挤压力使今日泰山所在地的南麓产生了数条北东东向断裂，由北到南分别为云步桥断裂、中天门断裂、泰前断裂。处于泰前断裂北盘的泰山地层，在不断隆起抬升中遭受风化剥蚀，最后把原来覆盖在泰山基底之上的寒武－奥陶系沉积盖层全部剥蚀掉，使泰山基底又重新出露地表。而处在断裂南盘的蒿里山等则沿断裂相对断陷下滑，保留了寒武－奥陶系地层。至此，泰山的雏形基本形成。

① 需要指出的是，华北克拉通沉积盖层从距今约18亿年开始在燕辽及华北南、北缘已开始沉积，指示克拉通已进入稳定阶段。而泰山区域从距今约18亿—5.2亿年一直处于剥蚀阶段，故缺失下部的沉积盖层。这里所说的沉积盖层当是距今约5.2亿—1亿年形成的。

新生代期间，由于喜马拉雅运动的影响，泰前断裂带北盘的泰山部分继续大幅度抬升，至新生代中期，即距今约 3000 万年前，今日泰山的总体轮廓基本形成。① 第四纪时期，强烈的地壳运动，泰山南侧断块掀斜抬升加剧，泰山的侵蚀切割作用十分强烈，地势差异显著，造就了今日泰山拔地通天的厚重雄伟山姿（图 1–10）。

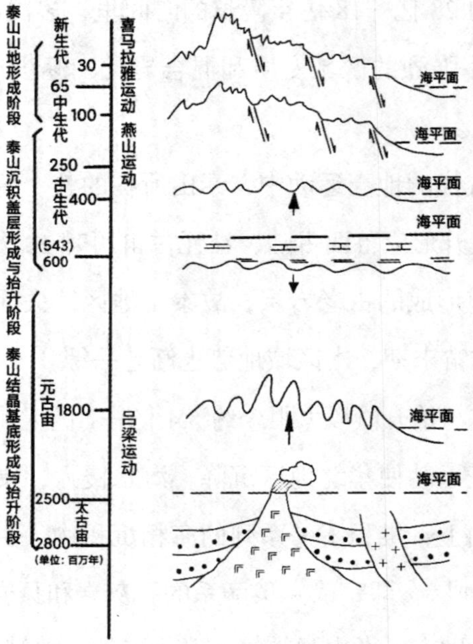

图 1–10　泰山形成演化示意图
（据吕朋菊，有修订）

（二）泰山年龄

泰山年龄是人们比较关注的事情，通过上述的泰山形成演变分析便可大体确定泰山年龄，可以说，泰山是既古老又年轻的山地。

说泰山古老，是针对其地层和岩石而言的，这里有约 28 亿年前形成的中国最古老的地层及岩石之一，即新太古代的表壳岩，年龄最大的约 28 亿岁；说泰山年轻，是针对泰山山地的雏形、总体轮廓形成年代而言的，从泰山雏形计算，始于中生代晚期，距今有 1 亿年左右的历史，若从总体轮廓形成算起，约 3000 万年左右。②

① 张明利等：《新生代构造运动与泰山形成》，《地质力学学报》，2000 年第 2 期，第 23–29 页。

② 泰山年龄尚有不同认识，李理等《泰山新生代抬升的裂变径迹证据》（《岩石学报》，2006 年第 2 期，第 457–464 页）认为，泰山年龄为 4400 万—3700 万年。

二、泰山地质构造与地层

（一）泰山地质构造

“泰山如坐”的外在形象源自地质构造，其著名景观大观峰、拱北石、醉心石、经石峪、黑龙潭、桃花峪、仙人桥等，也都是地球构造运动的形迹。从区域地质构造来看，泰山属于鲁西地块。鲁西地块的四至分别为：东侧郯城－庐江大断裂带，西侧聊城－兰考断裂带，西南侧峄山断裂带，北侧广饶－齐河断裂带。泰山主体部分处于泰前断裂的北侧，地质构造极其复杂，褶皱和断裂都比较发育，既有太古代的构造，又有中生代的构造，延续至今的新构造运动相当强烈，主要表现为泰山目前仍在不断的间歇性抬升。泰山地质构造复杂且涉及概念繁多，除褶皱、断裂（图 1–11）外，还有韧性剪切、重力滑动等构造，在此仅就泰山主体及附近区域的地质构造择要列举一二。

其一，在褶皱构造方面，主要发育在基底变质杂岩中。基底褶皱主要表现在泰山岩群变质表壳岩系和望府山期英云闪长质变质侵入岩中。基底岩系的褶皱发育非常复杂，多期褶皱的迭加和改造，又给构造恢复带来极大的难度，目前观察到的有无根钩状褶皱、柔流褶皱和条带构成的宽缓褶皱等类型。[①]

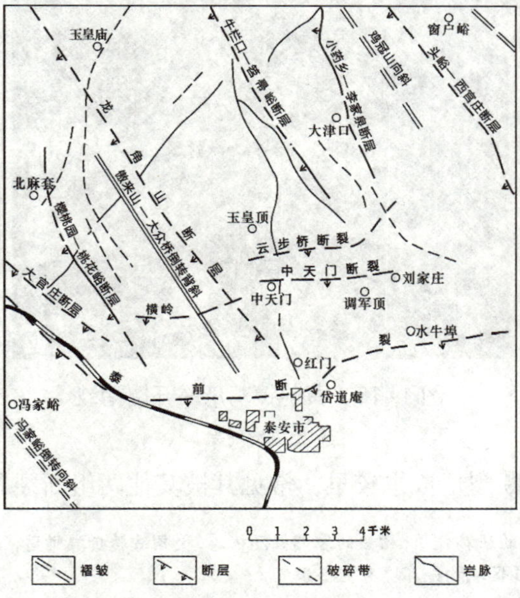

图 1–11　泰山主脉构造略图
（据山东省地质局，有修订）

图 1–12　无根褶皱（上左图天平湖南岸，上右图栗行，下图天井湾　王雷亭摄）

① 田明中等：《泰山地质综合研究》，济南：山东人民出版社，2018 年，第 87 页。

在天平店北山、天平湖南岸的泰山岩群斜长角闪岩中，以及在大津口栗杭及天井湾的望府山条带状黑云斜长片麻岩中，均可见到许多各种形态的无根钩状褶皱①（图1–12）。

在天平湖南岸、环山路万吉桥北的泰山岩群薄层片状细粒斜长角闪岩中可见形态比较规则完整的紧闭小褶皱②（图1–13）。在望府山岩体条带状黑云斜长片麻中更发育有众多由条带构成的各种柔流小褶皱③（图1–14）。

图1–13　环山路万吉桥北的紧闭褶皱
（王雷亭摄）

图1–14　天平湖南岸柔流褶皱
（王雷亭摄）

在黄前镇青山、安子崖、鸡爪峪等地，泰山岩群斜长角闪岩和望府山岩体条带状黑云斜长片麻岩一起形成较开阔的褶皱（图1–15），褶皱倾没方向为北西向，倾伏角为10°–30°。

图1–15　黄前镇鸡爪峪开阔褶皱
（王雷亭摄）

其二，在断裂构造方面，泰山的断裂构造十分发育，主要有北西向和北东东向两组，其次近年又发现有南北向断裂。北西向断裂多形成于太古代，在中新生代又有继承性活动，它兼有太古代和中生代以来的构造特征。北东东向断裂主要形成于中生代，但其活动一直延续到现代。南北向断裂形成也较早，常见其被其他两组断裂

① 无根钩状褶皱：又称无根褶皱，钩状褶皱。由于强烈的压扁作用，褶皱的翼部极度拉薄，使褶皱转折端脱离，从而成为无根褶皱，反映该褶皱形成时的应力状况，对恢复区域构造环境有重要意义。

② 褶皱的一种分类，按褶皱两翼的夹角从大到小依次分为宽缓褶皱（<1800–1200）、开阔褶皱（1200–700）、中常褶皱（700–300）、紧闭褶皱（300–00）等。

③ 柔流褶皱：是固态流变状态下的褶皱作用，发生在具有高韧性和低粘度的岩石中，岩石发生粘滞性流动，形成形态复杂、褶皱要素产状变化大、不协调性普遍的流动褶皱，如肠状褶皱等。天平湖南岸的柔流褶皱是深变质岩中的长英质岩脉在受力作用时形成的，反映褶皱形成时的应力状况，对恢复区域构造环境有重要意义。

所错切，可能成生于元古代。其中，北东东向断裂是泰山雄峙天东的决定性因素。该组断裂的总体走向为北东东 70°–85°，倾向南东，倾角 80°–85° 。目前已知最明显的有泰山前断裂（简称泰前断裂）、中天门断裂、云步桥断裂等 3 条。它们平行分布，呈阶梯式降落，形成泰山南坡三大台阶的雄伟自然景观（图 1–16）。

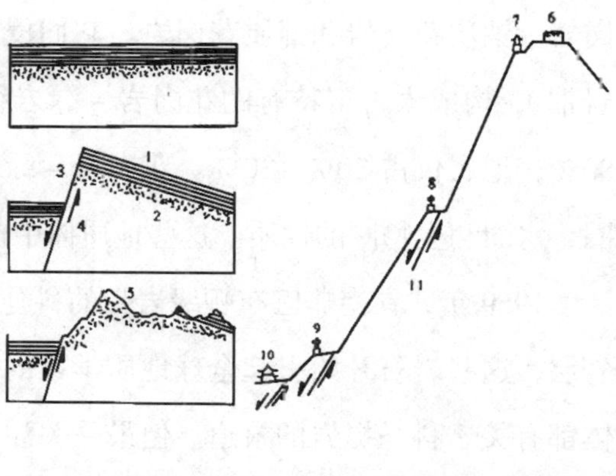

图 1–16　泰山地质构造与人文景观布局示意图（据谢凝高）

其中，最重要且最具代表性的是泰前断裂，该断裂的规模比较大，它西起郓城附近，沿泰山南麓向东经莱芜北到达博山以东，是延伸达上百公里宽上百米的断层带。泰前断裂成为泰山断块凸起和泰莱断块凹陷两个构造单元的分界线，也是泰山和泰莱盆地的天然分界线。在泰山南麓的岱道庵至吴家庄一线，可见到泰前断裂的多处露头，断裂北盘为变质杂岩，南盘为寒武系的馒头组或徐毛庄组的紫色页岩。在岱道庵北侧的小丘边还保留有该断裂形成的 5 米高的断层崖（图 1–17）。在刘家庄可见该断裂切割第四系，说明泰前断裂自晚侏罗世形成之后，其活动一直延续到近代，它长期而又强烈的掀斜活动，对泰山形成及其地貌景观起着非常重要的主导作用。

图 1–17　岱道庵断层（张连兵摄）

（二）泰山新太古代花岗岩 – 绿岩地质

鲁西是华北乃至全国最经典的新太古代花岗岩 – 绿岩带，而泰山又是鲁西岩石出露最好、研究历史最长、研究程度最高、最具代表性的地区。

“绿岩带”一词专门用于描述变形和变质的火山沉积序列，通常被花岗岩和花岗片麻岩包裹，形成时代以太古宙为主。太古宙花岗岩 – 绿岩带大面积出露两类主要的花岗岩：钠质花岗岩和钾质花岗岩。它们侵入或包裹中－浅变质的火山－沉积地层（绿岩带），构成太古宙特有的花岗岩－绿岩组合。泰山花岗质岩石占出露面积的70%－80%，地层仅占20%－30%。花岗岩－绿岩带的研究旨在探测诸如早期岩石圈、大气圈、水圈和生物圈的性质。这些地质体中也赋存有黄金和贱金属等重要矿产资源。

1969年，在南非巴布顿绿岩带的科马提河谷发现了被称为科马提的超镁铁质火山岩层，这些岩石开始引起全球地质学家的关注。此后，几乎全世界所有的太古宙地质体都有关于科马提岩的报道。但最受关注的地区仅包括加拿大、西澳大利亚、南部非洲和中国泰山等地。随着研究工作的不断深入，从太古宙地质体中获得的地球早期演化信息也越来越多。笔者曾邀请陆松年先生等，对泰山岩群下部的科马提岩（后详）进行了重点调查，并对泰安市泰山玉和新泰市红宝石（图1–18）形成的大地构造背景进行深入探索，认为它们是泰山地区新太古代板块运动的遗迹，具有重要的科学价值，为研究花岗岩－绿岩带增加了新的内涵。

图1–18　新泰市新太古代花岗片麻岩中的红宝石（左）、加工后的红宝石戒面（右）（陆松年摄）

（三）泰山地层

泰山地区是华北地区基底与盖层双层结构出露比较好又相当典型的地区，其主要地层可分为两大部分，一是前寒武纪的结晶基底，二是古生代的沉积盖层。

首先是前寒武纪的结晶基底，由新太古代的表壳岩和巨量新太古代至古元古代各期次侵入岩两部分组成，总厚度约11千米。新太古代的表壳岩系主要岩性为斜长角闪岩、黑云变粒岩、透闪阳起片岩、二云石英片岩、石榴石英岩、条带状铁英岩及科马提岩等，同位素年龄约为 27.5 亿—25.25 亿年，被统称为泰山杂岩，后又称泰山岩群。① 泰山岩群呈大小不等的包体残留于花岗质片麻岩等变质－变形深成侵入岩内，为一套强烈构造置换的、有层无序的构造岩石地层单位，原岩主要为基性－中酸性火山岩、火山碎屑岩及陆源碎屑岩等火山－沉积建造，经历了角闪岩相－绿片岩相区域变质作用和韧性变形作用改造。基性火山岩（雁翎关组）未受到明显的混合岩化改造，保留着令人注目的科马提岩，并伴生细粒斜长角闪片岩、绿泥阳起片岩和蛇纹滑石透闪片岩，这套绿岩组合呈北西－南东展布，零星分布于鲁西山区，是区内最早形成的前寒武纪岩石地层单元。泰山岩群占泰山主体面积约 5%，其产出主要有两种形式：以卧虎山西坡人工剖面为代表的层状产出（图 1–19），以桃花峪为代表的侵入岩中的残余包体形式产出（图 1–20）。

图 1–19　层状岩体（左图卧虎山西坡，右图大陡山村　王雷亭摄）

图 1–20　侵入岩中的残余包体（为深色部分，左图桃花峪，右图大津口窗户峪　王雷亭摄）

① 李希霍芬（Richtofen）研究泰山地质时，给泰山的变质岩群定名为“泰山系”，1907 年美国地质学家维里斯（B.Wilis）和布莱克维尔德（E.Blackweider）在研究成果中称之为“泰山杂岩”，主要还是限于当时的条件，变质火山－沉积岩系形成的地层组分和不同类型侵入岩体不易辨认，地层层序难以建立，用泰山杂岩统称之。20 世纪 50 年代末原北京地质学院建立了“泰山群”来表述该变质岩群，1996 年曹国权等率先使用“泰山岩群”。泰山岩群自下而上划分为孟家屯岩组、雁翎关岩组、山草峪岩组、柳杭岩组，出露厚度大于 4000 米。

特别指出的是，赋存于泰山岩群中具有国际比较意义的科马提岩[①]（图1-21），是地球早期富镁原始岩浆的代表，为海底火山岩，是较为少见的岩石，仅在世界上少数几个国家出露。泰山地区的科马提岩出露在新泰市羊流镇雁翎关——石河庄一带，岩性多为透闪阳起片岩、滑石蛇纹岩等，最厚达380多米。雁翎关组科马提岩是迄今中国唯一被公认的具有典型鬣刺结构的太古宙科马提岩（图1-22），它的发现为泰山申报世界地质公园提供了重要支撑，对我国乃至世界的地质演化历史研究具有极其重要的意义。

图1–21　新泰雁翎关－石河庄科马提岩（王雷亭摄）

图1–22　科马提岩鬣刺结构（左产地南非，右为雁翎关组，相振群提供）

泰山前寒武纪各期侵入岩，从老到新主要有望府山、大众桥、傲来山、中天门、摩天岭、红门等期次，同位素测年约27.5亿—16.2亿年，分布十分广泛，占泰山主体面积约95%，是泰山极为重要的地质体，其岩性复杂多变，主要以花岗岩类和闪长岩类为主。泰山及邻区是我国新太古代早、中、晚三期侵入岩浆活动最发育的地区，构成花岗岩－绿岩带的主体。前寒武纪泰山各期侵入岩从地质年代上可细分为，新太古

① 科马提岩：1969年首次发现于南非巴伯顿山地的科马提（Komati）河流域，故名。据赵国春和张春伟等研究（2021），为地幔柱物质抵达岩石圈底部，其熔浆喷发于海底地表而成。近年，科马提岩的使用出现扩大化。2007年4月，陆松年先生与科马提岩的两位发现者、南非地质学家维尔容（Viljoen）兄弟专程来泰山实地考察，进一步确认泰山科马提岩为典型的科马提岩，具有世界性的研究意义。其所在的泰山岩群是中国保存最好、发育最完整的典型新太古宙绿岩带。

代早期岩浆活动形成约 27 亿年的英云闪长质片麻岩、条带状英云闪长质片麻岩；新太古代中期岩浆活动形成 26 亿年的英云闪长岩 – 奥长花岗岩 – 花岗闪长岩岩石组合，也称为 TTG 组合[1]，其特点是岩石中的主元素氧化钠含量大于氧化钾，为富钠花岗岩类；新太古代晚期岩浆活动从 TTG 到大规模的花岗岩 – 二长花岗岩 – 正常花岗岩（称为 GMS 组合，其特点是岩石中的主元素氧化钾含量大于氧化钠，为富钾花岗岩类）的发育，导致大规模陆壳的形成；中元古代早期有少量岩浆沿刚性陆壳裂解形成的张性裂隙侵入。[2]

其次是古生代的沉积盖层，这是寒武 – 奥陶系的石灰岩和页岩，除泰山主体之上因为古生代末期至新生代的掀斜抬升被剥蚀掉外，在泰山地区广泛存在。其中，泰山北侧的张夏至崮山一带，寒武系地层发育相对齐全（仅早寒武系的地层有部分缺失）且露头良好，包含了馒头组、毛庄组、徐庄组、张夏组、崮山组、长山组、凤山组等七个地层单位，沿剖面可以看到距今约 5.4 亿年到 4.8 亿年期间形成的各种不同的沉积岩石有序地展现出来（图 1–23），形成了闻名中外的张夏 – 崮山寒武纪标准地层剖面。

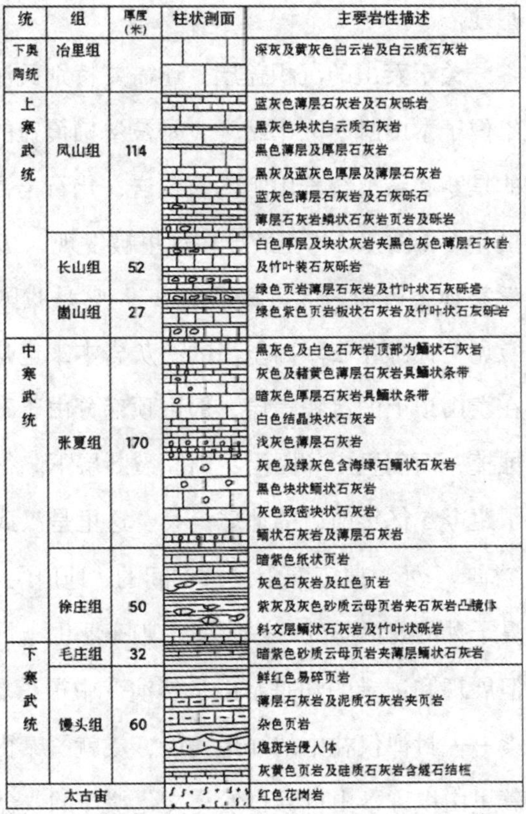

图 1–23 张夏寒武系地层柱状图
（据谢凝高，丁敏修改）

地层剖面可以解读很多内容，如，单纯观察馒头组到张夏组的一段剖面就可以初步判断：从南到北，由最底部的馒头组页岩到张夏组的厚灰岩，反映了那个时期的海水由浅变深的地球历史过程。整个剖面涉及的区域是不少生物化石的原产地

① 华北克拉通是世界范围内少数保存有大量太古宙英云闪长岩 – 奥长花岗岩 – 花岗闪长岩（TTG）及多期次岩浆事件记录的克拉通之一，对揭示全球太古宙时期壳 – 幔动力学演化过程具有重要的指示意义，是地学研究的热点领域。

② 陆松年等：《鲁西新太古代洋板块地质及板块构造活动遗迹》，《地球科学》，2020 年第 45 卷第 7 期，第 2279–2292 页。

和命名地，岩石中保存的藻类和无脊椎动物化石，尤其是为人们所熟知的三叶虫化石等，反映了当时该地区生物群的面貌，以及生物种的形成和绝灭的进化过程。作为中国北方寒武纪地层的标准剖面，这是国内区域地层对比和国际寒武纪地层对比的主要依据，是我国地层和古生物研究历史最长，研究工作最多、最详细的地层剖面，在我国乃至国际地质学和古生物学史上占有重要地位，也是泰山得以成为世界地质公园的主要依据之一。同时，该剖面也是研究华北早古生代地壳演化升降、海平面变化、古气候和古生态变化以及层序划分和层序特征的理想地区[①]，是高校重要的地质实习基地。

关于泰山的沉积盖层，还需要特别关注蒿里山。蒿里山位于泰山脚下火车站旁，是被翠柏覆盖的小山丘，出露的是寒武系上统长山组的石灰岩，化石丰富。著名的三叶虫化石（图 1–24），最早在这里被发现，1924 年被古生物学家孙云铸命名为“蒿里山虫”，它是我国寒武纪华北区常见的标准化石。蒿里山的石灰岩本来也是属于一体覆盖在泰山顶上的沉积盖层，但山顶部分由于泰山抬升而被剥蚀掉，而蒿里山却因沿泰前断裂断层下陷得以保留，记录了距今 5 亿年前后的地球沧桑。这里是汉武帝封禅泰山的“禅地”处，属于泰山三重空间的“地府”，是古人所言华夏子孙的魂灵归处——所谓“魂归蒿里”。因此，蒿里山虽然是依偎在泰山脚下的小山，但展现和记录的却是泰山自然演变中最精彩的片段，同时，又承载了泰山核心文化要素——封禅仪礼中的禅地功能，成就了泰山作为中华民族“精神家园”的概念。因此，蒿里山堪称泰山世界自然与文化遗产的“合璧处”，也充分体现了古人观察泰山、利用泰山地形地势的卓越智慧。

图 1–24　1958 年邮票：“蒿里山三叶虫化石（古生代）”（王雷亭摄）

三、环境演变与泰山自然高地

地球是一个不断变化的大系统。地球发展史表明，全球环境演变受地球内外各种要素的影响，如太阳引力与辐射、陨石撞击、地球轨道参数变化、地球自转速度变化、

① 吕朋菊等：《泰山的地学价值及其意义》，《山东科技大学学报（自然科学版）》，2003 年第 2 期，第 33–36 页。

地球内部物质运动等。泰山从无到有，由海洋到陆地、到山地的演变是全球环境演变的一部分，也是环境演变的结果。

这个演变的过程与机制具体到泰山上，相对比较独特。一方面，泰山主体通过掀斜抬升形成了屹立于中国大陆东部的自然山岳，这只是泰山自然基础的一个关键因素；另一方面，青藏高原的崛起并因此带来了东西物质的大交流（参见本书“绪论”），这才是第一山不可或缺的自然因素，也是有别于其他名山的形成机制，这就是自然的“东西融合”。

新生代青藏高原的崛起，形成了中国地貌的一个非常显著的特征，就是西高东低的三大阶梯地形：第一级阶梯是青藏高原，平均海拔高度为 4000–4500 米，气候干冷，冰川和冻土地貌发育，表面相对起伏较小，而周边强烈切割。第二级阶梯是黄土高原 – 云贵高原，海拔为 1500–2000 米，河谷深切，地表起伏比第一级阶梯大，气候北部干冷，南部暖湿，以发育河流地貌和风成地貌为特征。第三级阶梯是东部平原 – 东南丘陵，海拔低，多低于 500 米，地形起伏小，气候比较湿润，河流、湖泊发育，与海洋相连。

这个地形特征使得黄河得以形成，并逐步实现了东西贯通入海，携带大量西部风化物东行。同时，东亚季风又使得东部沿海暖湿气流西行，进入陆地形成降水，又通过黄河东流，从而使泰山区域所在的东部与西部实现了可持续的物质交流，形成了风化物与水汽的东西交融，使中国大陆成为东西互动、相互融合的统一地理整体。

来自西部的河水泥沙等物质的冲积，使泰山区域环境发生了根本性变化，由过去的海岛（或半岛）山地变为自然高地，奠定了泰山首山的自然地理基础。这个自然高地具体可归结并体现为以下三点：

一是形成了广阔的腹地。名山只有具有广阔的腹地，并能与腹地人群广泛互动才可能成为名山，这个腹地的核心圈层或最初影响区域首先应是需要大山护佑的周边平原地区。试想，若无中西部大量泥沙等物质的输入，泰山仅仅就是百万年前限于海岛（或半岛）一隅的山地，其影响范围和影响力必定狭小且有限。自然的巧合与伟力恰在于此：来自中西部的黄河通过百万年左右的洪积、冲积，使泰山周边的海域、湖泊等水域被填平为陆地，造就了面积 31 万平方千米的华北平原，成为中国仅次于东北平原（35 万平方千米）的第二大平原。泰山是华北平原内的最高山岳，且高居平原中部，其腹地之广阔是其他任何山地所远不能及的，这就构成了泰山历史上作为神山来“保障平原”的自然基础。不仅如此，泰山的腹地还通过黄河向中上游溯源，其腹地更扩至中国版图上的其他区域；通过海域等又扩展至东亚区域，使泰山具有了作为全国乃至东亚区域名山的自然基础。

二是形成了相对高差巨大的高山形象。华北平原地势低平，多在海拔 50 米以下，与泰山海拔 1532.7 米的高度比，构成了 1400 多米的相对高差，在历史名山中这是最大的相对高差，泰山自然成为先民心目中的最大最高山岳。由于气候存在年际与年内变化，并不会完全顺应农耕社会的要求，这时突兀在华北平原上“出云雨、通天地”的泰山，自然而然便成为先民祈求风调雨顺时的膜拜对象。“碧天泽众生春夏秋冬风调雨顺，霞光普社稷东南西北国泰民安”，岱顶碧霞祠的这副对联道出了古人对泰山的期望。

三是形成了适宜人类生存的环境。第一是形成了便于农耕的沃土。黄河中上游表层土壤被侵蚀后，顺河流而下，冲积在泰山周围，形成了肥沃的土地，泰山古老的结晶基底岩石的风化又提供了丰富的各类矿物质元素和大量的沙质物质，使土壤透气透水性好，便于耕种，成为历史上齐鲁必争的汶阳田。第二是形成了适宜的气候。东亚季风气候雨热同期，在作物生长旺盛期，降水与灌溉条件能够满足作物需要，有利于农业发展。第三是地形与区位条件好，靠近海洋，享有鱼盐之利，又有高地能避洪涝灾害。于是，泰山区域便成为最适宜人类生存的地区。

在平坦而广阔的华北平原上，泰山高居其中，成为擎天巨柱，是平原上最为突出的地标。从古人原始的宗教意识看，泰山拔地通天，云遮雾罩，神秘莫测，自然成为与天地对话的首选之地。在名山群体之中，泰山是唯一尽得东西融合之利的山岳，奠定了成为首山的坚实自然基础，成为综合条件极为优越的自然高地。

第三节　泰山文化与景观的地学解读

泰山之所以成为第一山，并受到历代帝王、文人及百姓的崇拜和赞誉是有其地学基础的。下面试从地学的角度来分析泰山文化及若干景观的成因，以明风物由来，满足对泰山自然和文化的探究与揭秘心理，体验地学逻辑之上的理性美感。

一、泰山文化的地学解读

与景观的具体和确定性不同，文化现象比较抽象、复杂，因此对泰山文化进行地学解读会更宏观、综合且迂回些。

（一）泰山岩岩

《诗经 · 鲁颂》有云："泰山岩岩，鲁邦所詹。"这是"泰山"二字最早的文献出处，也是最早见于典籍的对泰山形象的记述。泰山是周代分封的齐、鲁两国分界线，以后来齐国所修的齐长城为界，泰山主峰在鲁国一侧。

"岩岩"，一般解释为山高，但其最初原意应是"岩石垒叠"状，由此引申为山体的高大。岩岩的视觉效果，主要源于构造运动。因构造运动，在泰山南麓产生由北而南的云步桥、中天门、泰前三条北东东向断裂（参见本章第二节"泰山的形成"），泰山沿断裂带大幅度掀斜抬升。三条断裂所控制的断层均为"高角度正断层"，即断层面倾角大（75°–85°），断层的上盘（南盘）下降、下盘（北盘）上升。泰前断裂的南盘下降断陷为山前的盆地平原；三个断裂的北盘上升则形成了非常陡峭的三个巨大的断面（参见图 1–16）。断面上的泰山结晶基底岩石坚硬致密，但原生节理加之构造节理的发育，在地球内外营力的长期作用下，岩石沿节理面形成裂隙，再经过风化侵蚀和重力崩塌，形成了山前巨大的断崖绝壁。一升一降间形成了绝对高度 1532.7 米、相对高差 1400 多米的大山。

因为陡峭，岩石岩壁的垂直立面难有土壤发育，自然也难有植被，成为裸露的断崖绝壁，而三级古夷平面①和岩石岩壁水平或坡度较小的一面，土壤植被发育较好。远处望去，整个泰山拔地通天、巍然屹立，在青松翠柏之间由二长花岗岩、花岗片麻岩等浅色为主的岩石所组成的岩壁又十分醒目，犹如巨型岩石岩壁从下到上层层垒叠，形成"岩岩"之势。而这岩岩之势也只有在地处泰山南侧的鲁国可见，成为两千多年前人们对鲁国和泰山关系的特色且精准的描述（彩图 6）。

（二）三重空间

古人以天、地、人为三才，视天地人和谐统一为邦国兴盛之本。这一"天人合一"思想在泰山上下以"三重空间"的方式表现得淋漓尽致。从地学角度看，这完全得益

① 地壳上升过程有明显的阶段性，在其相对稳定时期，经过外力风化剥蚀，陡峻的山地逐渐被夷平，成为比较平缓的准平原地形，后来地壳抬升，原来的准平原地形被侵蚀切割变为山地，在山顶处常残留有古准平原面，这个面被称为夷平面。

于泰山特殊的构造地质条件，主要源于三大断裂所形成的三大夷平面而带来的空间分割效应。山地夷平面的层级多少、规模大小、完整程度等状况，对人类社会利用自然会产生很大影响，这也是泰山之所以成为名山的重要自然地理基础之一。

泰山形成演变的第三阶段，也是泰山三级古夷平面形成的重要时期。就岱顶第三级夷平面而言，它在三级夷平面中属于最早形成。大约于新生代前形成准平原面，古近纪之后因喜马拉雅运动不断抬升，形成了今天泰山山顶一带的开阔区域——第三级夷平面。相同的机制，泰山分别约于中新世、早更新世形成了另外两个古夷平面：第二级夷平面——扇子崖与摩天岭平缓山脊、第一级夷平面——红门与环山路一带，据此可以推断新生代泰山至少上升了 1300 米[①]。

由以上可见，自然的内外营力形成的断裂与夷平面共同造就了泰山主体的南天门、中天门、一天门三大台阶，也造就了泰城城区所在的山前冲洪积台地以及蒿里山以南的倾斜平原。这些古夷平面分层明显、相对完整、有一定的规模，有利于人类的利用。古人将这一系列地形形象地想象为“天庭、人间、地府”——三重空间，让泰山通达三界，确有巧夺天工之妙（参见图 1–16）。

当然，古人并非平均分割空间，也不是与三级夷平面一一对应，三重空间中尤重“天庭”营造：从一天门起（也有说从岱宗坊计），经中天门、南天门至岱顶为天庭的空间范围。古人巧妙地利用泰山南麓的陡峭，把 6600 多级石阶整齐修建在一天门至南天门之间，宛如“天梯”倒挂，营造出“登天”的意境。此天梯沿中溪而上，人在谷中行，视野多被限制，直至岱顶才完全打开。登天前奏冗长、艰难，登至天梯尽头，对比十分强烈：南天门高插霄汉，飞龙岩、翔凤岭两山夹峙，俯视下界，山若伏龟，河环如蚓，天空地阔，无可名状。视野如此由收至放，骤然开阔，恰似升仙境界，于是才有了李白“天门一长啸，万里清风来”的酣畅淋漓和杜甫“会当凌绝顶，一览众山小”的慨叹。

泰山山前的石灰岩低矮山丘蒿里山，海拔 193.2 米，松柏森然，受封禅禅地和佛教等因素影响，成为三重空间的“地府”，是华夏子孙的灵魂归处（其地学成因见本章第二节）。地府与天庭之间的泰城为三重空间的“人间”，这里地处泰山山前的泰莱盆地边缘，地貌上属于山前冲洪积扇平原和泰莱盆地的结合部位，地势低平、土壤肥沃、水量充足、气候宜人，是人类生存居住的理想场所，成为环境优美、康养宜居的文教

① 张明利等：《新生代构造运动与泰山形成》，《地质力学学报》，2000 年第 2 期，第 23–29 页。

旅游名城。泰山三重空间的巧妙构思，是自然造化与人类智慧的结合，成为中国乃至全球人地关系和谐统一的典范。

（三）泰山封禅（五岳独尊、稳如泰山）

古时改朝换代、异姓而王之际，帝王要在泰山封天禅地，报天地之恩，以求权力正统并被天地护佑。天地祭祀是古代常祀中的大祀，五岳祭祀仅为常祀中的中祀。在泰山的封禅是“常祀之外”的特殊祭祀大典，是帝王于岱顶和山脚矮丘祭祀天与地，泰山成了最高的天坛和地坛，泰山封禅自然就成为国家独一无二的最高祀典，这是泰山“五岳独尊”首山地位最重要的来源。

“封”是在泰山上堆土为坛，在坛上祭祀天神，报答上苍的功绩；“禅”是在泰山下扫出一片净土，在净土上祭祀地神，报答大地的功绩。泰山被选为古代帝王封禅之地与其自然地理环境特征息息相关，这个环境的特征可概括为“五最”——“最高”“最广”“最优”“最稳”“最东”。

“最高”，并不是指泰山的绝对海拔高度，而是指泰山的地势。因为泰山的断块掀斜抬升，形成了区域内的最高山岳；再者，古人并无等高线概念，对山地感知的只是其相对高度，泰山以其拔地通天的视觉效果，顺理成章成为古人视野里的最高山岳。泰山凌驾于华北平原之上，气候也由此产生了垂直变化：泰山山下晴空万里，山上却阴云密布。泰山因此而被认为是“出云导雨”的神山，离“天庭”最近，在此向上天汇报的效果自然最好，“君权神授”也自然更容易被天下认同。

“最广”，是指泰山的腹地，也就是泰山影响辐射的范围。泰山高居华北平原中部，是华北平原内最高大的山岳，华北平原自然成为泰山的核心腹地。其腹地之广阔是任何其他名山所远不能及的。历史上，周边广大的平原人群构成了支撑泰山作为名山的核心信众基础（其腹地的形成机制详见本章第二节“三”）。同时，泰山又通过陆地、河流、海洋等自然通道较为便捷地与海内外相连，使自己拥有了辐射最广大腹地的可达性条件，奠定了第一山的自然地理基础。

“最优”，是因为泰山及周边接受黄河带来的中上游丰富的物质，加之自身侵蚀风化积累的利于形成沃土的环境，还有所处优越的海陆与纬度位置，使得泰山土壤、植被、水文、气候等自然条件最优，且享鱼盐之利，很好地支撑了早期人类的生存发展。考古学研究证实，在旧石器时代的大约距今 50 万—40 万年，泰山周边有“沂源猿人”在此生存，与著名的“北京周口店猿人”大致同期。在距今 5 万年左右，人类进化到智人，泰山周边的新泰乌珠台则发现智人牙齿化石。进入新石器时代，泰山周边先后出现了具有承继关系的后李文化、北辛文化、大汶口文化、龙山文化、岳石文化。已经挖掘的后李文化至岳石文化遗址就有1954个，形成了以泰山为中心的泰山文化圈[①]，成为华夏文明的重要发祥地。天地如此有恩于人，古人在此报天之功合乎逻辑。

"最稳"，是指泰山自然地貌的厚重安稳。从古人对五岳的描述可见一斑——西岳华山如立、北岳恒山如行、中岳嵩山如卧、南岳衡山如飞、东岳泰山如坐。这仍得益于前述泰山的三级断裂和三级古夷平面。因为三级古夷平面是从山顶到山脚渐次形成，时间最早、高度最高的山顶夷平面被风化侵蚀得最严重，而泰山的山腰、山脚岩层因为晚出和低矮而得以更多保留，如此就形成了上窄下宽"如坐"的稳定形态。旱涝、地震等灾难，造成家园毁灭、山川异形，泰山仍稳固如初，且因有大量山林物产而厚泽人群，保留并延续了文明火种。久而久之，人群形成共识，无论多大的灾难，只要泰山安，则天下皆安。泰山真正成了先民的稳固靠山。

"最东"，是指泰山为中国大陆最东部的大山。而"东"又与起于战国时期的阴阳五行说相合，因为"东"为太阳初升之地。泰山所在的北半球，太阳高度角随着地球公转而出现一年四季的变化，这个变化决定了地球万物生死存亡——"万物生长靠太阳"顺理成章成为古人的常识。古人因此而崇祀太阳，进而崇祀日出之地的东方。"东"因为万物出生之地、神仙居住场所而受到崇祀。地处"东极"的泰山也因此而倍受崇祀。对地处西部的帝王而言，在地处东部的泰山封禅，自然也就成为江山合璧、国家统一的象征。

"峻极于天，赞化体元生万物；帝出乎震，赫声濯灵镇东方"，岱庙坊的这一对联较为贴切地点出了泰山的传统功用和地位。"稳如泰山""重于泰山""国泰民安"等，都是泰山尊崇、祥和的表征。作为封禅之地并成为五岳之首，泰山有其雄厚的地学基础。

（四）泰山进香

进香成为泰山民俗与宗教的重要组成部分。从空间上来看，前往泰山进香的香客涉及海内外，但以华北平原为核心地域。从时间上来看，泰山香社已有上千年的历史，其进香时间约定俗成，可在气象学及农业地理学中找到根据。

---

① 张居正：《黄河中下游地区新石器时代文化谱系的动态思考》，《中原文物》，2006年第6期，第18-25页。

泰山进香由“春香”和“秋香”组成[①]。春香是指农历的三四月份到泰山进香；秋香一般出现在农历九月九前后。春季和秋季进香在时间选择上与泰山周边季节性气候特征关系密切。泰安地处暖温带气候区，四季分明，雨量集中，泰山顶上没有明显的四季划分，只有冬半年和夏半年之分，且雨量偏多。泰山脚下为大陆性季风型气候，夏季高温多雨，平均气温 25.4℃，降水量占到全年降水量的 65% 以上，冬季寒冷干燥，平均气温 -0.6℃，降水量占到全年的 3%[②]，这两个季节适游性差，进香者寡。而春季和秋季气温适宜，春季平均气温 13.3℃，秋季为 13.6℃，降水量较少，春季降水量占到全年降水量的 13%，秋季为 18%，适游性强，进香者众。

从农业地理学角度看，泰山及周边（华北平原）的农事季节性更是春香、秋香的重要基础——春香时节正是周边冬小麦的生长期，是农闲季节；秋香时节恰是秋季收获、冬小麦播种完毕的农闲与感恩时节。因此进香时间选择在春季和秋季，这与两个季节的气候特点及由此影响的农事活动相适应。

（五）泰山石敢当（泰山石、泰山玉）

由大山崇拜衍生出的灵石信仰，最典型的莫过于泰山石敢当。“泰山石敢当习俗”，是远古人们对灵石崇拜的遗俗，2006 年成为国家首批非物质文化遗产。千百年来，上至天子权贵，下到乡民游子，立泰山石行封禅大典、压泰山石祈子求福、供泰山石膜拜神灵、取泰山石奠基为台、以泰山石镇宅镇馆……逐渐将对泰山的崇拜信仰与泰山的石文化融合起来。泰山石敢当便成为全球华人乃至东亚及东南亚一带民众的“平安神”。

泰山石敢当之所以得到信赖，是因为泰山的地位和影响。历史上，是泰山的平安、镇物等文化形象让泰山石得到泰山的“神力”加持。而泰山石本身也具有坚如磐石、可资信赖的品质。从地学角度看，泰山主脉的岩石为斜长片麻岩、黑云母角闪斜长片麻岩、片麻状花岗岩、花岗片麻岩及细粒角闪石岩等。其图纹是晚期侵入的浅色矿物斜长石、钾长石、石英等充填于不规则的原生裂隙中结晶而成，多是被重熔的斜长石、石英等浅色矿物岩汁上升充填在浅部岩石的裂隙中，形成各种网状、枝杈状、条带状、团块状等脉体，与深色的角闪石、黑云母等矿物组成为各类变化莫测的纹理图案。在

① 叶涛：《泰山香社传统进香仪式研究》，《思想战线》，2006 年第 2 期，第 80-90 页。

② 丁敏等：《全球变化下的泰山山顶和泰安市气候变化特征对比分析》，《泰山学院学报》，2008 年第 3 期，第 89-93 页。

地壳变动中，这些变质岩渐露地表，受漫长的自然风化后形成孤立块体，并崩落、滚入沟谷河床，经流水冲刷和砂石磨砺而成为便于携带的泰山石，其石质沉稳坚硬且耐看。民间安放此石，或在原石上镌刻“泰山石敢当”，作为泰山的“特命全权大使”，镇宅佑民、守护家园。泰山石敢当威名显赫，以至历史上许多地方用砖石等替代泰山石，只需要书写上“泰山石敢当”五个字，便被认为有同等效用。

值得一提的是，现如今，泰山石敢当文化已发展成为泰山石文化——赏石文化。这与泰山石的特点密不可分。泰山石种类众多，岩浆岩、沉积岩、变质岩三大类岩石俱全。但说到作为赏石的“泰山石”，多是专指属于泰山结晶基底的岩石，主要有斜长角闪岩、条带状英云闪长质片麻岩、中粗粒角闪石岩、中细粒角闪辉长岩等。泰山石质地坚硬，呈次棱角形、浑圆形，多见不规则卵形，因其古朴敦厚、石体沉稳、色泽凝重、纹理精美等特征，成为奇石中的伟丈夫。

广义上，泰山玉也是泰山石的一种。2009 年发现的泰山玉矿又让古已识之的泰山玉广泛进入世人视野。泰山玉发育于鲁西绿岩带雁翎关组岩层中，属于超基性岩变质成因的蛇纹石质玉石，其原岩为新太古代超基性火山岩，变质为蛇纹岩后，后期辉绿岩、石英脉等岩体（脉）侵入蛇纹岩内使其进一步玉化。随着玉化程度提高，主量成分二氧化硅相对增加，铁含量减少，稀土含量增加。泰山玉莫氏硬度达 5 以上，质感油润厚重，透明度较高，是玉石界的新宠。按玉料可分为泰山墨玉、泰山碧玉和泰山翠斑玉（泰山花斑玉）三大类。①

泰山石及泰山玉携泰山石敢当的威名，蕴藏着泰山的平安内涵，成为泰山平安文化的物质象征，这是他山奇石、宝玉所不具备的特点，也成为重点保护对象，尤其是泰山石，在当地已经禁止开采、交易。

（六）泰山石刻（唐摩崖、经石峪）

走进泰山，给人印象最为深刻的是遍布登山盘道两侧的巨量泰山石刻。从最早的秦刻石到当代名人书法，承载和书写着泰山文化的上千处石刻使泰山成为中国书法名山、世界石刻艺术的宝库，在中外名山中独树一帜。

从地学角度看，泰山石结构致密，石质坚硬，抗风化能力强，加之断裂、断层、节理、风化侵蚀等，特别是由于泰山岩石的节理发育，垂直节理尤其发育。风化的岩

① 杨炯等：《绿岩带型泰山蛇纹石质玉石地球化学特征及其成因指示》，《大地构造与成矿学》，2021 年第 5 期，第 1044–1059 页；邱伟等：《超基性岩成因蛇纹石玉成因特征及其开发利用价值——以泰山玉矿床为例》，《矿产勘查》，2021 年第 8 期，第 1792–1797 页。

石很容易沿垂直节理崩塌成为大小不等的陡壁，再经过人们顺节理面稍作加工，就成为直立的碑面，且不乏面积较大的平面，这为石刻提供了天然条件。岱顶大观峰处，因此形成了高13米多的大观峰陡壁，摹刻了唐玄宗亲书的《纪泰山铭》，成为洋洋大观的“唐摩崖石刻”（彩图7）。宋真宗的功德碑和通往玉皇庙路旁的“五岳独尊”等许多石刻，都是顺泰山杂岩的垂直节理面摹刻的，因而十分自然。

与唐摩崖在垂直立面上的摹刻不同，有着“大字鼻祖”“榜书之宗”称誉的经石峪《金刚经》石刻更像是“地书”，是在素面朝天的1800平方米大石坪上镌刻而成。经石峪大石坪主体岩石的岩性为太古代中细粒黑云石英闪长岩，由斜长石、钾长石、石英和黑云母等矿物构成，莫氏硬度在5–6之间。[①] 大石坪上还穿插有北西向和近南北向的两组长英质岩脉，莫氏硬度在6–7之间。之所以在此形成如此巨大的石坪，主要是这里的中细粒黑云石英闪长岩水平节理比较发育，把岩石分割成板状，后期未遭受大的构造变动破坏，岩石的整体性较强，比较致密均匀。经中溪沟谷中流水的长期冲刷出露地表，受季节和昼夜温差等影响，导致岩层发生层层剥落，形成巨大而又比较光滑的缓坡石坪。[②] 直至被古代立志弘扬佛法者选中，石坪刻经成瑰宝。这是中国现存历史最悠久、规模最大的摩崖石刻。作为全国重点文物保护单位、世界遗产，经石峪面临的由差异风化造成的片状剥落，一直是经刻的最大威胁，也是石刻保护中的焦点问题。

值得注意的是，经石峪现存一千多个50–60厘米见方的大字，其镌刻手法不同：面对硬度在6以内的黑云石英闪长岩，均为中深度镌刻；而面对硬度在6–7的长英质岩脉时，均为浅刻，甚至是更为简易的双钩线刻。这应与当时冶金水平有关，显示雕刻工具的硬度不够。在此，将石刻材质与雕刻工具联系起来考察，当可推测岱顶无字碑的可能真相，以及大量碑材选用山外相对较软易刻的石灰岩材质的时代背景。

二、泰山主脉景观的地学解读

泰山主脉主要是指泰山山前至岱顶片区，经历代开发，许多景观景物早已被命名标识，只是对其地学的解读较少。

---

① 组成岩石的各矿物元素含量比例不同，岩石硬度会有差异。由于矿物比例和分布的不均一性，即便同一块岩石，不同的位置其硬度也可能存在差别。

② 宗世强等：《泰山经石峪大字石刻病害成因及石质文物本体检测研究》，《石窟寺研究》，2019年第9期，第307–328页。

（一）醉心石

在泰山红门的东北沟涧内，出露有一条黑绿色的辉绿玢岩脉[①]，其中发育有许多大小不一横卧着的圆柱体。从柱体的横断面上看，它由很多同心圆状的环圈和一个内核所组成。这些圆柱体有的完整，有的破碎，或像一个个的蛋卷，或像堆垒着的汽油桶，故俗称之"桶状构造"。在沟东有一平卧圆柱体，断面朝西，直径2.3米，其内核上刻有"醉心"二字（参见图1–1）。

这是二十世纪八十年代在泰山发现的国内外罕见的一种新构造类型。"桶状构造"的成因比较复杂。过去曾认为它是岩浆侵入后冷凝收缩过程中形成的。后来有人提出原生应力收缩假说，即炽热的岩浆在侵位过程中，由于受到热梯度、涡流强度和边界条件等诸因素的制约，在岩石内部产出隐蔽的破裂纹，后期的张应力使这些破裂纹明显化，进而形成环状节理发育的圆柱体，命之为"涡柱构造"。但许多人认为，无论哪种看法至今都不能圆满地阐明这种奇特构造的形成机理。因此，醉心石不仅具有很高的观赏价值，而且还具有重要的地学研究价值。

（二）斩云剑

前人对泰山的认知与开发颇费思量，在景点安排上讲究充分利用自然现象，疏密有致，以尽量符合人们的崇祀或审美心理，达到劳逸结合。其中，"斩云剑"一景就是如此安排的人为景致。中天门至云步桥之间，景色较为单调，人们过中天门后，登上较陡的几盘台阶，进入一段平坦甚至有点下坡的路途，对比之下轻松快活，此段名为"快活三里"，十分贴切可人。为丰富该地段景致，便于人们在快活中从容观景，前人便在路边及时安排景物，人为将一小小石峰冲天而立，上刻"斩云剑"三字。

取名斩云剑，是古人细致观察自然现象的结果，其成因解释则有赖于地学中的气象学与地貌学。斩云剑地处泰山半山腰，总体属于中天门这一较为开阔的夷平面上，海拔约850米，有山谷下通山脚，上连山顶。此高度属于对流层下层，又称扰动层或摩擦层，湍流交换作用特别强盛，加之本层的水汽、尘粒含量较多，因而低云、雾、浮尘等出现频繁。从气象学角度看，因为相同体积、相同压力下不同温度、不同湿度空气密度不同：同温的湿空气密度小于干空气，同湿的暖空气密度小于冷空气，这即

① 辉绿玢岩，黑绿色，具明显的辉绿结构，块状构造，质地十分坚硬，主要矿物成分为斜长石和辉石，风化面上斜长石常呈浅白色斑状。辉绿玢岩延伸很远，从红门直达和尚庄北，岩脉长度达12千米以上。辉绿玢岩的同位素年龄约为16.2亿年（此为2008年陆松年等用斜锆石U–Pb法测得的，早前王世进、庄育勋等分别用Rb–Sr等时线法、K–Ar法和常规锆石U–Pb法测得同位素年龄17.1亿—17.6亿年），属中元古代早期侵入岩。

是云雾之所以向上蒸腾的原因，也是山谷风[①]得以形成的空气动力学成因。因此，暖湿气流沿沟谷上行，而山顶的冷气流则沿沟谷下行，冷暖两种气流经常汇集在中天门至云步桥一带，开阔的地形地势有利于冷暖空气在此“潴留”，形成云雨变幻地带，古人形象地称之为“斩云播雨”。视云量大小和集聚状况，从山顶看，有时会形成云海；而从泰城看，有时会形成挂在泰山半腰的似玉白云，称之为“泰山腰玉”。

古人依此在快活三里树起一组条带状黑云斜长片麻岩（作为剑身的岩石，与十八盘两侧岩石相同，属望府山组，从其与下伏岩石相似的产状和岩性看，当为原生状态或近原生状态；作为剑首的岩石则纯为人为放置，取自附近，最初放置时间无考，只是上刻“民国十年六月四日重立”），如刺天之峰，作为斩云之剑，给自然景观蒙上了神秘色彩，借以提示游人欣赏这一山地气象奇观，让游客在轻松快乐中增加游兴。

（三）仙人桥

仙人桥位于瞻鲁台西侧，是岱顶的重要景点之一。该桥近东西走向，横架在两峭壁之间，长约 5 米，由三块巨石巧接而成。相互抵撑的三块巨石，略呈长方形，大小 2—3 立方米，桥下为一深涧，南侧面临深渊，集奇、险于一体（图 1–25）。

图 1–25　仙人桥（王雷亭摄）

三石巧接成桥，是大自然的杰作。仙人桥东西两侧绝壁的岩石为粗斑片麻状二长花岗岩，它成为该桥的天然桥头堡。而构成桥身主体的三块巨石，中间的一块为长英质脉岩，其旁侧的两块都是粗斑片麻状二长花岗岩。这三块巨石之所以巧接成桥，是因为在该处的粗斑片麻状二长花岗岩中含有一条近南北向延伸的宽约 5 米的斜长角闪岩残余包体，而这个残余包体中又夹有一条形状不甚规则、宽度不一的长英质岩脉。当时，由于此处的岩石受到构造应力作用，节理十分发育，其中两组垂直节理和一组水平节理表现最为突出，从而把岩石切

① 当大范围的水平气压场比较稳定时，山区白天地面风常从谷地吹向山坡，晚上地面风常从山坡吹向谷地，人们把这种发生在山地的昼夜交替的风叫山谷风。其形成机制是热力原因：白天山坡受热快，温度高于山谷上方同高度的空气温度，坡地上较轻的暖空气膨胀从山坡向上、向谷地上方流动，谷地的空气则沿着山坡向上补充流失的空气，这时由山谷吹向山坡的风，称为谷风；夜间，山坡因辐射降温冷却，其降温速度比同高度的空气较快，较重的冷空气沿坡地向下流入山谷，称为山风。山谷风有明显的季节性变化，冬季山风比谷风强，夏季谷风比山风强。山谷风还影响山谷和山上的湿度变化。

割成大小不等、形状不一的岩块。同时，由于上述岩石的岩性不同，抗风化剥蚀能力存在较大的差异，在早期的风化剥蚀和流水搬运过程中，遭受强烈风化破坏的斜长角闪岩首先被风化、分解、搬运，结果造成其两侧已成为岩块的粗斑片麻状二长花岗岩处于临空状态，并在重力作用下向中间倒塌，而滚落下来的两块粗斑片麻状二长花岗岩岩块恰巧被残留下来的长英质岩脉的一块岩块所支撑，形成了三石衔接支撑的状态。随着斜长角闪岩不断被风化剥蚀，以及流水的不断搬运和下切，便在桥下面形成了一条深涧，而巧接在一起的三块巨石则和两侧峭壁相互顶拱支撑，处于一种力学平衡状态而牢牢地靠在一起，从而形成了今日所见到的“深涧绝壁悬仙桥”的奇异景观。

（四）拱北石

在岱顶日观峰北侧，有一巨石，平地向前探出两丈多远，名曰：“拱北石”，又称“探海石”（图 1–26）。它是一块长 10 米、宽 3.2 米、厚 1.5 米左右的巨石，颇像一把利剑斜刺苍天。因其向北探伸，故而得名。其实它并非指向正北，而是北偏西 8°，方位角为 352°。此巨石与地面夹角为 30°，高出周围地面，其北、东两面又均为悬崖峭壁，显得神奇而又险峻。过去游人常攀爬其上（现为保护已禁止攀爬），朝望日出，暮观晚霞，晴赏山河，阴看云海。所以拱北石成为岱顶著名景点之一，人们也常把它当作泰山的象征和重要的标志。

图 1–26　拱北石（泰山景区资料）

探讨拱北石的成因，还得从岩石的特征入手。岱顶上的粗斑片麻状二长花岗岩，垂直节理十分发育，它把岩石切割成许多厚薄不一的板状岩块，垂直节理面比较平整，为人们提供了一个天然而理想的刻石版面，所以岱顶上的许多摩崖刻石多分布在这种节理面上。这些由垂直节理切割成的直立板状岩块，在风化剥蚀过程中，由于重力作用的影响，常发生崩塌和倾倒。拱北石就是原来的直立板状岩块在重力影响下发生折断和倾倒的一个产物。拱北石周围的粗斑片麻状二长花岗岩的片麻理走向为北西320° –330° ，而拱北石的片麻理走向为北西 315° ，两者片麻理方向相差 10° 左右，说明拱北石曾经发生过折断倾倒，并向西偏转了 10° 。拱北石之所以没有完全倒伏下来，主要是其下面有一大块岩石支撑的缘故。拱北石朝向近北，这是倾倒时的巧合。

倾倒下来的拱北石，经过长期的球形风化作用，石块四周的边角被层层剥落，逐渐变成今天所见到的颇似剑鞘的形态。由于这种二长花岗岩质地比较坚硬，抗风化剥蚀的能力相对较强，尽管饱经风霜，仍然屹立岱顶。拱北石虽然没有完全指向正北方向，但仍不失为泰山之经纬。

（五）泰山松

在上万株的古树名木中，千姿百态的泰山松以其挺拔苍劲的雄姿、迎风傲雪的精神、悠久深邃的文化积淀，成为泰山风景名胜中的独特亮点，是泰山终年苍翠、“齐鲁青未了”的鲜明底色。泰山松种类不少，有油松、赤松、雪松、落叶松、白皮松、华山松等，但其在泰山的杰出代表是“油松”。望人松、姊妹松等均为油松。

油松是中国原产特有树种，为针叶常绿乔木，松科，松属，为喜光、深根性树种，耐寒、耐干旱瘠薄、抗风。生于海拔 100–2600 米地带，多组成单纯林。可高达 30 米，胸径可达 1 米以上；树皮灰褐色或褐灰色，裂成不规则较厚的鳞状块片，裂缝及上部树皮红褐色；枝平展或向下斜展，老树树冠平顶；针叶 2 针一束，深绿色，粗硬；雄球花圆柱形，在新枝下部聚生成穗状，花期 4–5 月，球果第二年 10 月成熟；球果卵形或圆卵形，向下弯垂，成熟前绿色，熟时淡黄色或淡褐黄色，常宿存树上数年之久；种子卵圆形或长卵圆形，淡褐色有斑纹。

泰山上下均是其适生区域，但在海拔 800 米以上的区域油松属于优势树种。该区域生境较为严酷，属山地棕壤，呈酸性，坡度大，土层薄，风力大，霜雪多。油松在竞争中之所以成为优势树种，尤其是生长于峭壁之上的望人松、姊妹松等，除了自身属性，也与泰山二长花岗岩含钾元素等有关。油松根系深植于二长花岗岩裂缝之中，松根内分泌出有机酸，缓慢地溶解着二长花岗岩，并从中吸取可以利用的含钾养分和水分等；同时，又通过松根呼吸时放出的二氧化碳，遇水化合而成碳酸，配合有机酸共同侵蚀花岗岩，制造出油松生长所需要的养料和一抔沃土，在极端艰难的环境中，维持着泰山松的扎根和缓慢生长，也成就了泰山松几百年至上千年的树龄，成为树中的长寿者，造就了泰山的万古长青。尤其是位于海拔1300米左右的对松山和后石坞的大片原始古松林，苍翠蓊郁，堪称奇观。其不畏严寒、坚韧不拔的青松品格不愧为“树中君子”。

（六）天烛峰（石河、石海）

天烛峰位于泰山之阴的后石坞景区，与岱顶相距1.5公里，奇峰怪松，地势险要，以幽、奥著称。后石坞东为九龙岗，岗之南坡有大、小天烛峰（图1–27），直插蓝天。前者高100余米，后者高80余米，酷似两支欲燃的巨型蜡烛。

图1–27　小天烛峰（泰山景区资料）

究其成因，以中粒片麻状黑云母二长花岗岩为主的傲徕山期岩体，岩石比较致密和坚硬，抗风化能力强，垂直节理发育，形成孤峰。孤峰从谷底豁然拔起，秀峰如削，高如巨烛，故名“天烛峰”。峰端横生怪松，平添灵动。

后石坞一带由于季节和昼夜温差、湿度变化大，温差风化、冰劈作用等物理风化作用非常显著，冰雪雨露均参与上述风化。通过热胀冷缩或冰劈冻融等作用，沿垂直节理面和水平节理面的细小裂隙使岩石发生崩解破坏。在重力作用下，崩解的岩石就发生大规模崩塌，形成悬崖峭壁和奇峰怪石，并大量滚落下来堆积在山坡上或沟涧内。这些杂乱的巨石，有的在山坡成片产出达上千平方米，犹如石头的海洋，称之为“石海”；有的沿沟涧呈带状分布，称之为“石河”。也有学者认为，泰山石海、石河，还有扇子崖等，为冰川作用所致。

（七）气象奇观

泰山气象条件瞬息万变，形成许多迷人景致。“旭日东升”“云海玉盘”“晚霞夕照”“黄河金带”气象景观成为泰山四大奇观。这其中尤以“旭日东升”“云海玉盘”最为壮观。除此之外，还有气象绝景——神秘的“碧霞宝光”。

“旭日东升”是泰山的重要标志，其成因在于山高和淡云薄雾的气象条件。泰山突兀于华北平原，岱顶东部日出一侧皆为下伏山丘平地，凌晨大气底层薄雾、尘埃微升，日光平射经过大气的厚度大，日光中的短波光线，如绿、青、蓝、紫，或被散射，或被吸收阻挡，而其中的红色光线波长最长，易于绕射过地平线的云雾尘埃，使旭日变红，若遇云海则更是一绝。冲破黑暗的万道霞光和喷薄而出的红日，在代表东方万物出生之地的泰山，更是给人以特殊的期盼与向往、激励和力量，吸引着古往今来的泰山游客，也幻化出历代文人墨客的无数赞歌。

“云海玉盘”是一年四季均可能出现的景观，但夏秋二季更为易见，前提是对流不能过于旺盛。若对流旺盛，形成的对流云顶往往高于泰山顶而观赏不到云海。一般多在雨后初晴，受高气压控制，且有逆温层存在的时候云顶高度才低于山顶，这时即可见到波浪状的层云像大海一样绵延，群峰似海上的岛屿若隐若现，从而形成云海玉盘美景。

“晚霞夕照”的成因与旭日东升相同，均是阳光长距离穿过低层淡云薄雾时红波绕射而成。夕阳西下之时，于泰山极顶西望，道道金光穿云破雾，彩霞满天，“谁持彩笔染长空，几处深黄几处红”。

“黄河金带”对气象的要求颇高，夕阳西下时，天高气爽、新霁无尘，黄河水面反射太阳光线至泰山山巅，这时举目远眺，在泰山西北层层峰峦的尽头，有一条金黄色的彩带从西南向东北延伸至天际线，成为泰山与黄河的“山河绝唱”。

图 1–28　碧霞宝光（泰山景区资料）

“碧霞宝光”则是在四大奇观之上，最令人神往的气象绝景。这一景色可遇不可求，对气象条件的要求更为苛刻。出现概率大的时间主要是在太阳偏西之后，碧霞祠西神门一侧要有弥漫的密云或浓雾，观察者要站在碧霞祠西神门对面晴朗的高地上，阳光从观察者背后照来，人影则会呈现在云雾幕上，因太阳光在云雾空隙中发生衍射分光作用，人像的周围显示出一内蓝外红的彩色光圈，恰似佛首上的光环，故称佛光或宝光（图 1–28）。

（八）龙潭飞瀑

黑龙潭是泰山西路的著名景点，尤以“龙潭飞瀑”著称，位于长寿桥南。泰山西溪流过长寿桥后，从阴阳界[①]处的东百丈崖飞流而下，形成第一潭，俗称“老龙窝”。瀑布在此缓冲后便顺着约30米长的斜坡注入第二潭，再顺着20米左右的斜坡直冲第三潭，组成了潭瀑相连的三叠式瀑布。因第一、二潭的规模和深度均较小，且难以近观，并不为人们所注意，而第三个潭则是一个天然大岩穴。此穴腹大口小，形若瓦坛，直径约5米，深逾数丈，潭水碧绿，因传说其与东海龙宫相通，故名“黑龙潭”（图1–29）。

图1–29 黑龙潭（王雷亭摄）

黑龙潭东西两侧峭壁如削，其东北为东百丈崖，西称西百丈崖，西南有南百丈崖。每当夏秋多雨时节，三道瀑布奔泻而下，犹如玉龙飞舞，被誉为“云龙三现”，为泰山一大奇观。尤其是东百丈崖的瀑布，从20余米高处飞流直下，声若雷鸣，水花四溅，如雨似雾，蔚为壮观，誉为“龙潭飞瀑”，是泰山胜景之一。

东百丈崖为一断层崖，近于直立，走向北东65°。崖上岩石为傲徕山中粒片麻状二长花岗岩，质地比较坚硬，抗风化剥蚀能力较强。而崖下的黑龙潭附近，则是二长花岗岩中所含的黑云角闪斜长片麻岩残余包体，因其化学稳定性和抗风化剥蚀能力相对较差，在风化作用及瀑布的不断冲击下极易遭受破坏，形成洼地或洼坑。

黑龙潭之所以潭壁圆滑，呈腹大口小，形若瓦坛的形态，实际上是瀑布强烈的掏蚀作用形成的壶穴地形。因为东百丈崖瀑布并非垂直入潭，其水流受科氏力[②]影响入潭后发生右偏，在潭里形成顺时针环流（水流下冲入潭时偏潭左侧，更加助了环流的形成及速度），对潭壁作侧向弧线式的侵蚀，使黑龙潭逐渐趋于圆形；当瀑布水流增大

① 所谓“阴阳界”，实际上是一条由长石和石英组成的长英质岩脉，呈灰白色，脉宽1～1.2米，沿南东130°方向延伸，近于直立产出在二长花岗岩中，与围岩的界线十分清晰，产状稳定，直线状展布，色调鲜明。因位于东百丈崖的峭壁边缘，地势甚为险峻。古人把岩脉看作阳间与阴间的分界线，虽有某些言过其实之处，但对游人而言确不失警示的作用，同时也为长寿桥增添了几分神秘的色彩。这条致密坚硬的垂直岩脉的存在也是东百丈崖得以保持断崖形态的重要因素。

② 科里奥利力（Coriolis force），简称科氏力，是对旋转体系中进行直线运动的质点由于惯性相对于旋转体系产生的直线运动的偏移的一种描述。地球是一个巨大的旋转系，因此在地球上也有科里奥利力作用的现象，直线运动的物体形成偏转力。如河流，在北半球向右偏转，而在南半球则向左偏转。

时，部分水流直冲潭底，然后向斜上方回流作弧线刨蚀，使潭不断加深，潭腹不断拓宽。因此，黑龙潭在侧向和垂向两部分水流的侵蚀和刨蚀作用下，天长日久，精雕细刻，逐渐形成了今日所看到的边部圆滑、口小腹大、形若坛罐的奇异形态。“龙跃九霄云腾致雨，潭深千尺水不扬波”，观瀑的西溪亭对联道出了该景的幽深与神秘。

（九）扇子崖

扇子崖是泰山西麓的险要幽绝之处，是观察深沟峡谷、悬崖峭壁、奇峰峻岭的侵蚀切割地貌最佳地点之一，也是泰山的著名旅游景点（图 1–30），有西汉末年赤眉军“天胜寨”遗址。扇子崖附近景点密集，东为狮子峰，西为傲徕峰，傲徕峰与扇子崖结合处为山口，在山口之后是青桐涧，其深莫测，涧北为壶瓶崖，危崖千仞。站在山口，东看扇子崖，如半壁残垣，摇摇欲坠，让人心惊目眩，西望傲徕峰，似与天庭相接，北眺壶瓶崖，绝壁入云。

图 1–30　扇子崖（泰山景区资料）

扇子崖和傲徕峰一带出露的岩石，均为傲徕山中粒片麻状二长花岗岩。原来扇子崖与其东侧的狮子峰及其西侧的傲徕峰是一个整体，后来被两条北西向断裂错切，将其分割成三个山峰，而扇子又被北东东向断裂切割，形成一系列密集而直立的板状块体，加上二长花岗岩水平节理发育，岩石十分破碎，在重力作用下，不断发生大规模坍塌，久而久之，逐渐形成目前犹如半壁残垣、状如扇形的扇子崖。

（十）桃花峪一线天

位于岱顶西北的桃花峪，奇峰峭壁林立，深涧溪水长流，青松翠柏密布，兼有险、奇、秀、幽的自然景观特色。此处气候适宜，水质清净，又成为泰山赤鳞鱼繁衍的胜地。在桃花峪沟涧尽头的索道站对面，有地学佳景“一线天”。

索道站周围出露的岩石，主要是傲徕山中粒片麻状二长花岗岩。其东侧有北西向龙角山断裂通过，断裂两旁发育有与其基本平行的伴生断裂。其中一条伴生断裂切过一个山头，生成约 5 米宽的节理密集带，节理面近于直立，把二长花岗岩切割成许多薄板状岩块，在重力作用下岩块沿直立节理面不断坍塌，最后形成两峰对峙的一条几米宽的大裂缝，经流水冲蚀形成峡谷，这就是有名的桃花峪一线天。置身其中，只见两壁峭如刀削，仰望上空，蓝天一线（参见图 1-2）。

（十一）彩石溪

在泰山桃花峪河谷中段，是色彩斑斓的彩石河床，碧石清潭，流水潺潺，属于精彩的地质景观。彩石溪因彩石的存在而得名，为古老的泰山岩群在区域变质作用下混合岩化的产物，形成了花纹图案千姿百态的彩石。

彩石溪的彩石为角闪斜长混合岩，其主要矿物成分中，白色的是斜长石、石英等，暗色的是角闪石等，是在区域变质作用下形成的深变质岩。在新太古代，此区为一个巨大的地槽活动区，海洋环境中的大量沉积物，经成岩作用，形成砂岩等沉积岩。后来地槽回返，大量基性岩浆侵入，与泥岩一起发生混合岩化，经交代变质、分异，长石、石英等成分的矿物相对富集，形成白色条带的长英岩脉，与富集暗色矿物的角闪岩不规则地相间排列，形成色彩斑斓的图案（参见彩图 1）。

（十二）点岱石

泰山脚下的泰山学院校园内，在体育场北侧，出露一群泰山侵入变质岩——片麻状中粗粒黑云母二长花岗岩，属虎山岩体，岩体侵入泰山岩群，常见岩体中含大量望府山条带状片麻岩包体，有的被普照寺细粒闪长岩侵切。其中，靠近五环路的一块独立岩石呈现不同大小的蜂窝穴，穴体形状各异，且在岩体的南侧、西南侧比较发育，笔者将该石命名为“点岱石”（图 1-31），海拔约 190 米。

图 1-31　点岱石（王雷亭摄）

这块蜂窝石的成因尚难定论，泰山环山路大体同海拔高度的大众桥段、普照寺段、王母池段、水牛埠段等也有此现象，有待于进一步深入研究。传统风成说、水成说、冰川说等均可以解释此景，当然，这里基本可以排除风成说。结合近年相似景观最新研究进展[①]，经观察研判，初步认为，盐风化作用为主的差异风化当是主要成因。

盐风化作用是指因岩石孔隙（或裂隙）中的盐类结晶膨胀而导致的岩石露头表面颗粒分解或脱落的物理风化作用。盐风化有时也叫蜂窝状风化，因为在海边、干旱半干旱和某些河湖岸边潮湿地带等可以形成密集分布的小型风化穴，看上去像蜂巢一样紧密排列。主要在花岗岩、砂砾岩类岩石表面，因为盐分随降水、风雾等渗入岩石孔隙（或裂隙）中，随着湿度与温度的变化，盐分在结晶膨胀、溶解中频繁交替，导致岩石局部崩裂，在岩石表面形成坑坑洼洼的风化穴。

点岱石所处原始环境为河流阶地，其南侧田径场处原为溪流河道，再向南为大河（源于泰山桃花峪汇入牟汶河）。若以大河作为主河道判断，点岱石当处在其三级阶地上。根据点岱石与泰山的关系，以及周围若干岩石明显的流水侵蚀痕迹，现为河流阶地的该区域，原也曾为溪流河道，后因抬升或河谷下切等原因成为古溪流河道遗存。根据附近多块岩石的流水冲刷痕迹判断，此处当有多股溪流，水流方向为自西北向东。

点岱石为片麻状中粗粒黑云母二长花岗岩，孔隙度较高，更易于盐风化。从点岱石蜂窝穴所分布的位置可以初步判断，蜂窝穴的形成当在其所在的溪流河道抬升之前的时期。该时期，河道有流水经过，面向流水处的岩石一侧因湿润环境往往少盐类结晶，不易形成蜂窝穴；而点岱石背向河道的阳面一侧，相对干燥，加之太阳照射蒸发，更宜于盐类结晶而形成蜂窝穴。点岱石北侧的岩石，其四周均有流水侵蚀，不利于盐类结晶，没有形成蜂窝穴。附近的其他岩石上有几处不太明显的风化穴，应与上述分析同理。据此，可以基本判定，点岱石主要是经盐风化为主的差异性风化，又经降水、山溪片流等将崩裂物冲刷掏蚀“修饰”，形成了密集的蜂窝穴，成为大学校园里的珍贵自然遗产。

三、泰山周边景观的地学解读

泰山崛起的影响是巨大的，不仅仅是对泰山主脉景观的决定性影响，也从根本上

① 吕洪波等：《中国不同气候带盐风化作用的地貌特征》，《地质论评》，2017 年第 4 期，第 911–925 页。

直接影响或塑造了其周边景观。

（一）地上悬河（黄河）

地上悬河是指黄河下游段。黄河，全长约 5464 千米，流域面积约 79.5 万平方千米，是中国第二长河，世界第五长河。中国历代重视黄河，公元前 61 年，汉宣帝制诏太常，“唯泰山与河岁五祀，江水四，余皆一祷而三祀”，从礼制上根本奠定了泰山与黄河分别在山与水中的独尊地位。中国的山，泰山是象征，中国的水，黄河是标志。就如“山水”二字紧紧相连一样，泰山黄河也密不可分，“山河”“河山”结成一体，早已超越了物质实体，双双走进了中华民族的精神世界，以至成为国家的象征、江山的代表。

从地学上看，黄河是在青藏高原崛起并形成西高东低的地势之后才逐渐形成的。开始的黄河还是内陆河，被太行山阻隔，黄河河水汇入三门峡处的古三门湖。随着青藏高原进一步的抬升，西高东低三大阶梯的地势高差加剧，距今百万年前后，黄河冲破三门峡实现了东西贯通。蓄势已久的黄河冲破三门峡进入太行山以东的湖海低地，黄河河道比降骤减，流速变缓，携带的大量泥沙[①]迅速沉淀淤积，使得河床抬高，当河流两岸无法继续约束河水时，黄河便被迫改道，由此又再淤积再改道，留下了大量的黄河古河道。当然，黄河也不会是完全的漫流，其改道也会受到一些地下隐伏断层的引导和影响。[②]这时的泰山就是海岛（或半岛）上的东天一柱，黄河被泰山山脉正面阻挡后，便在其南北来回扫荡，遇海填海，遇湖填湖，遇河袭夺，逐步形成了华北平原。作为中华民族的母亲河，黄河在上中游哺育了流域内的百姓，在下游则是直接缔造了华北平原。黄河下游现今的河道是在人力干预下稳定下来的，由于累年的河床淤积，两岸大堤也不断被加高，在下游形成了长达约 800 千米的世界最著名的“地上悬河”（其中，河南段约 200 千米，山东段约 600 千米），成为人类宝贵的自然与文化遗产。

泰山、黄河从分置东西的两个互不关联的自然事物，到二者相遇，相互影响、相互成就，是地学史上的大事，也是文化史上的大事。以泰山为中心，黄河在其南北来回改道、扫荡、淤积，填充湖海低地，形成了广阔的华北平原。泰山成为黄河下游的

① 黄河含沙量为世界河流之冠，济南泺口站多年平均含沙量 24.122kg/m^3，河床淤积十分严重，市内河段每年淤高 0.21m。

② 王晶等：《黄河郑州－济南段河型变化特征及其与隐伏断层活动的关系》，《地质论评》，2021 年第 6 期，第 1605−1618 页。

中流砥柱、华北平原内的最高峰，成为历史上“保障平原”的精神支柱，不断慰藉着华北平原人的心灵。是黄河的力量，让泰山的影响到达黄河流经的地方，使泰山文化的腹地由华北平原扩大至中西部以至全国。同时，发源于泰山南麓的大汶河、瀛汶河、石汶河、泮汶河、柴汶河、漕河、汇河、康王河与发源于泰山北麓的玉符河、南大沙河、北大沙河河水分别汇流到黄河[①]，是泰山之水成为黄河下游最大的补给水源，同时，黄河也成为泰山区域洪水入海的最大通道。黄河的东西贯通使得泰山、黄河发生关联，使得中国东、中、西三部分在自然上发生了关联乃至融合，形成了利于统一的整体性极强的地理环境。人类进入文明阶段后，黄河与泰山始终是人地关系中的重要组成部分，华夏五千年，黄河安澜与泰山平安一样，都是国泰民安的重要象征。

（二）东平湖（大汶河）

东平湖位于大汶河河口下游，蓄纳大汶河之水，是山东省面积第二水量最大的淡水湖。在地质上，东平湖处于泰山断隆区和徐州坳陷区交界处的大断裂带北端，因该断裂带是两侧地表水、地下水的天然汇集地，故沿断裂带形成了山东省面积最大的“南四湖、北五湖”湖群。由于受黄河、汶泗等河流泛决冲淤影响，历史上诸湖位置屡经变迁。东平湖为北五湖现仅存的湖泊。北五湖古为大野泽，《尔雅·释地》把其列入全国十大湖泊之一，南北朝时一分为二，东称茂都淀，西为巨野泽。隋朝时又合二为一称巨野泽。唐代《元和郡县志》载：“大野泽在巨野县东五里，南北三百里，东西百余里。”唐宋以来，因黄河常决，巨野泽逐步北移，环梁山皆水，这就是《水浒》上描写的“周围港汊数千条，四方周长八百里”的“梁山泊”了。元初，梁山泊分成南北两湖，南称南旺湖，北为安山湖。1855 年黄河在铜瓦厢决口，分三股水向东北流泄，汇于张秋穿运河，在东阿鱼山夺大清河入渤海。自此，安山湖北移，形成现在的东平湖，南旺湖则在新中国成立后辟为良田。

东平湖承担着分蓄黄河洪水的重任，但平时黄河水并不流入湖内，河湖是分离的。它也是大汶河（其下游称“大清河”）的蓄纳水库，河水流入湖内，再通过出湖闸流入黄河。因此，东平湖既是黄河的滞洪水库也是黄河的补给水源。总面积 627 平方千米，为大Ⅰ型水库。它处在黄河下游河道由宽变窄的过渡段，在黄河防洪体系中有非常重要的作用。东平湖现有堤防长度 164.6 千米，湖区分为一级湖（老湖区，面积 209 平方千米）、二级湖（新湖区，面积 418 平方千米），总库容 40 亿立方米，一级湖常年有

① 山东省地方志编纂委员会编：《山东省志·水利志》，济南：山东人民出版社，1993 年，第 31–32 页。

水，二级湖平时无水。

东平湖是黄河、大汶河、大运河三大水系的交汇地。黄河从北侧流过，河段长约100千米；大汶河，古称汶水，源于泰莱山区，汇泰山山脉、蒙山支脉诸水，由于大汶河流域内北有泰山，东靠鲁山、蒙山，西、南为丘陵和平原，地势东高西低，北高南低，导致河流成为自东向西的“倒淌河”，最终汇入黄河。其干流河道长239千米，流域面积9098平方千米，汇集了大小940多条支流，是黄河下游最大的支流。大汶口以上为上游，分南北两大支，北支为干流牟汶河，南支为柴汶河。大汶口至“引汶济运”的戴村坝为中游，称大汶河。戴村坝以下为下游，名大清河。京杭大运河在东平湖范围内全长40多千米，该段称会通河，开挖于元代，在岁月中多有变迁。

东平湖作为山东黄河水利的心脏，也是南水北调的枢纽湖，如同一颗璀璨明珠镶嵌在黄河与大汶河下游冲积平原上。大汶河澎湃东来，长江水北调入湖，黄河于湖西呼啸而过，千年好汉歌飘摇于水泊云水天间。东平湖因“襟三水而带五湖，控汶运而引江河”的优越地利和厚重悠远的水浒文化，成为文化与生态旅游胜地。

（三）汶阳田

泰山之阳是大汶口文化的发祥地、命名地，大汶口文化又是当时独步华夏的山东龙山文化的源头，这得益于泰山山脉与大汶河等共同孕育的“汶阳田”。汶阳田也是齐鲁必争之地。大汶河冲积平原就是广义的汶阳田。汶阳田的范围覆盖了济南市莱芜区，泰安市泰山区、岱岳区、肥城市、宁阳县等，主要土壤类型为褐土和棕壤，土层深厚肥沃。

汶阳田的形成主要依赖良好的成土条件。除了适宜的气候、水文、地貌等条件外，成土母质是重要因素。泰山结晶基底岩石厚重古老，成分复杂，富含各类土壤及生物生长发育所需元素，风化后被汶河大小支流、干流携带成为冲积平原的重要组分，其土体疏松多孔，透水性好，不板结。加之倾斜平原的因素，且地下水源丰富，灌排条件良好，发展农业具有得天独厚的优势。另外，该区土壤肥沃的因素也应与晚新生代以来来自中西部及近源的风成物质（黄土）的不断加积具有密切关系，因为其中挟带有大量的营养元素，如钙、钾、磷等易被作物吸收的元素，当然，这有待于进一步深入研究。因此，泰山南麓地区既有可耕作的沃土，又有鱼盐之利，且少旱涝之忧，为文明的发展提供了有利条件。到春秋战国时期，这里已成为富甲天下的“膏腴之地”。历史上，鲁国的“井田制”“初税亩”等就诞生于此。

（四）地下龙宫（邱家店溶洞）

地下龙宫，属于岩溶地貌景观中的地下溶洞，处在泰山－徂徕山之间的泰莱断陷盆地上，位于泰山南麓距泰安市中心 15 千米的邱家店镇南、牟汶河北的地下，又称邱家店溶洞（参见图 1–3）。该溶洞具有规模大、洞层多、沉积类型全的特点。

石灰岩溶洞是由于水和二氧化碳对石灰岩的缓慢侵蚀溶解、析出沉淀而成的杰作。溶有碳酸氢钙的水，由于水分的蒸发或压强减少以及温度的降低都会使二氧化碳溶解度减小，而析出的碳酸钙逐渐沉淀，这些沉淀物经过千百万年的积聚，就形成了千姿百态的钟乳石、石笋、石瀑布、石柱、石幔、石花等令人惊叹的景观（参见图 1–32）。

图 1–32 （王雷亭摄）

形成这样的地下溶洞需要可溶性岩石、裂隙（断裂）、流水与适宜岩溶形成的温度等条件。该区域地质历史时期具备形成溶洞的条件。一是厚层石灰岩，该区内第四系覆盖层下面有 120 米中奥陶纪上部的厚层石灰岩。二是区内岩溶水补给源比较多，水量比较丰富，其中，有北部泰山变质岩和侵入岩裂隙水的补给，有通过徂徕山断层接受东部岩溶水的倒向补给，还有上覆含水层通过透水天窗的垂向补给。三是具备良好的水动力交替的径流条件。北北西向岱道庵断层和北东东向徂徕山断层成为本区地下岩溶水两个主要的径流带。四是适宜的温度条件，今天的温度条件，溶洞发育基本停滞或非常缓慢，但地质历史时期的湿热气候有利于溶洞发育。从上可知，120 米厚的奥陶系中统石灰岩为溶洞形成创造了良好的可溶性岩石条件，加上有利的岩溶水补给和排泄条件，以及理想的水动力交替径流条件，在地壳升降比较稳定的构造背景与适宜的温度下，形成了邱家店溶洞这一北方少有、全国罕见的特大型溶洞。

邱家店溶洞气势雄伟，又典雅秀美，汇集了岩溶洞穴沉积的精华。共有 5 种类型

40多种沉积形态，几乎包括了岩溶洞穴文献中所记载的全部化学沉积物形态类型。洞内化学沉积物有滴水沉积的石钟乳、石笋、石柱、鹅管等，有流水沉积的石幔、石旗等，有渗透水沉积的石枝、石盾、石珊瑚等，有停滞水沉积的穴珠、水下石葡萄等，还有飞溅水沉积的石毛、石花等。长达3000米的地下暗河漂流，是进入吉尼斯纪录的最长地下暗河漂流。

（五）徂徕山秋千架

《诗经》云："徂徕之松，新甫之柏。"徂徕山海拔1027米，属泰山山脉，是齐鲁重要的历史名山，为诗仙李白等人的隐居地，山中有帝王封禅的禅地之处——梁父山。徂徕山处于鲁西地块鲁中隆断区徂徕山－莲花山断块凸起的西部，是一处典型的断块隆起山地。北为泰莱断陷盆地，南为新蒙断陷盆地，西以南北向断裂为界止于汶河东侧，东以北西向化马湾断裂与莲花山断块相邻。徂徕山出露的地层，除北部山体边缘分布有部分古生界寒武－奥陶系的沉积地层外，主要是早前寒武纪新太古代形成的变质表壳岩系泰山岩群及之后各期侵入岩。徂徕山也是泰山世界地质公园的重要园区，是国内较早的国家森林公园。

图1–33　秋千架（徂汶景区资料）

秋千架位于徂徕山中军帐西南，有两峰对峙，恰似秋千，是徂徕山标志性景观之一（图1–33）。从地学角度来讲，秋千架是一典型的垂直节理构造景观，它的每一石块都是垂直叠压，又是一处花岗岩垂直节理的典型标本。此处二长花岗岩的垂直和水平两组节理十分发育，加上北东向断裂的强烈切割，形成构造节理密集带，岩石被切割成许多薄板状，经过长时间风化剥蚀，水流的冲蚀，以及发生重力崩塌作用，塌落下来的岩块被流水搬运或滚落到山坡下，最后形成状若秋千的两个奇异小山峰，因而得名。

秋千架是观赏泰安八景之一"徂徕夕照"的绝佳位置。民间传说，泰山碧霞元君成长于此，因其功力日增，需要更高道场，便荡此秋千至泰山修行，徂徕山因此便成为泰山碧霞元君文化的重要源头、泰山的姊妹山。

（六）桥沟温泉

桥沟温泉历史悠久，唐代称“乾封汤”，为当时中国十大名汤之一。现为山东省18处天然温泉点之一。[①] 桥沟温泉位于徂徕山西北麓牟汶河旧县桥下游左岸，岱岳区徂徕镇桥沟村西，海拔116米。按国家地热泉水分类标准，属于优质天然高硫高钠硅氟复合型医疗热泉水，具有很高的浴疗价值。

桥沟温泉属于鲁西地热区，其所在的泰莱断陷盆地北部巨厚的石炭，二叠纪和中、新生代碎屑岩地层相对热传导性差，深部含水层有中、低温热水，在深断裂发育部位，通过地下水的深循环而形成温泉，属于低热传导率盖层地热增温型。桥沟温泉之所以能够出露，与断裂构造有关。徂徕山处于鲁西地块鲁中隆断区徂徕山－莲花山断块凸起的西部，北侧的泰莱断陷盆地断裂构造发育。桥沟温泉地处山原交接处，在地质构造上处于北西向的北店子断裂与北东向的徂徕山前断裂交汇处，同时也是徂徕山大断裂由北东走向转向南北走向的折点，地下热水由断裂处涌出，在桥沟形成构造裂隙型天然温泉泉群。这里过去曾为罗非鱼的越冬基地，现已成为温泉旅游地。

（七）新甫山天成观音

天成观音，是新甫山（又称“莲花山”）的标志性景观。新甫山位于泰山东南的新泰市境内，是国家森林公园，属泰山山脉，《诗经》中的“新甫之柏”之新甫便言此山。后因九峰环抱状似莲花而更名莲花山，现又改回原名新甫山。新甫山总面积100平方公里，主峰海拔994米，处于鲁西地块鲁中隆断区徂徕山－新甫山断块凸起的东部，是一处典型的断块隆起山地，经历了漫长复杂的地质演化过程。其西南方出露的新太古代早期形成的科马提岩是全世界发现的四处（南非、澳大利亚、加拿大各一处）典型地质遗迹之一，它是地球早期原始地壳的记录（见本章第二节“泰山地层”），地学资源内容丰富，类型多而奇特，有重要的科学价值，是泰山世界地质公园的组成部分——“新甫山园区”。

天成观音位于新甫山拥翠台前的山峰之上，山峰上的这组岩石为二长花岗岩，受球形风化影响，底座岩石已经形成了典型的球状，状如莲花台。而上方的岩石在风化过程中，受节理控制明显，一侧岩石在风化过程中顺垂直节理发生重力崩塌，只留下

① 山东省地热资源丰富，全省分为鲁东、鲁西、鲁北和沂沭断裂带4个地热区，分属中生代岩浆热源型、低热传导率盖层地热增温型和复合型3种类型。地下热水出露位置大多在河谷地区、第四系覆盖的构造破碎带、岩浆岩侵入或喷出带附近，另外，平原区第四系深部及古潜山地层也有热水分布。

另一侧，经大自然的雕琢，奇巧成景。抬头远望，酷似观音结跏趺坐于天然奇石聚成的莲花宝座之上，形象逼真，惟妙惟肖，故名天成观音（图 1–34）。

图 1–34　天成观音（新甫山景区资料）

从地球夷平化和花岗岩的球形风化过程看，虽然天成观音未来会被逐步风化变形，乃至最终消失（这当然是一个漫长的以万年乃至更长时间单位计量的自然过程），但现时段却让人类幸运地见证了岩石风化过程中的奇迹、奇景，让人感叹大自然的奇妙造化。

（八）陶山朝阳洞

陶山位于泰山西部肥城市境内，据考因范蠡三徙而隐于此山故名“陶山”，又名“鸱夷山”；诗人唐仲冕曾客居陶山，历时十余载，写出 32 卷巨著《岱览》。陶山面积约 9 平方公里，主峰海拔 520 米，属泰山山脉，是泰山世界地质公园的组成部分——“陶山园区”。

陶山园区属陶山 – 牛山断块凸起的西南缘，肥城煤田断陷盆地北侧，处于幽栖寺背斜、陶山向斜、吕仙村背斜的“两背夹一向”的构造范围内。园区内地质遗迹丰富、典型，主要地质景观有石灰岩溶洞、中下寒武统地层剖面、结晶基底与沉积盖层接触关系、交错层理等沉积构造、崮形地貌和峡谷地貌等。地层序列完整，其下中寒武统地层剖面可与泰山北侧长清区张夏镇馒头山标准剖面相对比，对研究华北地台地质演化历史，以及古生代早期沉积环境都具有很高的地学价值。

陶山岩溶地貌在泰山山脉中较为突出，尤其是溶洞较为发育，数量众多，规模不一，形态各异。这类溶蚀侵蚀构造低山景观尤其是溶洞景观，与泰山侵蚀构造山地景观有很强的互补性。其中位于主峰西北侧山崖上的朝阳洞最为典型，为陶山七十二洞之首，是肥城古八景之一“陶洞清幽”的命名处。朝阳洞长约 60 米，宽 3–5 米，高 5–10 米，所处地层为张夏组中寒武统。其形成机制与邱家店的地下龙宫相同（参见本节“地下龙宫”），只是邱家店溶洞所处区域系地堑式下降而仍为地下龙宫，而朝阳洞所处陶山山地为整体隆起跃出地上，溶洞现已抬升至海拔 360 米，贯穿溶洞的地下暗河早已成为干沟，岩溶作用也自然停滞。

朝阳洞内化学沉积物少，只有少量石幔、石柱等，多为被岩溶水和地下暗河溶蚀、冲蚀的石灰岩洞壁。朝阳洞岩溶质量虽然一般，但溶洞洞厅空间较大，空旷的石灰岩洞壁相对易于雕塑。古人便利用这一特点，自宋代延续至民国时期，在洞内雕塑了大量佛像等摩崖石刻。光绪十七年《肥城县志》载：“朝阳洞，洞门南向，方可容车，广如堂室，为朝阳初洞，又登二十级亦如之为朝阳中洞，又登二十级，深广倍于前洞为朝阳上洞，三洞四壁皆刻诸佛法相。”2019 年 10 月，陶山朝阳洞石刻造像被公布为第八批全国重点文物保护单位。

（九）灵岩寺明孔山

图 1–35　灵岩寺明孔山（王雷亭摄）

明孔山在泰山西北侧的万德灵岩寺。穿过清帝乾隆题额的“灵岩胜景”坊（灵岩寺西天门），举目南望，便是“明孔山”（图 1–35）。山巅峭壁，海拔约 500 米处有一圆形孔穴，自北侧远望大如车轮，南北相通，如明镜高悬，又似皓月当空，为灵岩一大奇观。入洞观察，洞内不足 4 平方米，控制溶洞形成的顶部裂隙非常明显，自洞内望南北，均为上窄下宽，约正三角形状。这里的岩石为石灰岩，是泰山掀斜抬升在山前被剥蚀掉、但在山后却保留下来的岩层，是标识岩层升降的典型景观，属于岩溶景观。

现明孔山原是地下可溶性石灰岩，长期在地下水的溶蚀、潜蚀作用下，形成岩溶洞穴。后随泰山一起抬升，上部岩石被风化剥蚀而出露地表，再经地表水的侵蚀搬运，切割成山，地壳继续抬升，使该岩洞高悬于山腰而成现状。其东北侧的朗公石等形成机制与之相同。

（十）五步三泉

在灵岩寺千佛殿东侧，不足 7 米的距离内有卓锡、白鹤、双鹤三泉，泉水长流不息，叮咚有声，蜿蜒曲折，汇入泉池，成为“五步三泉”的奇特景观，是下降泉的典型代表。附近还有甘露泉、上方泉、袈裟泉等泉池。

“五步三泉”的形成与该地的地质条件密切相关。这里出露的岩石是距今约 5 亿年的下寒武统薄层石灰岩和页岩，二者互相叠垒。单层厚度都很小，灰岩厚度一般为 1 米左右，页岩厚度往往只有 30–40 厘米。在仅 6 米高的陡坡上就出现三层灰岩和四层页岩。灰岩多岩溶裂隙，被地下水充填。页岩呈层状，一般不含水也不漏水，它阻挡了上部灰岩内的地下水，使之顺着页岩层面，流出地表形成下降泉，与泉城泉群的上升泉在形成机制上有着重要的区别。

（十一）泉城泉群

位于泰山北麓的济南市，其水文地质条件对形成泉水十分有利。因泰山掀斜抬升，使济南地区的地形南高北低。南部山区除分水岭地带为古老花岗片麻等变质岩外，石灰岩广泛分布，其产状基本与地形一致，由南向北倾斜。至市区和东西郊延伸至地面以下。由于石灰岩的裂隙、溶洞发育，易使大气降水入渗和在地下积蓄。岩溶地下水主要补给源为大气降水和地表水的渗透补给，济南玉符河、长清区的北大沙河和南大沙河每年丰水期都有大量河水下渗。地下水的流动方向和地形、岩层的倾斜方向大体一致，都是由南向北。在市区由于有岩浆岩分布，又受千佛山断层和文化桥断层的切割，普利门以东、文化桥以西石灰岩向北突出，地下水在这一带受到西、北、东三面不透水岩浆岩的阻隔而富集承压，于是在旧城区以泉的形式沿裂隙处出露，形成上升泉，这便是泉城泉群的成因（参见图 1–8）。泉群中趵突泉最为突出，“趵突泉涌”为济南八景之一，是泉城济南的标志性景观。

济南泉水涌出的最低水位约为海拔 27.5 米，出口水温 16–18℃。泉水水质良好，是低矿化度、低硬度的宜于饮用的水源。泉水出露在旧城区四个相对集中地区，形成了著名的四大泉群：旧城西南方向有趵突泉群，东南方有黑虎泉群，泺源桥西侧有五龙潭泉群，大明湖南侧有珍珠泉群。泉城四大泉群等的泉水汇流入大明湖，再由大明湖进入小清河东流入海。与泉城地下水的形成机制相似，在济南章丘区和平阴县也有众多泉水：章丘有东麻湾、西麻湾和百脉泉三组泉群，平阴有洪范池泉群，各具特色，自古便是游赏之地。是构造运动让泰山成为泉城泉群的塑造者，更让泉城成为坐拥泰山的山水名城。

（十二）鹊华烟雨

在济南城北，为济南八景之一，是两个隔黄河相望的突出的独立山丘，一名华山，又称华不注山（俗称“花骨朵”山），在黄河南岸，小清河北岸；一名鹊山，在黄河北岸。因赵孟頫的名画《鹊华秋色图》，华山、鹊山也成为济南“齐烟九点”中的两个最为有名的山丘。

济南地区岩浆活动主要有三期，即太古代泰山期、元古代桃科期和中生代燕山晚期，有变辉长岩和花岗岩分布于济南泰安交界处的泰山北麓。而鹊华二山，则为中生代燕山晚期的岩浆活动所致。中生代晚期，燕山运动近东西向水平挤压力使得今日泰山所在地的北麓与南麓一样，也产生了若干条断裂，在今天的济南北部主要是近东西、北东东、北西西走向的断裂。这一时期有中基性岩浆沿断裂带侵入，形成辉长岩类、闪长岩类和正长岩类岩浆岩，分布于济南—郭店一带，面积达464平方千米，大部分被第四系沉积物所覆盖，只有少数于平原上形成孤峰或丘陵，如华山、鹊山，还有金牛山等。该区域地势低平，为黄河、小清河穿插，期间多存湖泊与古河道，河湖相间，空气湿度较大，在春秋季节气压较低、阴云之际，云雾缭绕，两山点缀雨雾云烟间，形成鹊华烟雨的美景，成为大泰山北部边缘的山水绝唱。

第二章
文明溯源：泰山文化的史前渊源

泰山文化是从泰山区域特殊地理和人文环境出发，由中国传统社会创造出的一种特殊文化类型。从出土资料和历史文献分析，泰山文化经过长期演变和积累，具有自己独立的风格与体系，其源头与当地久远的史前文化有关。

考古研究已经证实，早在数万年前，山东地区的史前文化就有相当程度的发展。旧石器时代的沂源猿人、乌珠台人遗迹，细石器时代的扁扁洞文化，新石器时代的后李文化、北辛文化、大汶口文化和龙山文化等，都是史前文化的典型代表。这些文化遗存在泰山区域都有丰富的分布，后来演变为所谓的东夷文化，并最终融合进中国早期文化的大潮之中。泰山区域史前文化是东夷文化的地方类型，最早由当地人群和社会所建构，对先秦时期的齐鲁文化、秦汉时期的封禅文化以及各种民间信仰的形成均有深远的影响。在传统社会逐渐凝练而升华的泰山文化，某种意义上也是史前文化的继承和发扬。为了解泰山文化的史前渊源，我们将从泰山区域的史前人群、史前文化和史前社会三个方面逐一介绍。

第一节 泰山区域的史前人群

泰山区域的史前文化是由本土人群创造，并积极吸收其他地区文化而形成的。按照考古学文化的分期，泰山区域史前文化也可分为旧石器文化和新石器文化，创造这些史前文化的人群就是本土演化的东夷人，目前的形成证据最早可以追溯到远古的直立人。沂源猿人化石的发现就表明，在距今四五十万年前的泰山区域，已经活跃着掌握着旧石器技术的古人类。从生存环境看，他们与北京猿人同属于华北直立人，从事着群居狩猎和采集活动。在距今四五万年时，新泰乌珠台地区又生活着一群晚期智人，现在还不清楚他们与沂源猿人的种系关系。但是随着沂源扁扁洞等多处细石器遗址的发现，至少可以认为，自中更新世以来到距今 1 万年左右的全新世早期，在泰山区域一直有古人类活动，远古文化就诞生在山林河谷之间，为新石器时代海岱文明的绚烂辉煌拉开了历史的大幕。

一、旧石器时代的古人类

泰山区域在广义上是指泰沂山地及其山前平原所属地区，这一带也是史前海岱文明的核心区域。[①] 泰山区域史前人群的主要成分是晚更新世以来，智人种在本土经过复杂演变形成的现代人[②]，在文化学上也可以称为东夷人，是早期华夏族的重要组成部分。东夷文化是构成后来泰山区域文化的主要源头之一。根据既往研究，中国大陆是现代蒙古人种的主要发祥地之一，而东夷人又是其中东亚蒙古种的重要来源，这一认识来源于对更新世时期以来，海岱地区直立人、智人和现代人遗骸的体质分析而得出的。[③] 东夷人作为一支连续进化间以杂交形成的单一种族，其发展为现代蒙古人种的过程具有直系继承性和内部交换性。

根据有关考古学家对现有资料的分析，在中国本土距今 30 万年以来的古老型人类化石已清晰表现出早期现代人的一些体质特征，显示出这些化石人类向"现代"方向连续演化和形态镶嵌的特点。而距今 10 万至 5 万年间没有发生过本土古人群的大灭绝，表明中国境内的人群生存方式一脉相承，没有发生过中断或替代。有些人群同时存在并在迁徙中发生基因交流，从而促成不同区域古人类的演化进程。[④] 在泰沂山地，考古工作者们也陆续发现了一批从晚期直立人到智人的骨化石和旧石器资料，其中最

① 海岱地区以泰沂山系为中心，不同时期的分布范围有一定差别，总体上呈扩大趋势，或可称为泰沂文化区。参见栾丰实：《海岱地区考古研究》，济南：山东大学出版社，1997 年，第 1 页。

② 考古学意义上的"现代人"通常指旧石器时代中晚期的智人，其在解剖结构上接近现生现代人的体质特征，并具备一定的技术能力和文化信仰，是源自非洲的智人种与各地区古人类基因混交的结果。

③ 韩康信、潘其风：《大汶口文化居民的种属问题》，《考古学报》，1980 年第 3 期。

④ 高星：《中国地区现代人起源研究的考古学进展》，《早期中国研究》第 4 辑，上海：上海古籍出版社，2021 年 3 月。

著名的当属沂源猿人和新泰乌珠台人。这些古人类遗存资料的发现，揭示出泰山区域东夷人本土演化的轨迹。

沂源猿人化石1981年发现于沂源县骑子鞍山的裂缝堆积中，包括头盖骨残片、眉骨、肱骨、肋骨和牙齿，分属于至少两个成年个体，是距今40万年的更新世直立人。乌珠台人1966年发现于新泰东都镇，其化石特征已经接近智人阶段，距今大约5万—2万年。发现地点附近及周边地区的旧石器文化遗存典型而丰富，如沂源县千人洞遗址、上崖洞遗址、扁扁洞和沂水县南洼洞旧石器遗存，均处于泰沂山地的东部边缘，显示出高度的时空一致性。此外，在临沂市的泉上屯、青峰岭、凤凰岭和郯城以及泰山区域南部边缘的汶上县东贾柏村、宁阳县前张庄等地，还陆续发现了四五十处细石器遗址，处于晚更新世时期到全新世早期阶段。① 上述考古遗存为证实泰山及周边地区古人类演化的连续性，探寻早期山东新石器文化的渊源提供了线索。沂源猿人和新泰乌珠台人化石的发现，可以为中国旧石器时代古人类在山东地区的连续进化和生存发展提供证据。

根据考古工作者对沂源猿人化石的测定，其头盖骨厚度与北京人上限值7.1毫米十分接近。而且眉脊粗壮，眉脊与额鳞之间有一条明显的沟槽，也与北京人十分相像，牙齿齿面仍带有原始形状。结合其化石层面出土的哺乳动物，如硕猕猴、大河狸、棕熊、黑熊、鬣狗、梅氏犀、三门马和肿骨鹿等，可以看出其生存环境接近于距今四五十万年前的北京人，代表温暖湿润的气候和森林—草原的环境。② 沂源猿人是已发现的出现在泰山区域，乃至山东地区的最早一批古人类。到距今5万年以后，山东地区的其他古人类也逐渐繁衍扩散并进入晚期智人阶段。有力的支撑证据来自新泰地区。1966年在此出土的乌珠台人化石遗存，根据其牙齿形态分析，应当属于晚期智人。而相关研究表明，沂源猿人的牙齿尽管保留一些原始特征，但是也表现出更多的进步性——比其他亚洲直立人和中国早期智人更接近于现代人。③ 沂源猿人有可能是东夷人乃至华东、华北地区蒙古人种的基因来源之一，与之相应的旧石器文化也出现了区域性和多样化的趋势。2004年在沂源猿人遗址附近的扁扁洞再次发现人骨化石，经检测约在距今11000—9500年，同时伴出的红色和红褐色夹砂陶基本为釜、钵类圜底器，文化面貌近似于稍晚的后李文化，为山东地区旧石器晚期向新石器早期过渡提供了线

① 山东省地方志编纂委员会编：《山东省文物志》，济南：山东人民出版社，1996年，第16-17页。
② 吕遵谔等：《山东沂源猿人化石》，《人类学学报》，1989年第4期。
③ 孙承凯：《山东地区古人类化石研究》，《中国博物馆》，2010年第2期。

索和依据。泰山区域自旧石器时代以来薪火相传，人类的活动生生不息，所有的文化遗迹都清晰表明，这里应该是中国早期人类重要栖息地之一。

二、新石器时代的古族群

关于泰山区域旧石器时代古人类如何演化为史前族群，并通过技术革新特别是农业革命进入新石器时代，目前缺乏足够的出土材料予以解释。但是显而易见，根据世界其他地区的考古学经验，古人类的发展与史前环境的变迁关系密切。从现有地质资料分析，泰山及附近的鲁中南中低山丘陵地区，中部高、四周低，区域内部河流水系丰富，大致呈放射状向四周流去。在距今8000—3000年间的新石器时代至商周之际，正是全球历史上的大暖期。黄河下游包括山东地区的年平均气温，比现在要高出2～3℃，冬季最冷月平均气温高出现在3～5℃，降水约高出现在200毫米。[①]可以推测，当时的泰山区域林木茂密，河湖纵横，接近温暖湿润的亚热带生态景观。北辛文化时期，当地可能分布着大面积的湖泊、沼泽或湿地，古人类的活动受到限制，因此现存遗址多分布于泰山南北麓地带。到大汶口文化时期，随着气候变冷变干，低洼地区的水面收缩，人类的活动范围不断扩展，泰山以南的平原地带，特别是汶河流域成为聚落密集区。泰山区域的史前人群正是在这样的特殊环境中生存并发展出独特的文化。

（一）东夷族群的形成

进入新石器时代以来，中国境内各区域的文化族群逐渐形成。以泰沂山地为中心的海岱文明区，当时已经成为东亚大陆的重要地缘中心和文化制高点，其文化谱系最清晰、社会发展水平最高，并且较早步入了文明社会的门槛。而泰沂山地的沂沭流域、汶泗流域具备大致相同的地理环境要素和古人类演化历程，从而构成了一个联系紧密的史前文化圈，在此繁衍出远古中华民族的重要组成部分——东夷族。这两个流域在新石器时代的山东地区，是考古学文化遗址的主要分布范围，直到今天仍然是人类社会密集的生产和生活区域，显示出环境制约作用的重要性。如果说沂沭流域在更新世孕育了东夷人，那么汶泗流域则在全新世成就了东夷文化。东夷文化的前身就是大汶口文化，其在汶泗流域兴盛起来，然后随着史前族群的迁移而又传播到沂沭流域，并继而向西扩展至中原地区。

① 周昆叔：《环境考古初步研究》，《环境演变研究》第五辑，沈阳：辽宁古籍出版社，1996年，第1-9页。

东夷族正是在这种文化迁移中诞生并发展起来的。通过对大汶口文化遗址人类遗骸的分析，东夷族先民的体质特征已经与仰韶文化居民相近，同属于黄河流域人种地理分区，显示两地人群经历了较长历史的基因融合。从遗传特征最为明显的颅面部来看，河南郑州西山、淅川沟湾，湖北房县七里河、枣阳雕龙碑等遗址的古代居民最接近于大汶口文化居民。此外，遗址内还出土了一些带有大汶口文化因素的器物，这些地方应该有从海岱地区迁徙而来的大汶口文化居民。[①]不过，与中原地区的仰韶文化居民相比，大汶口文化的东夷人身材略高一些，颅形更高，面部比较高、宽，接近现代东亚蒙古人种的性状更为突出，可以归为同一族团的地方类型。[②]颜訚最早对大汶口遗址男性遗骸进行了推测，证实部分居民身高为 172.26 厘米。[③]近期山东大学对泰山区域史前遗骸的考古测量，也表明当地居民身高普遍高于其他地区，成为整个新石器时代中国境内最高的古人类。[④]

（二）东夷族群的演变

东夷族即东方氏族，泰沂山地是其发源地和主要聚居区。他们以鸟为图腾，继承了大汶口、龙山时期以来的文化传统，活跃在山东大地，创造了辉煌的海岱文明，其遗存在今鲁中南和鲁北一带分布广泛，并远至鲁东南地区。东夷族并非单一的史前族群，而是包含许多小的分支。古文献有所谓“九夷”之说，如嵎夷、莱夷、淮夷等，他们之中的大部分都居住在《尚书·禹贡》提到的“海岱”地区，也就是今山东省境内，泰山以东至渤海、东海的区域。还有一些居住在泰山以南的淮河流域，也就是古徐州地区。至夏商时期，东夷主要是指这两处地方的土著部落。两周时期，东夷族群的概念又缩小至淮河、今徐州一带，称淮夷和徐夷。至于处于商奄和薄姑之间，也就是泰山区域核心地带的原东夷部落，这时已被商周同化为华夏族的一部分而逐渐失去土著性质了。这支东夷部落曾长期以泰沂山地为根据地，积极在四大流域（汶泗流域、沂沭流域、淄弥流域和薛河流域）扩张并发展自己的文化，同周边陆地和海上居民与文化的接触是散在的、缓慢而又持续进行的过程。据研究，到大汶口文化晚期，这支东夷人中的“炅（昊）”族首先在鲁中南一带兴起，并创作了标识族群身份的陶文作为

① 赵永生等：《从人骨材料谈大汶口文化居民西迁》，《东南文化》，2019 年第 5 期。

② 潘其风、朱泓：《先秦时期我国居民种族类型的地理分布》，《潘其风考古人类学文选》，北京：科学出版社，2015 年，第 107-118 页。

③ 颜訚：《大汶口新石器时代人骨的研究报告》，《考古学报》，1972 年第 1 期。

④ 周晓冀：《泰山地区史前居民体质问题摭谈》，《考古学视野下古代泰山文明学术研讨会论文集》，上海：上海古籍出版社，2021 年，第 15-24 页。

族徽，后来分化出少昊氏与太昊氏两个支族，其活动区域不同，但在泰山汶水一带相交汇。鲁中南地区是大汶口文化发展的重心地带，也是文献记载的“少昊之墟”和太昊氏后裔的分布地。少昊氏与太昊氏陶文具有太阳崇拜和鸟崇拜意味，同时还代表着祭山传统，蒙山、泰山都可能是东夷族沟通神灵的圣山。太昊氏主要分布于鲁中南至豫东皖北一带，宁阳于庄大口尊及陶文应出自祭祀坑，很可能是太昊氏的遗留，年代应为大汶口文化晚期，或在公元前2700年左右。少昊氏主要分布于鲁中南和鲁东南一带，大汶口文化末期迁入鲁东南，并在龙山文化早中期走向繁荣与强盛。龙山文化晚期，少昊氏又迁回鲁中南，分裂为皋陶和伯益等嬴姓分支。《左传》提及的嬴、菟裘位于今莱芜、新泰地区，均为嬴姓古族所建。[①]

东夷族群形成以后，影响所及从今山东全境到周边的江苏、河北、河南，甚至安徽和辽东半岛，大体与考古学勘查的大汶口文化和龙山文化分布区域重合。在大汶口文化时期，东夷族就发明了“鼎鬶文化”和“棺椁文化”，从而奠定了中国礼制文明的基石。到大汶口文化后期，东夷文化不断西进中原地区，影响到仰韶文化的转变。东夷族群也不断与中原族群产生交流互动，最终在龙山文化时期融为一体，形成今天中华民族的前身——华夏族。从龙山文化时期开始，东夷族为主导的海岱文明达至高峰，不断向周边地区扩张，与中原地区的仰韶文化争夺势力范围。这时正值五帝时期，东夷部族日益壮大，并成为主导中国文明走向的决定性因素之一。传统史学一般认为上古时代的中华始祖和部落首领，如炎帝、黄帝、太昊、少昊、蚩尤、颛顼、帝喾、伯益、后羿乃至夏禹、商汤等，大多源于东夷部落，或与东夷部落有着很深的渊源关系，并显示出较早的东西文化交流和族群融合发展。同类看法在学界也较为普遍。如20世纪的二三十年代，古史学家蒙文通曾根据文献记载推测：“中国古代文化，创始于‘泰族’，导源于东方，炎、黄二族后起，自应多承之。”[②]王献唐先生也认为，泰山区域“往古先民，生聚于斯，历代诸皇，建业于斯”，泰山一域实为“中华原始民族之策源地”[③]。

① 此部分关于东夷族群演变迁徙的研究主要参考王青:《从大汶口到龙山: 少昊氏迁移与发展的考古学探索》，《东岳论丛》，2006年第3期；王青：《太昊氏与少昊氏的考古学探索——从宁阳于庄发现的大汶口文化陶文说起》，《中原文物》，2021年第4期。

② 蒙文通：《古史甄微》，北京：商务印书馆，1933年，第39页。

③ 王献唐：《炎黄氏族文化考》，青岛：青岛出版社，2006年，第362页。

第二节 泰山区域的史前文化

泰山区域自旧石器时代以来，始终处于山东地区史前文化的核心地位。到新石器时代以后，泰山区域的史前文化更为发达，又大致经历了后李文化、北辛文化、大汶口文化、龙山文化四个阶段。当山东地区的半岛部分仍然处于固守传统居多的岳石文化阶段时，泰山区域已经进入典型的夏商文化发展阶段，出现了一大批与中原文化风格大同小异的文化遗存。

一、旧石器文化遗存

泰山区域旧石器时代的文化遗存十分丰富而集中，新中国成立以来的考古发现层出不穷。泰山东部的沂水县南洼洞曾发现了山东地区最早的旧石器，而汶水之滨的宁阳又出土了媲美临沂凤凰岭、青峰岭的发达细石器，沂源县扁扁洞遗址则以原始的夹砂陶器展现了新旧石器时代更替的早期生活图景。纵观整个山东地区的更新世文明发展史，泰山区域无疑走在最前列。

山东省旧石器时代的文化遗址和地点迄今共发现 100 多处，其绝大部分分布于泰山及周边地区，尤其以泰沂山地边缘最为丰富。该地区的旧石器时代考古发现主要分为古人类化石和文化遗存两类。古人类化石地点多分布于鲁中山区和沂河上游一带，以沂源猿人和新泰乌珠台人为著名。沂源猿人化石发现于 1981 年 8 月，包括 6 块头骨和 6 枚牙齿化石，遗址位于山东省沂源县土门乡骑子鞍山，其骨骼的原始特征与北京猿人相似。随后的 1982 年，在距沂源猿人遗址约 500 米的上崖洞，又发现包括尖状器、刮削器等在内的石英材质旧石器，距今约七八万年，属于旧石器时代的中期。1983 年、1984 年又在临近的沂水县南洼洞发现 7 件旧石器，包括 3 件石核、3 件石片和 1 件砍砸器。同时出土带有砍砸痕的葛氏斑鹿鹿角化石，经鉴定为中更新世，应早于上崖洞遗址的人类活动时期。[①] 以上遗存表明当地人群或处于晚期直立人阶段。早期智人的发现其实要更早些。1965 年，同样在沂源县的骑子鞍山发现了千人洞旧石器

① 徐淑彬等：《山东省沂水县南洼洞发现旧石器》，《考古》，1985 年第 8 期。

文化晚期遗址，根据对出土石英石核、石片和刮削器的测定，距今3万—2万年。[①]1966年，吴新智等人就在新泰乌珠台村，发现并鉴定了一枚旧石器时代晚期女性右下臼齿化石，当时认为其所属个体应生活在距今3万—2万年前。[②]考古学者还在泰山周边的沂沭河流域、汶泗河流域，相继发现距今1万年左右的细石器遗存多处，尤其是1981年在沂源县扁扁洞的考古发掘，更为山东地区新石器文化找到了确凿的源头。细石器技术的成熟意味着稳定的聚落开始形成。例如，凤凰岭石器加工场遗址曾出土700多件细石器，反映出当时的生产和生活方式流动性大为降低。而凤凰岭文化覆盖汶泗流域、沂沭流域和马陵山区，因其利用间接打击法，细石器复杂性超过黑龙潭遗址锤击法制作的石片和石核，具有技术上的领先性。[③]石器技术的进步反映了古人类对环境的适应性逐渐增强。

最近的调查更为丰富。2019年至2020年，山东省文物考古研究院与宁阳县博物馆组成调查队，在县内发现旧石器地点26处，分属于细石器及小石器两种工业传统。东山岭出土一千余件细石器，以燧石、石英为主要石料；小石器工业以骆驼山S1～S4、黑山头地点为代表，早期者或可达旧石器时代晚期早段。东山岭细石器在外形、材料和工艺上均与凤凰岭、马陵山类型接近。该遗址面积近两万平方米，显示出汶泗流域细石器技术与沂沭流域有直接交流。[④]新发现的沂水跋山遗址是一处旧石器时代中期旷野遗址，距今7万—5万年，目前已发掘石制品、骨牙角制品及动物化石5000余件。其石制品类型丰富，具有中国北方小石片技术体系的鲜明特点，而骨牙角制品系目前中国发现最早的磨制骨器，其中一件用象门齿制成的大型铲形器规整、罕见。沂水跋山遗址发掘对于建立我国东部旧石器时代中期文化序列，论证中国—东亚人类的连续演化，研究当时人类的技术特点、生产生活方式和生存环境背景，具有重大价值与意义。[⑤]考古学和遗传学研究表明，中国乃至东亚旧石器文化及其反映的古人群生存演化是一脉相承的，距今10万—5万年中国境内不断有人群在生活和迁徙。[⑥]

---

① 戴尔俭、白方哲：《山东旧石器时代洞穴遗址》，《古脊椎动物与古人类》，1966年第10卷。

② 吴新智、宗冠福：《山东新泰乌珠台更新世晚期人类牙齿和哺乳动物化石》，《古脊椎动物与古人类》，1973年第11卷。

③ 沈辰等：《山东细石器遗存以及对凤凰岭文化的重新认识》，《人类学报》，2003年第4期。

④ 李罡：《宁阳县旧石器调查的新发现》，《山东省文物考古研究院2019年度田野工作汇报会》，http：//ex.cssn.cn/kgx/kgdt/202002/t20200217_5089279.shtml，2020年2月17日。

⑤ 徐秀丽：《“考古中国”重大项目重要进展工作会在京召开》，《中国文物报》，2021年9月27日，转引自中国考古网 http：//kaogu.cssn.cn/zwb/xsdt/xsdt_3347/xsdt_3348/202209/t20220929_5544358.shtml。

⑥ 高星：《中国地区现代人起源研究的考古学进展》，《早期中国研究》第4辑，上海：上海古籍出版社，2021年3月。

而泰山及周边地区旧石器中晚期文化遗址和遗迹的发现，同样证明该地具有相对完整的人群演化和技术传承历史，为新石器文化的出现奠定了基础。

二、新石器文化遗存

中国旧石器文化的发展具有连续性和趋同性，自10万—5万年以来在各地生存的古人类相继发展为现代中国人种。他们在与来自西方的石器技术的有限交流中，保持了本地旧石器技术传统，并最终进入全新世新石器文化阶段。距今1万年左右，中国境内各地先后开始了“农业革命”，族群的差异性发展表现为文化区系和类型的形成。从考古学意义上说，泰山及其周边地区的考古学文化经历了一个由产生、发展、扩张到衰落的过程。各支考古学文化之间及其内部的相互交织融合，促进了泰山及其周边地区史前文明的碰撞和交流，才使得这个时期的考古学文化更具有活力，更有声有色。

（一）新石器文化考古发现

近百年的考古实践表明，山东已毫无疑义地成为我国北方史前文化最为发达的地区之一。自上世纪30年代章丘城子崖龙山文化遗址发掘以后，这块土地上陆续发现了数千处史前文化的遗址。尤其令人瞩目的是，在鲁中南山地丘陵的河旁台地上，乃至河流入海处的高地，都发现了分布密集的距今10000到4000年的新石器时代遗存。目前，中国新石器时代早期（包括向旧石器时代的过渡阶段）的考古发现主要集中在长江—南岭，以及长城—燕山一带。黄河流域是中华文明的重要发源地，近年来虽然在一些地区也有相关发现，但大多没进行科学的发掘工作，缺少了继续深入探讨研究的考古依据。黄河流域的新石器时代早期文化仍然有很多未解之谜。相对而言，分布于泰山及周边地区的新石器时代文化遗址，尤其是新石器时代早期遗存更为丰富。自20世纪二三十年代以来，中国考古学逐渐成熟和发展，山东地区的发掘工作不断取得突破，陆续揭开了笼罩在海岱之间的文化迷雾。以下是根据各种考古资料整理出的，主要分布在泰山及周边地区的新石器时代（含旧新石器过渡时代）文化遗址。

表 2-1　泰山区域新石器时代文化遗址

序号	遗址名称	发现或发掘地	遗址年代	文化内涵
1	赵家徐姚遗址	淄博市临淄区赵家徐姚村西	距今大约 1.32 万年	旧新石器时代过渡阶段的人类遗址，核心区域面积约 400 平方米，出土遗物 1000 余件。其中陶片 200 余件，个别陶片见有穿孔痕迹，穿孔内壁较平整，体现出相对成熟的制陶工艺。蚌器上也见有规整的穿孔痕迹。陶塑质地细腻，塑形随意。陶器型规整、质地均匀。①
2	扁扁洞遗址	淄博市沂源县张家坡镇北桃花坪村北山崖	距今 9800—9600 年	该遗址以红色和褐红色夹砂陶为主，伴有石质磨盘和骨锥、骨针，文化面貌接近于晚期后李文化，为旧石器文化向新石器文化过渡提供了线索。
3	黄崖洞遗址	淄博市沂源县土门镇黄崖村	与扁扁洞遗址时代相去不远	遗存多红色和红褐色夹砂陶，少数陶片内壁经过打磨。② 出土的釜和钵多叠唇，与后李文化同类器十分近似，属新石器时代早期文化。
4	后李遗址	淄博市临淄区齐陵镇后李官庄村西北	距今 8200—7800 年	出土房址、灰坑、灰沟、墓葬、陶窑等遗迹，还出土了陶器、石器、骨器、角器和蚌器等遗物，是山东地区最早的新石器考古文化遗存。
5	大汶口遗址	泰安市宁阳县堡头村西大汶河边	距今 6300—4500 年	主要遗址位于大汶口镇。早期发现并清理 133 座墓葬，出土随葬品 2100 余件，以及大量的房址和灰坑 120 余个，反映了泰山地区新石器时代文化的昌盛。

① 耿雪：《追寻 1.32 万年前的人类足迹——临淄区赵家徐姚遗址考古工作记》，淄博日报社官方账号 https：//baijiahao.baidu.com/s？ id=1754699212928890090&wfr=spider&for=pc，2023-01-11。

② 孙波、崔圣宽：《试论山东地区新石器时代早期遗存》，《中原文物》，2008 年第 3 期。

6	焦家遗址	济南市章丘区龙山街道办事处焦家村西	距今 5000 年前后	发现房址 104 处，墓葬 205 座，灰坑近千处，随葬的陶器、玉器精美，很多已具有礼器性质。焦家遗址应该是当时鲁北地区的政治、经济和文化的中心。
7	于庄遗址	泰安市宁阳县伏山镇于庄村东南	大汶口文化晚期	共清理灰坑 141 个，出土大量陶片及兽骨、石器等遗物。其中带有符号的完整大口尊，为鲁中南地区大汶口文化核心区首次发现。[①]
8	龙山遗址	济南市章丘区龙山街道附近	大汶口文化中晚期到商周时期	该处遗址出土文物内涵丰富，出土黑陶杯、碗、豆、盘、盆、罐、瓮、鼎等日用器皿，以及漆黑光亮、工艺精致、薄如蛋壳的“蛋壳陶”。在遗址周围还发现一处平面为长方形的版筑夯土围墙遗迹，显示当时可能进入国家文明时代。
9	柳杭遗址	泰安市泰山区省庄镇柳杭村西南	新石器时代到战国时期	采集到磨制石斧、石锛以及夹砂红陶、夹砂褐陶为材质的各类鼎足、鬲足，还有不少商周时期的泥质罐、战国时期的浅盘平底豆等。
10	汶阳遗址	济南市莱芜区汶阳村北高台地上	大汶口文化中晚期到龙山文化时期	遗址堆积丰富，曾出土石锛、石斧、石圭及蚌镰等，陶器有夹砂褐陶、白陶和红陶以及泥质灰陶，器型包括盆形鼎、镂孔豆等。
11	龙门口遗址	泰安市岱岳区道朗镇大马村附近	龙山文化时期至战国时期	曾出土碎陶片、白陶片及木炭块、纺轮残片。陶器大部为泥质饰绳纹，有轮制的痕迹，其制法和形制较为丰富，有明显进步。
12	中淳于遗址	泰安市岱岳区满庄镇西北中淳于村	龙山文化时期至商周时期	曾出土龙山文化夹砂褐陶扁形鼎足、尊形器残片、泥质蛋壳黑陶片以及岳石文化泥质褐陶带子母口的器盖，商周时期的残陶豆盘等。

① 房振等：《山东宁阳于庄东南遗址发现刻符大口尊》，《中国文物报》，2020 年 3 月 6 日，第 8 版。

13	桥沟遗址	泰安市岱岳区徂徕镇桥沟村南	龙山文化时期至岳石文化时期	出土大量灰褐陶片，如夹砂灰陶子母口器盖，灰褐陶鬼脸鼎足，夹砂灰陶罐等。该遗址文化层厚至30厘米以上，有长期人类活动迹象。
14	西西住遗址	泰安市岱岳区房村镇西西住村西北	龙山文化至商周时期	根据文调，当地曾出土新石器石斧、商周陶豆柄、瓦块等。
15	邹家庄遗址	泰安市岱岳区房村镇邹家庄村东南	新石器时期至宋辽金时期	地表散布夹砂陶片及早期瓷片，地下文化堆积有待发掘。
16	丁坞遗址	泰安市东平县大羊乡丁坞村西北处	大汶口文化时期至龙山文化时期	出土的石器和陶器制作细致，多数经过打磨、穿孔。
17	抬头寺遗址	泰安市新泰市汶南镇驻地南面、果庄村北。	大汶口文化时期至龙山文化时期	发现烧制陶器的窑、半地穴式房基，出土了丰富的磨制石器、陶器和骨器。
18	沟坝遗址	泰安市东平县梯门乡沟坝村西侧	龙山文化晚期至商周时期	出土有烧土块、兽、骨以及灰陶鬲、罐等残片。
19	朱桥遗址	泰安市东平县老湖镇朱桥村东侧	岳石文化时期至商周时期	出土新石器时代晚期磨制石器，夹砂红陶鬲足、钵口等残片。
20	旅店遗址	泰安市肥城市石横镇旅店村北	大汶口文化时期至汉代	采集有大汶口文化夹砂红陶豆残片、石铲以及汉代绳纹灰陶残片等。
21	沈西皋遗址	泰安市宁阳县鹤山乡沈西皋村西北	龙山文化时期至商周时期	出土黑陶杯和灰褐色陶纺轮等，此外还有商周时期的陶鬲、陶鼎等。
22	黄家庵遗	泰安市宁阳县蒋集镇黄家庵村西	大汶口文化时期至商代	遗址地表陶片暴露丰富，具有新石器时代器物文化特征。

注：根据历年考古资料整理而成。

对于远古泰山文化遗迹，除了确凿的考古调查，还有不少学者根据历史文献也提出了自己的看法。如《汉书》记载："孝昭元凤三年正月，泰山莱芜山南匈匈有数千声，民视之，有大石自立，高丈五尺，大四十八围，入地深八尺，三石为足，石立处（后）有白乌数千下集其旁。"[①] 孙作云认为，泰山立石是古代巨石崇拜的遗物，而封禅是桌石坟 (dolmen) 礼祀之遗制。桌石坟是指以三块以上的石头为支石，上覆巨石，构造似桌形的坟墓，中国则称为石棚。[②] 石棚文化在泰山也有遗存，这三石为足的大石就是石棚。[③] 又如《岱史》说"五女圈石，在岳西北，相传夜有呼号相力之声，诘朝见石累成圈，盖五仙女为之"[④]。有学者认为，此即史前石圈文化遗迹，与辽西牛河梁女神庙积石冢群似乎是同一时代的遗存，或可距今5000余年。[⑤] 此外，泰山南麓还发现多处凹穴岩画。岩画，即绘制或凿刻于岩石上的图画，为原始人的信仰和生活印迹，是记录在石头上的象形史书，也是人类最早的绘画艺术。现已发现有新泰地区的龙山、墨石山、鳌山、圣水山、金斗山、莲花山、茨山等百余处及莱芜、蒙阴、平阴境内十几处岩画遗迹，但其时代与价值尚有待专业人士的考察和认定。

总之，在泰山区域，人类活动的历史极其悠久，活动范围极其广泛，必然会留下丰富的史前文化遗存。不过，就目前而言，我们在泰山主峰还未发现确凿的史前遗迹，主要山脉的相关遗存也较为缺乏。其原因一是囿于现有技术规模和水平，尚无法全面勘察泰山山脉，以获取充分的旧石器时代考古资料；二是泰山主峰少见发育良好的大型岩溶洞穴，并不适合旧石器人类的生存。至于新石器时代，人类已走出大山来到平原、低地，依靠水源而从事定居的农业生产，其文化遗迹在山上发现不多也可想见。毋庸置疑，泰山因其丰富的自然资源和文化象征性，自古就是人类物质和精神生活的依靠。从泰山而生发出来的文化必然极其深厚，能够泽被四方后世。对于泰山的尊崇频频于古代文献提及，也证明其区域性较广而并不局限于一山之中。《管子》《史记》所记的远古帝王封禅传说，更表达了人们对于泰山史前遗迹的深刻印象。可以说，泰山区域的史前文化主要还是依托山下的农业社会而形成和发展。等到王朝时代来临，

① 班固：《汉书》卷二十七、七十五，北京：中华书局，2000年，第1400、3153页。两处文字有"处""后"一字之差。

② 孙作云：《泰山礼俗研究》，《孙作云文集》第3卷《中国古代神话研究》（下），郑州：河南大学出版社，2003年，第708页。

③ 许玉林、许明纲：《辽东半岛石棚综述》，《辽宁大学学报（哲学社会科学版）》，1981年第1期。

④ 《岱史》卷四《山水表》，《岱史校注》，第38页。

⑤ 谢凝高主编：《中国泰山》，济南：山东科学技术出版社，1992年，第149页。

生产力得到充分发展，精神生活更为丰富，人们才又在泰山上开展各种文化活动，建设各种文化设施。这可以解释为什么史前时代泰山主峰文化遗迹较少，而后世遗迹较多的疑问。

（二）新石器文化内涵分期

山东地区在考古学界又称为海岱地区，其史前文化具有自己独特的序列和面貌，而与同时期的黄河流域有所区别。该地出现的海岱文明是沿着后李文化——北辛文化——大汶口文化——龙山文化——岳石文化的脉络顺序发展和向外扩散的，本身具有独立的继承系统。而泰山及周边地区是远古中国文化谱系最清晰、社会发展水平领先、最早步入文明社会的历史文化区域之一。以下根据当地发现的遗址和遗存，对新石器文化进行分期，并介绍其内涵。

1. 后李文化时期（距今 8500—7300 年）

后李文化是山东大地迄今发现最早的新石器文化，因淄博市临淄区齐陵镇后李官庄遗址而得名。后李文化时期，泰山区域气候温暖而湿润，这里有广袤的森林和灌木，河湖等淡水资源的分布面积很大。根据已发现的聚落遗址分析，当地已进入原始的农耕社会，人们按照母系血缘群居，修建了固定的居住区。像济南章丘小荆山遗址和西河遗址都是统一规划的聚落，其房屋多为半地穴式，排列有序。居民们一起从事种植业，加工陶器、石器等生产、生活用具，并利用采集和渔猎来弥补食物来源的不足。他们还具备了原始墓葬习俗，在集中墓地中实行族葬，死者头向多朝东。随葬品中除陶器（陶釜占总数的 80%）等生活用品外，还有玉石、骨角、蚌壳器物，还发现了陶面塑像和陶猪等原始艺术品。

2. 北辛文化时期（距今 7300—6300 年）

北辛文化主要分布在鲁中南和苏北地区。这一时期的典型遗址除发现地滕州北辛外，当属泰安大汶口遗址下层，并广泛分布于周边的汶泗流域。发现的遗迹有房基、灰坑、窖穴、墓葬等，原始农业和养殖业已相当发展，粟是主要的粮食作物，家猪驯化普及。石器制造业和家庭编织、纺织等手工业专业化程度提高，像骨针、骨锥、石纺轮、梭形器等均有出土。陶器更具代表性，鼎形器最为发达，占全部出土陶器的一半以上，代表着稳定的农业聚落逐步形成。泰山区域森林和湖泊动植物资源丰富，人们还兼营狩猎与捕鱼。经济发展推动了人口快速增长，社会组织制度也初步成熟。根据其聚落形制、宗教表现和生产经济类型，推测北辛文化时期处于母系氏族社会向父系氏族社会过渡的阶段。

3. 大汶口文化时期（距今 6300—4500 年）

大汶口文化的典型遗址就位于泰安市岱岳区大汶口镇卫驾庄与宁阳县堡头村交界处。这一时期泰山区域的聚落规模达到高峰，以汶河流域两岸为中心的古国形态初露端倪。当时的种植业和手工业进一步发展，引起社会各个方面的巨变。首先是文字的初现。在大型礼制陶器如大口尊上流行刻写图像文字，其中最为引人注目的就是所谓的“日月山”形象，代表着人们已经具备了一定的原始宗教信仰和知识体系。其次是技术的突飞猛进，大汶口文化盛行彩陶，如猪形、犬形和鸟形陶鬶生动逼真，晚期又出现薄胎黑陶。曲阜南兴埠出土陶器布纹印迹显示，当时已经能够在每平方厘米编织 7 ~ 8 根经纬线。大汶口文化单体建筑也比较成熟，聚落规划更有利于健康和安全生活。特别值得一提的是其独特的丧葬习俗，反映出社会发展日益复杂化。大汶口文化流行随葬猪狗，随葬品体现出明显的贫富分化。大汶口墓地常见的原始木构葬具，应该是后世棺椁制度的雏形。

4. 龙山文化时期（距今 4500—4000 年）

1928 年，龙山文化首次发现于泰山北麓历城县龙山镇，即今济南市章丘区城子崖遗址。这一时段，社会生产力有了巨大的进步，特别是陶器制作工艺达到前所未有的高峰。其标准黑陶器型规整、精巧细薄，而蛋壳陶高柄杯薄如纸、明如镜、黑如漆最为典型。农业更为发达，粟、黍、稻都有大量的种植，猪、狗、鸡、牛、马、羊以及兔等家畜普遍饲养。生产的发展推动了社会结构的变化，阶级对立出现，礼制文化形成，不少地方都建筑了大规模的城池。如章丘城子崖城址平面近方形，面积超过 20 万平方米，属于我国最早的功能齐备的大都市。而在寿光的边线王城更是发现了大小城套叠的情况，成为中国历代都邑内外城制度设计的早期样板。龙山文化时期也是古史中所谓五帝传说时代。这一时期，生活在海岱地区的原始居民开始被视为东夷族。其中部分氏族以鸟为图腾，他们以泰山为中心繁衍发展，热衷于在陶器上塑造鸟的形象，开创了崭新的文化。

5. 岳石文化时期（距今 3900—3600 年）

山东地区岳石文化遗址的分布，以沂沭河流域以东的胶东半岛最为集中，而鲁中的泰山及周边地区更多表现出夏商文化的特色，与中原地区的文化类型别无二致。如济南大辛庄遗址出土的鼎、觚、爵、戈等青铜随葬品，与安阳殷墟典型器物并无区别，葬俗也与郑州二里岗、安阳的商代墓葬相同。2003年还发掘出甲骨文，为国内除殷墟外唯一发现。岳石文化时期，泰山区域的考古学文化出现重大的转型，原有的东夷文化逐渐向更为集中的方向演进。

针对中国考古发现和研究成果的大量涌现，20世纪70年代著名考古学家苏秉琦曾提出史前文化区系的概念。即我国数以千计的新石器文化遗址可以分为六大板块：以燕山南北长城地带为重心的北方，以山东为中心的东方，以环太湖为中心的东南部，以鄱阳湖——珠江三角洲一线为中轴的南方，以洞庭湖和四川盆地为中心的西南部以及以关中、晋南和豫西为中心的中原。从分布上看，黄河流域的中原文化，被从北、东、南三面的诸夷文化包围。其中东方文化即是以大汶口文化和龙山文化为代表，在泰山周边地区最为密集的东夷文化，其上限可推至距今七八千年。东夷文化形成后，不断与来自周边地区的其他考古学文化碰撞、交融，中国古代文明和国家产生、发展的"多元一体"的模式，或者称之为"满天星斗"局面，在史前文化"区系类型"理论中得以推演。

与中原地区其他文化形成鲜明对照的是，围绕泰山的大汶口文化和龙山文化遗存分布十分密集，苏秉琦认为这里是史前中国一个重要的文化区。前述扁扁洞遗址文化下限为公元前7500年，应该是山东地区新石器文化的源头之一。后李—北辛—大汶口—龙山文化在山东境内自成系统，其中后李和北辛文化具有类似磁山和裴李岗文化的独立性，在王因遗址的下层文化显示了两者的衔接。同样的证据在大汶河北岸遗址也找到了线索，比如典型的堆纹腰带釜，一直延续到大汶口文化后期。同时，北辛文化发现的三足杯，可以与王因遗址、大汶口遗址的三足杯以及后期出现的高脚杯衔接起来，最终演变为龙山文化的蛋壳黑陶杯。[①]文化的演进带来时空的转化，到龙山文化时期，东夷文化的活动重心也从泰山区域转移到鲁东的临沂和昌潍，而这种转化最早是从泰山东麓开始的。大汶口文化、龙山文化及其后来的岳石文化因此成为海岱地区的主流文化，进而从中分化和孕育出内部具有各自地方特色的区域和流域文化。

龙山文化时期，东夷文化在西进同时，伴随着政治和军事势力的东退。如果说当时在中原地区，走出海岱地区的东夷文化对其产生了强烈的影响，留下了深刻的印记；那么到了岳石文化时期，中原地区则已经完全吸收、包容了东夷文化，而形成一种强有力的国家文明形态，长驱东进并彻底改造了海岱地区原有的政治、经济和文化格局。

① 苏秉琦：《中国文明起源初探》，北京：生活·读书·新知三联书店，1999年，第53—54页。

总之，泰山区域的史前文化奠定在高度发达的文明体之上，这个文明体就是东夷族群。东夷文化是海岱地区史前文化长期独立发展，到龙山文化时期又不断与中原文化交流碰撞，并和周边其他地方文化融合创新的结果。这一文化演变过程其实就是中华远古文明的形成和早期发展过程。

第三节 泰山区域的史前社会

泰山区域史前社会的发展基本与早期文明的进程同步。泰山区域处于海岱文明的核心地区，史前文化延续时间长，发展脉络完整清晰，而且遗址发现特别集中。其文化序列包含后李文化、北辛文化、大汶口文化、龙山文化四个主要阶段。最终在距今四千年左右出现了真正意义的国家形态，从而实现了由原始社会向文明社会的跨越。泰山区域的史前社会相应地从母系氏族的平等社会发展到父权制占主导地位的阶级社会。根据墓葬考古资料，大汶口文化中期是家长制家庭公社逐渐形成的阶段，婚姻制度也从偶婚制发展到专偶制。这一阶段大约持续了一千年，时间长，特点鲜明，代表着泰山区域史前社会的典型面貌。

一、旧石器时代社会状况

地理环境是生命和文明展开的舞台，现代地貌的形成有赖于长期的地质运动。进入距今 250 万年的新生代第四纪，环境的变化则是以气候为主角，全球发生了四次大的冰川活动，气温冷暖交替出现。动植物类型和形态也都发生了大的变化，其中人类的出现最具代表性。在沂源、蒙阴和莱芜等地发育的规模较大的溶洞群，为古动物和古人类提供了安全的栖居地，也为即将到来的石器文明准备了温床。以沂源猿人为代表的直立人化石出土于骑子鞍山的石灰岩溶洞中，代表着更新世中期以来当地人群活动日益繁盛。泰沂山区是中国境内较早进入石器时代的地区，开创了海岱文明的一线曙光。①

晚更新世的生态环境变化更为剧烈，迫使古人类开始调整自己的生活方式和社会

① 张宏彦：《华北地区旧石器时代的环境与文化区系研究》，《内蒙古文物考古》，2006 年第 2 期。

关系，选择新的石器加工技术路线。如距今2万—3万年以后的气候急剧变冷事件，导致石片技术向石叶技术转化，以适应人类高流动性的专业化狩猎。有研究认为，中国境内的石叶——细石叶技术系从中、北亚传入，反映了晚更新世期间现代人的出现可能是多地人群迁徙和交流的结果。[①] 末次冰期是晚更新世的一次全球性气候事件，末次盛冰期（距今1.8万—1.5万年）、新仙女木事件（距今1.1万—1万年）导致中国境内气温普遍降低、降水量明显减少，华北地区变冷变干，多次波动的情况尤其明显。旧石器时代晚期文化的区域差异性和多元化显著，总体进入新的发展阶段，华北是最典型的区域。第四纪冰期哺乳动物大规模南迁，冰后期森林动物激增，野猪、麋鹿等取代了大型耐寒动物，如披毛犀、猛犸象和驯鹿，促使人类改变食物对象，进而改变狩猎技术和生产工具。同时水生资源的利用日益增多，原本应用于狩猎的细石叶工艺继续发展，被开发为贝类加工工具而更为普及。人类的文化适应系统，是通过文化和技术的手段来适应不同环境的，而这种适应又与环境、资源和社会规模及发展层次密切相关。最严酷的降温事件使泰山区域成为覆盖温带植被的新环境。气候寒冷干燥导致许多植物资源，特别是方便采摘的果树减少，动物资源就成为当时人群主要的食物来源。古人类通过细石器工艺系统适应高度流动的生活方式。沂源猿人牙齿化石上的痕迹表明，当时可能已经存在因增加动物蛋白导致的剔牙行为。细石器（叶）代表了一场针对动物资源而发生、发展的主动应对的技术革命。[②] 现有研究认为，狩猎能增强人类的体质，促进大脑的快速发育和智能提升，推动人类工具制作技术的进步，同时也增强了个体间的协作与互动，改变了人类的社会习性。加之早期人类逐渐掌握了用火技能，于是在此基础上改变了旧石器时代人口的数量与结构，甚至培养出人类的艺术细胞和浪漫情怀。[③] 山东地区旧石器时期文化遗存多分布于鲁中南的沂沭河流域、汶泗河流域、日照沿海及胶东山地丘陵区，但集中于泰沂山地边缘，以距今5万年至2万年的晚期智人为基础构成社会集团。

在距今1万年左右，冰期结束，气温逐渐上升，造成黄河对平原地区大规模重塑，沿海地区则经历了几次大规模的海侵，形成了适宜人类生存的现代自然环境。当时的

① 参见李锋、陈福友：《晚更新世晚期中国北方石叶技术所反映的技术扩散与人群迁移》，《中国科学：地球科学》，2016年第7期；王幼平：《华北旧石器晚期环境变化与人类迁徙扩散》，《人类学学报》，2018年第3期。王幼平：《华北细石器技术的出现与发展》，《人类学学报》，2018年第4期。

② 陈虹：《华北细石叶工艺的文化适应研究》，杭州：浙江大学出版社，2011年，第115页。

③ 高星：《人之初——人类的起源与早期状态》，《文物天地》，2021年第8期。

人们或许已经形成稳定的聚集营地，并在周围狩猎、采集，进行石器加工，细石器占据主导地位。这些聚集中心且呈放射状分布的临时活动地点，就构成早期古人类社会的聚落形态。参考前述泰山周边特别是汶河流域一带发现的大量细石器地点，这里应是人类进入文明前夜活动较为频繁的地区，为新石器时代文化与社会的繁荣与发展奠定了基础。

二、新石器时代社会状况

早在二十世纪八九十年代，考古学家在山东已经建立起了比较完整的新石器时代考古学文化谱系：从后李文化历经北辛文化、大汶口文化一直到龙山文化，从公元前6000年，一直延续到公元前1700年左右。其后，山东地区新石器时代考古从考古学文化体系的搭建开始转入社会史的研究，聚落考古作为有效的方法迅速普及并发展起来，伴随着现代科学理念和技术的广泛运用，很快产生了显著效果。山东新石器时代考古由此进入了新的阶段。泰山区域新石器文化遗址以农业聚落为典型，通过聚落考古揭示了当地社会的发展脉络。

（一）新石器时代的社会发展

山东地区新旧石器时代之交的文化遗址发现不多，在2022年发掘临淄赵家徐姚遗址之前，仅见于泰沂山地东麓的扁扁洞。近年来扁扁洞遗址的发现为探索新石器时代社会的起源与早期发展提供了明确线索。该遗址位于沂源县张家坡镇北桃花坪村北山崖西壁上，海拔389米，出土遗存主要是人骨、兽骨和陶器，经测定距今11000—9600年。早期陶器的出现应该与人类加工、食用和保存植物种子有关。扁扁洞遗址处于洞穴内，遗址规模反映出当时人类群居的单位还很小，穴居的习惯显然是从旧石器时代继承延续下来的，这也是其不同于北方大部分同时代遗存，而与南方长江流域、珠江流域等地区相似之处。同时，由于扁扁洞位置较高，距山下能够进行农业活动的地方较远，也不太适合农业生产，说明其选址并不是从农业生产的角度考虑的。对当时的先民来说，狩猎采集仍然是其经济活动的主要方式。当时的社会还是原始人群聚居的形态，尽管已经有了合作共事的观念，但是其内部组织性差，没有稳定的人工聚落。

国内新石器时代早期遗存主要集中于南方，且均在长江以南，以南岭一带最为集中。北方发现相对较少，主要集中于华北平原北部。泰山区域细石器文化兼具南北方特征，一方面其穴居习惯以及缺乏细石器组合的状况与南方接近，另一方面扁扁洞的黄土层生活面又是典型的北方风格，且陶器简单、数量不多，缺乏明确的农业迹象。不过，该地陶器已有后李文化的某些特征，如叠唇折沿手法，较多釜和钵以及素面风格等。泰山区域新石器早期文化与后李文化之间传承与交流的关系相当明确，而且前者是后者的主要来源。黄崖洞遗址所处的螳螂河河道在鲁山与淄河相邻，20 世纪 90 年代就是在淄河岸边发现了著名的后李文化遗址。

后李文化和北辛文化也有前后延续关系，其分布也是围绕泰沂山地，且多集中于低山丘陵或山前平原，说明远古人类生活和生产方式在距今八九千年前发生了巨大转变，渔猎经济逐渐向原始农牧业进化。从距今五六千年开始，包括白石村文化在内的新石器时代文化遗存遍及山东半岛，它们的分布地点已经与今天人类的生存活动区域重合，早期文明和稳定的聚落社会初步形成了。

北辛文化时期，泰山区域已经进入早期农业社会，阶级分化的基础开始酝酿。这一时期粮食开始有了较多的剩余，可以用来大量酿酒，快轮修整技术也顺应时代和社会需求而推广，发明出筒状杯和觚形杯等饮酒用具。到大汶口文化时期，酒类器皿的数量和种类增长明显加快，饮酒成为满足精神生活的一种方式，甚至用到了宗教祭祀上。在大汶口墓地出土的 1015 件陶器中，有杯 171 件，其中高柄杯 93 件。莒县大汶口文化晚期墓葬中，更是出土高柄杯一类的酒具 663 件，占全部随葬品的 45%。此外，还有用于储存酒曲的陶尊，接盛酒水的盆、瓮等。到龙山文化时期，专门用来祭祀的蛋壳陶也出现了。高温烧制使陶器表面细腻光洁，明亮轻薄，器型上的鼎、鬶、甗、斝等为商周礼器的成熟奠定了基础。技术首先在国家礼制上得以强化，反过来又推动了社会发展。

社会的发展程度还集中体现在墓葬制度上。大汶口墓地多人葬已经明显减少，以单人墓占大多数，即便是单人女性墓，也有较为丰富的随葬品，这表明所有制形式已由氏族公有向家族私有过渡。在母权制对偶婚的条件下，两性结合是不牢固的一夫一妻制，配偶双方死后都埋葬在各自氏族的墓地里，所生子女一律归属于母亲的氏族，世系按女系计算。在一对配偶结合中，男女两性一般处于平等的地位，可以自由离异。在这种制度下，配偶、兄妹、父子都不允许同坑合葬。既然大汶口墓群出现了以男性为主体的成年男女合葬墓，有的还与小孩一起合葬，那就意味着这个时代的两性关系和婚姻形态，跟以母系为中心的时代相比，已经发生了变化。[1] 父系大家庭开始占社会生活主导地位。私有制导致原始的奴隶制产生，以至于有可能发生“殉葬”现象。流行于大汶口文化中、晚期，并以成年男女同穴为主的合葬墓，体现出明显的男尊女卑趋势，它与当时社会发生重大变化，所有制形式变革、父权制产生和确立是同步的。[2]

龙山文化时期也就是五帝传说时代，中原中心的观念开始形成。这一时期活跃在泰山及周边地区的主要是东夷部落，如太昊、少昊、蚩尤、虞舜和皋陶、伯益等，进入夏代以后则是后羿。他们的事迹主要是通过传说流传下来的，可能与实际情况有很大出入，但也在一定程度上反映了当时的文化和社会状况。根据传说，太昊风姓，又称庖牺、伏羲，是燧人氏之后的氏族部落首领，主要活动于鲁西、鲁西南及河南西部，考古学上处在大汶口文化—龙山文化时期。少昊嬴姓，与太昊在活动区域上大致重合，兴起于大汶口文化时期。到龙山文化时期，少昊部落的中心迁到曲阜附近，其一支越过泰山关口到达今临淄一带。少昊氏族文化昌盛，其所创造的“社稷之祀”“鸟师鸟名”对周文化和后世影响深远。嬴姓活动的泰山南北地区都是史前畜牧业发达的地区。据研究，在龙山文化时期鲁北地区多个遗址（如临淄桐林、茌平教场铺遗址等）都出现了羊的遗存，当时还可能出现了家养黄牛。[3] 蚩尤则是东夷发展史上具有转折意义的部族首领，他以金作五兵与黄帝征战，败于涿鹿之野。反映出龙山文化时期，山东地区的海岱文明已高度发达，并开始与中原文化发生冲突、交流与融合的历史过程。虞舜，是龙山文化晚期的著名部落首领，早年耕于历山，历代学者如魏收、曾巩、徐北文等人多认为在今泰山北麓。当时夷夏联盟命伯益为秩守，以禹治水，实行禅让，推行纲纪，社会经济得到进一步的发展。在这一时期，随着人口的增长，城邑大量出现，社会性质逐渐向文明时代转化。皋陶、伯益、后羿等人都出自东夷，早期主要在泰山及周边地区活动，他们所代表的东夷文化初具后世王朝文化的雏形，随着与中原文化的不断接触，最终融入了统一的中华文化大潮。

龙山文化时期，夷夏接触、冲突和交流日益频繁，经过“涿鹿之战”，炎黄集团确

① 山东省文物管理处、济南市博物馆：《大汶口：新石器时代墓葬发掘报告》，北京：文物出版社，1974 年，第 125 页。

② 栾丰实：《花厅墓地初论》，《海岱地区考古研究》，济南：山东大学出版社，1997 年，第 210 页。

③ 宋艳波：《海岱地区新石器时代的动物考古学研究》，博士学位论文，山东大学历史文化学院，2012 年，第 57-60 页。

保了中原文化的优势地位；又经过“阪泉之战”，黄帝集团确立了在中原地区的统治地位。东夷人退居海岱地区与败落而来的炎帝部落杂居错处，东夷族群及其文化由此发生大变革，传承数千年的文化序列遭到破坏。从龙山文化晚期泗水尹家城大墓保存现状看，人骨不完整可能是墓主非正常死亡的证据，表明皋陶和伯益所处社会环境进入动荡和转变之中。① 东夷作为东方势力形成之时，正是中原地区政治与文化中心格局最终确立之时，国家形态呼之欲出。华夏集团的国家力量主导了东夷文化与人群的华夏化过程。

东方地区社会的发展在岳石文化时期出现了停滞，东夷文化无法与中原抗衡，从而陷入衰退状态。其后经历所谓的尧、舜、禹三王，中国历史上第一个跨地域的牢固的权力联盟——夏出现了。夏商周东方经营策略引发了东夷社会起伏变动，夷夏对立和九夷分立的结果，才使得真正意义的“东夷”出现并成为中原政治与文化关注和同化的主要异己力量。东夷的发展史忠实地反映了夏商周王朝的不断强大，记录了“中国”元素不断向四方渗透，并与四方因素不断融合的历史。因此东夷的历史即是“中国”历史的展开，没有东夷的参与，这段历史将不会有如此丰富多彩的内容。② 可见，东夷是形成中华早期文明的重要力量。夷夏联盟就是中国早期国家的原始形态，其基础是龙山文化后期表现出的地域文化趋同性。从民族演变来看，夷夏联盟孕育了华夏族群；从国家发展来看，夷夏联盟就是史前华夏族群的命运共同体。

（二）新石器时代的聚落变迁

从距今八九千年的泰山区域农业起源以来，到公元前 5000 年的新石器时代中期，种植业已经占据社会经济的主导地位。这一发展最显著的结果，就是聚落出现较为鲜明的农耕文化性质，不仅普遍建造了居住房屋，而且体现为房屋建筑群的有序排列。其特点是：房屋成组布列，多为单间式房屋；聚落周边大部分有壕沟；有了初步的功能分区，居住区、墓葬区均呈分离趋势；聚合性、防御性、组织性特征渐趋鲜明，显示出氏族组织下基于血缘关系的同族群居性准则。

从新石器时代中期到新石器时代晚期，人口呈不断上升的趋势，而人口压力又带来食物不足等系列危机。在生产力低下的史前社会，除努力提高耕种技术、溺杀部分新生人口以外，更好的办法是通过扩大生产规模、开辟新的耕种土地化解这一危机。

① 王青：《太昊氏与少昊氏的考古学探索——从宁阳于庄发现的大汶口文化陶文说起》，《中原文物》，2021 年第 4 期。

② 张锟：《东夷文化的考古学研究》，博士学位论文，中国社会科学院研究生院，2010 年，第 209 页。

也正是在这一过程中，出现了氏族组织的分裂、冲突和重组。由此伴随而来的，则是聚落的快速衍生及其规模化、城郭化、群团化发展。这一现象在黄河中下游地区史前文化类型的聚落考古中体现得极为明显。泰山及周边地区的城子崖、丁公等聚落遗址都以公共建筑为中心环绕布局，经过统一的规划，表现为较强的向心力。同时，这一时期的大型遗址还普遍设有环壕和围墙，不仅面积在数万至数十万平方米之间不等，而且在功能布局和房屋结构上也体现出较强的社会凝聚力，其组织性、控制性和排他性特点突出，已经超越单纯的村落社会，可以归入城郭范畴。到龙山文化时期，聚落社会性质可能已经发生根本性转变。建立于血缘关系基础之上的原始共产主义的生存生活方式，逐渐淡化或瓦解，贫富等级分化日趋激烈，母系氏族社会彻底转型为父系氏族社会。在这样的社会中，聚落和聚落群均体现出一定的排他性，墓葬布局、墓葬结构以及随葬器物的数量和质量出现越来越大的差异。同时房屋结构朝小型化、双间甚至多间式的变化，一夫一妻与一夫多妻的个体家庭日趋增多，早期社会的私有观念和私有经济愈益突出。正是由于这种社会现实在村落和早期人类社会的日益发展，人类开始了从蒙昧、野蛮逐步走向文明社会的历史进程。①

早期的农业聚落受环境和气候的影响很大，在分布上呈现出分散性和被动性。新石器文化的时空分布格局及其特征，就具体表现在各时期农业聚落遗址的分布和数量变化方面，具有一定的规律性。一般说来，在新石器时期，山东地区农业聚落遗址的高程分布均在300米以下，这一海拔高度有利于人类的居住、生活和生产。随着人类社会的演进，该地区新石器文化聚落遗址不断向周边扩展，数量变化也经历了上升期、激增期和衰退期。如后李文化时期，聚落遗址主要分布在泰沂山地以北的冲积扇平原上，数量少、密度小。到北辛文化时期，聚落遗址分布范围开始逐渐扩大，数量有所增加，但主要集中在鲁中地区。大汶口文化时期，聚落遗址数量和密度均大幅增加，分布范围进一步扩大，主要分布在鲁东南地区以及鲁中地区。龙山文化时期，聚落遗址密度显著增加，数量达到新石器时代的高峰值，分布范围更加广泛，聚落遍布海岱地区。岳石文化时期，聚落遗址数量以及规模急剧缩小，零散分布在平原地区。可见，山东地区新石器时代农业聚落的分布变迁，主要是在以泰山为核心的鲁中地区展开的。这种变化趋势由环境和气候变迁导致，表现出明显的阶段性特征。首先是距今9000至7300年，气候温暖湿润，自然资源较为丰富，使得新石器时代早期的后李文化得以发

① 胡彬彬：《中国村落史》，北京：中信出版集团，2021年，第56页。

展。其次是距今7300年至4000年，气候总体温和，且冷暖波动，在优越的气候条件和自然环境下，依次发展了北辛文化、大汶口文化和龙山文化。最后在距今4000年前后出现极端降温及洪水事件，环境变化超出人类适应能力范围，导致龙山文化衰落，之后岳石文化兴起。因此，气候环境变化影响着文化和经济的发展，特别是新石器时代早期文化的起源和发展与气候的关系更大，但新石器时代后期文化发展受包括生产力在内的其他因素的影响较大，进而影响聚落的时空分布。[①] 在自然和社会变迁的双重影响下，泰山区域的社会性质发生重大转型，从农业聚落分布变迁的过程中发育出早期国家形态。

自大汶口文化晚期到龙山文化时期，泰山区域经历了气候急剧变化，在年平均气温大幅下降的同时，降水也开始减少，并表现出明显的季节性差异。随着气候与环境的变迁，聚落的空间形态有了较大变化，城邑规模进一步扩大，而且在周边地区出现大量卫星聚落环绕。这一时期，山东史前聚落分布形成四个密集区域，即淄弥流域、沂沭流域、汶泗流域以及薛河流域，泰山区域成为这些流域社会的核心地带。聚落分布的变迁和人口的迁移，意味着文化的发展和有序传播也促成了在一定区域内具有相似文化特征的社会类型的形成。龙山文化及其大型聚落就是在这一历史背景下产生和发展起来的，其在泰山山脉的腹地（今济南市章丘区城子崖一带）建立了一个具有超强控制力和影响力的古代城邑国家。从泰山区域新石器时期聚落遗址演变来看，气候变化对文化和社会发展有一定消极影响，但同时又为文化传承与创新、社会发展与转型带来了新气息。了解泰山区域的史前文化与社会状况，有助于我们更好地认识泰山区域文化发生的特殊过程，对于理解其在历史时期的内涵演变和外延扩展也大有裨益。

---

① 姚天等：《山东省新石器时代聚落遗址时空分布及驱动因子分析》，《济南大学学报（自然科学版）》，2019年第6期。

第三章
千秋史变：泰山文化的历史进程

“人类文化的最先开始，他们的居地，均赖有河水灌溉，好使农业易于产生。而此灌溉区域，又须不广大，四围有天然的屏障，好让这区域的居民，一则易于集中而达到相当的密度，一则易于安居乐业而不受外围敌人之侵扰。在这些环境下，人类文化始易萌芽。”[①] 荡荡汶水，岩岩泰山，萌芽并诞生了历史悠久的泰山文化。“齐二仪以永固，崇至德以配天”[②]，泰山与天地一样永恒稳固，无上的功德与天匹配。这是现存最早的泰山祭文对泰山的赞颂。从远古走来的泰山文化，从天下名山到五岳之长，从五岳独尊到国山，从国山到华夏图腾，成为民族文化之地标。

第一节 先秦秦汉时期

先秦至两汉时期，泰山从一座自然之山演化为负载厚重政治文化的山岳，随着中国历史文化的演变，从一座名山逐渐发展成为天下名山，随着西汉五岳制度的确立，泰山终于成为五岳之长。周郢将此一阶段称为泰山“政治山”的形成期。

---

① 钱穆：《中国文化史导论》，《中国现代学术经典·钱宾四卷》下，石家庄：河北教育出版社，1999 年，第 709 页。

② 〔唐〕徐坚等：《初学记》，北京：中华书局，1962 年，第 96 页。

一、先秦至西汉时期泰山地位的演变

（一）先秦

“山莫大于泰山，史亦莫古于泰山。”[①]华夏文明初始，泰山便已凸显于历史舞台，由于其地理位置特殊，并逐渐与国家政权发生关系，便由一座自然之山逐渐演变为极富政治文化内涵的天下名山。

“古昔皆称岱，何年命太山。”[②]“泰山”之名，文献中首见于《诗经·鲁颂·閟宫》“泰山岩岩，鲁邦所詹”，此诗大致作于公元前600年前，表明泰山在此之前，已经是齐鲁一带的大山。需要注意的是，先秦时期“泰山”写作“太山”“大山”[③]，李零指出：“‘泰山’，就是‘太山’或‘大山’。‘太’字写成‘泰’，是秦国文字的特点。”[④]泰山（太山）这一名称，包含着古人对泰山的认识和价值判断。王力认为，在古汉语中，“泰”“太”“大”为同源字，“泰山本写作‘大山（太山）’，当本是大山的通称，后来特指东岳泰山”[⑤]。“《书·泰誓》疏引顾氏说：‘泰者，大之极也。’《礼记·曲礼》上：‘假尔泰龟有常。’疏：‘泰者，大中之大也。’……段玉裁曰：‘后世凡言大，而以为形容未尽，则作太。如大宰俗作太宰，大子俗作太子，周大王俗作太王是也。’”[⑥]所以古人最初命名时，已经认为泰山是大中极大甚至是最大的山岳。

远古时期的泰山，气候温暖，草木蕃茂。据《尚书·禹贡》记载，东海和泰山之间是青州，东夷人治理得当，潍水和淄水已经流通。这里的土地肥沃，田地属于第三等，赋税属第四等，等效较高。进贡的物品是盐和细葛布，还有泰山山谷平原的丝、麻、铅、松和奇特的石头等五种物品。进贡时乘船从汶水到达济水。黄海、泰山及淮河之间是徐州，淮河和沂水治理好后，蒙山和羽山一带就可以耕种了。河水汇集到大野泽，东原的土地得到治理。这一带土地肥沃，草木滋长丛生，非常茂盛。这里的土地是二等，赋税是第五等。这里进贡的物品是五色土、羽山的山鸡、峄山特有的孤桐、泗水中可以做磬的石头。进贡的船只从淮河、泗水到达与济水相通的菏泽。这些都表明泰山区域是先民繁衍生息的乐土。

① 〔清〕阮元：《泰山志序》，〔清〕金棨：《泰山志》，第1页。

② 陈衍：《登岱》，《石遗室诗集》卷五，清刻本。

③ 当时其他区域与国家也有大山，也称“太山”，如华山，秦骃祷病玉版称之为“华大（太）山”，霍山，本来也叫“霍太山”，都是前加限定词语加以区别，所以“太山”一词在先秦基本上是今日泰山。

④ 李零：《古人的山川》，《华夏地理》，2010年1期，第50页。

⑤ 王力：《同源字典》，北京：商务印书馆，1982年，第387页。

⑥ 王力：《同源字典》，第490页。

王献唐在《炎黄氏族文化考》考证了泰山的历史地位与价值："古代帝王受命，必封告泰山……以方位言，当先中岳；以大小言，泰山之在中国，非其至也；以五岳言，亦非其至也。何以必往山东而告于泰山，正以泰山一带为中国民族之发源地。往古先民，生聚于斯，历代诸皇，建业于斯；伏羲号称泰皇，亦以为泰地之皇，犹今言祖国也。盖中国原始民族起于东方，东方尤以泰、岱一带为其故土，木本水源，血统所出，泰山巍然，同族仰镜，故凡得天下者，易姓而后，必告泰宗，示不忘本，犹其祭告宗庙之义。泰山者，若祖若宗之所自出，亦犹宗庙也。"故泰山实"为中华原始民族之策源地"。[①] 他指出泰山一带为中华民族的发源地，泰山如同中华民族的宗庙圣地。

《管子·封禅篇》载无怀氏、伏羲、神农、炎帝、黄帝、颛顼、帝喾、尧、舜、禹、汤、周成王等七十二王封禅泰山。《尚书·舜典》记载舜禅位后，东巡到泰山，举行柴望仪式祭祀天地及天下山川，以宣示统治天下的权力。周统一天下后，在泰山建明堂，《墨子·兼爱》记载周武王曾致祭泰山，并在祭辞中称"泰山，有道曾孙周王"，并将泰山列入周朝的国家祭祀。《周礼·夏官·职方氏》："河东曰兖州，其山镇曰岱山。其泽薮曰大野，其川河泲。"[②] 春秋时期，泰山在鲁国境内，成为鲁国的崇拜对象，鲁国君采取"望（望祭）"与"旅（旅祭）"等形式致祭泰山。

春秋至战国，诸侯征战不断，因为地缘的关系，齐鲁战争冲突在所难免，本属鲁国的泰山也因此不断变换着管辖者。根据《左传》《国语》等史料整理统计，从伯禽元年（前 1030）到鲁顷公二十四年（前 249）的 782 年间，鲁国管辖泰山的时间大约为 559 年，齐国管辖泰山的时间大约为 223 年。随着两国实力的消长，越到晚期，齐国管辖的时间越多，这也是两国实力的正常反映。随着泰山实际管辖权的易手，泰山祭祀权也会随之而变。拥有泰山的管辖权后，齐国也对泰山进行祭祀。如《礼记·礼器》载："齐人将有事于泰山，必先有事于配林。三月系，七日戒，三日宿，慎之至也。"[③] 此处记载了齐国人将要祭祀泰山之前，一定先在配林举行祭礼。而且先要饲养牺牲三个月，祭祀前七天要开始散斋，祭前三日要致斋，可见其祭祀泰山之礼敬慎之至。

战国时期，南方的楚国不断蚕食鲁国。鲁顷公二十四年（前 249），楚灭鲁国，迁顷公于下邑（今山东泗水东），夷为平民。泰山归入楚境。1954 年 4 月，在泰山脚下泰安城西南里许东更道村南（即灵应宫前半里），出土铜罍、三足铁盘等。从考古资料

① 王献唐：《炎黄氏族文化考》，青岛：青岛出版社，2006 年，第 362 页。
② 〔清〕孙诒让：《周礼正义》卷六十三，北京：中华书局，1987 年，第 2663 页。
③ 《礼记正义》卷二十四，北京：北京大学出版社，1999 年，第 747 页。

看，应该是楚占领鲁国并拥有泰山后楚国祭泰山之物。[①]

关于先秦时期的泰山地位与价值，先秦诸子著作中有着大量的判断。例如，《墨子·兼爱中》：“夫挈太山而越河济，可谓毕劫有力矣，自古及今，未有能行之者也。”表明泰山极重、极大，不可撼动。《庄子·逍遥游》：“有鸟焉，其名为鹏，背若太山，翼若垂天之云。”[②]以太山喻鹏之背极大。《庄子·齐物论》：“天下莫大于秋毫之末，而太山为小。”清人王先谦注：“太山为小，则天下无大。”[③]在庄子心目中，泰山天下最大。《韩非子·说疑》：“不难破家以便国，杀身以安主，以其主为高天、泰山之尊。”[④]以泰山与高天比喻国君的地位之尊，可见泰山与高天、君主同尊。《孟子·尽心上》称：“孔子登东山而小鲁，登太山而小天下。”[⑤]朱熹认为：“此言所处益高，则其视下益小；所见既大，则其小者不足观也。”可见在先秦，首先将泰山作为宏大比喻的喻体，表示着极重、极高、极大、极厚；其次以泰山与高天、君主并列。

其中最为精彩者是孟子引用孔子弟子有若称赞孔子的一段话：“麒麟之于走兽，凤凰之于飞鸟，泰山之于丘垤，河海之于行潦，类也。圣人之于民，亦类也。出于其类，拔乎其萃，自生民以来，未有盛于孔子也。”[⑥]有若以麒麟、凤凰、泰山、河海的出类拔萃作类比，突出了圣人的出于其类、拔乎其萃。多项类比中，泰山与孔子令人关注的焦点，这是历史上首次泰山与孔子相提并论，并像明灯一样照亮千古。两千年后明人李邦奇说：“泰山，山之至也；圣人，人之至也。”[⑦]清人汪稼门“孔子圣中之泰山，泰山岳中之孔子”[⑧]，这些判断导源于先秦，启发于孟子。所以我们认为“出类拔萃”四个字，足以概括这一时期的泰山特点。

中国的山岳制度萌芽于先秦时期，一个重要的现象是出现了“名山”的概念，以区别于普通的小山。如公元前562年，鲁襄公与齐世子光、莒子、邾子、滕子、薛伯、杞伯、小邾子等讨伐郑国，七月与郑在亳地结盟，并签订盟书：“凡我同盟，毋蕴年，毋壅利，毋保奸……或间兹命，司慎、司盟，名山、名川，群神、群祀，先王、先公，

① 袁明：《山东泰安发现古代铜器》，《文物参考资料》，1954年第7期。

② ［清］郭庆藩撰，王孝鱼点校：《庄子集解》卷一上，北京：中华书局，2012年，第14页。

③ ［清］王先谦：《庄子集解》卷一，北京：中华书局，1987年，第19页。

④ ［清］王先慎著、钟哲点校：《韩非子集解》卷十七《说疑第四十四》，北京：中华书局，1998年，第404页。

⑤ ［宋］朱熹：《四书章句集注·孟子集注》卷十三，北京：中华书局，1983年，第356页。

⑥ ［宋］朱熹：《四书章句集注·孟子集注》卷三，第235页。

⑦ 张用衡：《泰山石刻全解》（二），济南：山东友谊出版社，2015年，第16页。

⑧ 此句出自清人汪稼门作于乾隆五十七年（1792）的七古长篇《登岱》。嘉庆九年（1804），其弟子鸣清摘录其中的12句，由吴人严云霄书丹题刻于岱顶孔子庙大门外东侧石壁上。

七姓十二国之祖，明神殛之，俾失其民，队命亡氏，踣其国家。”[①] 会盟者如果违背了盟誓，名山等神灵就会诛戮处罚他。这表明名山之神成为诸侯会盟的神主。会盟者中包括鲁国、齐国等，所说名山之中肯定有泰山。

《山海经》卷五《中山经》载：“大凡天下名山五千三百七十……禹曰：天下名山，经五千三百七十山……言其五臧，盖其余小山甚众，不足记云……封于太山，禅于梁父，七十二家，得失之数，皆在此内，是谓国用。”[②]《五臧山经》共记录了5370座名山，泰山因七十二家封禅成为名山中的名山。

（二）秦朝

秦始皇二十六年（前221），秦国灭掉齐国，在齐地设齐、琅邪两个郡。济北郡统领博阳、嬴（今莱芜西北）等县，治博阳（今泰山区邱家店镇旧县村）。秦时，泰山主峰在博阳县境。

秦始皇一统天下后，建立起官方宗教的体系，作为国家宗教体系构建的重要内容。秦始皇二十八年（前219），秦始皇在泰山举行了正史记载的第一次封禅，以显示自己的功德与正统。

秦建立神祠制度（又称“祠官制度”），对利用各地特别是名山大川的神祠祭祀进行了明确的制度化建设和管理。秦确立了天下名山共12座，殽山以西7座，殽山以东5座，泰山是天下12座名山之一，也是东方的5座名山之一。“即使秦始皇建立了统一的帝国，祭祀场所在当地的习惯也依然没有改变……秦帝国在雍建立了国家祭祀中心……以泰山为首的五岳却不在位于雍的国家祭祀中心供奉的神灵之列。”[③] 在秦代宗教祭祀体系中，泰山等名山大川只是作为地方性的神灵，在其所在地进行祭祀，更具有区域性宗教信仰认同的价值，地域性色彩非常浓厚。

（三）汉代

汉承秦制，沿袭中又有变化。汉初大量封建王国形成了郡国并行的行政管理制度。汉高祖六年（前201），封长子刘肥为齐王，拥有博阳、临淄、济北等七郡。后因郡治转移到东平陵（今章丘），博阳郡更名为济南郡，博阳隶属济南郡。清人宋思仁《泰山述记》卷一称“泰安之为郡、为州、为县，实以泰山故也”。秦朝正是其源头。吕后当

---

① 杨伯峻：《春秋左传注》，北京：中华书局，2009年，第989-990页。

② 袁珂：《山海经校注》卷五，上海：上海出版社，1980年，第179-180页。

③ 朱溢：《汉唐间官方山岳祭祀的变迁——以祭祀场所的考察为中心》，《东吴历史学报》，2006年第15期，第71页。

政后，汉高后元年（前 187），割齐国的济南郡为吕国以为封邑，博阳隶属吕国八年。文帝时恢复了齐王国故地。封刘肥之子刘兴居为济北王，兼有济北、博阳两郡。前元三年（前 177），济北国被废。文帝十六年（前 164），复置济北国，泰山隶属济北国。汉武帝即位后准备封禅泰山，元狩元年（前 122），济北王刘胡主动上书贡献泰山及其附近的城邑。武帝于是设立泰山郡，郡治博县。元封元年（前 110）后，郡治移至奉高（今岱岳区范镇故县村）。

西汉建立后，实行分封，郡国并行。这导致了汉初泰山等名山由诸侯王国祭祀，汉初泰山先后划属齐国与济北国，由各王自行委官掌管祭祀之事，此为王国祭祀时期。直到汉武帝时期，这一局面发生了变化，元狩元年（前 122），济北王听闻武帝将封禅泰山，上书献境内泰山及附近城邑。从此五岳收归中央管理，名山大川一统的格局基本形成，亦即开始了中央王朝祭祀时期。

“今上封禅，其后十二岁而还，遍于五岳、四渎矣。”[①]一般认为五岳制度奠基于武帝时期，只不过武帝是用他的巡狩实践路线标明了五岳的基本轮廓。武帝遍游五岳，其中八次到东岳泰山，二次至中岳，南岳、西岳、北岳各一次。

汉武帝践行五岳，已经表明东岳泰山的独特地位，但并未形成制度。直到神爵元年（前 61），汉宣帝时，东岳泰山为五岳之长正式列为国家典制。这表明，泰山由先秦时期的名山、秦时的 12 座名山之一，一跃而成为天下名山第一，位居五岳之长。

从先秦中走来的泰山之所以在汉宣帝时成为“五岳之长”“五岳之宗”，是中国历史文化发展变化的必然结果。首先是汉代受到董仲舒五行观念影响，从时间上看，泰山主春，是一年之中四时之首；从空间看，泰山位居东方，是东南西北中空间展开的开始。所以泰山在五岳中称宗，是五岳之长，群岳之宗。其次，汉武帝以“罢黜百家，表章《六经》”[②]实现思想大一统，而西汉时期的五经传授谱系基本上为齐鲁学者所垄断，齐鲁经学成为武帝统一思想文化的发动机。“泰山之阳则鲁，其阴则齐”[③]，泰山是齐鲁的分界线，也是齐鲁区域的山岳标志，泰山地位自然水涨船高。如果齐鲁文化是西汉思想文化的高地，泰山就是这座高地上最醒目的山岳标志，所以齐鲁经学文化为东岳泰山成为五岳之长奠定了坚实的思想文化基础。最后，汉武帝对东岳泰山成为五岳之首起了巨大的推动作用，惜乎引而不发，没有确立五岳制度，直到其曾孙刘

① 〔汉〕司马迁：《史记》卷二十八，北京：中华书局，2000 年，第 1194 页。
② 〔汉〕班固：《汉书》卷六，北京：中华书局，2000 年，第 150 页。
③ 〔汉〕司马迁：《史记》卷一百二十九，第 2469 页。

询，东岳泰山为五岳之长才正式列为国家典章，这缘于汉宣帝特殊的身世及与泰山的关系。

汉平帝元始五年（5），大司马王莽建议采用匡衡等议，恢复南北郊制度。这一年，汉代首山的泰山，首次明确出现在汉代的郊祀体系中，作为南郊合祭天地、北郊祭祀后土郊祀仪式中的从食神，受到供奉祭祀。这表明地处东方的区域性的泰山，已经突破其地域性的限制，成为超区域性的崇拜奉祀对象。这在泰山发展史上，确实是划时代的一件大事。并且，作为六宗之一、山岳的唯一代表，泰山出现在京城郊祀体系中。泰山从祀的位置并不在其所处的东方位，而是在西门外，足见在此祭祀体系中，泰山实际的地域方位已经淡化了，成为天下山岳的总体代表性标志符号。

代汉自立的新莽政权，在泰山崇祀上有所举措。天凤四年（17），在首都常安（长安）明堂举行封建诸侯之礼，据《汉书·王莽传》载，王莽特命“钦告于岱宗”。这一大典仅祭告泰山，体现了泰山在新莽一朝的无上地位。王莽称帝后积极谋行泰山封禅。只不过后来泰山为赤眉军占据，其封禅只得胎死腹中。

东汉“虽说‘光复旧物’，但在文化上……固已根本接收了王莽的学说”①。建武三十二年（56），光武帝东封泰山。其后章帝、安帝也都效法刘秀东巡，致祭泰山。东汉帝君相继到泰山，并有大量的外国使节随行，这使得泰山之名渐被域外关注。郭沫若指出：“自秦汉以来，历代帝王封禅，也就是向泰山朝拜。比帝王都还要高一等，因而谁也不敢藐视泰山了。”② 泰山由此成为独一无二的正统王朝皇帝封禅山，关系着“国家民族治乱兴亡之大”③，其崇高的政治地位远超出其他名山圣岳，实际上成为王朝的一座“政治山”。

东汉时期“泰山治鬼”说的流行，表明泰山信仰发生了一次巨大的变化。据学者研究，这一信仰由山川崇拜变异而来：“古人以为人死归赤山或是泰山，皆由对山川的崇拜而引起……随着秦汉大一统帝国的建立，原来仅为齐鲁一隅所尊崇的泰山，受到秦皇、汉武的封祭。泰山地位转变了，就成为冥司机构最高的一级。”④ 这一观念的流行，使泰山由官方祀典中的岳神，转变为民间宗教中的阴神，在民间产生了极为广泛

---

① 顾颉刚：《汉代学术史略》，北京：东方出版社，1996 年，第 101 页。

② 郭沫若：《读随园诗话札记》，《郭沫若全集：文学编》第十六卷，北京：人民文学出版社，1989 年，第 344 页。

③ 钱穆：《现代中国学术论衡》，桂林：广西师范大学出版社，2005 年，第 168 页。

④ 吴荣曾：《镇墓文中所见到的东汉道巫关系》，《先秦两汉史研究》，北京：中华书局，1995 年，第 366—367 页。

的影响，使泰山由单纯朝廷主祀的国家神岳变为全民信奉的幽冥地府。

这一时期，应劭提出泰山为“山之尊者”，卢植提出泰山为“五岳之宗”，用自己的语言表述了泰山为天下第一山。

第二节 魏晋南北朝时期

魏晋南北朝是中国文化史上大动荡、大融合时期，这一时期，不同政权祭祀泰山，各大宗教尤其佛、道两教都对泰山加以关注，进而将其教义与传统的泰山信仰相融合。泰山无疑为华夏的统一和凝聚，提供了一个具有共同价值取向的山岳符号——“齐二仪永固，崇至德配天”。这一时期可称为泰山“宗教山”形成期。

一、魏晋

汉末曹操军事集团崛起，首先占据兖州，泰山为其领有。魏黄初元年（220），其子曹丕代汉，建立魏国，与蜀汉、吴鼎峙而立，泰山属魏版图。魏沿置泰山郡，辖十一县，泰山主峰属博县。据《三国志·魏志·文帝纪》载，曹魏立国伊始，即于黄初二年（221）六月“初祀五岳、四渎”，瘗沉珪璧，完全继承了汉代崇祀泰山的制度，以显示其政权的合法性。魏明帝还有封禅泰山之议，后因起草仪注的高堂隆猝然去世而未能成行。

晋泰始元年（265），司马氏代魏称帝，国号晋。晋沿置泰山郡，领十一县。泰山主峰属博县。两晋时期，泰山士族崛起于政治舞台，如羊氏世代簪缨，在朝野有着重大影响。晋统一伊始，群臣便请晋武帝封禅泰山，但因故未能成行。

西晋末年，中国北方陷于五胡十六国的混战，至东晋以后，愈演愈烈。泰山地区先后为前赵、后赵、前秦、前燕、前秦、翟辽、后燕、南燕、东晋所领有。诸国都沿置泰山郡，南燕并将兖州刺史治所设于梁父，泰山地区一度成为兖州的政治中心。十六国中曾占据泰山者，匈奴之前赵，国祚短促，且兵戈不止，对泰山的崇祀寂无所闻。其后入据泰山的羯族后赵，已接纳泰山的信仰。如《水经注》卷二十四载，泰山庙中有“建武十三年（37）永贵侯张余上金马一匹，高二尺余，形制甚精”，又岱顶上庙故址附近出土“建武十三”年号甓（即砖），据考为后赵泰山庙工之遗物。[①] 这说明即使在金戈铁马中，泰山庙祭祀仍得以延续。曾一度统一北方的氐族前秦充分吸纳汉文化，继承祭祀泰山的传统。前秦建元十一年（375），秦王苻坚“分遣侍臣祷河岳诸神”[②]。鲜卑族南燕时期，也延续泰山庙祀。这些史料充分说明，羯、氐、鲜卑等北方少数民族在进入中原后，都逐渐接受了汉民族的泰山信仰。

东晋偏安江南一隅，但仍然显示对泰山等五岳享有主权，明帝太宁三年（325），命有司详议五岳四渎祭礼，成帝咸和八年（333）在覆舟山下建五岳坛。东晋这一举措，开启了在国都附近立坛遥祀泰山的先河，为其后历代王朝所沿袭，成为礼仪定制。

二、南北朝

进入南北朝后，南北分裂对峙，泰山除短暂归属南朝之宋、梁外，绝大部分时间都在北朝统治之中。北魏沿置泰山郡，辖六县，至北齐时改为东平郡，泰山入周后，仍沿北齐郡置。泰山主峰在奉高县境。

十六国及北朝时期，泰山一带兵戈不止，但宗教却得到空前发展。佛教自东晋传入泰山，此时出现了僧朗、佛驮跋陀罗、求那跋摩、僧明、法定等具有重要影响的高僧大德，泰山的朗公寺、衔草寺、云禅寺、神宝寺、灵岩寺等伽蓝禅宇也相继建成，同时还出现了泰山经石峪、徂徕映佛岩、东平洪顶山等著名摩崖刻经；泰山道家中也出现了张忠、由吾道荣等名道。佛道等宗教文化成为此时泰山文化的主流。

同时，泰山在民间的影响也明显扩大。佛教入传中国后，泰山神与冥司神合流。汉晋僧侣在译经中，多用“太山”来译写梵文的“捺落迦”与“泥犁”（地狱），将泰山阴神信仰纳入佛学体系，泰山神作为冥府之主的形象更加深入人心。佛教入传后，引进了印度的偶像崇拜，所谓“佛入中国，始有像设”，对中国本土信仰产生了明显的影响。岳渎神灵及孔子祠庙，都效法立像。据东晋末僧竺道爽作《檄泰山文》，称泰山“伪立神形”[③]。这表明为泰山神置像，自晋已形成传统。东魏李仲璇曾“虔修岱像”[④]，据《隋书·高祖纪》载，隋文帝诏“敢有毁坏岳渎神形者，以不道论”，均说

① ［清］黄彭年：《书建武十三年专（砖）拓本后》，《陶楼文钞》卷十，《近代中国史料丛刊》第36辑，台北：文海出版社，1973年，第822页。

② ［北魏］崔鸿：《十六国春秋辑补·前秦录》，《二十五别史》第11册，济南：齐鲁书社，2000年，第272页。

③ ［南梁］僧佑：《弘明集》卷十四，上海：上海古籍出版社，1991年，第93页。

④ ［东魏］《兴和三年李仲璇修孔子庙碑》，骆承烈编：《石头上的儒家文献——曲阜碑文录》，济南：齐鲁书社，2001年，第81页。

明自南北朝以后，泰山神已确立像设。

从官方的山岳祭祀而论，鲜卑族所建的北魏政权入主中原后，逐步融合于汉文化中，五岳信仰较早为其所接纳。据《魏书·礼志》载，北魏开国君道武帝在立国之初，便于天兴二年（399）正月亲祀南郊，祭“五岳名山于中壝内”。泰常三年（418），明元帝又诏“立五岳四渎庙于桑干水之阴”。此为有史以来首次在京师附近建五岳庙宇，元儒吴澄称：“五岳四渎立庙自拓跋氏始。”[①]这是鲜卑族对五岳信仰形式的一次拓展。实际上泰山当时为东晋据有，北魏无法至泰山所在地进行祭祀，而通过立五岳四渎庙的方式，将其迁移到平城按时祭祀，可见北魏极力同东晋争夺泰山的祭祀权力，这充分显示了他们对泰山等五岳四渎宗教文化资源的认同与重视。泰山等五岳是政权合法化的神圣来源，已经成为这一时期华夏中原与边缘异族共同的认识。

北魏献文帝拓跋弘天安元年（466），泰山划入北朝版图，北魏对泰山的崇祀活动屡见于史书。如皇兴二年（468），魏廷以青徐平定，遣中书令兼太常高允祭祀东岳。祝文称岱宗“作镇东夏，齐二仪以永固，崇至德以配天”[②]，指出泰山为东夏镇山，与天地齐，德与天配，后世称泰山“配天作镇”，这里是能见到的最早出处，这也是现存的最早一篇泰山祭文。

太和十九年（495）四月，锐意改制的孝文帝巡幸瑕丘（兖州），遣使以太牢祭泰山，并御制《祭岱岳文》。孝文帝在祭文中展现了他力图全盘汉化、改革旧制，以“百王”后继者自居的真实心态，而“岱宗穹崇，梁甫盘崛”[③]之语，则充分地肯定了泰山崇高齐天的政治神威。此文不仅是现存的第一篇御制泰山祭文，而且出于鲜卑君主之手，这表明了泰山信仰已渐为少数民族政权所认同。这一崇祀在东魏与北齐时期也得到延续。

由于北朝对泰山崇祀的不断升格，泰山庙庭也得到了大规模的兴修。东魏兴和三年（541）《修孔子庙碑》中记兖州刺史李仲璇修岱岳祠事，反映出北朝官府对泰山的高度重视。

天保元年（550）五月，高洋在邺代东魏称帝，建立北齐，六月即对祀典之内的神

① 〔元〕吴澄：《大都东岳仁圣宫碑》，李修生主编：《全元文》第15册，南京：江苏古籍出版社，1999年，第360页。

② 〔唐〕徐坚等：《初学记》卷五，北京：中华书局，1962年，第96页。

③ 〔北魏〕拓跋宏：《祭岱岳文》，《全上古三代秦汉三国六朝文》第8册，石家庄：河北教育出版社，1997年，第272页。

灵进行全面祭祀。“诏分遣使人致祭于五岳四渎”[①]。此时泰山在其境，所以祭祀使者是至泰山所在地进行祭祀。北齐不仅有了固定的山川祭祀制度，并且有专门机构人员掌管，泰山祭祀由崇虚局管理，泰山所在地的祭祀得到制度保障。

这一时期，泰山封禅之议不断，如南朝宋文帝刘义隆占领泰山区域后，派使者沿着泰山封禅的旧路走了几遍，又下令让学士山谦之草拟封禅仪式的程式。只是后来北魏军入侵泰山，才打消了封禅的念头。北齐文宣帝也有议封禅泰山之举。可见由秦汉开启的泰山封禅，在南北朝时期仍是帝王的梦想，非不为也，实不能也！

第三节 唐宋金元时期

当历史发展至唐宋金元时期，泰山文化继承中有创新，面貌不断发生巨大变革，国家祭祀与宗教信仰中的“神圣祭坛”仍然持续，审美、论道的文学艺术与思想学术逐渐兴起。封禅大典至宋戛然而止，文学艺术创作空前繁荣，学术研究发轫启始及儒学新思想在泰山崛起。这一时期唐玄宗称泰山“五岳之伯”，宋真宗称泰山“五岳之宗”，《元典章》称泰山“五岳之尊”“众山宗主”等。这一阶段可称为泰山“文化山”（专指文学艺术与学术）形成期。

一、隋唐五代

隋文帝代周，实行州县二级政区制，废除北齐所置东平郡（原泰山郡），原东平郡所属梁父、博、嬴等县改隶兖州，泰山自此隶属兖州（主峰属博县），至宋不改。

隋朝设岳令管理泰山神庙，立法保护泰山神像，每年立春遣使致祭泰山神。隋朝一统南北后，朝野屡次请求东封泰山，隋文帝谦让不允，最后表示：“此事体大，朕何德以堪之。但当东狩，因拜岱山耳。”[②]开皇十五年（595）隋文帝至泰山，在山下设坛致祭。虽未行封禅，但作为结束长期分裂局面的大一统新朝，对泰山示以尊崇，既延续了秦汉崇岳的传统，又开启了唐代封禅的先声。

唐代时期，泰山地区分属兖州、郓州统辖，主峰属兖州乾封县。盛唐百年，泰山

① ［唐］李百药：《北齐书》卷四，北京：中华书局，2000 年，第 34 页。
② ［唐］魏征：《隋书》卷七，北京：中华书局，2000 年，第 97 页。

文化得到充分发展：李白、杜甫等一批诗坛巨子登临泰山，留下了开阖万端的颂岱佳作。从此以后，泰山诗文创作珠玉相缀，佳作不绝，泰山作为文学重镇的历史地位从此奠定；此外，泰山佛教、道教也长盛不衰；制瓷等手工业亦有较大发展。唐代后期，泰山为平卢淄青镇所占据，兵祸相连，使泰山地域遭受巨大破坏。唐末黄巢起义军揭竿反唐，最后兵败殉难于泰山，在泰山留下可歌可泣的一页。

唐朝开国后，泰山庙正式纳入唐代国家祭祀体系，成为由政府管理的祠宇。隋代未能举行的泰山封禅，入唐也被提上议事日程。唐太宗累次议封泰山而未果，其后唐高宗与皇后武则天于乾封元年（666）封泰山，禅社首山。开元十三年（725）玄宗封禅泰山，封泰山神为天齐王。在唐玄宗封禅时所刻的《纪泰山铭》，首次以御制文告的形式确立了泰山首山的地位："其方处万物之始，故称岱焉；其位居五岳之伯，故称宗焉。"此为西汉"五岳之长"的历史延续与重新确认。

由于唐代帝君的屡次封禅及加泰山神号，使泰山神影响大为提升。于是只建于泰山的东岳庙祀，由泰山一地而遍布今山东全境，进而向山西、河南、河北、陕西、四川等地区扩展。"东岳行宫者，泰山神之别祠也。自唐封禅，郡县咸有之。"[①]

唐代中日两国关系密切，遣唐使多次前来泰山参加封禅大典，此举加深了日本对泰山文化的了解，因而有泰山神东渡日本的历史趣话。唐大中元年（847），日本高僧圆仁自唐返国后，在日本建祠祀泰山府君，从此泰山信仰遍传东瀛。

唐朝灭亡后，中原地区相继出现梁、唐、晋、汉、周 5 个政权，与此同时，南北还先后存在 11 个割据王国。在此五代十国时期，泰山地区先后为五代所领有，分属兖州、郓州所辖，主峰仍属兖州乾封县。五代之际，乾封县境的岱岳镇（今泰安市区岱庙附近）日渐繁荣，为后世泰安城的形成初奠基础。五代十国虽又是一个大分裂、大动荡的时期，但也是泰山信仰发展的一个重要环节。这一时段，除了五代政府外均曾发布崇祀泰山的文告，延续了唐代的泰山地位，泰山信仰还随着中原移民的南下，由中原腹地而传布东南沿海。

① 〔元〕孟淳：《长兴州修建东岳行宫记》，〔清〕阮元：《两浙金石记》卷十五，杭州：浙江古籍出版社，2012 年，第 359 页。

二、两宋金元

（一）宋代

宋建隆元年（960），赵匡胤代周称帝，建立北宋。宋时，泰山地区分属兖州（北宋末改称袭庆府）、郓州（北宋末改称东平府）统辖，主峰属兖州奉符县。

宋代是泰山文化发展的重要时期。宋初太祖下诏将乾封县治由旧治（今泰山区丘家店镇旧县村）迁至岱岳镇，使泰安城初步形成山城一体的格局。宋代学术盛行，教育发达，著名学者孙复、石介讲学于泰山、徂徕，世称“泰山学派”，成为宋代理学的先声。宋代金石学的出现，也使泰山研究成为学界关注的内容。宋代泰山工业、手工业也盛极一时，宋廷在泰山以东所置莱芜监，每年产铁近40万斤，为全国四大冶铁中心之一。“车徒八方至，尘坌百里内；牛马汗淋漓，绮纨声猝縩”[①]——这便是宋人苏辙对泰山地区繁荣景象的生动描述。

“宋受天命，建都于汴，东倚神岳（指泰山），远不十驿”。宋人宇文粹中在《宣和重修泰岳庙碑》中对赵宋与泰山关系作过如上简述。与此前历代中央王朝相比，北宋建都与泰山距离最近，因此泰山在赵宋一朝的政治舞台上，放射出耀目的光彩。

宋立国之初，宋太祖便诏令“祭泰山于兖州”，由县令兼任东岳庙令、县尉兼任庙丞。开宝五年（972）下旨迁（乾封）城就（东岳）庙，以便就近管理，从而庙城一体，山城一体，使泰山建设得到进一步发展。

大中祥符元年（1008），宋真宗举行了规模空前的泰山封禅，并御制《登泰山谢天书述二圣功德铭》，称泰山为“五岳之宗，万物之始”，并加号泰山天齐王为仁圣天齐王。祥符四年（1011），加泰山神为“天齐仁圣帝”，封东岳夫人为“淑明后”。由于受到此时东岳庙祀在各地渐兴的影响，真宗还下诏在首都汴京为五岳修建了一座合庙五岳观（后更名会灵观、集禧观）。泰山东岳庙也不断增修，奠定了岱庙“俨若王者居”[②]的宏大建筑格局。“诸山知峻极，五岳独尊严”[③]，北宋对泰山无以复加的尊祀，标志着泰山作为域中第一山的官方地位得到又一次重新确认。

东岳行祠，遍布北方州县。宋室南渡，带动了文化重心的南迁，东岳庙祀由此在江南地区得到进一步发展。由于官方祀典的日益隆盛，民间对泰山的崇祀也不断升温，

① ［宋］苏辙：《苏辙集·栾城集》卷五，北京：中华书局，1990年，第96页。
② ［明］查志隆：《岱史》卷九《灵宇纪》，《岱史校注》，第138页。
③ ［宋］石介：《泰山》，《徂徕石先生文集》卷九，北京：中华书局，1984年，第42页。

从而使两者产生“互动”。据北宋彭修《湖州安吉县新建东岳天齐仁圣帝行宫碑》云：“于赫我宋，诞膺显命……于时山川之载在祀典者，泰山为最尊贵，名号视上帝，且天下咸得祀之。虽穷山幽谷、要荒不毛之地，皆饰祠严奉。”[①]民间信仰对官方泰山祭祀刻意模仿，包括仪仗、舆服等，甚至引起朝廷僭越之感。这样在双向的整合互补中，使泰山的官方祭祀呈现出更多的民间神祠祭祀色彩来。

民间广泛的崇祀群体，报赛活动的频繁举行，促进了“东岳庙会”的出现。庙会之起，始于北宋，发轫于泰山东岳庙。据宋人《括异志》云：“太山庙据县之中，令兼主庙事，岁三月，天下奉神者悉持奇器珍玩来献。”[②]又《道山清话》云：“每岁三月二十八日，四方之人集于泰山东岳祠下，谓之朝拜。”[③]两宋之际各地东岳行祠兴建，遂遍行于全国。北宋政和间魏邦哲《福山东岳庙记》中云：“每岁季春，岳灵诞日，旁郡人不远数百里，结社火，具舟车，赍香信，诣祠下致礼敬者。吹箫击鼓，揭号华旗，相属于道。”[④]这一风俗一直延续至清末。东岳庙会的出现，使泰山信仰深入社会最下层。

另外泰山玉女信仰也在此时兴起，宋真宗封禅时置玉女造像，此后逐渐被民众所崇奉，元祐间岱顶已出现玉女祠。至元明时，“碧霞元君”成为泰山影响最大的女神，对扩展泰山在民间信仰中的影响起到了巨大作用。

（二）金代

女真族金国和蒙古族元朝先后对中原地区的入侵，改变了汉族文化的固有格局，泰山信仰面临着自南北朝以来一场规模空前的挑战。北宋末年，崛起于东北地区的金国大举南侵，灭亡北宋，泰山一带被金人占领。泰山附近先后爆发了姜博士及吴给、孙亿领导的抗金起义，坚持数年之久。泰山沦陷后，先属刘豫齐国，刘齐设置泰安军，此为以“泰安”名地的开始；刘齐被废后，地入于金。泰山地区分属泰安军（后升为州）与东平府，隶山东西路。主峰属泰安州奉符县。金初泰山屡遭战乱破坏，至世宗朝后逐渐恢复，灵岩寺、谷山寺相继重建，文人学士活动频繁。文学名家党怀英在泰山所留碑石甚多，对泰山文化建设颇有贡献。

① 〔宋〕彭修：《湖州安吉县新建东岳天齐仁圣帝行宫碑》，〔清〕阮元：《两浙金石记》卷七，杭州：浙江古籍出版社，2012 年，第 161 页。

② 〔宋〕张师正：《括异志》，上海：上海古籍出版社，2012 年，第 33 页。

③ 朱易安等主编：《全宋笔记》第二编，第 1 册，郑州：大象出版社，2006 年，第 104—105 页。

④ 〔宋〕孙应时纂修：《琴川志》卷十三，《宋元方志丛刊》第 2 册，北京：中华书局，1990 年，第 1297 页。

金虽北方之游牧民族，但其灭辽败宋之后，对五岳的重视程度超过了其发祥地长白山。他们认为五岳为国家的依赖。如金章宗泰和三年（1203），平章政事镒、左丞匡、太常博士温迪罕天兴言："方岳之神各有所主，有国所赖，请御署固宜。"①可见在金代官方的眼里，五岳为国家之依赖，这表现出其对五岳文化价值高度认同与肯定。

尔后金世宗大力改制，使金国迅速适应了中原地区的经济文化水平，民族隔阂日益消弭。大定四年（1164），金世宗确立泰山常规祭祀制度。

大定十八年（1178）泰安东岳庙火灾后，金世宗下诏对庙庭做大规模复建，亲自裁定修复后之庙殿名称，诏翰林学士杨伯仁撰写碑记："我主上亦由东都□纂大统，绍开中兴，皆符帝出乎震之义也。乃眷岱宗之神，乘震秉箓，实司东方。东方者，万物之始，故为群岳之长。我国家受命之攸在。"②称泰山为群岳之长，是金廷受命于天的所在，从而恢复了自北宋灭亡后中断的"首山"地位。

（三）蒙元

公元1206年，成吉思汗在漠北建立蒙古汗国，陆续攻灭金、南宋等国，至元八年（1271）忽必烈定国号为元。蒙元时期，泰山地区属东平府，主峰属泰安州奉符县。

蒙古成吉思汗铁木真八年（1213），首次攻占泰安，泰山豪强在金、蒙古、南宋的三角战争中相互混战。降于蒙古的豪强严实入据东平，在严氏父子相继称藩东平期间，一意求治，社会环境相对安定，泰山地区经济文化有所恢复。元好问、刘祁、王若虚等文坛宗师登临泰山，使泰山文学出现继唐宋之后的又一高峰。

元代建立后，开通会通河，泰山地区经济日趋繁荣。元代中叶恢复科举，泰山附近州县学与书院陆续重建，东平府学尤盛极一时。此时出现的农学名著《农书》，出自泰安学者王祯手笔，实为元代泰山文化的杰作。

蒙古部落初据中原，造成了政治混乱、生产破坏的恶果，泰山文化经受了一次前所未有的大破坏，"其宫卫，其辇辂，其祠宇，自经劫火（指蒙古攻金之役）之后，百不一存"③。13世纪初叶，多方争斗、动荡不已的局面，使得泰山的官方祭祀中断。只到蒙古国彻底占领泰山周围区域后，泰山祭祀才得以恢复。蒙古海迷失后元年（1249）蒙古国首次祭祀泰山，蒙古宪宗蒙哥元年（1251）后，多次派遣道士代祭

① ［元］脱脱等：《金史》卷三十五，北京：中华书局，2000年，第535页。
② 姜丰荣：《泰山历代石刻选注》，青岛：青岛海洋大学出版社，1993年，第259页。
③ ［元］杜仁杰：《泰安阜上张氏先茔碑》，孔繁信：《重辑杜善夫集》，济南：济南出版社，1994年，第120页。

泰山。

中统元年（1260）三月，忽必烈即汗位，四月诏告天下。诏书中忽必烈检讨了蒙古国建国五十年来的得失，准备改变以武功治国之策略，“五岳四渎，名山大川……载在祀典者，所在官司岁时致祭”[①]，就是此诏令的内容之一。中统二年（1261）确定遣使代祀岳渎制度。

至元三年（1266）四月，蒙古国确定岳镇海渎的常祀制度，东岳泰山的常祀定于每年立春日前十八日内举行。元代延续了唐、宋以来的封爵之制，至元二十八年（1291），世祖对岳镇海渎予以加封，其中加封泰山神为“天齐大生仁圣帝”。这是历代加封的泰山神号中最长最尊、也是最后的一则。

元代对祭祀泰山有着严格有规定，强调“代朕祠之”，禁止他人私自祭祀。如元成宗大德元年（1297），“六月甲午，诸王也里干遣使乘驿祀五岳、四渎，命追其驿券，仍切责之”[②]。以王的身份遣使乘驿祭祀岳渎，当为僭越之举，故命追讨其驿券，并加以切责。如元成宗大德二年（1298）二月癸未，“诏诸王、驸马毋擅祀岳镇海渎”[③]。这表明五岳之祀为皇帝专权，他人即使是诸王、驸马也不得祭祀。

元廷内朝要求既严，对民间自然也更加严苛。至元二十八年（1291），东平人赵天麟上策元廷，称“倡优戏谑之流，货殖屠沽之子，每年春季，四方云聚，有不远千里而来者，提挈全家而至者”，赵氏认为此风“干越邦典，渫渎神明，停废产业，麋损食货”[④]，请加禁止。这是首次动议官方禁止民众祭岱活动。皇庆二年（1313），因泰安东岳庙会期间发生香客焚杀幼儿事件，元廷借机下令严禁民间祀岱：“泰山东岳，已有皇朝颁降祀典，岁时致祭，殊非细民谄渎之事……令有司岁时致祭，民间一切赛祈，并宜禁绝。”[⑤]自宋元以来的泰山崇祀，其重心已由朝廷渐向民间转变，此时泰山信仰已成为时代潮流，仅凭一纸公文很难禁绝。

“泰山石敢当”信仰，发祥于宋元之际，新近发现“元延祐五年岁次戊午”泰山石敢当碑，可为实证。[⑥]

① 《元典章》卷三《圣政》二《崇祭祀》，北京：中华书局、天津：天津古籍出版社，2011年，第108页。
② 〔明〕宋濂等：《元史》卷十九，北京：中华书局，2000年，第278页。
③ 〔明〕宋濂等：《元史》卷十九，第282页。
④ 〔元〕赵天麟：《太平金镜策》卷四《停淫祀》，《四库全书存目丛书·集部》第21册，济南：齐鲁书社，1997年，第670页。
⑤ 祖生利、李崇兴点校：《大元圣政国朝典章》卷五七《刑部》，太原：山西古籍出版社，2004年，第465页。
⑥ 周郢：《新见元延祐“泰山石敢当”碑铭考》，《民俗研究》，2018年第1期。

除泰山本地外，泰定二年（1325），玄教大宗师张留孙及其徒吴全节在元大都创建东岳仁圣帝宫，主祀东岳大帝。这是东岳庙首次在首都出现，对泰山信仰的普及带来巨大的推动，各地遂出现兴修东岳庙的热潮。泰山的信仰群体的民族成分，这时也有明显的扩大。信众已不局限于汉人，还增加了蒙古人与色目人。蒙古勋戚弘吉剌氏将泰山信仰传入蒙古本土，是一重要事件。

关于蒙元时期对泰山价值地位的认知，忽必烈幕僚郝经的《泰山赋》将泰山与海内诸山遍作比较，将泰山推为国中第一名山；更以“中华正朔，建极启元”[①]的非凡之辞，将泰山视为中原文明的总体象征与具体代表，这是对泰山文化内涵的深入揭示。《元典章》载：“岳镇名山，国家致祭，况太山乃五岳之尊。”[②]这是“五岳之尊”首次出现，可视为这一时期国家对泰山的地位判断。

第四节 明清时期

明清时期，泰山文化发展出现了一次巨大转变。朱元璋将自唐以来的泰山神号悉数除掉，恢复了泰山神自然神格，碧霞元君开始彰显出来，深得帝王与民众喜爱，逐渐取代传统泰山神祇，并且吸引民间社会人士前来崇祀。康熙、乾隆多次到泰山，给泰山带来了崭新的气象，泰山地位迅速提升巩固。周郢将这一阶段称为泰山“民俗山”形成期。

一、明代

洪武元年（1368），明太祖朱元璋推翻元朝，建立明朝。朱明时期，泰山地区分属山东布政司济南府泰安州与兖州府东平州，主峰属泰安州境。

有明三百年中，泰山专书大量出现。弘治元年（1488）《泰安州志》付刊，此为现存第一部泰安州志。嘉靖《泰山志》的创修，开启了泰山志书编纂的先河；此后《泰山搜玉》《岱史》《泰山小史》等层出不穷，促进了泰山研究的繁兴。

明代中叶，名儒李汝桂、宋焘继承泰山书院遗风，创设立育英、青岩等书院，对

① 〔元〕郝经：《泰山赋》，《郝文忠公陵川文集》卷一，太原：山西古籍出版社，2006年，第9—10页。
② 祖生利、李崇兴点校：《大元圣政国朝典章》卷五七《刑部》，第465页。

传承乡学贡献巨大。在此期间，泰山名胜古迹还得到当政重视，多次进行全面整修，盛极一时。高丽僧满空到泰山，先后重建竹林寺、普照寺，被后世尊为普照“重开山”第一祖。

经济方面，正德间首征泰山香税，使之成为国库一项巨额收入。这与民间崇祀泰山有着极大关系，尤其是碧霞元君信仰的普及。元君信仰源起于北宋，金元之时渐行于民间，到明代开始盛行，其影响力大有取代泰山神之势。如明谢肇淛所言：“古之祠泰山者为岳（岳帝）也，而今之祠泰山者为元君也。”[①] 相较泰山正神，碧霞元君身上更具人间情味，因此赢得上至皇室、下至黎民的追捧。专祀元君的岱顶碧霞宫也不断得到拓修。于是出现了“自碧霞宫兴，而世之香火东岳者咸奔走元君……香火视他岳盛矣”[②] 的局面。此时在中国北方，出现了为数甚多的泰山娘娘行祠（亦称泰山行宫、元君庙、娘娘庙等），几乎可以与泰山神的东岳庙数量相抗衡。碧霞元君信仰对泰山更加深入人心起到了推波助澜的巨大作用。

明太祖登基之初，便以民族解放者的姿态，宣示继承中华正统的政策。洪武元年（1368）六月遣使祭域内山川，开启祭祀泰山之礼。自宋以来，不断有儒士对加封五岳帝号提出异议，朱元璋认为治国之本，在于礼仪，所以极为重视礼制建设。洪武三年（1370）朱元璋诏定岳镇海渎城隍诸神号，否定了唐宋以来的泰山神封号，只称“东岳泰山之神”，确认了泰山神自然神的神格属性。明太祖御制《岱山高文》（五岳中仅此一例），对泰山予以高度礼赞。

明代以遣官代祀、所在地官员常规祭祀的形式在泰山本地展开国家祭祀。非泰山本地的国家祭祀范围不断扩大，以都城山川坛合祭、从祀郊祀、京城东岳庙祭祀等方式展开。各地东岳庙因此取得法定地位，崇祀日加盛行，且不断向边远地区辐射。所以明孝宗于《重修东岳庙碑》中言：“东岳之庙，今遍于天下。”[③]

明廷对泰山的崇祀，可以从泰山东岳庙屡次的重建碑记上略窥一斑。弘治间重修岳庙，由明孝宗御制碑文，这是第一位为岳庙撰立碑记的明代帝君。碑铭中称：“万物之始，群岳之长……巍巍泰山，高入云烟，群岳宗之，靡或与肩。”[④] 天顺时大臣薛瑄

① 〔明〕谢肇淛：《五杂组》卷四《地部二》，上海：上海书店出版社，2001 年，第 66 页。

② 〔明〕王锡爵：《东岳碧霞宫碑》，〔清〕黄钤：《泰安县志》卷十一《金石》，第 456 页。

③ 〔明〕朱佑樘：《重修东岳庙碑》，《泰山志》卷二《灵宇》，〔明〕汪子卿撰，周郢校证：《泰山志校证》，合肥：黄山书社，2006 年，第 221 页。

④ 〔明〕汪子卿：《泰山志》卷二《灵宇》，第 220—221 页。

在重修岱庙碑中云："惟此泰山，造化钟萃。巃嵸太虚，磅礴厚地。匪鲁邦瞻，实众岳最。"[1]"群岳之长、群岳宗之""实众岳最"，君臣间一唱一和，都明确把泰山奉为大明帝国的第一神山。

嘉靖四十一年（1562）曲敏德磨刻于泰山极顶德星岩处的"五岳之宗"、同年通判邵鸣岐等题刻于十八盘及泰山极顶的"首出万山"、隆庆四年（1570）山东监察御史李复初等题刻于红门处的"第一山"、万历二十四年（1596）巡抚张允济等书刻于岱庙的"五岳独宗"等，泰山现存的大量明代碑刻，殊途同归，所见略同，无不展示着这一时期官方对泰山地位的共同认知。

万历四十年（1612），时任泰安知州的江湛然为宋焘所著《泰山纪事》作叙，深入地解释了泰山为何是"众岳之长"："泰山为五岳之一而独称岱宗，何居？盖东于五行属木，于时令属春，为青帝，万物资生之始，是为众岳长。《汉书》众岳皆三祀，而泰岳则岁五祀，历代帝王传之。岂非功侔造化故尊礼独隆也哉？"[2]江氏对汉代泰山独享隆礼的现象进行了研考，泰山位居东方，东方五行属木，时令属春，为青帝，是万物生长的开始，所以成为众岳之长。

二、清代

清顺治元年（1644），清朝定鼎北京，首先夺取山东，泰山地区列入清之版图。清初泰山地区分属济南府泰安州与兖州府东平州，至雍正十三年（1735）创置泰安府，下辖泰安、新泰、莱芜、肥城、东阿、平阴六县及东平一州，将泰山地区置于一个统一的行政建置之内。

清初清廷开通九省御道，泰安作为交通要冲，地位日趋重要，康、乾两帝南巡，均取道泰安。明末饱受创伤的泰安经济，入清后也得到复苏和发展。雍正末年废除香税制度，进一步促进了泰山进香的繁盛。这一时期，泰安官吏和有识之士均十分注重文化教育的建设，陆续设立青岩、泰山、岱麓等书院，使泰山文风日盛。清代朴学盛行，专书志书迭见层出，先后出现了《泰山纪胜》《泰山道里记》《泰山图志》《泰山述记》《岱览》《泰山志》等著述，为泰山研究留下了重要的文献。

由于泰山信仰（官方的东岳与民间的碧霞）获得清廷的认可，所以在清初，泰山

---

① 〔明〕汪子卿：《泰山志》卷二《灵宇》，第 223—224 页。

② 〔明〕宋焘：《泰山纪事》，《四库全书存目丛书·史部》第 232 册，济南：齐鲁书社，1996 年，第 581 页。

信仰并没有因满族入主而衰败，而是进一步发展兴盛。不仅北京东岳庙与妙峰山碧霞庙恢复往日繁盛，而且其信仰迅速蔓延到满洲腹地。《钦定盛京通志·祠祀》载奉天、辽阳、复州、锦县、广宁、宁古塔、吉林等城均建起东岳庙（或名天齐庙）。在同一时期，泰山庙祀还传入台湾。南明永历二十七年（康熙十一年即1672），延平郡王郑经在东宁省城（今台湾台南）创建东岳庙。台湾入清之后，仍庙祀不绝。此后，随着清朝疆域的不断开拓，泰山信仰还先后传入新疆、西藏、青海等边疆地区。

“清承明制”是清朝政治的重要特征，在泰山祭祀上同样如此。变化之处是清初中断了遣使常规代祀制度，只延续了非常规遣官致祭泰山和地方官员常规祭祀等。如顺治帝亲政当年（1651），即遣使告祭泰山。“天门挺秀，日观昭灵”[①]，顺治告文的这番颂词，显示了满洲君王对泰岱崇位的认同，此后非常规遣使告祭不断。

泰山遣使常规祭祀的缺失随着康熙、乾隆二帝亲至泰山而得以恢复，并且二帝的到来给泰山带来了崭新的气象

康熙二十三年（1684）十月、二十八年（1689）正月、四十二年（1703）正月，康熙皇帝3次南巡泰山，致祭泰山神与碧霞元君。清史专家提出：康熙帝的南巡盛典乃发端于泰山巡狩，“起因于清朝基本完成国家统一，适逢甲子年，仿照《尚书·舜典》圣王泰山巡狩之举，……首次南巡也只有同东巡联系起来考察，才能彰显出历史意义”。这一事件开启了清史一个“新纪元”[②]。

满汉毕竟是两支源流不同的民族，在文化上更存在着巨大的差异性。如何在不触动既定祀典的前提下，协调两族信仰，统一思想认识，并能取得满汉双方心理上的认可，已成为康熙在万机之中须予以解决的要务之一。康熙“泰山山脉来自长白”[③]的创论，便是在这种时势下横空出世的。“泰山龙脉”的命题，不独为满洲入主中原寻找到了地理上的因素，同时也为他在政治上破除两族隔阂、实行“满汉一视”觅到一条理论依据。

乾隆帝一生10余次巡幸泰安，6次登临岱顶，创下了帝王登岱的最高纪录。在泰山，乾隆亲祭泰山神与碧霞元君，他力主泰山神与碧霞元君都是泰山神，泰山神是二元一体的，从而使碧霞元君由明朝的皇家祭祀一跃而成国家祭祀之神。自乾隆四十五

① 〔清〕唐仲冕撰：《岱览》首编五《祝文》，第1页。

② 常建华：《新纪元：康熙帝首次南巡起因泰山巡狩说》，《文史哲》，2010年第2期。

③ 〔清〕玄烨：《泰山山脉自长白山来》，《圣祖仁皇帝御制文集·四集》卷二七《杂著·康熙几暇格物编》，文渊阁《四库全书》本，上海：上海古籍出版社，1987年，第1299册，第6页。

年（1780）开始，恢复了泰山常规遣官致祭制度，分别祭祀泰山神与碧霞元君。自乾隆五十五年（1790）开始常规祭祀的对象仅限于碧霞元君，一直到清末不断。

康熙、乾隆留下了宝贵的泰山作品。康熙《泰山龙脉论》说泰山“为五岳首”。在岱庙御书“配天作镇”匾额，康熙二十八年正月康熙谕旨“朕巡历所至，再经岱麓，重瞻祠宇……念泰山为五岳之长”。乾隆《望岱庙寄题》诗“作镇配天首五岳”，《登泰山六依皇祖诗韵》“五岳之中宗首出，谁能昆脚与皆头”，《体元堂》“五岳岱宗尊，东方生物原”，《拟子建飞龙篇》“巍巍泰山，兖州镇崇。非惟兖州，五岳是宗”，《赋得泰山不让土壤》“三公崇视秩，五岳卓为宗”，《诣岱庙瞻礼》“古纪三公贵，今惟五岳尊”。御制《重建泰山神庙碑》“国家秩祀之典，方望实惟最重，而泰山为五岳宗长”。二位皇帝不断强调着泰山崇高无上的地位。

这一时期，泰山上下刻满类似石刻。如光绪二十二年（1896）题刻泰山极顶的“五岳之尊”，光绪二十六年（1900）石祖芬题刻于盘道侧的“天下名山第一”，光绪三十一年（1905）题刻于迎客松附近的“冠盖五岳”等，其中以光绪三十三年（1907）泰安知府玉构题刻于玉皇顶处的“五岳独尊”最为著名，成为公认的泰山价值地位的概括。

第五节 民国时期

泰山文化几经演进，历史车轮驶入近代后，其文化特质又有了新的彰示——随着民族精神的觉醒与文化的自觉，人们对泰山精神内蕴有了更深入的开掘和把握。“民国泰山”“国山”等表达出这一时代新泰山价值判断。周郢将这一阶段称为泰山“精神山”彰显期。

一、民国泰山变迁

辛亥革命推翻清朝，建立中华民国。民国时期的泰山，经历了四个阶段。

北洋政府统治时期：民国之初，北洋军阀控制中央与地方政权，推行政区改制，施行省、道、县三级制，裁撤泰安府，泰山地区之泰安、莱芜、新泰、肥城四县隶属于岱南道（后改名济南道）。民初北洋内务部先后颁布《管理寺庙条例》和《保存古物暂行办法》，泰山文物古迹庙宇暂时得到维护，泰山西路景区得到初步开发。如1928年山东军务督办张宗昌重修碧霞祠，但重修之役因直奉战起而中途废止。此后豫鲁战争、北伐战争，泰山附近都成为主战场之一。1928年5月（以下月份为公历）南京国民政府所统北伐军攻克泰安，北洋政府对泰山地区的统治结束。

国民政府统治时期：国民革命军进入山东后，一度在泰安建立省政府（后移济南）。国民政府废除道制，存省、县二级。泰山地区各县均直隶于省。以孙良诚为首的省府在驻泰期间，将岱庙辟为市场和公园，“画壁已毁损大半，汉唐以来碑碣悉破坏，其他古庙古物之被毁者不可胜计”①。1929年国民政府主席蒋中正登泰山后，有意整修泰山②，因中原大战爆发而搁置。中原大战中蒋阎军队争夺泰安，“毁坏古迹、石刻、风景、庙宇不可胜计”③。山东省主席韩复榘主政时期，泰山建设呈现一个高峰。1933年省府拟定修理泰山盘道、整修碧霞祠及玉皇顶大殿、改建青帝宫等整修计划。④1934年春，特令建设厅在中天门建旅馆一处⑤。同时拓建泰安车站至岱宗坊马路，可使汽车直通泰山下⑥。泰山城西路（今龙潭路）也得到拓展。1932年中央气象研究所在玉皇顶建立的泰山测候所，后在基础上建高山气象台。⑦国民党将领冯玉祥寓居泰山期间，倡修大众桥，兴建科学馆等。同时泰山农林业等亦有所发展。

日伪政府统治时期：“七七”事变后，泰安于1937年底沦陷。翌年伪山东省公署在全省分设四道（后改为十道），泰山附近泰安、新泰、肥城、东平、莱芜等县初属鲁西道，后属泰安道，道尹公署置于泰安城。泰山学者王亨豫在《茹荠秘记》中记称：“岱下经此（日军）浩劫，损失不知凡几……学校、公寓、庙宇、名胜悉为贼军暴民掠夺拆毁。”⑧日伪在泰山地区施行残酷统治，并乘机掠夺泰山文物⑨；徂徕山上众多古迹也毁于日军的“清乡”。侵华日军在施家结庄河北建飞机场，将唐高宗舞鹤台铲平。

① 余子安编著：《余绍宋书画论丛》，北京：北京图书馆出版社，2003年，第266页。
② 中国社会科学院近代史研究所藏《蒋介石日记》抄本，1929年7月12日。
③〔民国〕赵新儒：《为十九年战役毁坏孔子林庙泰山古迹致阎锡山书》，《新刻泰山小史》注，泰山赵氏1932年刊本，附录第11页。
④《山东省建设月刊》，1933年第3卷第10期。
⑤《泰山二虎庙旅馆落成》，《山东民国日报》，1934年8月21日。
⑥《整理泰安岱宗坊马路》，《山东民国日报》，1934年5月7日。
⑦ 中国第二历史档案馆编：《中华民国史档案资料汇编》第五辑第一编《教育》二。
⑧ 王亨豫：《茹荠秘记》，山东省博物馆藏原稿本。
⑨《伪山东省公署呈报泰安县古物保管委员会旧存岱庙古物被盗案》，中国第二历史档案馆藏档（全宗号2005，案卷号240）。

1938 年 1 月，中共山东省委在徂徕山和泰西发动抗日武装起义，此后，泰山地区军民与日伪展开浴血奋战，终于与全国人民一道赢得抗战的最后胜利。

解放战争时期：抗战胜利，泰山光复。不久内战再起，泰山附近处于国民党之政府军与中共领导的新四军、解放军反复争夺之地区，政区变更不一。此前国民政府曾将泰安、莱芜等县划属省第十二区，民国末又划属第十五行政督察区。中共地方政权则以津浦铁路为界，分置泰山、泰西两个专区。在战争进展中，两军围绕泰安城，前后展开四次争夺，最后于 1948 年 5 月被解放军华东野战军攻克。内战中泰山胜迹破坏惨重，如 1946 年国民党泰兖警备司令宁春霖以燃料不足为借口，对泰山古树大加砍伐，岱庙内“十八罗汉树”等被伐净尽，岱庙城墙被毁多段。[①] 泰城周边的各处祠宇悉数毁于兵燹。报载有国军特务冒称八路军，进入岱顶各庙，声称“奉上级命令前来破坏神像”，“捣毁铜泥神像廿八座，木刻神像及匾额悉被烧毁”[②]。神憩宫元君木卧像便在此事中被毁。至新中国成立前夕，泰山上下森林植被殆尽，众多文物惨遭焚掠，荒山秃岭，疮痍满目，景象之惨，实为“自开辟以来所未之有”[③]。

二、民国泰山文化的建构

民国以后，虽然仍延续着的“五岳之尊”这样的判断，但将泰山与国家相关联，则成了重要的新思维。

民国八年（1919），玉皇顶“民国泰山”刻石首次将泰山与国家联系在一起，昭示着泰山文化内涵的崭新变化。

民国十八年（1929）七月，国民政府主席蒋中正登临岱顶，留题“泰山永固，民国长安”[④]。以泰山永固象征国家长安。同年九月，时任山东省财政厅长袁家普在泰山云步桥题刻：“愿同胞努力前进，上达极峰，独立南天门。高瞻远瞩，捧日拿云，可以张志气，拓胸襟，油然生爱群救世之心。感斯山之永固兮，国家柱石，曰严曰峻，巍然吾民族之威棱。”

1933 年 8 月 20 日，作家许兴凯发表《讲演泰山》称：“泰山！五岳之首的泰山！本来是我们中国的象征。国是个概念，需要一个具体的东西来代表他。这东西不是河，

① 《岱庙千年古柏砍伐净尽》，《天津工商日报》，1946 年 12 月 15 日第 1 版。
② 《伪装我军破坏庙宇，泰山上寺捉获特务》，《解放日报》1946 年 4 月 25 日。
③ ［民国］赵新儒：《新刻泰山小史》，第 18 页。
④ 《绸缪月刊》，1935 年第 1 卷第 5 期，第 5 页。

就是山。比如德国的莱茵河，日本的富士山。我们中国也以河山比譬国土。这河，我以为就是黄河。这山，我以为就是泰山。黄河流域是中华民族的发祥之地，也是世界古文明的策源。中国的五岳本来是早年中国国境的四至。五岳以泰山为首，泰山可以代表我们中国……这泰山是国，家，人民，土地的代表者。”[①] 明确提出泰山就是中国的象征，泰山是国、家、人民、土地的代表。

最具代表性的，便是“国山”之议被正式提上民国的论坛。“定泰山为国山”的首倡者，系民国著名作家易君左先生。所作《定泰山为国山刍议》写定于民国二十一年（1932）10月，先后发表于《山东民国日报》及《江苏教育》。[②] 题目下有引言赫然写道：泰山“具有刚健中正四大德性，允应定为中华民国国山！用泰山的精神消灭富士山之魔影”。全文分“缘起”“理由”“计划”“办法”四大部分，共计一万余言。开篇首先陈述了泰山应定为“中华国山”的八大理由，其要点可归纳如下：一、泰山之德性，实与吾国民族精神及固有文化完全吻合。二、泰山为历代所仰重，为吾国历史上特有之事迹。三、泰山出中国山系正宗昆仑之脉，为全国山脉之中坚，踞最古老之地层。四、泰山为国民数千年来，所拥戴之一大自然现象，深入人心。五、泰山为至圣孔子登游歌咏之地，泰山文化与儒家文化密不可分。六、泰山山体端坐堂皇，磅礴浑成，兼有四岳之长，而无四岳之短，在其他诸山中更是无与伦比。七、泰山为中国民族历史之活的典型，一入泰山，不啻翻阅吾民族之光荣史页。八、泰山日出飞瀑等景象，生机无限，象征着中华民族活泼泼的精神，足以体现中国之国魂。

“定泰山为国山议”的出现，实基于当时独特的政治背景与文化心态。“国于天地，必有与立”，正如西方学者所指出，一个国家的维系，除去领土、经济、政治整合之外，还必须借助于文化资源。易君左长期致力于对国人思想的启蒙，“国山议”亦正是他欲借助传统文化改造社会的努力之一——其冀望以“山”为符号，通过“国山”认定为仪式，进一步促进境内各民族文化的融合，以实现现代民族国家共同体的认同，即“移风易俗，应有具体之象征，召回国魂，恢复民族自信力，庶几可挽中国之危亡，奠万年有道之基础”，“使全国国民集中精力于巩固的政府指挥之下而共戴一伟大的象征”。此点乃是易君左议定“国山”的主旨所在。[③]

① 〔民国〕许兴凯（署老太婆）：《泰山游记》，北平：读卖社，1934年，第17–18页。

② 易君左等：《定泰山为国山刍议》，《山东民国日报》，1932年10月16、18、20、23、24、26、28、29、31日连载；《江苏教育》，第2卷第1—2合期，1933年元月版。

③ 周郢：《泰山文化历程》，北京：五洲传播出版社，2019年，第213页。

除民国泰山外，民国时期的“死重泰山”也是当时非常重要的话语观念。[①]

1944年9月8日，毛泽东在战士张思德的追悼会上发表讲话说：“人总是要死的，但死的意义有不同。中国古时候有个文学家叫作司马迁的说过：‘人固有一死，或重于泰山，或轻于鸿毛。’为人民利益而死，就比泰山还重；替法西斯卖力，替剥削人民和压迫人民的人去死，就比鸿毛还轻。张思德同志是为人民利益而死的，他的死是比泰山还要重的。”[②] 毛泽东引用了司马迁的重于泰山的论断，引申推演出为人民利益而死比泰山要重，以泰山为喻体，将人民利益与泰山紧密联系在一起。

1946年6月，新四军第一纵队解放了泰安城。这次战斗中，第一纵队第一旅参谋长邱玉权等七百多位战士牺牲。是年秋，第一纵队第三旅和泰安县政府共在泰山南麓万仙楼北建成了“革命烈士纪念碑”，碑文云：“泰山，往昔用示统治地位永存，而今而后，则更象征人民不朽。为人民解放事业而奋斗牺牲的烈士们精神不死！”[③] 碑文强烈地宣示了与往昔不同的泰山文化内涵，即由传统的表征统治地位永存，转变为象征人民不朽。

---

① 李俊领：《民国泰山的政治文化建构》，《泰山国际文化论坛（第一届，2019）论文集》，北京：文化艺术出版社，2021年，第105-112页。

② 毛泽东：《为人民服务》，《毛泽东选集》第3卷，北京：人民出版社，1991年，第1004页。

③ 张用衡：《泰山石刻全解》（二），济南：山东友谊出版社，2015年，第61页。

第四章
封天禅地：泰山封禅

五岳独尊的泰山无疑是中国传统思想文化的典型山岳代表与模版。作为传统，在泰山举行的祭祀大典——泰山封禅，成为泰山文化中最具特色的事项。

第一节 封禅文化与泰山

从先秦七十二家封泰山到北宋真宗，泰山封禅从兴起到正式落幕；从管仲阻止齐桓公封禅到康熙皇帝不得用封禅名义，泰山封禅，帝王梦想，源远流长，不绝如缕。何为封禅，如何封禅，是人们关注的焦点。

一、封禅的含义

封禅一词最早出现在春秋时期《管子·封禅》篇中，司马迁《史记·封禅书》引用了管子《封禅》篇，但是他们并没有解释“封禅”一词的内涵。为了弄清这个问题，我们从以下两个角度来理解：

第一，从与《封禅书》相对应的内容看。东汉班固著《汉书》时，将对应《封禅书》的内容改为《郊祀志》。郊祀就是由皇帝主持的祭祀天地的国家最重要的大典，由此可见封禅就是郊祀。西晋司马彪著《续汉书》时将对应的篇目改为《祭祀志》，从这种对应看，封禅就是一种独特的祭祀仪式。两者相联，封禅就是由皇帝主持的祭祀天地的大典。

第二，东汉以后班固等学者开始对封禅的含义进行阐释，其中最为大家接受的是唐代张守节在《史记正义》中的解读，他说："此泰山上筑土为坛以祭天，报天之功，故曰封。此泰山下小山上除地，报地之功，故曰禅。"[①]也就是说，封禅包括"封"和"禅"两个不同祭祀仪式。首先，从地点看，封在泰山山顶，禅在泰山下的小山上；其次，从祭祀的建筑形式看，封是筑土作为祭坛，禅是清扫地面作为祭地场所；第三，从祭祀对象看，封是祭天，禅是祭地；第四，从祭祀目的看，封是报天之功，禅是报地之功。需要注意的这里的"报功"有两个含义：一是报答天地的功德，二是向天地报告自己治理天下的功绩。

综上所述，封禅就是由皇帝主持的在泰山上下举行的祭祀天地的大典，它的目的一是报答天地的功德，二是向天地报告自己治理天下的功绩。

二、封禅的条件

封禅是大典礼，举行这样的典礼是需要一定条件的。《史记·封禅书》开篇就说："自古受命帝王，曷尝不封禅？盖有无其应而用事者矣，未有睹符瑞见而不臻乎泰山者也。虽受命而功不至，至梁父矣而德不洽，洽矣而日有不暇给，是以即事用希。"[②]司马迁列出了泰山封禅的五个条件：受命、符瑞、功至、德洽、暇给。

这里面包含着战国至秦汉时流行的五德终始思想哲学观念，需作进一步说明。阴阳五行是春秋战国兴起的一种思想哲学观念，战国时齐人邹衍提出"五德终始"解说朝代的演进与更替，所谓"五德"即木德、火德、土德、金德、水德五行之德。五德相生相胜，一朝有一朝之德运，《史记·封禅书》中记载了秦始皇统一天下称帝后，大臣说："黄帝得土德，黄龙地螾见。夏得木德，青龙止于郊，草木畅茂。殷得金德，银自山溢。周得火德，有赤乌之符。今秦变周，水德之时。昔秦文公出猎，获黑龙，此其水德之瑞。"[③]就是用木（夏）克土（黄帝）、金（商）克木（夏）、火（周）克金（商）、水（秦）克火（周）的五德相胜原理，来解释秦得天下始皇称帝的合法性与正当性。

五德终始说到秦汉时期大盛，成为人们的普遍知识与思想共识，影响久远，以至于顾颉刚说五行是中国人的思想律。"今日的读者们切莫以自己的智识作为批评的立

① ［日］泷川资言：《史记会注考证》卷二十八，上海：上海古籍出版社，2016 年，第 1517 页。
② ［汉］司马迁：《史记》卷二十八，北京：中华书局，2000 年，第 1161 页。
③ ［汉］司马迁：《史记》卷二十八，第 1168 页。

场，因为其本质惟有迷信，已不足供我们的一击。但这是汉人的信条，是他们的思想行事的核心，我们要了解汉代的历史时是非先明白这个方式不可的”。[①] 明白这个理论背景后，我们对司马迁列出的五个封禅条件进行分析解说。

1. 受命，就是指帝王承受天命，这个天命特指五行的命，即承接五德终始的秩序来改朝换代。

2. 符瑞，天命是虚幻不可见的，所以要有五德的祥瑞作为符应，来表示帝王受天命。如上文所记载的，黄帝是土德，他的符瑞就是黄龙地螾；夏朝是木德，其祥瑞是青龙；商朝是金德，银从山上冒出；周是火德，其祥瑞是赤乌。

3. 功至，改朝换代后，国家要统一安定，人民安居乐业。

4. 德洽，就是推德定制，以合其德运，即合德或德合。“王者易姓受命，必慎始初，改正朔，易服色，推本天元，顺承厥意”[②]。“帝王必改正朔，易服色，所以明受命于天也”[③]。如秦定水德，据此秦始皇就定出一套水德的制度：“更命河曰‘德水’，以冬十月为年首，色上黑，度以六为名。”[④]

5. 暇给，要有闲暇进行泰山封禅。到泰山封禅的6位帝王，从出行到泰山然后返回出发地，分别用时：汉武帝首次封禅5个月，光武帝67天，唐高宗390天，唐玄宗40天，宋真宗46天。可见没有大块的时间是不可能到泰山封禅的。

正因为封禅条件要求严格，所以“即事用希”，真正泰山封禅的只有6位帝王，司马迁真是目光如炬，穿越千古。

三、为何要到泰山封禅

封泰山，禅梁父的观念在先秦就已经出现，秦汉时期这一说法更加普遍，似成一种共识。

（一）岱宗：王者易姓交代之处

《史记·封禅书》没解释为什么必须到泰山封禅，直到西汉中叶以后，刘向等人才开始有意识地探讨。刘向说：“泰山，岱宗，五岳之长，王者易姓告代之处也。”[⑤] 又说：“泰山一曰岱宗，言王者受命易姓，报功告成必于岱宗也。东方，万物始交代之

① 顾颉刚：《汉代学术史略》，《中国现代学术经典·顾颉刚卷》，石家庄：河北教育出版社，1996年，第6页。
② 〔汉〕司马迁：《史记》卷二十六，第1094页。
③ 〔汉〕班固：《汉书》卷二十一上，北京：中华书局，2000年，第844页。
④ 〔汉〕司马迁：《史记》卷二十八，第1168页。
⑤ 董治安主编：《两汉全书》第9册，济南：山东大学出版社，2009年，第4953页。

处。宗，长也，言为群岳之长。”[①]“易姓告代”即指封禅，为什么要选择泰山？刘向将泰山、岱宗、岳等名称一并列出。而更侧重于“岱宗”之名，明显地将“岱宗”、“岱山”之“岱”假借作“代”，从而引申出两个重要义项：一是“王者易姓告代之处”，即新王朝取代旧王朝之后，帝王至此祭告上天以报其功，宣告新王朝成功改朝换代，为泰山封禅张本，提供理据；二是“万物始交代之处”。这句话包含“万物始”与“万物交代”两层意思，意指东方泰山是万物开始之处，也是阴阳交代交替之处。在岱宗举行封禅，象征了新的朝代的诞生。

东汉班固说：“王者易姓而起，必升封泰山何？报告之义也。始受命之日，改制应天，天下太平功成，封禅以告太平也。所以必于泰山何？万物之始，交代之处也。”[②]又云：“东方为岱宗者何？言万物更相代于东方也。”[③]他直接讲，王者易姓而起、改朝换代之后，一定要到泰山去封禅，原因就是泰山是“万物之始，交代之处”，而泰山之所以是万物之始、交代之处，是因为泰山在东方，又叫岱宗，岱宗的含义就是万物在东方完成阴阳接替、移交，开始新的萌芽生长。

东汉应劭说：“泰山，山之尊者。一曰岱宗。岱者，始也；宗者，长也。万物之始，阴阳交代，云触石而出，肤寸而合，不崇朝而遍雨天下，其唯泰山乎！故为五岳之长。王者受命易姓，改制应天，功成封禅，以告天地。”[④]东方的泰山，是山之中地位最高的。它又叫岱宗，岱是开始的意思，宗是排行第一的意思。万物在这里开始，阴阳在此交替，它是五岳当中的老大。王者接受天命改朝换代，天下治理太平，就要在这里进行封禅，回报天地之恩，报告天下太平昌盛。

班固、应劭都关注“岱宗”一名来解释东岳泰山，并由此一含义推演出东岳泰山为五岳之长的原因，也为泰山封禅寻找出答案和理据。

（二）五行哲学观念下的东方岱宗

那就产生了下一问题，为何他们认定东方泰山是万物起始交代之处？我们知道，阴阳五行是秦汉时期的普遍知识与思想共识。顾颉刚指出：“五行，是中国人的思想律，是中国人对于宇宙系统的信仰；二千余年来，它有极强固的势力。”[⑤]又称：“汉

---

① 董治安主编：《两汉全书》第 9 册，第 5031 页。
② 〔清〕陈立：《白虎通疏证》卷六，北京：中华书局，1994 年，第 278 页。
③ 〔清〕陈立：《白虎通疏证》卷六，第 299 页。
④ 吴树平：《风俗通义校释》，天津：天津人民出版社，1980 年，第 366 页。
⑤ 顾颉刚：《古史辨自序》，石家庄：河北教育出版社，2000 年，第 430 页。

代人的思想的骨干，是阴阳五行。无论在宗教上，在政治上，在学术上，没有不用这套方式的。”[①]汉代思想知识界，在五行观念下以五行统摄万物，来认识、分析并掌握他们面临的宇宙世界。

奠定这个局面者为董仲舒。他说天有木火土金水五行，木为春，“木，五行之始也。”[②]董仲舒吸取了战国以来的阴阳五行思想，虚构出一个世界图式：宇宙是一个有机的结构；天与地是这个结构的轮廓；五行是这个结构的间架；阴阳是运行于这个间架中的两种势力。从空间方面想象，木居东方，火居南方，金居西方，水居北方，土居中央。从时间方面想象，五行中的四行，各主一年四时中的一时之气：木主春气，火主夏气，金主秋气，水主冬气。土居中央也，兼主四时。[③]这样，从五行来看，木居五行之始；从时间上看，木主春，居一年之首；从空间上看，木在东方，居空间方位之首。

汉代人所作纬书《河图括地象》中论述了五岳与五行关系：“天有五行，地有五岳。天有四维，地有四渎。”[④]泰山位居东方，为木德，主春气。

《周易·说卦》云：“帝出乎震……万物出乎震。震，东方也。”[⑤]所谓帝出乎震，是指天帝使万物在东方震位开始生长。震卦方位在东方，于时为春二月，震又指代天地之长子。这样，“帝出乎震”，包含了东方主春，是万物萌发生长之外，为天之长子。按五行观念，东方属木德，而东岳泰山对应木德，故其自然具备“帝出乎震”的哲学含义。

按照五行观念，泰山五行属木，为五行之始；主春，泰山是万物开始生长的季节；泰山在东方，是空间之始，这就是这一时期人们认为封禅必到泰山的哲学观念基础。

（三）泰山有天门

祭天是封禅的最重要仪式，祭天当然在离天近的地方最合适，那么哪里离天最近呢？东汉人班固《白虎通》给出了回答：“必于泰山何……必于其上何？因高告高，顺其类也，故升封者，增高也。”[⑥]为什么必须到泰山顶上去？因为登上雄伟高大的泰山，从而接近上天报告成功。

① 顾颉刚：《秦汉的方士与儒生》，上海：上海古籍出版社，2005 年，第 1 页。
② ［清］苏舆：《春秋繁露义证》卷十一，北京：中华书局，1992 年，第 313 页。
③ 冯友兰：《中国哲学史新编》（中），北京：人民出版社，2001 年，第 65 页。
④ ［日］安居香山、中村璋八：《纬书集成》，石家庄：河北人民出版社，1994 年，第 1090 页。
⑤ 刘大钧、林忠军：《周易古经白话解》，济南：山东友谊出版社，1989 年，第 162 页。
⑥ ［清］陈立：《白虎通疏证》卷六，北京：中华书局，1994 年，第 278 页。

而且汉代人认为，群岳之首的泰山之巅有天门，进入天门，就到了天界了，这里离天最近。《汉郊祀歌》第十一章《天门》：“天门开，詄荡荡。穆并骋，以临飨。光夜烛，德信著。”清人王先谦考证：“《郊祀志》‘封禅祠，其夜若有光’。所谓光夜烛也。”[①]该诗是歌颂汉武帝封禅泰山，走过天门，在山顶举行封天仪式的场景。

随从刘秀封禅泰山的马第伯撰《封禅仪记》，四次写到泰山天门：“遂至天门之下。仰视天门窔辽，如从穴中视天……早食上，晡后到天门……日入下……比至天门下，夜人定矣。”[②]光武帝刘秀正是到达天门，举行了封天仪式。汉代的《汉官仪》及《泰山记》记泰山有小天门、大天门：“盘道屈曲而上，凡五十余盘，经小天门、大天门，仰视天门，如从穴中视天窗矣。”[③]

魏晋时期，泰山又叫天门。唐人类书《免子策府·议封禅》载：“‘告成方岳，陵天枢而纪号。’”原注：“‘枢，门也，王婴《古今通》曰：太山一名天门。’”[④]《古今通》即晋人王婴《古今通论》，说明魏晋时，人们早已习惯用“天门”这一名称来指称泰山。

总之，汉代人已经认为，泰山之巅有“天门”，这里是通往天庭的门户。通过天门到达泰山极顶，就等于进入天界，在这里可以直接向天报告成功。

（四）文化统一的必然需要

封禅的前提是受天命而统一天下，统一天下包括两个方面，军事统一和文化统一，相对而言后者更难。陈苏镇研究秦朝失败的原因时指出：“它完成了对六国的军事征服和政治统一后，未能成功地实现对六国旧地特别是楚、齐、赵地的文化统一。”[⑤]又说：“秦汉之际，由于自然和地理条件的制约，由于各地政治、经济、文化发展的不平衡，关中和关东，西方和东方仍存在较大差异和对立。相对而言，关中地区在政治、军事上占有优势，关东地区则在文化上占有优势。这一客观形势决定了政治的统一只能是关中统一关东，西方兼并东方；而文化的统一必须是关东统一关中，东方压倒西方。”[⑥]所以，秦始皇不远万里到东方泰山来封禅，就是为了实现他的文化统一梦想，可惜没有完成。汉武帝接踵而来，也是为了同样的目的。

① 〔清〕王先谦：《汉书补注》，上海：上海古籍出版社，2008 年，第 1496–1497 页。
② 〔宋〕范晔：《后汉书·祭祀志上》，北京：中华书局，2000 年，第 2151 页。
③ 〔唐〕徐坚等：《初学记》卷五，北京：中华书局，1962 年，第 94–95 页。
④ 《英藏敦煌文献》（第二卷），成都：四川人民出版社，1990 年，第 230 页。
⑤ 陈苏镇：《〈春秋〉与汉道》，北京：中华书局，2011 年，第 8 页。
⑥ 陈苏镇：《〈春秋〉与汉道》，第 615 页。

我们再看这一时期人们齐鲁文化的认识。司马迁在《儒林列传》指出："后陵迟以至于始皇，天下并争于战国，儒术既绌焉，然齐鲁之间，学者犹不废也。"[①]也就是说到秦始皇时，儒学几乎成为齐鲁特有的学问。又称："夫齐鲁之间于文学，自古以来，其天性也。故汉兴，然后诸儒始得修其经艺，讲习大射乡饮之礼。"[②]"文学"指古代文献，齐鲁之地自古就以研习经典文献为天性，一直到汉初后，仍然维系不变。《汉书·地理志》备述全国各地文化风俗，齐地"好经术"，鲁人"上礼义"，齐鲁之地有着独特的好经尚礼的文化习俗。

对齐鲁区域，汉武帝有着自己的感受。《史记·三王世家》载："会武帝年老长，而太子不幸薨，未有所立，而旦使来上书，请身入宿卫于长安。孝武见其书，击地，怒曰：'生子当置之齐鲁礼义之乡，乃置之燕赵，果有争心，不让之端见矣。'于是使使即斩其使者于阙下。"[③]征和二年（前91）太子刘据因巫蛊之祸自杀，燕王刘旦上书希望得立太子，惹得武帝大怒，激发出"生子当置之齐鲁礼义之乡"的感慨。"齐鲁礼义之乡"与燕赵"果有争心"形成了强烈的对比。

汉武帝采取"罢黜百家，表章《六经》"[④]的政策来完成文化统一。《史记·儒林列传》记录了西汉经学传承的源流，"言《诗》于鲁则申培公，于齐则辕固生，于燕则韩太傅。言《尚》书自济南伏生。言《礼》自鲁高堂生。言《易》自菑川田生。言《春秋》于齐鲁自胡毋生，于赵自董仲舒"[⑤]，"瑕丘江生为《谷梁春秋》"[⑥]。汉初传授儒家五经的9位大师中有7人是齐鲁学者，其实董仲舒之公羊春秋也传自齐人公羊寿。"整个西汉时期的五经传授谱系基本上为齐鲁学者所垄断……于是发端于春秋时期的鲁国、发展壮大于战国时代齐鲁地区的儒家学说便由地域文化上升为主流文化，确立起其在思想学术领域的主导地位，成为中国封建帝制政治统治合法性的理论依据，成为我国古代思想文化的核心和意识形态的基础，对我国古代的政治体制、经济政策、文化教育和伦理观念产生了重大而深远的影响"。[⑦]作为汉武帝思想大一统的核心利器，东方的齐鲁文化最终成为统一全国的垄断性文化，儒家思想成为国家的指导思想，彻

① 〔汉〕司马迁：《史记》卷一百二十一，第2369页。
② 〔汉〕司马迁：《史记》卷一百二十一，第2370页。
③ 〔汉〕司马迁：《史记》卷六十，第1684页。
④ 〔汉〕班固：《汉书》卷六，第150页。
⑤ 〔汉〕司马迁：《史记》卷一百二十一，北京：中华书局，2000年，第2371页。
⑥ 〔汉〕司马迁：《史记》卷一百二十一，第2378页。
⑦ 丁鼎：《论齐鲁文化在两汉经学传授谱系中的重要地位》，《齐鲁文化研究》2011年第1期，第17页。

底完成了西汉的文化大一统。

“春秋战国之世，齐和鲁是文化的中心，泰山是这两国的界墙。他们游历不远，眼界不广，把泰山看做了全世界最高的山，设想人间最高的帝王应当到最高的山去祭天上最高的上帝，于是把这侯国之望扩大为帝国之望，定其祭名为‘封禅’……他们又说，自古以来七十二代之君，当他得了天下之后，没有一个不到泰山去封禅的……这一说和五德终始说同出于齐人，亦同出于一个目的，就是希望受命的天子得到他的符应；不过得到了符应之后，五德说望他定制度，封禅说望他到泰山去祭天，有些不同罢了。”①“泰山之阳则鲁，其阴则齐”②，泰山是齐鲁的分界线，也是齐鲁区域的山岳标志。如果齐鲁文化是秦汉思想文化的高地，泰山就是这座高地上的最醒目的山岳标志。秦皇、汉武在这里封禅，宣告天下的军事与文化统一，适得其所。

四、泰山封禅的历史意义

泰山封禅是古代社会历史循环论中的关键环节，具有重大的历史意义。关于泰山封禅的意义，两汉以来的学者不断进行着思考。如西汉刘向、东汉班固、应劭等人提出了易姓而王，改朝换代等等。

钱穆将这些观念总结为：“他们根据历史观念，主张如下一套进程：一、圣人受命。地上各代开国之君，皆符应于天上某帝之某德（如青帝木德、赤帝火德、黄帝土德、白帝金德、黑帝水德。）而降生。二、天降符瑞。受命帝王必有符瑞，如以土德王者黄龙见之类。三、推德定制。包括易服色、更制度、改正朔等。四、封禅告成功。圣人受天命为地上君，故定制度，薪太平，成功则必祭天（封禅）报告。五、王朝德衰，天降灾异。天运循环，成功者去，如春、夏、秋、冬之更迭互乘，无不衰之德。六、禅国让贤。见灾异降，知天命改，应早物色贤人让国；否则革命起，终无以保其位。七、新圣人受命。此下循环不息，中国已往五帝三代，皆在此公式支配下演进。武帝以前，汉儒鼓吹变法；武帝以后，汉儒渐渐鼓吹让国，始终是循着上述的理论。”③

在五德终始观念影响下，秦汉时期形成了中国特有的历史循环论：①圣人受命，②天降符瑞，③推德定制，④封禅告成功，⑤王朝德衰，⑥禅国让贤，⑦新圣人受命。

① 顾颉刚：《汉代学术史略》，北京：东方出版社，1996年，第6-7页。
② 〔汉〕司马迁：《史记》卷一百二十九，第2469页。
③ 钱穆：《国史大纲》，北京：商务印书馆，1996年，第150-151页。

泰山封禅在历史循环中有着重要的价值意义，起着关键的作用，必不可少，是每个王朝得天下以后绕不过去的事项。自秦至北宋，先后有六位帝王封禅泰山，其他王朝帝王，局限于封禅的条件，虽然并没有到泰山封禅，但他们仍然心向往之，故其间有封禅动议而未成行者不绝如缕，原因正在于此。

五、封禅的缘起与实践

泰山封禅的历史事实由三项内容构成，一是传说中的72帝王封禅泰山，二是欲封禅而未成行者，三是有确切历史记载的六位帝王泰山封禅。

（一）传说中的七十二帝王封禅泰山

据《管子·封禅篇》记载，先秦时期共有72位帝王到泰山封禅，由于人数太多，管仲只记得12个帝王。他们分别是：无怀氏、伏羲、神农、炎帝、黄帝、颛顼、帝俈、尧、舜、禹、汤、周成王。最后的这次封禅，也发生在三千年前。

管仲之所以介绍这12位帝王泰山封禅的故事，目的在于阻止齐桓公泰山封禅的图谋。公元前651年，齐桓公与诸侯在葵丘（今河南省民权县东北）会盟，齐桓公认为称霸天下的大业已经完成，想要进行泰山封禅。管仲进行了阻止，他指出古代封泰山、禅梁父的有72个帝王，都是受天命后才进行封禅的。他们那时嘉谷生，凤凰来，东海得到比目鱼，西海得到比翼鸟，有15种不同的祥瑞，然后才能到泰山封禅。齐桓公一不是受命帝王，二没有祥瑞出现，根本不符合封禅的条件，齐桓公自愧不如，只好放弃了封禅泰山的念头。

这些封禅事迹难于具体考证，真假难辨，又加上儒家的经典文献并无记载，多认为72君泰山封禅只能算是颇有影响的传说，学者们对此进行了深入的探讨。

章太炎在《神权时代天子居山说》中指出："古之王者，以神道设教，草昧之世，神、人未分，而天子为代天之官，因高就丘，为其近于穹苍。是故封泰山、禅梁父，后代以为旷典，然上古视之至恒也。"[①] 即上古帝王作为代天行道的王者，他们在更接近于苍天的高丘建宫室，神道设教，所以后世认为封禅是前所未有的典制，其实在他们的时代在高山上行封天礼是永恒的大事。

从封禅的内涵来看，它是古代郊祀天地的特殊形式，李零认为，"封禅"和"郊祀"都属于凌纯声先生所说的"坛墠文化"，"坛"是堆土（或垒石）成台，"墠"是除地（除

① 章太炎：《章太炎全集》第4册，上海：上海人民出版社，1985年，第87页。

去地上的草木）为场。[1]在进一步分析了中国古代礼仪建筑后，李零指出，郊祀的坛场，属于“外祀”，位于城邑四郊（类似北京的天、地、日、月四坛）；封禅的坛场，则在名山的山顶和山脚（如五岳封禅的坛场）。两者都属于“坛墠”。在秦汉时代，实际上有东西平等的两个圈。当时的“郊祀”主要是指秦之内史、汉之三辅，即今陕西关中地区的宗教活动，而“封禅”主要是指山东六国范围内的宗教活动，仍然保持着早期人文地理东西对峙的大格局。[2]

杨英考察了从西周起，历经春秋战国一直至汉初，“封”和“禅”的渊源及封禅说的来龙去脉后，指出封禅“源于从自然宗教阶段就有的自发祷祠行为，西周早期的‘封禅’是利用自然宗教为正在发展中的王权服务的行为。战国时期，一方面封、禅字义出现了指祭祀行为的关键变化，并跟此时大量暴露的各地原生性祭祀混杂在一起；另一方面在学说纷纭的背景下，古老的‘封禅’传说跟宗周礼制中祭祀仪节和物化礼乐内容相结合，再加上齐地的地方性祭祀和地理内容，最终成为一种具有半自然宗教形态的、跟日后出现的专制主义中央集权相适应的学理性礼典学说，它的出现无论在政治上，还是在中国古代宗教发展史上，都有重大意义”[3]。

“封禅”一词不见于先秦儒家经典文献，“封禅”一词的内涵昭示着，先秦时期“封禅”仪式的活动已经存在，并成为当时重要的宗教行为，是当时社会精英们关注的热点话题。72君泰山封禅并非空穴来风，它有着一定的历史基础。

（二）欲封禅而未成行者

历史上除了到泰山封禅的帝王外，还有大量想要到泰山封禅却因种种原因未能成行的帝王。如汉文帝、新朝王莽、曹魏明帝、西晋武帝、南朝宋文帝、宋孝武帝、北齐文宣帝、隋文帝、唐太宗、宋太宗、宋徽宗、明成祖、康熙等。

尤其唐太宗，论封禅，是最有资格的，有七次泰山封禅的动议，天不遂人愿，历史确实和李世民开了个大玩笑。再如康熙皇帝。准备南巡登临泰山。康熙皇帝命大臣讨论此行的目的和名义：是封禅还是出巡？围绕这个话题，君臣们从二月一直争论到九月，最终将此行的名义定为祭祀泰山。其实康熙心中，偏爱于封禅的名义，但碍于群臣的反对，只好不断地讨论再讨论，可惜封禅观念已经被历史抛弃，康熙无奈只得接受现实。

① 李零：《秦汉礼仪中的宗教》，《中国古代方术续考》，北京：东方出版社，2001年，第135-136页。
② 李零：《秦汉礼仪中的宗教》，第137-139页。
③ 杨英：《“封禅”溯源及战国、汉初封禅说考》，《世界宗教研究》，2015年第3期，第61-62页。

总之，自秦朝到清代，除了五代、南宋、金、元以外，其他朝代都有封禅动议而未能成行者。可见封禅是传统国家政治宗教中的重大事项，是帝王们的梦想。

至于确切历史记载的六位帝王泰山封禅，我们在下面展开论述。

第二节 历代帝王封泰山

正史中有确切记载的泰山封禅的帝王，有秦始皇、西汉武帝、东汉光武帝、唐高宗、唐玄宗、宋真宗6位帝王。其中武则天在唐高宗封禅中起着重要角色，且在嵩山举行过唯一一次泰山之外的封禅。

一、秦始皇封禅

秦始皇是大秦帝国的始皇帝。他结束东周列国的分裂局面，建立中国历史上第一个统一的中央集权制帝国，奠定了中国两千余年政治制度的基本格局。

始皇二十八年（前219），也就是秦国统一中国后的第三年，秦始皇从咸阳宫出发，巡行东方，开始了他的泰山封禅之行。这是中国正史中有确切记载的首次泰山封禅。

（一）秦始皇泰山封禅的经过

进入今天的山东境内后，秦始皇首先来到峄山。在峄山秦始皇做了两件事：一是在峄山上刻石，于是召集鲁国的儒生，和他们讨论刻石内容，主题就是歌颂秦帝国的功德。讨论完毕后，将其刻在峄山之巅。二是向儒生们咨询泰山封禅的仪式以及望祭山川等事宜，并让儒生们表演祭祀的仪式。此举明显是为此后的泰山封禅做准备。

做完这一切后，秦始皇就带领儒生博士七十人，来到泰山下，再次确认泰山封禅的仪式形式。齐鲁的儒生和秦廷的博士，主张封禅要采用上古时代传说的礼仪，用蒲草包车轮，不要伤害山上的草木。这和秦始皇想用封禅展示大秦帝国的国威，展示大秦皇帝的君威这个意志背道而驰。秦始皇非常不满意，贬斥儒生，师心自用，自定礼制，独创了历史上第一个皇帝封禅的典礼。

秦始皇从泰山之阳登上泰山，登山途中，忽遇大风雨，只好在一棵大树下避雨，为了表彰这棵树护驾有功，秦始皇封它为“五大夫”。这棵五大夫树的树种和位置，《史记》《汉书》没有交代。东汉末年《泰山记》载："小天门有秦时'五大夫松'，见在。"[①]明确了"五大夫"位置在泰山之阳的小天门，就是今天泰山的五大夫松处，指出了五大夫是松树。更有趣的是，从唐代开始，五大夫松被误认为五棵松树。其实五大夫是一种爵位名。秦朝将爵位分为二十等，第九级就是五大夫，是大夫中爵位最高的，能享受三百户人家的封邑，可谓地位显赫。

在泰山极顶，秦始皇举行了封天的典礼，并在泰山之巅立刻石，歌颂秦帝国的功德。今天泰山极顶玉皇庙前，有一块著名的"无字碑"。无字碑其实不是碑，而是秦始皇在他的封天台前所立的石阙，阙是大秦帝国一个君权至上的标志。所以秦始皇的封天台就在今天玉皇顶。封天礼后，秦始皇从泰山北面下山，到达梁父山。梁父山位于泰山东南方向，比邻徂徕山，是"齐地八主"中的"地主"祠祀地。在这里，秦始皇举行了禅地仪式。秦始皇完成封禅礼后，东游海上，追寻仙人，沿途祭祀了齐地八主，这八主是天主、地主、兵主、阴主、阳主、月主、日主、四时主。

秦帝王与泰山的关系还没有结束。公元前209年，秦二世即位的第一年就巡行泰山，并在秦始皇刻石的背面刻下了诏书及随从官员的名字，共78字。秦始皇刻石北宋时就已经风化剥落，历经2000多年沧桑，现仅存秦二世诏书中"斯臣去疾昧死臣请矣臣"10个字，堪称稀世珍宝，今存于泰山岱庙东御座内，为国家一级文物。

（二）秦始皇泰山封禅的目的与意义

秦始皇登帝位后，共有5次出巡，并留下了峄山、泰山、之罘等7处刻石。其中峄山与泰山刻石与泰山封禅关系密切，我们从中可以窥探到秦始皇封禅的目的与追求。

首先，看峄山刻石。它是秦始皇系列刻石的第一块。具体包含三个方面内容：①峄山刻石宣称山东六国是"暴强"是"乱逆"，而自己则是"武义直方"，从而使自己用武力统一天下获得了正义性的根据。自己讨伐六国的行为合乎正义，顺应天下大道。②否定了此前的封邦建国制，刻石认为"追念乱世，分土建邦，以开争理。功战日作，流血于野，自泰古始。"也就是说，封邦建国制是天下"乱世""流血"的根本原因。③刻石指出："乃今皇帝，壹家天下，兵不复起。"表达了秦帝国的治国政策，就是"一家天下"，也就是摒弃分封制，采取郡县制，从此以后，就可以避免天下纷乱，实现永久太平。

① 〔唐〕徐坚等：《初学记》卷五，北京：中华书局，1962年，第95页。

其次，再看泰山刻石。它主要包括四项内容：①刻石称“皇帝临位，初并天下，罔不宾服。从臣思迹，本原事业，祗颂功德”。歌颂了秦始皇的统一六国的功德。②宣告了治国的理想和态度，“治道运行，诸产得宜，皆有法式”，即按规律、准则治理国家，各得其宜，指出治国的大政原则要明确传承，不得任意改动。③表示秦始皇统一天下后，夙兴夜寐，专注于长久的利益，推崇教化，全国各地，无论远近，都顺承皇帝的意志。贵贱分明，男女有别，各尽其责。④刻石称“施于后嗣。化及无穷，遵奉遗诏，永承重戒”。表明这一切制度措施，从时间上讲，后代要永远继承；从空间上讲，要化及无穷，流传到无穷远的地方。昭示了秦始皇的雄心与决心。

最后，我们再看秦始皇祭祀齐地八主的行为。秦始皇封禅途中祭祀了齐地八主，齐地八主是先秦时期盛行于齐国的宗教信仰。而秦始皇通过祭祀八主的行为，意在向天下显示，秦王朝对东方宗教信仰的认同与接纳，从而可以看出他在思想文化方面统一全国的努力与措施。

从以上三个方面来看，秦始皇是通过泰山封禅这种祭祀天地的行为，向天下宣示了：①山东六国是暴强，秦统一天下是正当的；②以前的分封制是天下产生祸乱的根源，从今以后要实行郡县制，从而使天下长治久安；③秦得天下后，励精图治，措施得当，坚持不懈，天下臣服；④东方的宗教信仰都归入秦王朝的统一祭祀范围，天下归一；⑤秦王朝从空间上看，其统治范围将会达到极远的地方，从时间上看，将会永远流传下去，无穷无尽。

二、西汉武帝封禅

公元前 141 年，16 岁的汉武帝登上帝位，在位 54 年，是中国历史上“汉武盛世”的缔造者。汉武帝一生 8 次到泰山，举行过 7 次封禅，在中国封禅史上绝无仅有。

（一）汉武帝泰山封禅的经过

汉武帝自公元前 110 年至公元前 89 年，22 年间 8 次到泰山，7 次做封禅，在泰山封禅史上可谓空前绝后。论帝王与泰山的关系，也只有乾隆皇帝可以一较高下了。

1. 元封元年（前 110）。第一次到泰山封禅。这年三月，汉武帝率群臣东巡，到达泰山，这时泰山上草木还未复苏，只好先东巡海上，寻找仙人，并沿途祭祀了齐地八主。四月返回泰山，先到梁父山祭祀齐地八主之一的地主。四月十九日，在泰山下东方设祭坛，举行封天仪式。山下封天礼成后，武帝与霍去病之子霍嬗从东面登上泰山[①]，在山顶也举行了封天之礼。第二天，从泰山北面下山[②]，到泰山东北的肃然山禅地，肃然山就是今天济南莱芜区的羊丘山。禅地仪式完成后，汉武帝回到泰山东北的周明堂，接受群臣祝贺。下诏改年号为元封。割泰山下嬴、博二县地设立奉高县，奉祀泰山。又下诏，自己要模仿古代天子五年一巡狩的惯例，到泰山行礼。

2. 元封二年（前 109）四月。第二次到泰山，专门祭祀泰山。当时济南人公王带进献黄帝时的明堂图，这年秋天，武帝命令奉高官员依照此图，在奉高城的汶水边上建汉明堂。

3. 元封五年（前 106）四月。第三次到泰山，举行了第二次封禅。武帝先在汉明堂祭祀天帝及五帝，又在明堂下方祭祀后土。然后又登上泰山，在山顶举行了神秘的封天礼。官员们则同时在泰山下祭祀五帝，山上举火，山下应和。

4. 太初元年（前 104）十月。第四次到泰山，举行了第三次封禅。十一月，在明堂祭祀上帝。十二月，在蒿里山禅地。

5. 太初三年（前 102）四月。第五次到泰山，举行了第四次封禅。这次禅地仪式改在了泰山南方石闾山。

6. 天汉三年（前 98）三月。第六次到泰山，在汉明堂举行了第五次封禅。

7. 太始四年（前 93）三月。第七次到泰山，举行了第六次封禅。二十七日，在汉明堂举行封天礼。二十九日，在泰山南面的石闾山禅地。

8. 征和四年（前 89）三月。第八次到泰山，举行了第七次封禅。二十六日，在明堂举行了封天礼。二十九日，石闾山禅地。

这次封禅礼完成后，在石闾山接见群臣时，汉武帝对自己的所作所为进行了深刻的反省，并下了一道罪己诏书："朕自即位以来，所为狂悖，使天下愁苦，不可追悔。

---

① 封禅是帝王祭祀天地的盛典，必走正道，入正门。秦汉时期的重要建筑多以东门为正门。秦朝王室、皇室重要建筑中，多以东门为正门，如凤翔秦公诸陵园、秦东陵陵园和秦始皇陵园，其正门均为东门。秦都咸阳坐西朝东，在东门造阙。汉承秦制，其重要建筑也多以东门为正门。整个长安城的布局是坐西朝东的，长安城以东门为正门。城内皇宫长乐宫和未央宫，也都是坐西朝东的。京都宫廷建筑均是以东门为正门，相应的东面的道路，也就成为进入京都和宫廷的大道正途。"东向为尊"，自然形成了以东门为正门的形制。东门为秦汉时的正门，也是诸侯大臣进入皇宫朝见天子的必由之路。秦皇、汉武泰山封禅时，作为天之子由山下至山顶祭天，由东路进入泰山合乎这一时期的礼制。

② 秦皇汉武为何从北面下山？高祖七年（前 200）二月，丞相萧何营建未央宫，"立东阙、北阙、前殿、武库、太仓"。（《汉书 · 高帝纪》）唐人颜师古解释："未央殿虽南乡，而当上书奏事谒见之徒皆诣北阙，公车司马亦在北焉。是则以北阙为正门，而又有东门、东阙，至于西南两面，无门阙矣。"颜师古认为汉宫殿未央宫只有东门、北门，且都立阙，都是正门。秦代无明文记载，但汉承秦制，应该也是如此。所以秦皇汉武从北面下山也是走正道、正门，不违礼制要求。

自今事有伤害百姓，靡费天下者，悉罢之！”又言：“向时愚惑，为方士所欺。天下岂有仙人，尽妖妄耳！节食服药，差可少病而已。”[1] 最后一次泰山封禅，汉武帝终于觉醒了，可惜为时已晚。两年后，追求封禅长生不死的汉武帝去世。

（二）武帝封禅的特点

1. 追求长生与建功立业。我们可以从其准备封禅的漫长过程中看出端倪。汉武帝刘彻于公元前 141 年正月即帝位，即位之初，就任用赵绾、王臧，草拟封禅计划，而第一次泰山封禅则是在公元前 110 年。汉武帝为何即位 30 年后才做封禅？

我们主要介绍两种观点：第一是《史记·封禅书》的记载。武帝初即位时，官员们都盼望武帝封禅。汉武帝崇尚儒术，召集贤良草拟封禅礼仪，却受到崇尚黄老的祖母窦太后的干涉，草拟封禅的贤良一并自杀。直到公元前 135 年，窦太后去世，汉武帝马上又召集公孙弘等人准备封禅事宜。这一下就耽搁了 6 年。

由于秦始皇的封禅过程秘而不宣，汉武帝封禅根本找不到历史蓝图，封禅准备举步维艰。直到公元前 133 年，齐国方士李少君的出现，才让封禅的准备有了头绪。李少君因为有祭祀灶神、辟谷和长生不老的神秘方术，深得汉武帝的信任，他给武帝规划了封禅的路径：①祭祀灶神，②祭祀灶神就能招致鬼物，③致鬼物就能炼成金丹，④食用金丹就能延年益寿，⑤延年益寿就可见到蓬莱的神仙，⑥见到蓬莱神仙就可以举行封禅了，⑦举行封禅后就可以长生不老了。封禅和长生不老，是汉武帝内心的梦想，从此开始，汉武帝就按照李少君设计的路径准备封禅。7 个步骤中，最难的就是见到蓬莱神仙，于是汉武帝召集天下方士，任命他们为候神使者，到全国的名山大川等候神仙降临。这其实是枉费心机，因为世上根本就没有神仙，但汉武帝却执着不疑，也弄出了许多笑话。

寻找神仙浪费了 20 年时光，直到元鼎四年（前 113）六月，汾阴出土大鼎，送到京城，成为封禅的祥瑞征兆。方士公孙卿指出，大鼎上书写着：“汉主亦当上封，上封则能仙登天矣。”也就是说汉武帝应当到泰山去封禅了，封禅后就能仙登于天了。汉武帝终于依靠这条神谕，跳过了见蓬莱神仙这个关键步骤，可以到泰山去封禅了。

第二是田余庆的观点。在《论轮台诏》中，他认为汉武帝的统治，前后历 54 年之久。在他统治的最早一个时期，约当建元元年（前 140）至元光二年（前 133），西汉社会在经济和政治方面，都还是升平治世的景象。元光二年，汉武帝开始了大规模的

① ［宋］司马光：《资治通鉴》卷二十二，北京：中华书局，2011 年，第 748 页。

用兵，元光二年（前 133）至太初三年（前 102），是西汉历史的重要年代，汉武帝全部事业，几乎都是在这三十二年中完成的。如果仔细考察汉武帝在这三十二年中完成的第一项事业的具体时间，我们会发现，汉武帝在元封元年间已经完成了历史赋予他的使命。元封是一个具有特定意义的年号，它是以举行封禅典礼而得名的。汉武帝认为自己该办的事都已经或都即将办完，可以说已经到了“功成治定”的时候，才于元封元年（前 110）举行封禅大典，并使用元封年号。[①]

总之，汉武帝用了 30 年的时间准备泰山封禅，这里面既包含他对封禅与求仙的追求，更有建功立业，为封禅奠定良好的政治、文化、经济基础的准备。

2. 八至泰山与七次封禅。首先，与武帝时期的礼制有极大关系。《汉书·郊祀志下》载：“甘泉、汾阴后土，三年亲郊祠，而泰山五年一修封。”[②] 汉武帝时在甘泉山祭天，在汾阴祭地，称为“郊祠”，武帝亲自主持。“五年一修封”实际是采用了《礼记·王制》“古者天子五年一巡狩”的制度。

其次，与泰山在武帝时期的政治地位有关。巡狩中天下名山大川是活动的重点区域，《史记·封禅书》说：“今上封禅，其后十二岁而还，遍于五岳、四渎矣。”[③] 武帝遍游五岳，其中八次到东岳泰山，二次至中岳，南岳、西岳、北岳各一次，可见东岳泰山在武帝的心目中的重要性，也可见泰山在当时政治版图中的独特价值。

武帝不仅八次至泰山，七次举行封禅，而且在泰山下建汉第一座明堂，并令各诸侯王在泰山下设朝宿地，建立府邸，以准备武帝封禅祭祀泰山时，前来朝拜上计助祭。泰山在帝国的政治文化版图中凸显出来，成为夺人耳目之所在。“泰山无疑是汉王朝国家的祭祀中心之一……如果说甘泉宫是武帝处理夷务的重镇，那么泰山及其周边便是武帝管理东方事务的施政中心。泰山，藉由神圣与世俗两条通路，在武帝的国家祭祀中占据了核心的位置。”[④]

三、东汉光武帝封禅

汉光武帝刘秀是汉高祖刘邦九世孙。王莽代汉自立新朝不久，天下大乱。刘秀在新莽末年起兵，经过 12 年的统一战争，恢复刘氏王朝，史称东汉。刘秀在位 33 年，

① 田余庆：《论轮台诏》，《秦汉魏晋史探微》，北京：中华书局，2004 年，第 31–32 页。
② 〔汉〕班固：《汉书》卷二十五下，第 1034 页。
③ 〔汉〕司马迁：《史记》卷二十八，第 1194 页。
④ 田天：《秦汉国家祭祀史稿》，北京：生活·读书·新知·三联书店，2015 年，第 192–193 页。

以柔道治国，开创“光武中兴”新局面。

（一）刘秀与谶纬

谶纬是流行于西汉末至东汉时期的一股社会思潮。谶就是一种能够应验的神的预言，成语“一语成谶”说的就是这个意思。这一时期，人们主要从两个方面寻找谶语：一是谶书，就是古代卜筮占验吉凶的书籍，像《河图》《洛书》等；二是纬书，纬书是相对于经书而言的，汉代儒生用谶语来解释儒家经典，就称为纬书，如《易纬》《诗纬》《春秋纬》等。

这些内容对东汉尤其是光武帝影响很大。西汉末年，天下大乱，刘秀趁机登上帝位，为了证明自己帝位的正当性，他充分利用当时的谶纬之语。如流行于当时的谶书《赤伏符》中有这样三句谶语：“刘秀发兵捕不道，四夷云集龙斗野，四七之际火为主。”[1] 这句话的意思是说刘秀起义讨伐无道之徒，天下大乱，群雄争斗，合二十八数、德运是火德的将成为天下之主。刘秀，这是直接点出了将来要当皇帝的人名；二十八，自刘邦汉元年（前 206），至刘秀起兵的地皇三年（22），恰好 228 年。刘秀起兵那一年，正好 28 岁，跟随他打天下的功臣，正好 28 位；火德，刘秀号称刘邦的后代，他建立东汉，是恢复刘氏火德的国运。所以单纯从这条谶语看，几乎是宣布了刘秀就是未来的皇帝了。

汉光武帝刘秀一生笃信谶纬之说，在其封禅过程中，谶纬思想也产生了极大的助推作用。

（二）封禅与谶纬

谶纬与光武帝的封禅有着极为密切的关系，这体现在以下两个方面：

1. 谶纬决定了光武帝的封禅。建武元年（25）六月二十二日，在群臣劝进声中，光武帝刘秀登基，建立东汉王朝。到建武三十年（54）时，东汉王朝经过 30 年的励精图治，已经焕然一新。群臣上言，即位 30 年，应该去泰山封禅了。没想到惹得刘秀勃然大怒：“即位三十年，百姓怨气满腹，吾谁欺，欺天乎！”[2] 口气之严厉，令满朝文武震惊。

诸大臣噤若寒蝉，无人敢再议泰山封禅之事。孰料两年之后，汉光武帝 180 度大转弯，突然决定要去泰山封天禅地！是什么原因令汉光武帝改变了主意呢？

---

① 〔南朝宋〕范晔：《后汉书》卷一上，北京：中华书局，2000 年，第 15 页。

② 〔南朝宋〕范晔：《后汉书·祭祀志上》，第 2146 页。

建武三十二年（56）正月，刘秀夜读谶书《河图会昌符》，其中有谶语，“赤刘之九，会命岱宗。不慎克用，何益于承。诚善用之，奸伪不萌”[①]。“赤刘”是指刘邦建立的汉王朝，“赤刘之九”，是指刘邦的九世孙。谶语说至汉高祖刘邦九世孙的时候，应当到泰山去承受天命。如果不谨慎地去承受天命，那么对于继承帝业就不利。如果去泰山承受天命了，那么天下一切的邪恶就不会出现了。而刘秀就是刘邦的九世孙，这段谶语等于直接宣布了刘秀必须到泰山封禅。

这条谶语让光武帝大受震动，认为这是上天命令自己封禅。于是下令大臣们搜集谶纬中有关赤帝九世孙封禅的事，而大臣们也从这些书籍中查找到刘邦九代孙应当到泰山封禅的谶语36条。笃信谶纬的刘秀说：“自己虽然德薄，天下虽然还有灾异，但谶语还是要求自己封禅，天意如此，难以违背了。”于是下定了东巡封禅的决心。

2. 泰山刻石文大量引用谶书内容。大臣们搜集到36条有关泰山封禅的谶纬之语，刘秀就将其中许多内容直接引入刻石文。如《河图赤伏符》《孝经钩命决》《河图合古篇》《河图提刘予》《洛书甄曜度》《河图会昌符》，刘秀将这些内容铭刻在泰山极顶的封禅坛边上，就是为了向上天、向天下宣示自己受命于天的正当性与合法性，从而昭示了东汉政权的合法性的来源。

（三）光武帝封禅过程

建武三十二年（56）正月二十八日，刘秀的封禅队伍从洛阳出发，二月九日到达曲阜。二月十二日到达奉高，派遣宫廷侍卫与工徒检查修整山道、修筑山顶登封祭坛，又派遣御史等带领工匠先上山刻石。

二十二日早晨，先在泰山下的南方[②]柴燎祭天，重臣、孔子的后裔等前来助祭。到早饭时乘辇车上山，中午后到达山顶，更衣。登上祭坛，完成封天礼仪。命令竖立刻写好的石碑。半夜后回到山下，沿途随从人员绵延20余里。二十五日，来到梁父山禅地。

（四）光武帝封禅的特点

1. 公开封禅过程与礼仪。秦始皇、汉武帝泰山封禅，其过程秘而不宣。汉光武帝

① ［南朝宋］范晔：《后汉书·祭祀志上》，第2147页。

② 刘秀到泰山封禅，登山路线改为从泰山南麓上山，即今天的红门、中天门一线。刘秀封禅登山路线的改变，与当时的都城制度有着极大关系。在西汉、东汉交替之际，都城制度发生了一次重大变化，整个都城的造向由“坐西朝东”变为“坐北朝南”。刘秀定都洛阳，以南门平城门为正门。与其相应的平城大街也就成为正道。以南门为正门，是东汉时期的一大变化，这一变化，影响到了光武帝刘秀泰山封禅的登山路线，即由东面登山转为从南面登山。从此以后，泰山南门成为登山的正门，南面登山成为登山正道。

封禅，除玉牒文内容保密外，其他封禅过程与祭祀礼仪都公开展示，为泰山封禅典礼带来新变化。

前面封禅，皇帝一般不带陪同人员，像汉武帝只带霍嬗一人。而随从刘秀的人员前后绵延20余里，和他一起登上封禅台参拜的有太尉赵熹和司徒邓禹，这两位一文一武，是汉光武帝的左膀右臂。然后是“汉宾二王”，汉朝宣称他继承的是殷朝和周朝的天下，所以他把周朝的后裔封为卫公，殷商的后裔封为宋公，号为“汉宾二王”，他们的位置在三公之上。然后是孔子的后裔褒成侯孔志，体现了汉光武帝对儒学与孔子的尊崇。再下来是十二位藩王。汉光武帝正是通过他这个封禅阵容以此展示东汉王朝宗承商周、尊崇儒术、文武协济、皇室兴盛、宗族和睦的这种大好局面。

2. 以谶纬取代符瑞。汉光武帝笃信谶纬之学，从谶纬典籍中找到了自己泰山封禅的理由，谶纬文化成了东汉帝王证明政权正当性的得心应手的工具。谶纬的大量使用，也标志着光武帝对秦皇汉武封禅中追求荒诞不经的神仙的扬弃，他不再追求个人的长生不老，而更多地关注太平功成。

当读《赤伏符》时，以之为“受命之符，符瑞之应”①，利用谶纬符应，表明受命于天；又假借符谶，东巡奉高，封禅泰山，证明自己革命有理，皇权合法，是正当与合法的真命天子。

四、唐高宗封禅

自东汉刘秀封禅后，三国至隋朝几百年间，封禅动议不断，却并未付诸行动。唐朝建立后，封禅再次列入议程。作为贞观之治的缔造者，唐太宗李世民有七次封禅动议而未成行。唐代首次封禅者为唐高宗，此后武则天在嵩山举行封禅②、唐玄宗又到泰山举行封禅。唐代有三位皇帝做过封禅，是封禅帝王最多的一个王朝。先看唐高宗的封禅。

---

① ［宋］范晔：《后汉书》卷一上，第15页。

② 这是中国历史上唯一的一次泰山之外的封禅。唐高宗泰山封禅后，打算要到其他四岳举行封禅礼。离东都洛阳最近的嵩山，就成了他封禅泰山后的第二个目标，并且在上元三年（676）、调露元年（679）、永淳二年（583）有3次封禅嵩山的动议，因故未能成行。天授元年（690），武则天篡唐，完成武周革命，改国号为周，定都洛阳。第二年就有大臣上书，请求武则天封禅嵩山。万岁通天元年，即公元696年腊月，武则天在嵩山举行了封天礼，在少室山举行了禅地礼，完成了泰山之外唯一的一次封禅。武则天为什么不按套路出牌，选择嵩山举行封禅大典呢？这是因为，武则天认为自己的武姓源于姬姓，是周平王的小儿子姬武的40代子孙。所以她确定自己的国号为周。周平王东迁，定都洛邑，世称成周，武则天也定都洛阳，世称武周。嵩山地近洛阳，周武王曾在嵩山上祭天，武则天也选定在嵩山封禅。所以，武则天借助嵩山封禅，向天下显示她的武周帝国，是周王朝的延续，以此证明了她的身份的神圣来源，她的君权的正统性与合法性。

（一）唐高宗泰山封禅过程

贞观二十三年（649）六月，高宗继位。高宗永徽（649—655）年间，击败西突厥，边陲安定。人口从贞观年间不满300万户，增加到380万户，天下大治，百姓和乐，称为“永徽之治”，为唐高宗泰山封禅奠定了的良好的基础。

1. 封禅的准备。唐高宗即位后，大臣们就多次请求封禅，龙朔二年（662）十月，高宗下诏两年后的正月到泰山封禅。期间，由于国家征讨高丽，只好暂停封禅。麟德元年（664）七月，高宗又下诏于麟德三年（666）正月举行泰山封禅。麟德二年（665）二月初十，高宗车驾从京师长安出发，到达洛阳。这年十月，在洛阳，皇后武则天上书高宗，请求改革禅地三献。

2. 封禅路程。麟德二年十月二十八日，唐高宗从洛阳出发，东封泰山。封禅队伍声势浩大，从驾文武仪仗，绵延数百里不绝。还有突厥、于阗、波斯、天竺国（印度）、罽宾（今阿富汗）、倭国（日本）等外国使节，以及百济、高丽（朝鲜）等酋长，随从助祭。十一月二十日，到达河南濮阳。十二月初九，到达齐州，驻跸泰山灵岩寺。十二月十九日，由灵岩寺出发，来到泰山下。这样，从洛阳一路走来，走走停停，用时接近二个月。

3. 封禅过程。乾封元年（666）正月初一，高宗先在泰山南面圆坛，举行了山下的封天仪式。正月初二，高宗带领侍臣等登上泰山，在介丘登封坛举行封天仪式，位置在今天的山顶气象台处。然后下山回到斋宫。正月初三，高宗自斋宫来到泰山脚下的社首山，举行禅地仪式。先由高宗行初献礼。之后，场景大变。各位执事官员退下，宦官搭起锦幛，宫女纷纷登台，祭坛顿时花团锦簇。随后，皇后武则天隆重登场，升坛行禅地亚献之礼，最后，由越国太妃燕氏行终献礼。正月初五，高宗驾临朝觐坛，接受朝贺，设宴款待文武百官，大赦天下，改年号为乾封。

（二）唐高宗封禅的特点

高宗封禅的最大特点就是武则天的参与。“高宗即位，公卿数请封禅；则天既立为皇后，又密赞之”[①]。高宗即位后，请求封禅的声音日渐高涨，永徽六年（655），武则天被册立为皇后以后，又推波助澜，密切赞助。所以有人说，表面上看是由唐高宗主持封禅，实际上，从一开始，这出戏的导演就是武则天。她让高宗封禅呈现出绝无仅有的特色。

① ［后晋］刘昫：《旧唐书》卷二十三，北京：中华书局，2000年，第597页。

具体来说，按传统的封禅礼制，举行封天禅地仪式时，都要进行初献、亚献、终献的三献仪式，也就是向天地三次敬酒。封天禅地中，三献仪式的初献都由皇帝亲自出马，其他亚献、终献则选择显要的王公大臣来实施。

武则天却对禅地仪式中献祭人员安排提出异议。她上书高宗说，祭地仪式中，大地属阴，阴象征着女性，并且还有已故的太后配祭，让一帮男性的公卿行亚献、终献礼，是失礼的行为。本次封禅，在社首山祭地时，应该由身为皇后的自己，率领朝廷内外受有封号的妇人，来行亚献和终献礼。

武则天的这份奏章，理由充分，针对性强，令以孝著称的唐高宗无法拒绝。不得不下令，在社首山禅地仪式中，由自己行初献礼，皇后武则天行亚献礼，越国太妃燕氏行终献礼。这位越国太妃燕氏，是越王李贞的母亲，是太宗的嫔妃中唯一还活在世上的。皇后武则天亚献，燕氏终献，无人敢非议。

武则天争夺禅地仪式中亚献角色，开创了中国历史上女性参加国家祭祀的先河，这是自先秦以来，国家隆重大典上的破天荒大事，可谓惊世骇俗。

此举虽然看似恃宠生娇，随意为之，实则包含着深刻的政治野心。武则天正是希望通过获得禅地仪式中亚献的角色，向天下显示自己的尊崇地位，向天下传送一代受天命的女皇神话即将诞生的信息。

武则天深度参与高宗封禅，其实在显庆六年（661）就已经显露出来。周郢认为，这一年二月，高宗及皇后武则天敕命道士东岳先生郭行真至泰山岱岳观（今泰山王母池西北）建醮（道教祭礼）造像，并于观中立双束碑纪事。其镌文云："显庆六年二月廿二日，敕使东岳先生郭行真，弟子陈兰茂、杜知古、马知止，奉为皇帝、皇后七日行道，并造素像一躯，二真人夹侍。"《金石萃编》于此条题记后考谓："郭行真称东岳先生者，道士而主东岳也，未有赐号，而谓之先生。皇帝为高宗，皇后即武后。"郭行真原为长安西华观道士，武后封其为朝散大夫、东岳先生，出入禁中，为作厌胜之术，为武后干政服务，引发麟德元年（664）高宗与上官仪谋废武后事件。郭氏诣岱虽声称"奉为皇帝、皇后行道"，实应专承武后密旨，泰山立石亦必是武后意志的体现。故"鸳鸯双栖"的奇特造型，实反映武后意欲与高宗同掌天下、"二圣"共治的政治要求。其背后缘因，或与武则天预为封禅造势有关。[①]

① 周郢：《泰山编年通史》上，济南：山东人民出版社，2021 年，第 305-307 页。

五、唐玄宗封禅

唐高宗泰山封禅后，欲遍封五岳，因故未能成行。万岁通天元年（696），武则天在嵩山举行了封禅。

（一）唐玄宗为何要举行封禅

距其祖父唐高宗泰山封禅仅60年，距其祖母武则天嵩山封禅仅仅30年。为何唐玄宗再来一次封禅？

1. 拨乱反正，让政权重回李姓王朝。唐王朝自高宗以后，连遭女祸。武则天改唐为周的过程，琅琊王李冲、越王李贞起兵反对，兵败身死。韩王李元嘉、鲁王李灵夔、霍王李元轨、纪王李慎、江都王李绪、黄国公李撰、东莞郡公李融、常乐公主等，或被逼自杀，或被斩首，或死于流放途中，李唐宗室几乎被杀戮殆尽。神龙元年（705），武则天病入膏肓，宰相张柬之等发动革命，拥立唐玄宗伯父唐中宗复辟。此后皇后韦氏作乱，唐隆元年（710），临淄王李隆基联合姑姑太平公主发动政变，诛杀韦氏，拥戴父亲李旦复位。先天二年（713），广树党羽的太平公主涉嫌谋反，李隆基将其擒获，最终赐死。

几十年间，李唐王朝同室操戈，血雨腥风，飘摇颠覆。李隆基参加诛灭武氏、复兴唐室的活动，铲除韦后乱党，密谋诛灭太平公主，挽狂澜于既倒，拨乱反正，复兴李唐。不举行封禅，怎能向天下宣告政权复归李氏？

2. 李唐王朝重归太平盛世。先天元年（712）八月初三，李隆基登上皇帝位，革除弊政、安定边疆、发展生产、繁荣文化。仅仅过了十二年，到开元十二年（724）年时，李唐王朝“百谷有年，五材无眚，刑罚不用，礼义兴行，和气氤氲，淳风澹泊。蛮夷戎狄，殊方异类，重译而至者，日月于阙廷；奇兽神禽，甘露嘉醴，穷祥极瑞，朝夕于林籞。王公卿士，罄乃诚于中；鸿生硕儒，献其书于外。莫不以神祇合契，亿兆同心”[①]。在如此大好的局面下，中书令张说等屡次请求封禅，唐玄宗虽然表面谦虚推让，内心却充满渴望，于是顺水推舟，下令到泰山封禅。

“唐玄宗欲封禅，其政治意义在于两个层面：一挽狂澜于既倒，灭‘女祸’而复李氏之社稷。二是拨乱反正，鼎命维新，以封禅礼仪式，重振李唐天威”[②]。唐玄宗泰山封禅的原因大概如此。

① 〔后晋〕刘昫：《旧唐书》卷二十三，第602页。

② 何平立：《巡狩与封禅》，济南：齐鲁书社，2003年，第365页。

（二）唐玄宗封禅过程

开元十三年（725）四月，玄宗采纳兵部郎中裴光庭的建议，邀请四夷君长随从封禅泰山。十月十一日，唐玄宗自东都洛阳出发，封禅队伍连绢几百里。带几万匹牧马，依毛色分成几个队群，远看像彩色的锦绣。

十一月初六，到达泰山，驻在社首山东面行宫。十一月初九，斋戒完毕，御马登山。十一月初十，玄宗在山顶封天台祭祀昊天上帝，群臣高呼万岁，声传山下，震动天地。完成山上封天仪式后，大约中午时分，玄宗回到社首山行宫斋所。十一月十一日，在社首山完成禅地仪式。

十一月十二日，在行宫之南的朝觐坛帐殿接受朝拜，前来朝拜者众多，场面宏大，包括：

①文武百僚。②二王后：唐朝宣称他们继承的是北周和隋朝的天下，把周、隋的后裔封为介公、酅公，称"二王后"。③孔子后：孔子的后裔，显示对儒学的尊重。玄宗高度推崇孔子，追封为"文宣王"，此为孔子"王"爵之始。④诸方朝集使：称为上计吏，负责每年进京报告各郡郡政及财经情况，实际是由他们向天下报告各方太平功成。⑤岳牧举贤良及儒生、文士上赋颂者：唐朝举行封禅之前，都有大型的文士举荐活动，开元十三年，唐玄宗"诏朝集使，各举所部孝悌文武，集于泰山之下"。让他们在封禅过程中，吟诗赋文、歌功颂德。⑥戎狄夷蛮羌胡朝献之国：他们都是大唐的朝贡之国[①]。

这种波澜壮阔的宏大场面，显示着天下归一，文功武卫，天下昌盛，民族团结。玄宗下诏，大赦天下，封泰山神为天齐王。

（三）唐玄宗封禅的特点

与唐高宗相比，唐玄宗封禅表现出如下特点：

1. 禁止宫闱女子参与。开元十三年（725）八月，唐玄宗与大臣们商议山下的封祀仪式。张说认为："乾封旧仪，禅社首，享皇地祇，以先后配飨。王者父天而母地，当今皇母位，亦当往帝之母也，子配母飨，亦有何嫌？而以皇后配地祇，非古之制也。

① 玄宗封禅时，有20朝贡国或派国王、酋长，或派遣使者，前来参与助祭，他们分别是：突厥颉利发，契丹、奚（为北方少数民族，属鲜卑部落）等王，大食（伊朗、阿拉伯）、谢飓（今阿富汗首都一带）、五天十姓（今印度），昆仑（在南洋）、日本、新罗（朝鲜古国）、靺鞨（松花江、牡丹江流域）使者，高丽朝鲜王，百济带方王，十姓摩阿史那兴昔可汗（突厥王子），三十姓左右贤王（突厥王子），日南（越南）、西竺（印度）、凿齿、雕题（俱在东南亚沿海一带）、牂柯（今贵州一带）、乌浒（广东南部）之酋长。

天监孔明，福善如响。乾封之礼，文德皇后配皇地祇，天后为亚献，越国太妃为终献。宫闱接神，有乖旧典。上玄不佑，遂有天授易姓之事，宗社中圮，公族诛灭，皆由此也。景龙之季，有事圆丘，韦氏为亚献，皆以妇人升坛执笾豆，渫黩穹苍，享祀不洁。未及逾年，国有内难，终献皆受其咎，掌座斋郎及女人执祭者，多亦夭卒。今主上尊天敬神，事资革正。斯礼以睿宗大圣贞皇帝配皇地祇，侑神作主。”①

唐高宗禅地时以先皇后配祭，不合乎古代制度。三献礼武则天皇后为亚献，越国太妃作终献，以宫闱中的妇人与神灵交接，违背了传统旧典。由于这些原因，引发了天授年间武则天篡革唐命事变，导致李氏王朝社稷宗庙中断，皇族被诛杀。如今皇上尊天敬神，要以古为鉴，改正旧的封禅仪式，以玄宗的父皇唐睿宗配祭皇地祇。张说此议深得玄宗之心，成为定论。

不仅如此，玄宗为显示李唐宗室和睦，不仅委邠王李守礼（章怀太子李贤子，为唐室嫡长）与宁王李宪（睿宗长子、玄宗长兄）登坛行献，且广召各系宗室陪祀。岐王李范“属巡岱以封还，侍升天而庆归”；嗣曹王李戢“东封泰山，亲侍大礼，以景命授尚辇直长，转左威卫长史”；大郑王房李若幽（李国贞）“明皇帝肆觐东后，柴于岱宗，以公族侍祠，调补绵州参军事”。淮安郡王李神通曾孙礼部员外郎李孟擎“属东封扈跸，转虞部员外郎”。②

封禅仪式的革新，表明唐玄宗的封禅大典要拨乱反正，杜绝后妃参与，保证李氏帝王独享神权，以此向天下显示，李氏拥有天下皇朝。

2. 向天下公开玉牒文。封禅礼仪中，将写给天地神灵的玉牒文埋入封天禅地坛，是最为关键的环节。以前封禅，玉牒文都秘不示人。唐玄宗曾询问其中原因，贺知章解释说：“玉牒本是用来和神灵沟通的。前代帝王所祈求的各不相同：有的祈求年寿，有的想成神仙。这些事关自己的私密，都是求一己之福，所以不愿意让别人知道。”玄宗说：“朕今日此行，都是为黎民百姓求福，再没有别的秘密请求。应把玉牒拿给百官看，让天下人知道朕的心意。”然后向官僚们公开了玉牒：

“有唐嗣天子臣某，敢昭告于昊天上帝。天启李氏，运兴土德。高祖、太宗，受命立极。高宗升中，六合殷盛。中宗绍复，继体不定。上帝眷佑，锡臣忠武。底绥内难，推戴圣父。恭承大宝，十有三年。敬若天意，四海晏然。封祀岱岳，谢成于天。

① 〔后晋〕刘昫：《旧唐书》卷二十三，第602页。
② 周郢：《泰山编年通史》上，第344页。

子孙百禄，苍生受福。”[①]

从公布的玉牒文来看，包括三项内容：首先，向上天报告李唐开国和建国的历史，包括唐高祖、唐太宗接受天命，创立大唐基业；唐高宗封禅泰山，天下太平；唐中宗恢复李唐政权。第二，向上天报告唐玄宗的功德：一是平定内乱，二是经过十三年努力，海内太平繁盛，天下大治。第三，祈求上天，保佑自己的子孙后代永远流传，保佑自己的臣民永远得到上天的福禄和保佑。

玄宗的玉牒文果然光明磊落，并无一己之私，成为封禅历史上第一位敢于公开玉牒文的皇帝。

六、宋真宗封禅

（一）北宋封禅的源起

北宋封禅之议起于宋太宗时期。太平兴国八年（983）六月，泰山及瑕丘等县民众，请求宋太宗赵光义封禅，太宗没有答应。第二年四月，泰山民众及朝廷群臣组团到开封，请求泰山封禅，太宗下诏于当年十一月举行封禅大典。这年五月，朝廷宫殿火灾，属不祥之兆，于是下诏令，停止封禅。

宋真宗即位后，景德元年（1004），辽国大军南侵，深入宋境，直至黄河北岸。宋真宗在寇准等主战派的督请下，渡过黄河，北进至澶州督战。北宋将士士气大振，力挫辽军。辽国遣使议和，双方签订“澶渊之盟”。出人意料的是，“澶渊之盟”为四年之后宋真宗泰山封禅埋下伏笔。

宋真宗回到京城后，宰相王钦若为了排挤寇准，开始进谗言，结果成功离间了宋真宗与寇准的关系，并使宋真宗认可了澶渊之盟是“城下之盟，《春秋》耻之”[②]的观点。如何洗涤耻辱呢？王钦若建议通过封禅泰山，来镇服四海，夸示天下。

要想封禅，必须天降祥瑞，但是当时并不具备这样的条件。于是王钦若建议说，现在要想天降祥瑞是不可能了，但是以前的封禅，有时也依靠人力制造祥瑞，只要皇上深信不疑，并大胆地向天下展示人造的祥瑞，就同真的一样了。

这无疑是在提示真宗，用掩耳盗铃的方式造作天降祥瑞。真宗封禅一开始就打上了造假的标签，以至于后代人对其封禅诟病不已，称之为“闹剧”。

---

① 〔后晋〕刘昫：《旧唐书》卷二十三，第 607 页。

② 〔元〕脱脱等：《宋史》卷二百八十一，北京：中华书局，2000 年，第 7775 页。

（二）天降祥瑞的闹剧

为了实现天降祥瑞的目的，宋真宗与王钦若合力导演了降天书等闹剧。

大中祥符元年（1008）正月初三，皇城司报告，发现左承天门上挂着黄帛天书，真宗亲迎，天书上写着："赵受命，兴于宋，付于恒。居其器，守于正。世七百，九九定。"① 这段话的意思是说，赵家受命于天，建立大宋，现在天下交付到赵恒手中。赵恒统治天下，居天下之正，可以延续七百年，这是已定的天数。

一次降天书，心怀鬼胎的真宗深怕大家不相信，干脆一不做，二不休，再造一次。四月初一，天书再次降于汴京大内功德阁。现在上天两降天书，又加上封禅民意沸腾，再不封禅连真宗自己都不好意思了。四月初四，真宗下诏书，本年十月封禅泰山。并特别表明，自己封禅目的与秦汉追求升仙长寿不同，而是要报答上天赐予的天书。

真宗还不放心，派王钦若到泰山准备封禅，王钦若在泰山又顺势点了几把天降祥瑞的火。五月，王钦若报告，泰山下醴泉涌出。这年五月，真宗又梦见神人，说下个月上旬又有天书降落在泰山，于是密谕王钦若。六月王钦若就报告说："六月甲午，木工董祚于醴泉亭北见黄素曳草上，有字不能识，言于皇城使王居正，居正见其上有御名，驰告钦若，钦若等就取得之。遂建道场，明日，跪授中使捧诣阙。"② 七月，真宗下诏，在泰山降天书的地方建天贶殿，位置就在今天渿河西岸的"天书观遗址"处。八月，王钦若报告："泰山日生灵芝，军民竞采以献。"③

持续八个月的人造祥瑞，终于为真宗的封禅提供了合理性。

（三）宋真宗封禅的过程

做足充分的准备后，大中祥符元年（1008）十月初四，真宗以玉辂载天书，从京城出发前往泰山封禅。

十月二十日到达乾封县奉高宫。二十四日，真宗乘轿登山。道路险绝，随从的大臣实在爬不动了，真宗命令给每位大臣发给两根横板，两端系上彩绸，选年轻力壮的卫兵，前面牵引，后面助推。终于爬到山顶，当晚君臣一行就住宿在山上。二十五日，在山顶封天坛上，摆放昊天上帝神位，把天书放置在上帝位左边，举行了封天之礼。礼毕，泰山上下，传呼万岁，声震山谷。封天礼完毕后，君臣下山。二十六日，真宗

① 〔宋〕李焘：《续资治通鉴长编》卷六十八，第 6 册，北京：中华书局，1980 年，第 1519 页。
② 〔宋〕李焘：《续资治通鉴长编》卷六十九，第 6 册，北京：中华书局，1980 年，第 1549 页。
③ 〔宋〕李焘：《续资治通鉴长编》卷六十九，第 6 册，第 1553 页。

在社首山禅地，祭祀皇地祇，并将禅地玉册埋入禅地坛[①]。封禅礼成，真宗下诏加封泰山神为“仁圣天齐王”，加青帝懿号为“青帝广生帝君”。二十七日，真宗在朝觐坛上的寿昌殿接受朝贺。

（四）泰山封禅的终结

封禅在中国历史上起着如此重要的作用，但自北宋真宗封禅后，再无泰山封禅，这是由于北宋以后的历史观念发生了重大转变，动摇了五德终始说这个封禅的思想基础。

自秦汉到北宋，五德终始说是历代王朝解释其政权合法性的理论基础，时至北宋，儒学复兴，欧阳修发起的正统之辨，使五德终始转移政治学说遭到了前所未有的冲击。欧阳修的《正统论》在理论上宣告了五德终始政治学说的终结，《正统论》称五德终始说是缪妄之说，而代之以正统说，“夫居天下之正，合天下于一，斯正统矣，尧、舜、夏、商、周、秦、汉、唐是也。始虽不得其正，卒能合天下于一，夫一天下而居正，则是天下之君矣，斯谓之正统可矣，晋、隋是也”[②]。其正统论包括“合天下于一”的大一统的政治，特别强调了“居天下之正”的道德认同。到明清时，帝王们更加突出强调了得天下以道，即获得政权的方法手段的正当性，不再突出本朝政权是否来自前朝的德运。

到北宋中期以后，儒家更试图从根本上消解封禅的政治文化意义。如范祖禹指出封禅自古没有，只是开始于秦始皇，其事荒谬。他们对封禅的批评，主要依据是儒家经典中并无封禅的记载。刘浦江指出：“宋儒对封禅的批判彻底祛除了这一盛世大典的神圣性，遂使后人不再相信它具有新兴王朝‘奉天承运’的象征意义，于是封禅就走到了末路。明清时代，虽也时有臣僚建言封禅，但每次都遭到拒绝……这意味着明清时代的政治家已经完全认同了宋儒对封禅的价值判断。”[③]

这样，北宋学者们开始从学理上消解封禅的政治文化意义与价值，从思想上清除

---

① 从唐玄宗开始，才将封禅玉牒文内容公布于众，并深埋于祭祀坛中，世人难见其真容。1930 年 7、8 月间，在中原大战中的泰安战役中，唐玄宗、宋真宗的禅地玉册，突现人间。这场战役中，攻城的中央军马鸿逵部伤亡惨重，马鸿逵决定在蒿里山修建阵亡烈士纪念碑和烈士祠。施工中，先后发现了唐玄宗和宋真宗的禅地玉册。面对这份突如其来的无价之宝，马鸿逵惊喜之余，动了占有宝物之念。他严令封锁玉册出土消息，将玉册带在身边，转战南北。从此两套禅地玉册杳无音信。1949 年后，马鸿逵逃往台湾，后从台湾辗转定居美国。1970 年，马鸿逵在美国洛杉矶病逝，家人遵照其遗嘱，将玉册带到台湾，进献给蒋介石。蒋介石下令，将两套玉册一起拨交台北“故宫博物院”收藏，成为镇院之宝。

② 〔宋〕欧阳修：《欧阳修全集》卷十六，北京：中华书局，2001 年，第 269 页。

③ 刘浦江：《“五德终始”说之终结》，《中国社会科学》，2006 年第 2 期，第 184 页。

封禅的影响，终于导致了封禅的终结，宋真宗泰山封禅也就成为封禅的绝唱。

第五章
柴望遗风：泰山国家祭祀

在中国传统社会中，祭祀对国家具有极其重要的价值意义。山岳祭祀又是传统社会国家祭祀系统中不可或缺的重要组成部分，“天下之安犹泰山而四维之”①，“措天下于泰山之安”②，关乎天下之安的泰山，更是国家山岳祭祀中的重中之重。

泰山国家祭祀指传统社会中，与民间社会祭祀泰山相对立的、纳入国家祀典的祭祀泰山礼仪，主要包括泰山所在地政府、皇帝遣使至泰山所在地、京城皇帝举行的祭祀泰山仪式活动等。

漫长的历史发展形成了泰山国家祭祀丰富多样的特点．概言之：从祭祀地点看，分为本地（所在地）泰山祭祀和京城（非所在地）泰山祭祀；从祭祀的周期性看，分为常规祭祀与非常规祭祀；从祭祀的方式看，有专祀，有从祀；从承祭者看，有皇帝亲祭，有遣使致祭，有所在地官员致祭等。

第一节　所在地泰山国家祭祀

泰山国家祭祀始于先秦，至秦汉时期泰山国家祭祀便有了明确的制度要求。我们知道国家祭祀随着封建王朝的灭亡而灭亡，王朝的国家祭祀以王朝的存亡为标志，具有非常突出的王朝阶段性特点。

---

① 〔汉〕班固：《汉书》卷六十四，第 2104 页。
② 〔宋〕欧阳修：《欧阳修全集》卷四十，第 586 页。

一、大舜东巡：泰山国家祭祀的开启

据《尚书·尧典》记载，舜登帝位的当年二月就巡狩东方，抵达岱宗，用燔柴的祭礼祭天，以望祭的礼仪按大小尊卑遍祭山川，其中当然也包括泰山。一般认为，尧舜禹时期为龙山文化后期，约为公元前2500年至公元前2000年。“在文献上，这是一个史称万邦（万国）的时代，也是建有尧舜禹族邦联盟的时代”[①]。这表明最晚在5000年前，就拉开了邦国祭祀泰山的序幕。

夏商时期没有历史记载，西周建国之始，就在泰山下建立明堂，设诸侯的汤沐邑以助祭泰山。《墨子·兼爱》记载了周武王祭祀泰山之事：“昔者武王将事太山隧，传曰：‘泰山！有道曾孙周王有事，大事既获，仁人尚作，以祗商夏蛮夷丑貉。虽有周亲，不若仁人。万方有罪，维予一人。’”清人阎若璩认为：“玩其文义，乃是武王既定天下后，望祀山川，或初巡守岱宗祷神之辞，非伐纣时事也。”[②]从祝文中可以看出，首先，武王表明前来祭祀的原因：大事已成，又得到仁人们的协助，以拯救中国及四夷之民；其次，武王称如果万方有罪，都归为一人承担。所以既是报告报恩，又有强烈的担当意识，为万民之主、天下之君的政治气魄可见一斑。泰山下的周明堂，也是周初巡守祭祀泰山的重要例证。此后，随着周天子王权的衰微，中央已无力对泰山进行祭祀。周桓王五年（前715），“郑伯请释泰山之祀而祀周公”[③]，标志着周天子泰山祭祀活动的终结。

春秋初年，虽然周天子泰山祭祀活动中断，诸侯国的泰山祭祀并未停止。泰山在鲁国境内，鲁国因其特殊的身份而拥有泰山的祭祀权。而春秋战国之时，频繁的战争导致泰山的管辖权多次易手，因泰山具有巨大的文化与政治影响，经常占领泰山的齐国，以及后来灭掉鲁国的楚国，都曾对泰山进行祭祀。

---

① 王震中：《中国古代国家的起源与王权的形成》，北京：中国社会科学出版社，2013年，第382页。

② 〔清〕孙诒让：《墨子闲诂》卷四，北京：中华书局，2001年，第111页。

③ 周天子到泰山、周明堂，举行祭祀泰山等仪式时，各诸侯王要来陪同助祭，陪同助祭的诸侯住在泰山下，日常开支繁费。于是周天子就在泰山周边，为每位诸侯划出一块土田，作为他们朝见周天子、陪同助祭时的供应地，学名叫“汤沐邑”。周天子在今天的河南许昌附近赐给鲁国一块封地，作为他们朝见周天子时住宿的地方，学名叫“朝宿地”。此时周天子衰落，无力到泰山祭祀，郑国的汤沐邑失去了意义；鲁国也不再朝见周天子，它在许地的朝宿地也失去了作用。于是郑、鲁两国便互换两邑，这意味自西周初年以来的周天子祭祀泰山活动终结了。见杨伯峻：《春秋左传注》，北京：中华书局，1981年，第58页。

二、遣官致祭：历代泰山所在地祭祀

泰山所在地国家祭祀，分为常规、非常规两种。

（一）常规祭祀

所谓常规祭祀，即国家按照固定的时间到泰山本地致祭。

1. 秦朝。公元前 221 年，秦始皇统一六国，确立了国家祭祀制度。从天下山川中遴选出 12 座名山，泰山位居其中。据《史记·封禅书》载：

“于是自殽以东，名山五，大川祠二。曰太室。太室，嵩高也。恒山，泰山，会稽，湘山。水曰济，曰淮。春以脯酒为岁祠，因泮冻，秋涸冻，冬塞祷祠。其牲用牛犊各一，牢具珪币各异。自华以西，名山七，名川四。曰华山，薄山。薄山者，衰山也。岳山，岐山，吴岳，鸿冢，渎山……亦春秋泮涸祷塞，如东方名山川；而牲牛犊牢具珪币各异。而四大冢鸿、岐、吴、岳，皆有尝禾。”[①]

国家由太祝主持这 12 座名山的常规祭祀，每年在春天解冻、秋天结冰、冬天报赛时按时致祭。

2. 西汉。汉高祖六年（前 201）后，由齐地诸侯国祭祀泰山。文帝十六年（前 164），收回名山大川的祭祀权，泰山回归国家祭祀。宣帝神爵元年（前 61），颁布了山川祭祀制度，“自是五岳、四渎皆有常礼。东岳泰山于博，中岳泰室于嵩高，南岳灊山于灊，西岳华山于华阴，北岳常山于上曲阳……皆使者持节侍祠。唯泰山与河岁五祠，江水四，余皆一祷而三祠云”[②]。宣帝的山川祭祀制度，规定了泰山等岳渎的常祭等级规格，泰山一年五祠，其他四岳延续了秦时春秋泮涸祷塞的一祷三祠。这样，山岳祭祀等级中，唯泰山最尊。五岳之伯、五岳之尊、五岳之长、五岳独尊的文化现象，在此找到了明确的源头。这在泰山国家祭祀史上可以说是划时代的大事。

我们知道汉武帝对东岳泰山成为五岳之首起了巨大的推动作用，惜乎引而不发，没有确立五岳制度，直到其曾孙刘询，东岳泰山为五岳之长才正式列为国家典章。这有着特定的历史原因。

宣帝一生坎坷，最后能登上帝位可谓匪夷所思。因巫蛊之祸，出生数月即身陷囹圄，众多鲁人围绕在他周围，保障了他的生存生长。如其祖母鲁人史良娣的家人、鲁人丙吉、其岳父昌邑人许广汉等。尤其是昭帝元凤三年（前 78）正月泰山大石自立，

① 〔汉〕司马迁：《史记》卷二十八，北京：中华书局，2000 年，第 1172 — 1173 页。
② 〔汉〕班固：《汉书》卷二十五下，北京：中华书局，2000 年，第 1034 页。

鲁人眭弘以《春秋》之意推衍，认为泰山是王者易姓换代时封禅报告之处，说明要由普通百姓成为天子，而且这个人一定是以前被废的名叫病已的公孙氏。该年皇曾孙刘病已住在宫殿中的旁舍，是一名默默无闻的14岁庶人。眭弘当然也不会想到这位索居宫廷角落的公孙。但毕竟公羊春秋在西汉具有极大的影响力，冯友兰指出："公羊家把他们所讲的'《春秋》之义'，应用到中国封建社会上层建筑的各个领域里。经过他们的宣传，在汉朝，《春秋》仿佛是一部宪法。凡有政治上和法律上的重大问题，都引《春秋》解决。"[①]

眭弘虽然因朝廷的极度不满而丢命，但却为宣帝登基提供了合法性与正当性。五年后，兴于民间的刘病已登上帝位。多灾多难的宣帝曾经坠入社会最底层，后又摇身一变成为至尊。当其执政时，如果没有正当而神圣的理由，是很难面对极为复杂的宫廷局面，一旦稍有疏忽，昌邑王刘贺就是其前车之鉴。而公羊家眭弘对泰山大石自立等现象的解释，恰到好处地为其提供了合法性、正当性的理由。宣帝即位后，就征召眭弘之子为郎官，此举表明他要充分利用眭弘的阐释，成功地把泰山大石自立转化为自己受命于天的神谕，即自己就是那个被废为匹夫的公孙，如今顺应天意，回归帝位。这件事成为宣帝时期阴阳灾异思潮的序曲，此后"大力宣扬灾异祥瑞，作为自己'受命于天'的证明，由此，他带头刮起了讲灾异之风"。[②]宣帝一朝有关祥瑞的事件共发生13次，其中发生齐鲁区域的有5次，包括发生在泰山区域2次。这样，宣帝登极后，齐鲁及泰山区域不断出现凤凰神爵等祥瑞，让汉宣帝身上镀满光辉灿烂神圣耀眼的色彩。

宣帝是历史上著名的知恩图报的皇帝，在元康三年（前63）三月封丙吉等诏书中，宣帝引用《诗经》诗句"无德不报"，展开手脚，进行了报恩活动。宣帝有着皇家刘氏与鲁国史氏血统。受鲁人呵护是实，受泰山之功是虚，虚实结合，为宣帝登极提供了正统性与合法性。尤其泰山本身就是汉武时期五岳中最为重要者，是封禅告代之处，更是预示刘病已即位的神岳，居功至伟。祭祀的宗旨就是报本反始，泰山对宣帝有如此大的恩德，对于"无德不报"的宣帝来说，在颁布五岳祭祀制度时，给予东岳"岁五祠"的最高规格，于公于私，于情于理，水到渠成，顺理成章。所以，历史选择了由汉宣帝来最终确立东岳泰山为五岳之长，可谓偶然中包含着必然。

① 冯友兰：《中国哲学史新编》（中），北京：人民出版社，1998年，第59-60页。
② 金春峰：《汉代思想史》，北京：中国社会科学出版社，2006年，第269页。

3. 东汉。光武帝刘秀省减礼俗，祭祀由每年 5 次调整为 3 次，承祭者也由皇帝使者改为泰山郡太守，泰山祭祀更加方便、稳定。

4. 隋代。隋代是泰山国家祭祀史上一个重要的时期，对泰山祭祀制度多有开创。首先，设岳令管理东岳庙，从而把泰山管理纳入政府行政的体系。其次，每年立春日，皇帝派遣官员常规致祭泰山。第三，在泰山庙为泰山神设像，而且以法律的形式对泰山神像加以保护，自然就宣布了泰山神像脱离郊祀化的影响，人格化偶像致祭合法化了。最后，随着三祀制度的确立，隋代也明确了从祀方丘的泰山为中祀。

5. 唐代五代。唐代继承了隋代创立的立春祭泰山的制度，只是使者改为本地守土官员。唐代开创山川封爵，泰山神深染人格神的色彩，表现出了丰富的文化意义。特别值得注意的是开元十九年（731），唐玄宗接受道士司马承祯的主张，敕令五岳各立真君祠庙。道教借助皇帝之力，通过否定传统五岳祭祀的非“正真”性，最终设计出了自己的五岳祭祀系统。这一系统包括确立五岳真君、建立五岳真君祠、按时醮祭等。此后，泰山祭祀就有了传统祭祀与道教醮祭两个系统，并且这两个系统相互影响、相互融合，对后世的泰山祭祀制度产生了深远影响。

五代时期最大的亮点，当属后唐明宗长兴四年（933），封泰山三郎为“威雄大将军”，并立庙祭祀。这是国家祭祀中泰山神圣家族出现的第二位成员。这昭示着泰山神开始走向家族化、人格化甚至世俗化。

6. 北宋。北宋泰山所在地常规祭祀继承了唐代传统，又有较为明显的发展变化。首先，自太祖至英宗时期，视泰山等五岳为大祀，这在泰山祭祀史上绝无仅有，显示出对泰山等五岳的重视。其次，泰山祭祀中首次出现了用香的记载，包括常规祭祀、非常规遣官致祭。再次，北宋时期延续着唐代以来的封爵制度，自真宗开始，对泰山神不断加封，由天齐仁圣王，到天齐仁圣帝。而且北宋的加封惠及泰山神夫人及其子嗣，从真宗至哲宗，为泰山神构建了一个完整的神圣家族。哲宗元符二年（1099）八月，诏封东岳天齐仁圣帝长子为佑灵侯，第二子为惠灵侯，第四子为静鉴太师，第五子为宣灵侯。以天齐仁圣帝为父，以淑明为母，以炳灵公、佑灵侯、惠灵侯、静鉴太师、宣灵侯等为子嗣的泰山神圣家族，至此构建完毕。且泰山五子深受民间传说的影响，表现出官方对民间信仰的认同与接受，从而实现了与民间信仰的融合。

7. 金代。金作为北方游牧民族，以武力入主中原，首先面临的也是如何表示自己政权的正统性与合法性。金人高度重视五岳祭祀，认为方岳之神，是国家的依靠，全面接受并实施了唐宋泰山祭祀的制度。其理由，正如金世宗完颜雍所说："我国家绌辽、宋主、据天下之正，郊祀之礼岂可不行？"[①] 以此向天下宣示，自己才是天下的正统。金廷泰山祭祀最具特色之处在于将东岳真君纳入东岳庙，附祀东岳天齐仁圣帝，并且让道士住持东岳庙，使泰山庙呈现出前所未有的道教化宫观化色彩。

8. 蒙元。海迷失后元年（1249），蒙古国首次祭祀泰山，此后派遣道士代祭泰山，在泰山祭祀史上开一代之风气。蒙古汗此举，显示了宋元之时，随着全真道等道派的影响逐渐强大，道教对泰山等五岳国家祭祀进行了深入的渗透，并产生了巨大影响。由蒙古汗开创的派遣道士代祭泰山的做法，对元代代祀泰山等岳镇海渎制度产生了直接影响。

元代东岳泰山的祭祀分为使者代祀与有司常祀两类。世祖中统二年（1261），确立了元代特有的遣使致祭岳镇海渎的代祀制度。每年按例降旨，分道遣使持皇帝诏书、香、幡、币等礼物至岳镇海渎所在地代表皇帝致祭，使者一般由重臣、名儒、习于祭祀的道士等构成。并将前代的非常规的特定祭告祈祷也纳入了代祀，我们将其称之为非常规代祀，泰山属元代分道代祀之东道。这一时期，除以道士为主要使者的代祀一般采用道教科仪外，大量采用传统三献、牺牲血祭的祭祀形式，这显示了传统泰山祭祀的强大生命力，也表现了元代帝王对传统祭祀仪式的接纳与认同。由金代道士住持东岳庙，到蒙元时期以道士为致祭泰山使者，开启了一种崭新的遣使致祭泰山的方式。元代延续了唐代以来的山川封爵制度，世祖至元二十八年（1291），加封泰山为"天齐大生仁圣帝"。值得注意的是元代的泰山常祀，其由所在地有司每年在立春前土王日按时致祭。这种常祀制度虽然与前代大体相同，但元代常祀完全由守土官遵照国家祀典按时致祭，地方官员开始在泰山常祀中扮演主角，由于没有御署祝版等，皇帝的身影在常祀中始隐身或者退出，再加上每年遣使代祀的映衬，元代的常祀颇有衰落的感觉。东岳庙作为祭祀泰山的处所，在金元之际的战火中毁坏严重，至世祖时开始进行大规模地修复，本次修复由全真道士张志纯具体负责。同时这一时期的东岳庙由全真道士为提点、住持，负责全面日常管理及祭祀之事。既有道士代祀东岳，又有道士具体管理东岳庙，蒙元时期东岳庙终于成为著名道教宫观。

9. 明代。明代以遣官代祀、所在地官员常规祭祀的形式在泰山所在地展开国家祭祀。明显地体现了"明承元制"的特点。遣使致祭主祭者为皇帝，祭祀等级为中祀，

① ［元］脱脱等：《金史》卷二十八，第 452 — 453 页。

且延续了御署祝版制度。地方有司每年二月、八月，在“丁祭”前一天，按国家颁布的固定仪式，诵读固定不变的祝文，体现着国家的在场。自元代开始，将传统的所在地泰山常规祭祀一分为二，即遣使代祀与守土官常祀，前者传承了西汉持节使者侍祠、隋代遣官致祭，并将御署祝版制度存留于遣使致祭；后者则延续了东汉、唐宋所在地长吏致祭。如果说元代的改变是因为京城没有泰山专祀的无奈之举，那么明代则是因为朱元璋对泰山等岳镇海渎祭祀的高度重视。所以元明二代的守土官常祀，形似而神不似。朱元璋实行三教并行的宗教制度，明代自然继承了元代派遣道士代祀岳镇海渎，以及由道士住持东岳庙的传统，但在继承的同时也有变化。这些变化表现在：代祀仪式基本上采用了儒家的血祭传统，而非像元代那样不时采用道教的斋醮科仪，并且即使是完全由道士充当使者的时候也是如此；明代道士更多情况下只是奉送御署祝版、御赐香帛的使者，并不充当祭祀献官。派遣道士致祭泰山的制度，止于隆庆朝以后。清初，统治者对道教采取抑制的态度。到乾隆时，更是限制道教的活动，道教在清朝所在地泰山国家祭祀中销声匿迹了。

10. 清代。“清承明制”是清朝政治史的一个重要特征。在泰山祭祀上，清承明制的色彩更重。清代泰山祭祀形式包括配享方泽坛、祈晴祈雨于地祇坛、京城东岳庙致祭、所在有司春秋致祭、时巡展祭、因事遣告等。与明代的泰山祭祀形式相比，基本相同。清代与明代泰山祭祀的最大不同，当属康熙、乾隆时巡祭祀泰山与碧霞元君列入国家祭祀。从所在地有司岁时致祭泰山看，与明代比较起来，清代泰山所在地常规祭祀变化不大，或者可以说，顺治几乎完全延续了明代的所在地有司常规祭祀制度，包括祭祀等级、祭祀时间、祭祀仪式等，尤其是祭祀祝文，几乎照抄。

但是，平静中有惊雷，康熙、乾隆二帝对泰山国家祭祀有着深刻的影响，我们将放在帝王亲祭中展开论述。

（二）非常规祭祀

所谓非常规祭祀，即因特殊原因临时性到泰山本地致祭，可以称为因事而祭。汉代因干旱、灾涝、皇帝身体欠安等原因，遣使到泰山为皇帝祈祷求福，已经成为固定的礼仪制度。

此后这一制度延续不断，尤其是魏晋南北朝时期因时局动荡不已，所在地泰山常规祭祀难以持续。梁满仓认为：“国家祭祀山水需要具备如下几个条件：第一，国家必须有统一的地域版图，或者起码有相对统一的地域版图。第二，国家必须有一套稳定的礼仪制度体系。第三，国家必须有稳定的社会环境。”[①] 这一时期的绝大多数时段，确实缺乏如梁满仓所言的三个条件，导致所在地泰山常规祭祀很难正常展开，临时的非常规祭祀就成为各个政权的最好选择。只要时间、地点、机遇合适，就要进行及时的泰山祭祀。这一时期，所在地泰山祭祀更多的是非常规的帝王亲临祭祀、遣使致祭、祈祷雨晴之祭等，这在魏晋南北朝三百多年间，连绵不断。

此后唐代见诸历史记载的，起于唐中宗神龙二年（706），止于唐文宗太和八年（834）。前后129年间，共35次。35条祭祀事项可以大致划分为祈晴祈雨的祈报与国有大事祭告泰山两大类。

北宋规定国家大事包括：郊祀、巡守、出征、封禅、谒太清宫、祀感生帝、雩祀、祭方丘、明堂大飨、祭神州、登位、改名、上尊号、改元、立皇后、太子皇子生、纳降、献俘、河平等，都要派遣官员祭告泰山。

明代同样是“朝廷有大典礼、大政务，则遣使祭告”[②]。刊于洪武三年（1370）的《明集礼》卷十四《专祀岳镇海渎天下山川城隍》则规定：“国有祈祷，则又遣使降香，专祀于本界之庙。”

从岱庙现存碑刻看，嘉靖四十年（1561）八月初十是嘉靖皇帝55岁的生日，为此派当时的山东巡抚朱衡到泰山来告祭：“兹今八月初十日，实为初度之辰，命官赍捧香帛，前诣祭告。惟神镇奠一方，耀灵炳绩。冀永赞天，锡佑辑福。眇躬集庆迎祥，以延万载之庥。谨告。”

清初中断了遣使代祀泰山的常规制度，只延续了非常规遣使致祭泰山之制。据光绪《钦定大清会典》卷三十五载：

“凡举大礼则告祭。凡因事祇告、授受大典、登极、恭上尊号、加上徽号、册立皇太子。均先期遣官祇告天、地、太庙、奉先殿、社稷，并致祭岳镇海渎、历代帝王陵寝、先师阙里……亲征、命将均祇告天、地、太庙、社稷……并致祭岳镇海渎、历代帝王陵寝、先师阙里。

国有庆典亦如之：皇太后圣寿大庆、皇帝万寿圣节大庆，均遣官祇告天、地、太庙、社稷，并致祭岳镇海渎……每岁皇太后万寿圣节、万寿圣节、大飨奉先殿，祭太

① 梁满仓：《魏晋南北朝五礼制度考论》，北京：社会科学文献出版社，2009年，第206页。

② 〔明〕薛瑄：《东岳泰山之神庙重修碑》，《泰山志》卷二《灵宇》，〔明〕汪子卿撰，周郢校证：《泰山志校证》，第222页。

庙后殿，遣官告祭显佑宫东岳庙、都城隍庙。”①

看岱庙现存碑刻，乾隆二十二年（1757）正月二十五日，南巡过泰山的时候，派遣钦差礼部左侍郎介福致祭东岳泰山之神，报告我乾隆皇帝要经过泰山了。嘉庆五年（1800）二月，高宗配享圜丘礼成，皇帝派遣都察院左副都御史赓音布祭告东岳泰山神。嘉庆十四年（1809），嘉庆皇帝50岁大寿，皇帝遣内阁学士王绶祭告东岳泰山之神。

总之，这些浩如烟海的非常规祭祀史实为泰山国家祭祀留下了丰富多彩的内容，也留下了非常宝贵的档案史料。

除此之外，历代还有京师望祀制度，即泰山非在地祭祀。泰山国家祭祀形成了所在地与京城两大系统，一直延续到清代而不变。

三、封山典礼：碧霞元君的国家祭祀

泰山为碧霞元君信仰之祖庭，其祭祀活动最初兴于民间，随着其影响增大，明代开始出现皇帝派遣宦官远诣泰山祭祀元君的事例。据明成化朝尹龙《重修泰山顶庙记》载：“昭真祠在泰山绝顶，世传谓天仙玉女碧霞元君之祠。圣天子（明宪宗）御极十有五年（成化十五年，1479），命太监陈喜来修祀事。明年，诏修是祠，即故址增饰之。”②现存最早的御祭元君文，为弘治朝明孝宗之作：“维弘治十六年（1503）岁次癸亥正月朔初一日己巳，皇帝遣御马监太监苗逵，致祭于碧霞元君曰：懿德含弘，仁慈广霈，佑苍生于寿域，鼓群品以沾依。兹因眇躬，偶爽调摄，敬祈圣力，永佑康宁。特以香帛，用伸告祭，益彰灵应，福佑家邦。谨告。”③其后的正德一朝，更是明皇帝与泰山元君关系日趋密切时期，近年出土于灵应宫的正德二年（1507）正月告文碑（原立天书观），就是武宗遣使祭祀元君的实证。明武宗本人甚至还声称要亲至泰山祭祀，虽遭大臣劝谏未能成行，却已足见对元君祭祀的高度重视。正德之后，嘉靖、万历、天启、崇祯诸朝，皆有遣使致祭元君之举。而且还影响及于后宫。明代的碧霞元君祭祀虽还不属国家祀典，但开启的遣使致祭制度却已是“国家化”的先声。

延至清代，对碧霞元君的皇家致祭进一步制度化，并最终发展成为国家祭祀。

清朝入主中原后，迅速接纳了泰山女神碧霞元君信仰，康熙皇帝东巡泰山时，特

① 《续修四库全书》第794册，上海：上海古籍出版社，2002年，第332—333页。
② ［明］汪子卿撰，周郢校证：《泰山志》卷二《灵宇》，第236页。
③ ［明］汪子卿撰、周郢校证：《泰山志》卷二《灵宇》，第239页。

意去叩拜了山顶碧霞祠，为碧霞祠题匾“坤元叶应”，开启了皇帝亲祭碧霞元君的先例。雍正为皇子时，曾随父登泰山，也写下了《碧霞祠题宝幡步虚词》，以“常将天福人间锡，奖孝褒忠佑万方”之句，称颂碧霞元君慈光长佑人间之功。乾隆帝比其祖、父，对碧霞元君的尊崇更有过之而无不及。他10余次东巡泰安，其中6次登上泰山极顶，到碧霞祠拈香叩拜。在位期间，多次下诏颁金重修碧霞祠，并赐以碑刻、匾联，其中“赞化东皇”的匾额，高度礼赞了碧霞元君的神恩。

乾隆皇帝还开创了一项重大典礼，即碧霞元君遣使致祭制度。遣使致祭泰山神与碧霞元君，本是故明礼制，但清代立国后，只延续山岳遣祭，《清朝通志》卷三十七《礼略二·山川》：“岳镇海渎所在地方，有司岁以春秋仲月诹日致祭，祭东岳泰山于山东泰安州。”① 而未及元君。乾隆帝于乾隆二十四年（1759），正式确立了每年四月十八日遣使至泰山祭祀元君的礼仪制度（以下简称“四月遣祭”）。此事在《清高宗实录》中失载，但乾隆时人唐仲冕所著《岱览》中有明确载录。《岱览》卷九《分览一·岱顶中》载：“自乾隆二十四年以来，每遇四月十八日，遣内大臣赍香帛进谒以为常。御赐彝器炉鼎瓶盏，多晶玉金磁之宝。”②

除此之外，还有多种清人记述堪作佐证。乾隆朝聂鈫《泰山道里记》载：“自乾隆二十四五年以来，每遇四月盛会之期，御赐彝器鼎、炉、瓯、樽、盏，多磁晶金玉之属。”③ 嘉庆朝金棨《泰山志》卷三《盛典纪》载：“岁四月十八日，为碧霞元君诞辰，皇帝遣内侍御大臣一员进香。于十七日斋宿岱顶。十八日黎明，诣碧霞祠行礼。岁以为常。”④ 又咸丰朝福格《听雨丛谈》卷八“前代祭祀奢费”条载：“本朝……岳渎之祀，朝廷告功庆施，必照例举行。泰山则岁以四月十八日遣官致祭，甚至祈雨祷雪，亦极诚通昭事之敬。”⑤

嘉庆朝之前历次遣使见于史载的有：乾隆四十五年（1780），遣都统德保进香。四十六年、四十七年、四十八年，遣御前侍卫都统德保进香。四十九年、五十年、五十一年、五十二年、五十三年、五十四年，遣工部侍郎都统阿弥达进香。五十五年，遣廷臣某进香。五十六年、五十七年、五十八年、五十九年、六十年、嘉庆元年

① 〔清〕嵇璜等：《清朝通志》，杭州：浙江古籍出版社，1988年，第6951页。
② 〔清〕唐仲冕撰：《岱览》卷九《分览一·岱顶中》，第23页。
③ 〔清〕聂鈫撰：《泰山道里记》，第799页。
④ 〔清〕金棨撰：《泰山志》卷三《盛典传》，第24页。
⑤ 〔清〕福格：《听雨丛谈》，中华书局1984年，第175页。

（1796）、二年、三年，遣御前侍卫都统布延达进香。①

嘉庆帝亲政后，对“遣祭”制度进行改革。据清吴振棫《养吉斋丛录》卷七载：“太山碧霞元君庙，旧时派御前侍卫，或乾清门侍卫前往进香，后颇有骚扰驿站者。嘉庆六年（1801）后，惟派内务府司员一人，赍香供至山东省城，交巡抚祇领。司员即日出城。四月十四日，或巡抚或司道一员，赍诣太山。十六日到山，十八日行礼。”②

按这一祭礼改革，起因于御前侍卫明兴进香泰山讦奏山东巡抚蒋兆奎一案。嘉庆帝发觉由内廷官充任祭使颇存弊端，于是嘉庆七年（1802）三月乙未，谕军机大臣等：“向来泰山进香，于御前侍卫、乾清门侍卫内派出一人前往。朕思此项人员由内廷派出，或不免有骚扰驿站之事。此次着内务府仍照旧例拣派司官一员，将应用香供赍至山东省城，交与巡抚接领。于抚藩二人内酌量一人亲诣泰山，于四月十八日致祭。该司员交明香供后，即行回京，嗣后泰山进香，俱照此例办理。”③为了避免内廷官员骚扰地方，将原遣侍卫致祭，改由山东抚、藩官员代行，但祭祀之香供仍由内务府专员赍送，用以代表朝廷。道光时吴振棫《泰安道中见进香者口占三首》诗“箫鼓龙亭云五色，万人争看御香来”后注云：“京师笔帖式送香供至省，复檄委丞倅赍送上山。”④徐宗干《泰山杂记叠前韵》中《接香》云：“凤扆珠旛卷，龙亭彩幔开。和鸾千里马，天子进香来。”题下原注：“每岁四月，钦使颁香供至济南府，于十五日中丞委员恭赍到境，敬设仪仗彩亭，郊外跪接。”⑤光绪时姚鹏图《和胡廉方（景桂）祀岱原韵》：“礼器岁劳天子使。”原注：“岁以夏四月上旬遣内务府员一员赍藏香银尊。”⑥又民国曹宗儒《总管内务府考略》二《沿革及其职掌》称：“奏派司官一员每年赍送泰山香供．奏闻恭送泰山香供回京日期。”⑦充分说明这一祭祀仍属国家祭，而非地方祭。

“四月遣祭”自此之后，成为定制，即每年四月，由内务府派出司员，赍送香供至济南，交付山东省署。再由山东巡抚或布政使、按察使于十八日登岱诣碧霞祠，恭行祭祀。祀前或礼成之后，巡抚都要具折向朝廷奏报。在中国第一历史档案馆所藏宫中档朱批奏折、台北故宫博物院文献馆所藏军机处录副奏折，以及当时《申报》《政治官

① ［清］金棨撰：《泰山志》卷三《盛典传》，第52页。
② ［清］吴振棫：《养吉斋丛录》，北京：北京古籍出版社，1987年，第72页。
③ 《大清十朝圣训》，北京燕山出版社，1998年，第6370页；又《清实录》第29册，第283页；《钦定中枢政考》卷三四，《续修四库全书》第855册第550页。
④ ［清］吴振棫：《花宜馆诗抄》卷五，《续修四库全书》第1521册、第49页。
⑤ ［清］徐宗干：《斯未信斋诗录》卷四，《清代诗文集汇编》第593册，2012年，第429页。
⑥ ［清］陈琪编：《明湖载酒二集》，《山东文献集成》第三辑，44册，山东大学出版社，2009年，第76页。
⑦ 《文献论丛·论述二》，国立北平故宫博物院，1936年，第89页。

报》等报刊上，都收有大量奏报致祭泰山的折片。“四月遣祭”除见于清代档案外，在泰山石刻上也留下众多致祭大吏的题名。计有光绪十八年（1892）按察使松林题记（对松山），光绪二十六年（1900）按察使胡景桂题记（对松山），光绪三十三年（1907）布政使吴廷斌题记（大观峰），光绪三十四年（1908）署布政使胡建枢题记（升仙坊及玉皇顶附近），宣统元年（1909）布政使朱其煊题记（升仙坊附近）。

从上面各种史料可以看出，嘉庆以后，“四月遣祭”的各项制度均已定型。不过到了清末，由于时局关系，具体仪程也曾出现一些变易。如特别加祭，除去四月十八日祭典，有时也因突发事件而对碧霞祠加祭。如光绪四年（1878）因“京师及河南、山西等省均已渥被甘霖”，故命山东巡抚“文格前诣泰山，敬谨拈香报谢”[①]。其时已在五月，故属一次特别加祭。又，致祭虽定制于四月十八日，但有时出于各种原因，或推迟数日举行。可举光绪三十年（1904）四月致祭，比原订日期推迟五日[②]。另外，嘉庆帝上谕中最初确定的代祀官员为巡抚或布政使，后来又增加按察使。到了清末，由于时艰事繁，省府大员难以分身，偶有改由泰安知府代祀的事例。如咸丰三年（1853）委泰安知府福昌致祭，光绪二十二年（1896）委泰安府知府康敉致祭[③]。

这一祭祀最后废止于宣统三年（1911），这在史书上有明确记录。《宣统政纪》卷四八云：“（宣统三年正月丁巳）又谕：电寄□□□□（山东巡抚）孙宝琦电奏：泰山香会，拟请移期，所有封山典礼，届期再行举行等语。着照所请。”[④]孙宝琦电奏中的泰山“封山典礼”，当指“四月遣祭”一事。其奏请暂停致祭的直接动因，是鼠疫在山东暴发。因烟台疫情甚重，孙宝琦特奏调第五镇驻军布防要路，以禁阻登莱与内地之往来。据《宣统政纪》卷四八载：“（宣统三年正月己酉）又谕：山东时疫已有传染，所有折奏，着暂行停止，紧要事件，改为电奏。”[⑤]更孙宝琦电奏中虽称“所有封山典礼，届期再举行”，但时不过数月，武昌变起，天下易帜，清室逊国。延续百余年的“四月遣祭”也就大幕收场。

清廷的“四月遣祭”与明代皇家祭祀有显著不同，其致祭活动不是即兴的、偶发的，而是例行的皇朝礼制。无论致祭时间、致祭物品、祭祀人员、祭祀地点、奏报文

① 《光绪朝朱批奏折》第二十七辑，北京：中华书局1995年，第74页。
② 《光绪朝朱批奏折》第三十三辑，第497页。
③ 《光绪朝朱批奏折》第二十九辑，第23页。
④ 《清实录》第60册，北京：中华书局1987年，第865页。
⑤ 《清实录》第60册，第861页。

书，都有严格规定，不允许随意变更，充分显示了国家祀典的色彩。祭仪系由皇帝亲自制定并实施，乾隆、嘉庆帝均曾为此颁布谕旨。其后祭祀已成常态，但仍需报请皇帝朱批确认。清末虽在祭祀程序上微有变化，但在代表帝廷这一点上绝无改易。在祭使身份上，与明皇家祭多由太监、外戚担当不同，“四月遣祭”先后由兵部尚书、都统、御前侍卫及山东省府大吏充任，其身份均系国家行政官员。而致祭内容也非皇帝个人事务，而是声称“仰副圣主为民祈福之至意”，突显了其国家祭层面的意义。

“四月遣祭”在当时被视为国家大典，时人甚至将其比作前代之“封禅”。如清咸丰六年（1856）泰安知县张延龄《重修万仙楼碑记》中即云：“碧霞元君之庙……我朝东封之典尤隆，每孟夏有钦颁香供，由省派大员躬代往祭。”[①] 又道光时傅桐《柬李四按察》，题下自注：“时之泰山登封。”诗中云：“岱顶诚应格，东陬渥沛霖（原注：四月十六日照大雨）。”[②] 知所云“登封”，即四月十八日奉旨致祭也。

在有关“四月遣祭”的文书碑记中，多次出现“封山”一词。如光绪时陈锦《登岱记》：“去岁戊寅（1878），会观察豫公奉命致封山岁祭。”[③] 红门宫北小碑林民国十年（1921）立《与人同善》碑载：“历代圣王，每逢四月十八日，命有司封山礼拜，斋明盛服以承祭祀。”何为“封山典礼”，长期不得其解，今于《养吉斋馀录》卷六中获得相关解释：“今泰山岳帝庙及碧霞元君庙香火极盛。正月初开山，进香者络绎至。距山数舍间，架席为屋，鳞次栉比，为香客食宿所。进香者各有献，如金、银、钱、帛，银男、银女之类，皆投殿中，祖置钱求福意。殿有栅，蔽以铁网。四月十三日封山，香会始罢。”[④] 原来，为保证“四月遣祭”礼仪顺利，清廷在四月十八日前后在泰山施行“封山”之令，严禁香客入山。其禁雷厉风行，导致香客禁足，游人断绝。在时人诗文中，对此有生动记录。嘉庆间韩次山《望岳》诗中咏云：“千里车徒集，三时老少狂。金钱闻委积，玉帛盛筐箱。岳会知县禁，祠官示曲防。不随金马节，难近碧鸡坊。”[⑤] 道光时出任泰安知县的徐宗干，在其《泰山杂记叠前韵》中《封殿》中述云：“士女如云散，风雷扫殿来。”题下原注：“四月十八日随侍台司登顶行礼封山。”[⑥] 又清末维新派官员陈虬光绪十六年（1890）所作《泰岱吟》之十五云：“碧霞祠内祀元君，帝女云

① 袁明英主编：《泰山石刻》第三卷，北京：中华书局，2007年，第727页。
② ［清］傅桐：《柬李四按察》，《梧生诗钞》卷九，《清代诗文集汇编》第669册、202页。
③ ［清］陈锦：《勤馀文牍》卷三，《续修四库全书》第1548册，第566页。
④ ［清］吴振棫：《养吉斋丛录》，北京：北京古籍出版社，1983年，第329页。
⑤ ［清］韩三泰：《登岱图题诗集》卷首，嘉庆原刊本。
⑥ ［清］徐宗干：《斯未信斋诗录》卷四，《清代诗文集汇编》第593册，第429页。

云世所闻。四月封山香客少，残烟飞作岭头云。”[①] 其情势从中可见一斑。

四、帝王亲祭：康熙、乾隆祀泰山

（一）亲至泰山的帝王

查阅历史，先秦后第一位到泰山亲自祭祀的帝王为秦二世，二世皇帝元年（前209），二世帝东巡，“历泰山，至会稽，皆礼祠之”[②]，并在 刻石刻下二世诏书。

295年后，东汉章帝于元和二年（85）二月东巡到泰山，以柴礼祭告泰山。东汉安帝于延光三年（124）二月东巡泰山，同样以柴礼亲自祭告泰山。

又过了300年，开皇十五年（595）隋文帝杨坚到泰山行巡狩之礼时，曾亲自祭祀泰山，时晋王杨广跟随文帝祠泰山。

往事越千年，康熙二十三年（1684），康乾盛世的缔造者康熙又来到泰山亲自祭祀。康熙帝3次到泰安。康熙二十三年（1684）首次东巡，于十月十日登山，十一日下山。在山顶，分别在昭真宫天仙殿、东岳庙、玉皇宫三处行礼，其中在天仙殿行礼两次。下山后又到东岳庙躬祀泰山神。康熙二十八年（1689）南巡，正月十七日抵达泰安州。先率领文武群臣对泰山神行望祭之礼，然后至东岳庙率领文武群臣行礼。十八日即离开。康熙四十二年（1703）南巡，正月二十六日登泰山，派遣内阁侍读赵世芳致祭东岳泰山之神。下山后驻跸泰安。二十七日驻跸新泰县后，派遣领侍卫内大臣和硕额驸尚之隆到岱庙致祭东岳泰山之神。

又过了45年，康乾盛世的集大成者乾隆又亲祭泰山。自乾隆十三年（1748）至乾隆五十五年（1790），乾隆皇帝13次到泰安，除乾隆十三年“上诣岱岳庙致祭”外，其他8次，分别用“谒”“行礼”“拈香”等祭祀用语表述。其间6次登山，到碧霞宫、东岳上庙、玉皇顶等处行礼致祭。

（二）康熙、乾隆对泰山文化的影响

与前代帝王相比，康熙皇帝对泰山这一中原文化的典型山岳符号，有着更加深入的政治宗教文化思考，其撰制《泰山龙脉论》一文，将其崇祀泰山的用意昭示于天下。在这篇奇文中，康熙力证泰山龙脉发龙于长白山。长白山为满族爱新觉罗部的发祥地，泰山为五岳之首，将两者巧妙地联系在一起，且认定泰山山脉自长白山来，康熙显然

① 〔清〕陈虬：《陈虬集》，温州：浙江温州政协文史委，1992年，第380页。
② 〔汉〕司马迁：《史记》卷二十八，第1171页。

是要向天下表示清与中原文化发脉一体的观念。这一判断，对消弭当时紧张的满汉文化冲突有着巨大的意义，同时也暗示着满族为先、汉族为后的文化自尊意识。

以这样的理念作基础，康熙、乾隆二帝不断地时巡泰山，或亲自致祭，或遣官致祭，或亲至岳庙、碧霞宫等拈香行礼，成为这一时期泰山祭祀的一大亮点。康熙二十三年（1684），康熙要仿照古帝王东巡狩泰山之制，所以，将第一次南巡最初称为东巡。康熙要通过东巡泰山，在躬祀泰山神的仪式中，将清朝统治神圣化、合法化。时至乾隆，“循圣祖之家法，溯虞夏之遗规”[①]，多次巡狩至泰山，将皇帝祭祀泰山之举推向高潮，不断地强化着泰山在民族国家中的重要影响，彰显了泰山在国家政治宗教文化中的神圣地位。康、乾之举，也只有汉、唐两代的泰山之祀能达到如此境界。

随着清廷的灭亡，旧时的礼仪逐渐被废除。国民政府内政部 1928 年颁发《神祠存废标准》，称“旧日祭祀天地山川之仪式，一律不能适用”[②]。泰山国家祭祀至此明确画上了句号。

五、所在地泰山国家祭祀神形与礼仪建筑

（一）先秦时期祭祀神形与礼仪建筑——偶像庙祭

从泰山神形看，“根据儒家经典规定，对于天神、地祇及人鬼的祭祀都应当使用牌位（木主）”[③]。泰山祭祀中当用牌位（木主）表征泰山神形；从礼仪建筑看，清人王筠认为：“天地神祇坛而不屋，人鬼则于庙中祭之。”[④]泰山神作为地理之神，其礼仪建筑应当“坛而不屋”。泰山神是自然神灵，“木主坛祭”合乎儒家的祭祀理论，与之相对的则是“偶像庙祭”。

关于泰山祭祀的礼仪建筑，李零《中国方术续考》定“泰山庙”为“秦以前立”[⑤]。由此推断，先秦时期大致采用庙祭的方式祭祀泰山。

泰山神形，经历了人兽合体、人形化以及偶像化的变化过程。西周以降，泰山神形开始人形化、人格化。《晏子春秋》载：“景公举兵将伐宋，师过泰山，公瞢见二丈夫立而怒，其怒甚盛。公恐，觉，辟门召占瞢者，至。公曰：‘今夕吾瞢二丈夫立而怒，不知其所言，其怒甚盛，吾犹识其状，识其声。’占瞢者曰：‘师过泰山而不用事，

① 《清实录》第 12 册，北京：中华书局，1985 年，第 621 页。
② 《中华民国史档案资料汇编》（第五辑第 1 编），南京：江苏古籍出版社，1994 年，第 506 页。
③ 雷闻：《郊庙之外——隋唐国家祭祀与宗教》，北京：生活·读书·新知三联书店，2009 年，第 35 页。
④ 〔清〕王筠：《说文句读》，上海：上海古籍出版社，1983 年，第 980 页。
⑤ 李零：《中国方术续考》，北京：东方出版社，2001 年，第 196 页。

故泰山之神怒也。请趣召祝史祠乎泰山则可。’……明日，晏子朝见……对曰：‘占瞢者不识也，此非泰山之神，是宋之先汤与伊尹也。’”[①] 在齐景公君臣心目中，泰山神已经完全人格化了，如人之形体穿着，如人之言语行动，如人之喜怒哀乐。晏子据此释为宋之祖先神，可见泰山神的品格、感情、形貌、行为已与普通人没有区别。

《白虎通》记载周公祭祀泰山的方式："周公祭太山，周召公为尸……周公祭天，用太公为尸。"[②] 周人祭天时，以太公为尸，周公祭太山时，以其弟召公为尸，即以人为尸，代表天地、山川之神接受致祭。"尸本来用于宗庙，后来推到天地山川等等祭祀也用起来"[③]。祭祀设尸本是祖先祭礼中特有的现象，随着自然神灵的人格化、人形化，祭祀天神、地祇、山川之神时，也设尸以致祭。西周以来立尸祭祀泰山，再次印证了泰山神灵形象已经完成了由自然神向人格神、人形神的转化。战国以降，"尸礼废而像事兴"[④]。设尸之制消失后，设像模拟神形的祭祀方式独行。当尸礼废止后，设像模拟泰山神形就成为主流的祭祀方式。

总之，先秦时期泰山神形完成了从最初的自然神灵、至早期的半人半兽再到春秋以后的人格化的形象转化，随之泰山祭礼采取了形象、设尸、塑像模拟泰山神形并立庙祭祀的形式。

（二）秦汉魏晋南北朝神形与礼仪建筑——坛祭与庙祭并存

秦统一天下后，在宗教领域的重要政策就是建立"神祠制度"，国家将各地的神祠编入祭祀体系，派祠官管理，神祠形式并未进行变更。这种制度一直延续到两汉。如《汉书·郊祀志》称："博，有泰山庙。岱山在西北。"[⑤] 成书于汉末的《泰山记》载："泰山庙在山南……庙及东西房三十余间，并高楼三处。春秋飨祀泰山君常在此坛。"[⑥] 文中坛、庙并称。表明泰山的礼仪建筑一方面受郊祀化影响开始设坛祭祀，另一方面又保持着庙祭的历史传统，祭坛与庙宇两者并存。

魏晋南北朝时期，泰山庙坛庙一体，晋末伍缉之《从征记》载："泰山有下、中、上三庙，墙阙严整……门阁三重，楼榭四所，三层坛一所，高丈余，广八尺……中庙

① 吴则虞：《晏子春秋集释》卷一，北京：中华书局，1962 年，第 79 — 80 页。
② 〔清〕陈立：《白虎通疏证》卷十二，北京：中华书局，1994 年，第 580 页。
③ 许地山：《道教的历史》，北京：北京工业大学出版社，2007 年，第 170 — 171 页。
④ 〔清〕黄汝成：《日知录集释》卷四十九，上海：上海古籍出版社，2006 年，第 849 页。
⑤ 〔汉〕班固：《汉书》卷二十八上，北京：中华书局，2000 年，第 1271 页。
⑥ 〔宋〕李昉等：《太平御览》卷三九《地部四》，北京：中华书局，1960 年，第 188 页。

去下庙五里，屋宇又崇丽于下庙，庙东西夹涧。上庙在山顶，即封禅处也。”[①] 又“东魏兴和三年（541）立《孔子庙碑》，记兖州刺史李仲璇重修孔庙并立孔子像，并叙及其又曾‘虔修岱像’。是当时已确有‘岱像’之设。又东晋末僧竺道爽作《檄泰山文》，称泰山‘伪立神形’。知泰山置像，自晋已然”[②]。可见此前已经设像致祭泰山神，这一时期仍然保存着偶像化的泰山神形。总之，魏晋南北朝时期，郊祀化的祭祀制度影响到了本地泰山祭祀，采用了坛祭的方式，但也保留着源自先秦的泰山庙祭与设像之制。

（三）隋唐五代神形与礼仪建筑

隋唐五代时期，泰山祭祀的制度化建设日渐完备。隋代明确了设像于庙祭祀泰山的合法化，这是对神祠制度的恢复。开皇十四年（594），文帝“将祠泰山，令使者致石像神祠之所”[③]，说明隋代于泰山庙立石制泰山神像祭祀泰山，这是目前所见正史中最早的泰山设像记载。不仅如此，开皇二十年（600）十二月，文帝下诏保护泰山神等神像：“其五岳四镇……利益兆人，故建庙立祀，以时恭敬。敢有毁坏偷盗佛及天尊像、岳镇海渎神形者，以不道论。”[④] 可见非郊祀化的“岳渎神形”偶像以及“建庙立祀”，受到国家法律保护，显示着神祠制度的强势回归。时至唐代，泰山祭祀形式表现出了郊祀化的国家要求与现实的偶像庙祭实践相对立的特点。唐代国家祀典对本地泰山祭祀的神形与礼仪建筑有着明确的要求。《大唐开元礼》卷三十五《祭五岳四镇》称：“东岳岱山祭于兖州界……前祭一日，岳令清扫内外，又为瘗埳于坛之壬地……岳令帅其属入诣坛东陛，升，设岳神座于坛上。”[⑤] 即规定泰山本地以木主坛祭的郊祀化形式祭祀泰山。唐代国家祀典虽然要求木主坛祭的郊祀化形式，但祭祀实践中却实行着偶像庙祭。而且唐代山川封爵现象的出现，御署祝版的争论，更加助推和强化了人格化偶像庙祭泰山神的现实行为。除此之外，开元十九年（731），唐玄宗应司马承祯之请，在泰山立道教东岳真君祠，从此，国家祭祀泰山中就有了传统祭祀与道教醮祭两个系统。道教本来就采取偶像庙祭的形式，这在一定程度上让偶像庙祭泰山的形式变得更加普遍。

① 陈桥驿：《水经注校证》，北京：中华书局，2005 年，第 580 页。
② 〔明〕汪子卿撰，周郢校证：《泰山志校证》，第 340 页。
③ 〔唐〕魏征：《隋书》卷二十二，北京：中华书局，2000 年，第 419 页。
④ 〔唐〕魏征：《隋书》卷一，第 32 页。
⑤ 《大唐开元礼》（附《大唐郊祀录》），北京：民族出版社，2000 年，第 199 页。

（四）宋金元明清神形与礼仪建筑——偶像庙祭

反复变化的泰山本地祭祀神形与礼仪建筑，到北宋时稳定明晰起来。从泰山神形看，“乾德四年（966），重制五岳祠衣冠”①。《宋史》记载：“太祖平湖南，命给事中李昉祭南岳，继令有司制诸岳神衣、冠、剑、履，遣使易之。”②说明在此之前，泰山等神已经是着衣冠剑履的偶像，太祖只是给他们更换了新的衣冠剑履而已。祥符六年（1013）晁迥《封东岳天齐仁圣帝碑》记东岳庙，有“栋宇加宏丽之状，像设贲端庄之容”③之语，更进一步说明了北宋偶像化人格化庙祭泰山神的真实状况。随着民间传统影响的扩大，北宋国家祀典与祭祀实践，全面摆脱了郊祀化的要求，恢复了传统的神祠祭祀形式。金元沿袭，再无变化。

明代洪武三年（1370）撤去自唐以来泰山神的历代封号，但并没有完全依照郊祀化的要求致祭泰山神。正统三年（1438）八月，礼部尚书胡濙等议：“衡山塑造神像寝殿朝堂，历代相因，积有年矣。国初更制神号，不除像设，必有明见，所言难准。”④可见朱元璋只是更改了泰山等岳镇海渎的神号，并未革除泰山等岳镇海渎的像设，更没有改庙设坛。清承明制，延续了明代的形式。同时，明清泰山本地出现了偶像庙祭泰山和木主坛祭其他山川两种山岳祭祀形式，乾隆三十五年（1770）御制《重修岱庙碑记》对泰山祭祀神形与礼仪建筑问题给出了明确答案：“方曲愢闻之士，猥言易坛墠而庙庭，而象设，疑乎踵事非制……及考郦道元引《从征记》称岱庙有三，今屹峙南麓者，实即昔之下庙。又称庙有汉柏，庙库藏汉时神车乐器，则祀岳于此自汉已然，所从来甚远。且巡狩述职，特祀也。国有令典，遣官赍祝策来告，常祀也。是皆于庙有专飨，而又何泥古之云。”⑤乾隆认为，怀疑设像庙祭泰山不合礼制，是以扇障目、见识短浅的泥古之见。乾隆更关注自汉以来即存岱庙的历史事实，即历代巡狩述职的特祀，遣官祭告的常祀，都在泰山庙进行。鉴于此，他认为，何必拘泥古之成规而局限于木主坛祭。相对于儒家的祭祀礼制要求，乾隆更加认同与肯定偶像庙祭泰山的历史事实与合理性。可以说乾隆以帝王的身份，截断众说，对因郊祀制度改革而引发的泰山祭祀神形与礼仪建筑的争议，给出了一个明确的答复，做出了最终裁决，宣布了

① 〔宋〕王应麟：《玉海》卷一百二，南京：江苏古籍出版社、上海：上海书店，1987 年，第 1878 — 1879 页。
② 〔元〕脱脱等：《宋史》卷一百二，第 1670 页。
③ 〔清〕金棨：《泰山志》卷十六，第 39 页。
④《明英宗实录》，台北：“中央研究院”历史语言研究所影印版，1962 年，第 873 页。
⑤ 〔清〕唐仲冕撰：《岱览》首编，第 60 页。

本地设像庙祭泰山的合理性与合法性。总之，北宋在国家祀典中明确了人格化偶像庙祭泰山神的形式，此后的金元明清各代，基本上延续了这一形式不变，只是在庙堂建筑、神形构造上有所区别而已。乾隆更是以帝王意志，直接宣告了偶像庙祭泰山的合法性。

第二节 非所在地泰山国家祭祀

从秦汉时期国家祭祀体系来看，秦时的泰山祭祀局限于所在地，并未进入雍地郊祀系统。汉初仍然如此，直到西汉平帝元始五年（5）郊祀礼仪中，泰山因其特殊的地位，在众多的名山之中脱颖而出，成为天下山岳的唯一代表从祀于南郊合祭天地、北郊祭地。这表明泰山从一个地方性的山岳，转变为超地方性的山岳代表符号，进入国家的郊祀之中。在长安的五部郊兆[①]，五方山川各因其方从祀，泰山从祀于东方帝太昊。

从此以后，泰山国家祭祀形成了所在地与京城两大系统，一直延续到清代而不变。京城泰山国家祭祀的出现，的的确确是泰山祭祀史上划时代的大事。“自从成为郊祀的对象后，五岳以及那些名山便跨越了地域限制，成为政权存在的一种合法性体现”[②]。作为五岳之首的泰山，突破了以往的区域性限制，进入到国家郊祀的“万神殿”，成为此后历朝历代政权政治合法性的神圣政治与宗教来源。

一、非所在地泰山国家祭祀流变

（一）东汉

东汉光武帝刘秀继续元始旧例，在南郊与北郊礼仪中，泰山之外的其他四岳也开始超越其区域性，从祀于京城郊祀中营。同时，泰山从祀于王郊在东汉继续延续。

（二）魏晋南北朝

这一时期是中国文化史上大动荡、大融合时期，长期分裂混战，南北对峙。泰山

① 王莽依据《周礼》“兆五帝于四郊”，在长安近郊建立了中央黄帝、东方太昊、南方炎帝、西方少昊、北方颛顼等五祭坛。根据山川各自所处的方位，对南北郊以下的群神“以类相从为五部”，五方山川各匠其方，从祀于五部郊兆。

② 朱溢：《汉唐间官方山岳祭祀的变迁——以祭祀场所的考察为中心》，第80页。

郡城头变幻大王旗，政权更替频繁，对泰山祭祀产生极大冲击与影响。与所在地泰山祭祀相比，这一时期，非所在地泰山祭祀要丰富得多，制度建设也较为完备。非所在泰山祭祀主要有如下几种：①在泰山所在地之外为泰山立庙祭祀，如北魏五岳四渎庙；②从祀于京城祭地，如东晋、宋、齐、梁、陈等；③从祀于五部郊兆和大蜡之祭[①]，如北周；④皇帝即位致祭，如曹丕即位阼燎东岳。随政权所在地而多处并存，或随首都转移而连动，成为这一时期非所在地泰山祭祀的突出特点。

时代多难而泰山祭祀不绝，是因为两汉以来，泰山等五岳列在祀典，尤其是西汉末年以来，泰山等五岳从祀于京城郊祀，使泰山从一座区域性的山岳演变为超区域性的山岳，从而成为政权合法化的神圣来源。这一时期，泰山等五岳从祀于郊祀的传统更加深入不同政权的政治与国家版图意识。“祭祀山水还具有版图领有的象征意义。魏晋南北朝是一个分裂远长于统一的时期，其中北方分裂的时间最长。在国家祭祀的众神中，南北各有自己的体系……无论是南方还是北方体系，都有一个共同的特点：每个体系都由两部分组成，一部分是双方都有的，如五岳、五镇、四渎。另一部分是双方各自独有的……五岳、五镇、四海、四渎是在魏晋南北朝以前早已确定的山水祭祀神灵，祭祀体系中没有他们，不足以表明其继承先人的正统性”。[②]西汉末年创立的京城泰山祭祀礼仪制度，也直接为这类泰山祭祀提供了模板与范式。在这样的局势下，随皇都而转移的泰山祭祀既合乎传统，又相对稳定与方便。这一时期，泰山无疑为华夏的统一和凝聚，提供了一个共同价值取向的山岳符号。虽然政局纷争，相互分裂，不同政权不管是否真正占有泰山，不约而同甚至是争先恐后地祭祀泰山，显示了他们的共同追求：拥有泰山等五岳的祭祀权力，以向天下宣示自己政权的合法性与正当性。

（三）隋唐

隋代的京城长安泰山国家祭祀包括泰山从祀方丘和年终合祭大蜡。唐代京城泰山国家祭祀主要有夏至从祀于方丘、合祭于年终蜡百神、北郊祈雨祈晴等。

（四）北宋

北宋一朝京城泰山国家祭祀继承中有变化，更有创新。五岳观的创立、天齐庙

---

① 蜡是古人在年终年成好时，举行的一种庆祝丰收、报谢万物诸神的盛大典礼。如果一方年成不好，则这一方阙而不祭。其祭祀对象包括农神、作物神、农官田畯神、天宗、公社、先祖及五祀神等。直到北周时期，才有了合祭岳镇海渎于蜡祭的记载。

② 梁满仓：《魏晋南北朝五礼制度考论》，北京：社会科学文献出版社，2009年，第216—217页。

的设立、从祀于南郊、明堂、设坛望祭岳镇海渎等，都是北宋独具特色的京城泰山祭祀。

具体而言，随着祥符三年(1010)敕河东管内：“越以东岳地遥，晋人然备蒸尝难得躬祈介福。今勅下从民所欲，任建祠祀。”[①]即“宋真宗封禅泰山，敕天下建行祠”[②]，全国各地纷纷立东岳庙，京城也立东岳天齐仁圣帝庙。与其他东岳行宫相比，天齐仁圣帝庙位列中祀，为京城八庙之一，是泰山祭祀史上首例列入国家祀典的京城东岳庙，成为国家重要的专祀泰山场所。

神宗元丰三年（1080），将隋代下放所在地的五岳祭祀，重新收回京城，在京城四郊立坛望祭五方岳镇海渎。并且将西汉末以来，五方岳镇海渎从祀于五部郊兆之制，改变为单独祭祀岳镇海渎，有着较大的发展创新。

北宋国家最高等级的三种祭祀形式：冬至南郊合祭天地、季秋明堂大享、夏至北郊方丘，泰山都从祀其中。尤其从祀方丘时，泰山等五岳的地位不断提升，其神位由最初的内壝之内，至绍圣四年（1097）升格到坛之第二层，崇宁二年（1103）又提升到方丘坛之第一层，显示着泰山神在国家祭祀中的地位逐步提高。合祭于蜡百神与唐代相比也有新的变化，从最初的合祭蜡百神于南郊，至元丰时期四郊各为一坛，泰山从祀于东蜡。

自秦汉以来，五岳列在祀典，为国家祭祀之重要神祇；五岳也作为道教的名山灵地，有着自己的祭祀体系，两类祭祀系统一直各行其是。祥符五年（1012），在京城设五岳观，这在五岳国家祭祀史上有着重大的意义。东京开封五岳观，以五岳之神为奉祀主体，其与五岳所在地国家祭祀的五岳之神有着明显的一一对应关系，在其所在地祭祀时，五岳之神是按儒家或准儒家的祭祀理论进行的，而宋真宗将它们集中到京城后，归入道观，成为灵宝天尊的下位神，纳入道教神系。表明儒教与道教的五岳神同时为国家接纳，并在京城五岳观将儒道二教之神合二为一，实现了道教与儒教传统五岳神的首次完美融合。此举无疑是泰山国家祭祀史上一件划时代的事件。

（五）南宋、金

靖康之乱后，偏安南方的南宋政权，继承了北宋全部的泰山国家祭祀礼仪，包括

① 〔宋〕王鼎：《大宋国忻州定襄县蒙山乡东霍社新建东岳庙碑铭》，《山右石刻丛编》卷十二，《历代碑志丛书》第15册，第603页。

② 〔清〕邹柏森：《严州金石录》卷下，《石刻史料新编》（第二辑第10册），台北：新文丰出版公司，1979年，第7087页。

立春祭祀泰山，泰山从祀于郊祀、明堂、蜡祭，有事祭告等等。泰山不在南宋版图，所以只能在临安举行这些仪式。《宋会要》记载了立春祭祀东岳泰山祝文：“洪惟岱宗，作镇东土。朝阶寸云，夕冒方夏。王略未复，柴燎莫亲。肃瞻岩岩，神岂予远。”[①]祝文尤其强调了“五略未复，柴燎莫亲”之遗憾。但“肃瞻岩岩，神岂予远”，表明东岳泰山之神虽然不在南宋之境，并不会远离自己，仍是自己的守护神，自己的政权仍是天下之正统。

与南宋对峙的金廷全面接受并实施了唐宋泰山祭祀的制度，如国有大事祭告泰山、祈雨祈晴于泰山、泰山从祀于南北郊等。

（六）明代

元代中断的京城泰山祭祀，在明代得到良好的恢复，明廷以山川坛合祭、从祀郊祀、京城东岳庙祭祀等形式展开京城的泰山祭祀。

首先，朱元璋于南京城南建山川坛，将天下山川等集中于此合祭，昭示着皇帝对天下山川祭祀权力的独享，在宗教领域表示着天下教主的身份。这一制度可视为自南宋以来中断百年的京城望祭泰山等岳镇海渎制度的恢复。但时事变迁，朱元璋设计的山川坛制度有着明显的创造之处，与传统大相径庭。南京的山川合祭，从祭祀形制上看，洪武初年，合祭于城南享祀之所，没有坛壝专祀；洪武二年（1369），建山川坛，合祭岳镇海渎等地祇之神于一坛；洪武三年（1370），分坛而祭，五岳合祭于一坛；洪武九年（1376），建殿庑，五岳等祭于正殿五岳坛，与前代京城设坛望祭名山大川制度相比，可谓一大创举，也可以视为一大异例。从祭祀时间上看，洪武二年（1369），每年清明、霜降两次祭祀泰山等岳镇海渎；洪武三年（1370），调整为春季惊蛰后三日，秋季秋分后三日致祭；洪武二十一年（1388），改为八月中旬一次祭祀。其间，无论如何演变，皇帝亲自致祭泰山等岳镇海渎之制没有改变。自洪武三年（1370）至三十年（1397）二十八年间，亲自致祭四十六次，这恐怕在历史上是绝无仅有的帝王了。

其次，元代中断的郊祀制度在朱元璋时得到恢复，京城泰山祭祀得以重新延续。具体而言，洪武初期，天地分祀，泰山首先从祀于方丘。而至洪武七年（1374）又将泰山从祀于圜丘。直至洪武十年（1377），开始合祭天地于大祀殿，于殿宇中合祭天地，这在中国礼制史上也属首例，颇有石破天惊之感。从此每年正月中旬，泰山从祀于大祀殿，直至嘉靖九年（1530）郊祀礼改革。可以说，朱元璋为明代奠定了一百五十四

① 〔清〕徐松：《宋会要辑稿》礼十四，上海：上海古籍出版社，2014 年，第 797-798 页。

年的祭祀祖制。

明成祖迁都北京后，将朱元璋创始的礼制复制于北京。嘉靖九年的郊祀礼改革，首先将山川坛更名为地祇坛，并将泰山等五岳归入地祇坛露天致祭，这是对朱元璋山川坛祭祀形制的一次修正，更加合乎儒家礼制的要求，泰山神的自然神格得以突出。

此后万历年间，将神祇坛改为先农坛。穆宗隆庆元年（1567）罢神祇坛祭。经过了整整200年的历程后，这一极具特色的泰山祭祀制度在国家祭祀中消失了。

北京东岳庙是明代京城专祀泰山的祭祀场所。明英宗在北京重建元代创始的东岳庙，是延续了北宋的传统。北京东岳庙，由太常寺遣官致祭，从内容到形式完整地将泰山所在地泰山神庙复制于北京。隆庆元年罢地祇坛祭之后，北京东岳庙单独承担了京城专祀泰山的重任。

明成祖迁都北京后，完全继承南京的大祀殿合祭天地制度，泰山从祀于大祀殿合祭天地的制度不变。嘉靖九年，世宗进行郊祀礼改革，分祀天地，在京城北建方泽祭地，泰山等五岳从祀方泽坛之第二层。

（七）清代

清代京城泰山祭祀，几乎全是“清承明制”，缺少新意。只是在京城泰山祭祀方面有所改变，如保留了明代的山川坛（地祇坛），将其作为水旱祈报之处。如东岳庙之祭只保留了万寿圣节致祭。其他基本上没有特色可言。

二、非所在地泰山国家祭祀神形与礼仪建筑

西汉平帝（1—5年）以前，国家仅在本地祭祀泰山，五年（5）后，泰山成为南郊合祭天地与北郊祭地的从祀神，开始在京城祭祀。再后来，国家也在京城专祀泰山。

（一）从祀于郊祀的泰山神形与礼仪建筑——木主坛祭的郊祀化形式

元始年间泰山从祀于京城郊祀的泰山神形与礼仪建筑，正史无载。《续汉书·祭祀志上》刘昭注引用《黄图》，对南北郊坛记载得较为详细，从中我们可以看到泰山从祀于京城郊祀时礼仪建筑的大致特点。

南郊合祭天地，以八角圆形上帝坛为中心，向外呈辐射状有八条神道；郊天有三重营，即茅营、土营、郊营。因记载简略，只知道岱宗在营西门之外。北郊祭地以方形后土坛为中心，向外有四通神道，依次向外有茅营、五灵坛、竹宫、土营等。地坛有两重营壝，即茅营、土营。“营岱宗西门之外，河北门之外，海东门之外，径各六十

步。坛方二丈，高二尺”[①]。

可见泰山以坛祭的方式从祀于京城郊祀，这种方式符合儒家祭祀制度的要求。《礼记·祭法》云：“四坎、坛，祭四方也。山林、川谷、丘陵能出云，为风雨，见怪物，皆曰神。”[②]即以坛祭四方山林丘陵等自然神灵。李零根据空间关系，把中国古代的礼仪建筑分三种：城中或者附近的宗庙社稷、城邑四周郊祀的坛场、名山山顶和山脚封禅的坛场。其中，社稷、郊祀、封禅属于“坛墠”，只有宗庙是宫室类建筑。“坛墠”的特点是“露而不屋，不像宗庙有屋顶覆盖”[③]。

这意味着儒家礼制用坛、庙的不同礼仪建筑，将自然神与人格神区别开来。作为自然山岳之神，泰山以坛祭的方式从祀于京城郊祀。自此以后，泰山成为国家郊祀体系中的从祀神，直到清代一直延续着这一坛祭的礼仪建筑。

《黄图》没有记录郊祀中的泰山神形，这需要借助其他史料进行考论。《大明集礼》卷三《祭地·神位版》对祭地神形进行了系统考察：“汉以前祭地神位版无考。魏明帝题曰皇皇后地。梁武帝时题曰后地，而不见其制。唐题曰皇地祇，配帝曰太祖景皇帝，其神版皆以黄金饰木，镂青为字。其从祀神位则用朱漆金字。宋如唐制。元皇地祇位版用青漆金字。国朝正位题曰皇地祇，配帝题曰仁祖淳皇帝，位版并黄质金字。从祀题曰五岳之神、四海之神、四渎之神、五镇之神。神位版并赤质金字。”[④]可知两汉魏晋南北朝时期，郊祀神形失载，直到唐代，才有了从祀于方丘的泰山神形记载，为朱漆金字木主牌位；明代为赤质金字牌位，题“东岳泰山之神”。

如前所述，儒家礼制规定，祭祀天神、地祇及人鬼时都应当使用木主牌位。据《仪礼·觐礼》载，古代诸侯朝觐天子或进行祭祀大典的时候，要放置方明于坛上，以祭祀天地日月四方之神。“方明者，木也，方四尺。设六色：东方青，南方赤，西方白，北方黑，上玄，下黄”[⑤]。郑玄注：“方明者，上下四方神明之象也……有象者，犹宗庙之有主乎？”[⑥]所谓四方神明，郑玄认为是指“神之明察者，谓日月山川也”。[⑦]即以方四尺之木为上下四方日月山川之神形，犹如神主。

---

① ［宋］范晔：《后汉书·祭祀志上》，第 2144 页。
② 《礼记正义》卷四十六，北京：北京大学出版社，1999 年，第 1295 — 1296 页。
③ 李零：《中国方术续考》，第 138 页。
④ 《明集礼》卷三，《景印文渊阁四库全书》第 649 册，台北：台湾商务印书馆，1986 年，第 133 页。
⑤ 《仪礼注疏》卷二十七，北京：北京大学出版社，1999 年，第 527 页。
⑥ 《仪礼注疏》卷二十七，第 525 页。
⑦ 《仪礼注疏》卷二十七，第 528 页。

根据唐宋以后从祀郊祀的泰山神形以及儒家经典的要求，元始五年从祀郊祀的泰山神形当是木主牌位。这样的神形与本地泰山祭祀神形有着明显的差异，表明泰山进入京城国家郊祀系统后，其神形大有变化。韩国学者金相范认为："随着汉代郊祀制度的完备，五岳四渎为首的山川祭祀，也开始进入郊祀制度里面……在此所谓的山川祭祀逐渐失去了'人格神'的特性，增加一些意识形态性意涵。因此，好并隆司氏进一步指出，礼制化的进展引起这些神祇的抽象化，而民众逐渐离开这些祭祀。"①

总之，泰山作为自然神祇，在京城的郊祀系统中，按照儒家礼制的要求，其神形去人格化、偶像化，改为木主牌位，并设坛致祭，即"木主坛祭"，也称"郊祀化形式"。后代从祀郊祀的泰山神基本承袭了这一形式，与泰山本地的泰山神形与礼仪建筑形成了鲜明区别。

此外东汉时于京城四郊设五部郊兆坛，泰山从祀于东方帝太昊；隋唐至南宋泰山从祀于蜡百神等。在这些京城祭祀中，泰山祭祀也都采用了设木主于祭坛的郊祀化形式。

（二）京城泰山专祀的神形与礼仪建筑——木主坛祭与偶像庙祭

除从祀于郊祀外，京城也设泰山专祀。京城专祀泰山有两类情形，一是木主坛祀，二是偶像庙祭。

1. 木主坛祭。北宋神宗元丰三年（1080），诏令京城四郊设四望坛，各方岳镇共为一坛祭祀。立春之日，在东郊坛以中祀例望祭泰山。南宋继承了这一制度。

明洪武二年（1369），在南京城南建山川坛，合祭岳镇海渎等地祇之神于一坛。洪武九年（1376）建正殿、拜殿各8间。五岳祭于正殿的五岳坛，即在殿内设木主于坛祭祀泰山，这与两宋之设坛望祭大相径庭。永乐十八年（1420）明成祖迁都北京，将此制复制于北京。嘉靖九年（1530）郊祀礼改革，山川坛更名为地祇坛，并将泰山等五岳坛露天致祭，又回归到郊祀化的形式。

清顺治元年（1644），定祀太岁、天神、地祇三坛。后地祇坛改称为先农坛，用于水旱祈报。

2. 偶像庙祭。北魏泰常三年（418），在平城之北立五岳四渎庙，开京城庙致祭泰山之先河。限于史料，其神形不明。

① ［韩］金相范：《唐代礼制对于民间信仰观形成的制约与作用》，台湾师范大学历史学系博士论文，2001年，第26页。

北宋祥符元年（1008），京城建东岳天齐仁圣帝庙。列为国家祭祀之中祀，由皇帝派遣官员致祭。北宋祥符五年（1012），东京开封建五岳观，把所在地的五岳神位集中到京城五岳观，设东岳天齐仁圣帝等五殿，并与道教五岳神融合为一体。“皆设真君像，殿廊各图山岳形及得道事迹”[①]。表明五岳观采用偶像庙祭的形式。五岳观除国家设道场祈福报赛外，还允许士庶于特定时间（每月初一、十五、初七、十七、二十七，夏至，冬至，寒食节，上巳节，三元节）焚香朝拜，从而成为国家和民众共同祭祀的场所。

元代至元间，京城创建东岳庙，主祀东岳大生仁圣帝。元儒吴澄《大都东岳仁圣宫碑》称：“诸神像各如其序。”[②]可见其采用了偶像庙祭的形式。吴澄按照郊祀化的标准，对建殿设像进行了批评，希望能“尽革魏、唐、金、宋之驳。其于东岳也，礼以地祇，而不人其像；尊比三公，而不帝其号。兆之如四望，而不屋其祠”[③]。

明英宗正统十二年（1447），重建东岳庙，列为国家祭祀之小祀。“中塑东岳泰山神像……每岁万寿圣节及三月二十八日，皆本寺题请，遣本寺堂上官致祭，住持焚修”[④]。东岳庙建成，英宗御制碑文，表示重建北京东岳庙的初衷，是山川之神享祀于郊，百姓不得祭祀，所以建京城东岳庙，顺民庶祭拜泰山神的要求，使东岳庙成为国家与民间社会共享的神圣空间。“前名岱岳，以奉东岳泰山之神；后名育德，俾作神寝……皆肖像如其生”[⑤]。显然是偶像庙祭。

清代继承了明代北京的东岳庙之祭，并将其列入国家祭祀之群祀（小祀）。

① 〔清〕徐松：《宋会要辑稿》礼五，第575页。
② 李修生：《全元文》第15册，南京：江苏古籍出版社，1999年，第361页。
③ 李修生：《全元文》第15册，第361页。
④ 《太常续考》卷六，《景印文渊阁四库全书》第599册，台北：台湾商务印书馆，1986年，第240页。
⑤ 《明英宗实录》，台北：“中央研究院”历史语言研究所影印版，1962年，第3063页。

第六章
岳中孔子：泰山儒学

自孔子伊始，泰山便与儒学发生联系，被视为儒家圣山。但自汉高堂生、胡毋生之后，千余年间却缺少能在中国思想史上具有重要影响的哲人。直到北宋出现了大儒孙复、石介，才将泰岳儒风重新振起，随之成为与武夷、庐山齐名的儒学重镇，最终确立泰山“儒岳”的地位。

第一节 泰山儒学的历史变迁

孔子登临泰山，带动了泰山地区早期儒学的传播。两汉时期泰山一地古文经学大师辈出，对儒家文化在泰山地区的传承和发展作出了巨大贡献。魏晋南北朝时期，出现了以羊氏为代表的经学世家。北宋泰山学派在泰山脚下诞生，成为泰山儒学史上的重大事件。元代，东平路行军万户严实组建东平府学，扛起复兴儒学的大旗。明清时期程朱理学与阳明心学在泰山展开论争，纷纷弘道泰山。

一、孔子登泰山及早期儒学的传播

孔子是中国著名的思想家、教育家，也是儒家学派的创始人。孔子与泰山关系密切。正因为孔子与泰山，儒家文化与泰山文化，有着割不断的血肉联系，在后世人们的心目中，泰山是儒学思想的象征，是儒家的圣山，以至有了“孔子圣中之泰山，泰山岳中之孔子”[①]的比拟。孔子及其门人、孟子等在泰山的频繁活动，带动了早期泰山地区儒学的发展。

（一）孔子登泰山

孔子一生中多次攀登泰山，并在泰山留下了许多故事。《孟子·尽心上》记载：“孔子登东山而小鲁，登太山而小天下。”孟子进一步以泰山比喻孔子，凸显了孔子学问、境界之高，指出“观于海者难为水，游于圣人之门者难为言”[②]。《艺文类聚》引《琴操》记载孔子游泰山，与薪者的故事：“孔子游于泰山，见薪者哭，甚哀。孔子问之，薪者曰：‘吾自伤，故哀尔。’”[③]敦煌遗书《语对》中也留存了一段孔子在泰山借鸟鸣以论人之悲的故事：“四鸟：孔子游泰山，闻哭者甚哀，谓颜回曰：‘此生离也。’因问之，果生离也。颜回问曰：‘夫子何以知之？’孔子曰：‘昔桓公有鸟，而生四子，羽翼既成，将飞四海，悲鸣不绝，有类于此。’”[④]孔子还曾来泰山学习封禅礼仪，如《韩诗外传》记载：“孔子升泰山，观易姓而王，可得而数者七十二人，不得而数者万数也。”[⑤]

孔子一生不仅多次行经泰山，而且在其政治、学术生涯中，经常在泰山周边活动，多次与泰山地区发生联系：其一，夹谷会盟。鲁定公十年（前500），齐景公邀请鲁定公在夹谷（今新泰谷里）会盟，意图以武力征服鲁国，鲁定公赴约，孔子以相礼随行。会盟结束后，齐景公被孔子折服，将齐国所侵占的讙（今肥城市安驾庄镇夏晖村附近）、郓（今东平县境）、龟阴（今泰山区邱家店镇旧县北）之田归还给鲁国。鲁国为了彰显孔子在此次会盟中的功劳，于汶阳中筑城，名谢过城（今泰安市区东郊东城村）。其二，苛政猛于虎。鲁昭公二十五年（前517），孔子因国乱前往齐国，途经泰山，遇妇人哭诉亲人死于虎患一事，因而感慨“苛政猛于虎”。其三，观礼。鲁昭公二十七年（前515），吴国公子季札携其子出使齐、郑、晋等国，在从齐国返回的途中，其长子病逝，埋葬在汉为奉高县城（今泰安市岱岳区范镇故县村）。当时季札以“吴之习于礼者”闻名，孔子为了学礼，前往观看季札之子的葬礼。其四，郕野遇荣启期。孔子游历泰山时，在郕（今宁阳东北）野外遇见了在此隐修的荣启期。荣启期鬓发皆白，鹿裘带索，

① 〔清〕汪志伊：《东岳》，《稼门诗钞》卷四，《清代诗文集汇编》第406册，上海：上海古籍出版社，2010年，第468页。

② 《孟子注疏》卷十三下，《十三经注疏》，北京：北京大学出版社，1999年，第365页。

③ 〔唐〕欧阳询等编：《艺文类聚》卷三十四，上海：上海古籍出版社，1982年，第595页。

④ 王三庆：《敦煌本古类书〈语对〉研究》，台北：（台湾）文史哲出版社，1985年，第268页。

⑤ 屈守元：《韩诗外传笺疏》，成都：巴蜀书社，1996年，第1007页。

鼓瑟而歌，自称有“三乐”，得到了孔子的赞许和敬佩。其五，不饮盗泉之水。盗泉位于新泰市石莱镇泉峪村南，今名“道泉”。因泉名“盗泉”，孔子不饮其水，后世多以“孔子不饮盗泉之水，廉者不受嗟来之食”比喻品行高洁。其六，劝盗跖。孔子朋友柳下季的弟弟名叫“盗跖”，盗跖手下有九千人，他率领这些人横行天下、到处掠夺，孔子听说之后，带领弟子前往泰山之阳劝说盗跖弃恶从善，展示了孔子“知其不可为而为之”的崇高精神和高度责任心。

另据文献记载，泰山西南晒书城（今肥城桃园镇东里村）传为孔子经游处，徂徕山西沧浪渠相传为孔子闻歌处。从侧面反映了孔子与泰山之关联。

“仁者乐山”，孔子一生共作过七首歌，其中与泰山有关的有三首，孔子对泰山的推崇通过这三首歌体现了出来。第一首为《龟山操》。鲁定公十四年（前496），孔子以大司寇代理宰相，执政三个月，鲁国社会稳定，路不拾遗。鲁国井然有序的社会状况传到齐国后，引起了齐国的恐慌。齐景公惧怕鲁国强大，听从黎弥建议，以糖衣炮弹轰炸鲁国，送鲁定公女乐。当时季桓子专政，因而劝鲁定公接受齐国送来的美色。在此境况下，孔子离开鲁国，开始周游列国。当其到达泰山以南的龟山（今新泰刘杜、谷里、石莱三镇交界处）时，看见龟山遮挡住了望向鲁国的视线，孔子联想到“季氏专政，犹龟山蔽鲁”，所以作了这首《龟山操》。孔子作《龟山操》后，《龟山操》成为著名的琴操名。第二首为《丘陵》之歌。鲁哀公十一年（前484），鲁国联合吴国大败齐国，时孔子在卫国，鲁哀公派人前往卫国迎接孔子，虽然孔子回到了鲁国，但知道鲁哀公并没有重用他的打算，遂作《丘陵》之歌。在这首歌中，孔子以攀登泰山比喻获得仁道之路，指出登山之路布满荆棘，通往仁道的道路也是如此。第三首为《临终歌》。孔子去世前，对前来看望自己的学生子贡说“泰山其颓乎！梁木其坏乎！哲人其萎乎！”把自己看成泰山的化身，展示了泰山在孔子心中的崇高地位。

（二）孔子门人与泰山

孔子一生致力于传道授业，教书育人，据传孔子弟子三千，精于艺者七十有二。孔子门人中，颜回、有若、冉耕、高柴、林放、石作蜀、颜涿聚、曾参等多人与泰山关系密切。

颜回，字子渊，孔门弟子“七十二贤之首”，后世尊称为“复圣”。据说颜回英年早逝，在他去世后，孔子悲痛不已，感慨道：“噫！天丧予！天丧予！”[①] 传说颜回早

① 杨伯峻：《论语译注》，北京：中华书局，1980年，第112页。

逝与泰山有重要关系。根据《论衡·书虚》的记载，颜回跟随孔子登泰山，两人站在岱顶遥望吴国。孔子看见了拴在吴国北门外的白马，于是问颜回："你看到吴国的城门了吗？"颜回回答："看到了。"孔子又问："门外有什么？"颜回回答："犹如一条白绢。"下山后不久，颜回就因病去世了。后人在岱顶建"望吴圣迹"石坊，石坊以北被称作"望吴峰"。《圣迹图》更是以孔颜对话为题绘制了一幅《望吴门马》图。

有若，字子有，孔门十二哲之一，勤勉好学，重视孝悌道德，强调以礼为本。《史记·仲尼弟子列传》记载："孔子既没，弟子思慕，有若状似孔子，弟子相与共立为师，师之如夫子时也。"[①] 这位与孔子相貌相似的有若，故里即在肥城有家庄（今肥城石横镇有家庄），其地有有子祠与有子墓，有若后裔在此世代聚族而居。清乾隆五十一年（1786），清廷封有子嫡裔为翰林院五经博士。

冉耕，字伯牛，孔门十二哲之一，以德行与颜回、闵子骞、仲弓并称。唐赠郓侯，宋赠东平公、郓公。冉耕故里在今肥城王瓜店镇冉家庄。冉家庄旧有五贤祠，祀冉氏五子。元代于东平建冉子庙（今东平县老湖镇冉子庙村）。清雍正十三年（1735），清廷封肥城冉氏世袭翰林院五经博士。

高柴，字子羔，齐文公十八世孙，受业孔门，曾任鲁国郕（今宁阳东北）宰相，孔子评价其愚直。上海博物馆藏战国楚竹书《子羔》长短简共 14 支，内容为孔子与子羔问答，学者认为即高柴所作。泰山南麓柴城（今新泰楼德镇境）世传为高柴故里。1926 年，泰安名医高宗岳在王母池吕公洞南建先贤高子羔祠。泰安大汶口附近有高姑庙，传供祀高柴之女。

林放，字子丘，在孔门弟子中以精通礼仪著称。鲁哀公十二年（前 483），鲁国大夫季康子在泰山举行祭山之典，孔子以为非礼，抨击曰："呜呼！曾谓泰山不如林放乎？"[②] 意谓难道泰山神还不如林放知礼，会接受季氏非礼之祀？后世多将林放与泰山并举，称为"泰山林放"。唐赠林放"清河伯"，宋赠"长山侯"，从祀庙廷。林放故里在今新泰放城镇，后世建有先贤林放祠。

石作蜀，字子明，从学于孔子，曾担任郈邑（今东平县）宰相，后因为愤恨季氏僭越专权，辞官隐居徂徕山中。鲁悼公十八年（前 450）去世，葬于徂徕山之阳。唐封"郈邑伯"，宋封"成纪侯"，后世奉为徂徕石氏始祖。石作蜀后人于宁阳县西南（今

① 〔汉〕司马迁：《史记》卷六十七，第 2216 页。
② 杨伯峻：《论语译注》，第 24 页。

宁阳泗店镇石家大孟村）建祠奉祀。

颜涿聚，又作“颜庚”“颜浊邹”“颜断聚”“颜烛趋”“颜喙聚”。按照《吕氏春秋》的记载，颜涿聚本来是梁父（在今徂汶景区天宝镇境）大盗，后改邪归正，拜孔子为师，学成后成为齐景公大臣，主管养鸟。他为官公正廉明，后成为齐国大夫。

曾参，字子舆，孔子晚年弟子，以至孝闻名，后世尊称为“宗圣”。根据汉代蔡邕《琴操》的记载，曾参年少时在泰山之下劳作，突然遭遇大雪冰冻天气，一个多月不能回家，曾参非常思念他的父母，于是创作了《梁山操》。其歌富于哀婉之情，后来成为泰山著名土风。

（二）孟子与泰山

孟子与泰山关系密切。《春秋演孔图》记录了孟子出生时的传说：“孟子生时，其母梦神人乘云自泰山来，将止于峄。母疑视久之，忽片云坠而寤。时闾巷皆见有五色云覆孟子之居焉。”[①] 根据这个记载，孟子的降生与泰山有很大关联，后儒也因此赞誉孟子人格有“泰山岩岩气象”。

孟子，名轲，与孔子以“孔孟”并称，后世尊称为“亚圣”。孟子曾经至泰山，称“太山之高，参天入云”。《孟子》一书中更是多次论及泰山，如“挟泰山以超北海”“泰山之于丘垤”。孟子除了登山之外，还曾在泰山一带活动，《孟子·公孙丑下》记载，周慎靓王三年（前318），孟子在齐国任职期间，母亲去世。孟子于是从齐国回到邹国安葬母亲，之后又返回齐国，在嬴（今济南市莱芜区东北境）地停留，不入公门，以终丧期之礼。后世在莱芜建“孟游亭”，又名“孟子止嬴祠”。

二、两汉经学大师及魏晋南北朝时期的经学世家

经历了“焚书坑儒”浩劫之后的儒家学派，在汉武帝“罢黜百家，独尊儒术”的政策之下，迎来了新的发展。司马迁《史记·儒林列传》记录了五经七家共八位传经大师，其中泰山人就有两位，即高堂生和胡毋生。《史记·儒林列传》曰：“言《礼》自鲁高堂生，……言《春秋》于齐鲁自胡毋生。”[②] 泰山一地由此成为儒学重镇之一，古文经学大师辈出，对儒家文化在泰山地区的传承和发展作出了巨大贡献。

① 〔明〕孙瑴著录：《古微书》卷八，济南：山东友谊出版社，1990年，第193页。
② 〔汉〕司马迁：《史记》卷一二一，第3118页。

（一）两汉经学大师

1. 胡母生

胡母生，名子都，西汉泰山郡（今泰安）人，主治《春秋》，西汉景帝时立为博士。胡母生是最早传承《春秋》之人，他晚年回到齐地聚徒授经，齐地学习《春秋》经的儒生都称自己是胡母生的学生。之前，《公羊春秋》一直采取口耳相传的方式传承，景帝时羊寿带领学生胡母生把《公羊春秋》书写在了竹帛上，这才有了《春秋公羊传》的正式文本，胡母生对该经的保存居功至伟。

东汉时，泰山郡太守李固撰《祀胡母先生教》一文，追忆其道德学问，曰："胡母子都禀天淳和，沉沦大道，深演圣人之旨，始为《春秋》制造章句。是故严颜有所祖述，微微后生，得以光启。"[①] 鉴于胡母生"严颜有所祖述，微微后生，得以光启"的功绩，李固在胡母生的家乡泰山为其立祠。

胡母生授徒众多，学生著名者有淄川公孙弘等。泰山地区就学于胡母生者有东平嬴公。嬴公授孟卿，孟卿授眭孟，眭孟授严彭祖。据史料记载，嬴公学《春秋》，不失师法，度徒多达百余人，汉昭帝时官至谏大夫。

2. 高堂生

高堂生，西汉泰山郡平阳（今新泰市龙廷镇苗庄）人，汉礼经博士。《汉书》卷三十《艺文志》称："汉兴，鲁高堂生传《士礼》十七篇。讫孝宣世，后仓最明，戴德、戴圣、庆普皆其弟子，三家立于学官。"[②] 高堂生成为今文《礼》的始祖，唐代从祀孔庙，宋封"莱芜伯"，明改称"先儒"，配享孔庙东庑。高堂生去世后葬在新泰，清初新泰知县卢綋曾修整高堂生墓。乾隆八年（1743），新泰龙廷村民刘昆、举人纪元复、生员陈有恒等建高堂生庙。同治十年（1871）新泰知县李溱、训导陈其赐重修高堂生祠，并将卢綋《高堂生墓表》《谒高堂先生墓》《怀古诗》及江乾达《谒高堂先生墓》刻石，立于祠中。

高堂生学生有瑕丘（今兖州）人萧奋，萧奋授孟卿，孟卿授后苍，后苍授戴德、戴圣。戴德，宣帝时立为博士，编著《礼记》八十五篇，称《大戴礼记》。戴圣，宣帝时立为博士，编成《礼记》四十九篇，称《小戴礼记》，即今本《礼记》。

---

① 〔唐〕许敬宗编，罗国威整理《日藏弘文本文馆词林校证》，北京：中华书局，2001年，第466页。
② 〔汉〕班固：《汉书》卷三十，第1710页。

（二）魏晋南北朝时期的经学世家

两汉时期，通经可以入仕做官。至魏晋南北朝时期，许多家族还通过研习经学，赢得社会声誉，进而获取政治地位，并子孙袭业，仕宦不绝，发展成当地名族。泰山羊氏便是此时出现的传经世家之一。

羊氏家族的经学渊源可以追溯到秦代羊子，《汉书·艺文志》子部儒家类著录内有《羊子》一书，表明羊子为当时名儒。东汉末期的羊弼亦是一位公羊学大儒。羊弼入仕为博士，精于《公羊》学。任城人何休师从羊弼，成为其入室弟子。何休在其所传《春秋公羊解诂》中，对羊弼学说有所继承。除羊弼以经学显声，在此前后的羊侵、羊陟、羊续等人均以"学行"被征辟入仕，历任要职。羊氏也由经学世家逐渐获得高位，演变为门阀士族。

羊氏族人从幼年开始，便接受极其严格的经学教育，羊祜在《诫子书》中回忆其早年的受学经历如下："吾少受先君之教，能言之年，便召以典文；年九岁，便诲以《诗》《书》。"[①] 因为羊祜在经学上颇有造诣，时人有"当世颜子"的美誉。羊祜居官后虽在戎马倥偬之中，仍时时以教化为念，即使弥留之中，仍念念不忘敦请晋武帝"混一六合，以兴文教"[②]。因而晋人孙楚在《故太傅羊祜碑》中称颂羊祜兴学之功："（祜）虽研精军政，用思灭敌，然兼立学校，阐扬典训，是以缙绅之士，鳞集仰化，云翔衡门，虽泮宫之咏鲁侯，菁莪之美育才，无以过也。"[③] 可见羊祜对晋代文教的重振实有肇始启端的作用。

羊氏家学不仅传之男嗣，女性成员亦深受濡染。羊祜堂姐羊姬便是一位经学教育家，羊门妇女传经成为晋儒学史上的一道独特景观。羊姬为羊耽之女，及笄后，嫁与兖州刺史夏侯威之子夏侯庄，生子夏侯湛。羊姬亲自教授子女《诗》《书》，在羊姬的辛勤教诲之下，夏侯湛成为一代著名学者。

进入南北朝后，不仅播徙江左、出仕南朝的羊欣等人"泛览经籍"[④]，延续着经学文化一脉；留居北方的羊氏族人也以经学自守，在大动荡中维家学于不坠。由于北方地区学术传统的固有影响，北朝的儒学持续发展，人才辈出，如羊族之中羊深"学涉

① 中国人民大学家书文化研究中心编著：《廉政家书》，北京：中国方正出版社，2015年，第81页。

② 〔唐〕房玄龄等：《晋书》卷三十四，北京：中华书局，1974年，第1021页。

③ 周郢：《羊欣与羊氏文化》，王汝涛主编：《王羲之书法与琅琊王氏研究》，北京：红旗出版社，2004年，第344页。

④ 〔梁〕沈约：《宋书》卷六十二，北京：中华书局，1974年，第1661页。

经史"[1]，羊侃"雅爱文史，博涉书记，尤喜《左氏春秋》"[2]，羊敦"学涉书史"[3]，羊烈更有"学穷贾（逵）郑（玄）"[4]之誉。其中羊祉在出牧梁秦时期，曾"一敷善化，□庠载序"[5]，有兴办州学之举。其子羊深曾上书魏废帝，请求重振太学，进而敦请魏帝在板荡之时，上奏请重修国学，大兴乡校，以维礼教。羊深高瞻远瞩，在时艰中仍致力于文教重建，其苦心孤诣，实与其先人羊祜相仿佛。

从上面列举的羊氏诸人来看，其家族确是一典型的世守儒经、家学相延之传经高门，这从一个侧面印证了陈寅恪先生魏晋以还"学在家族"这一精辟之见。[6]

三、北宋泰山学派的崛起

北宋时期，泰山发生了一件足以影响中国思想史与教育史进程的事件，这便是泰山学派的崛起。

（一）泰山学派崛起之文化背景

宋仁宗景祐二年（1035），石介邀请孙复来泰山讲学授徒，并为其在泰山之麓筑室定居，创建泰山书院。自此，以泰山书院为中心，一批思想接近、旨趣趋向一致的儒士聚集在一起，相互切磋，共同研讨，形成了一个特色鲜明的学术流派，即泰山学派。

泰山学派之崛起，首先与山东深厚的儒学传统密切相关。五代时期，连年战乱，社会文化遭到了极大的破坏，致使"文教衰落，风俗靡靡，日以涂地"[7]。在这样艰难的情况下，山东地区的儒学相对完整地保存了下来。至北宋时期，更是涌现了一批儒学大师，如宋州楚丘（今菏泽）人戚同文、淄州邹平人田敏、齐州历城（今济南）人田浩、曹州济阴（今定陶）人邢昺、博州博平（今茌平）人孙奭、兖州曲阜人孔宜、青州益都人李觉等，他们或者身居要职，或者著述授徒，聚焦于儒学文化的复兴，为泰山学派的创立提供了良好的文化氛围。

其次，泰山学派的崛起与名臣范仲淹不无关系。范仲淹（989—1052），祖籍苏

① 〔北齐〕魏收：《魏书》卷七十七，北京：中华书局，1974年，第1702页。
② 〔唐〕姚思廉：《梁书》卷三十九，北京：中华书局，1973年，第557页。
③ 〔北齐〕魏收：《魏书》卷八十八，第1912页。
④ 罗新、叶炜：《新出魏晋南北朝墓志疏证》，北京：中华书局，2016年，第373页。
⑤ 陶莉：《岱庙碑刻研究》，济南：齐鲁书社，2015年，第35页。
⑥ 周郢：《羊姓史话》卷四，南昌：江西人民出版社，2001年，第65-66页。
⑦ 张春林编：《苏轼全集》，北京：中国文史出版社，1999年，第1089页。

州，周岁时随母亲搬至山东长山（今山东邹平境内）居住，长大后跟随儒学大师戚同文学习。入仕之后的范仲淹重视教育，注重人才培养，在其母丧离职守制期间，接受应天知府晏殊的邀请，主持应天（今河南商丘）府学。由于范仲淹“泛通六经，长于《易》”[①]，学术功底深厚，因而吸引了一大批慕名而来的学子。在范仲淹的带动下，“一时士大夫矫厉、尚风节”[②]，兴起了儒学研究的热潮，为泰山学派的崛起储备了一批志同道合的人才。尤为重要的是，泰山学派的两位核心人物孙复和石介都与范仲淹关系密切。天圣五年（1027），孙复前往应天府拜访执掌应天书院教职的范仲淹，获得范氏资助。次年，范仲淹为孙复谋得应天府学职，孙复得以安心治学，并跟随范仲淹学习《春秋》，其《春秋尊王发微》即颇受范仲淹影响。是时，石介前往应天府学求学，间接跟随范仲淹学习，后石介作《庆历圣德颂》，其中对范仲淹推崇备至。

（二）泰山学派之特色

泰山学派成员尊师重道，抨击时文，排斥佛道，注重道统传承，弘扬和传播儒家文化，是宋代理学的前驱。

泰山学派尊师重道，带动齐鲁风气为之一变。石介曾作《师说》专门分析老师的重要性。《孙明复先生墓志铭并序》更是记载了石介尊师重道之做法：时任兖州知州的孔道辅前往拜会孙复，见石介“执杖屦侍左右，先生坐则立，升降拜则扶之，乃其往谢也亦然”[③]。后世建鲁两先生祠时，供祀像之形制即采取这种形式：“其儒衣冠上坐者，孙先生；侍坐者，石先生也。孙先生，晋州平阳人，举进士不第，退居泰山之阳。鲁人石先生辄师事之，杖履必侍，登降必扶，执弟子礼甚恭，鲁人观者皆叹息兴起。”[④]是以乾隆《泰安府志》论乡邦风俗时称：“泰安旧称淳朴，士习于孙石遗风，多好经术，重气节。”[⑤]石介孙复尊师重道之行为在当时社会影响很大，欧阳修评价说：“鲁人既素高此两人，由是始识师弟子之礼，莫不叹嗟之。”[⑥]并发出感慨：“师道废久矣！自明道、景祐以来，学者有师，惟先生（胡瑗）暨泰山孙明复、石守道三人。”[⑦]

泰山学派抨击时文，反对佛老，提出儒家“道统”学说。当时北宋思想文化圈内

① 〔元〕脱脱等：《宋史》卷三一四，第10267页。

② 〔元〕脱脱等：《宋史》卷三一四，第10267页。

③ 〔宋〕欧阳修：《欧阳修全集》卷三十，北京：中华书局，2001年，第475页。

④ 〔清〕施闰章：《鲁两先生祠记》，何庆善、杨应芹点校：《施愚山集》第1册，黄山：黄山书社，1992年，第221页。

⑤ 〔乾隆〕《泰安府志》卷二，清乾隆二十五年刻本，第29页。

⑥ 〔宋〕欧阳修：《欧阳修全集》卷三十，第457页。

⑦ 〔宋〕欧阳修：《欧阳修全集》卷二十五，第389页。

流行骈文，石介认为骈文“不过句读妍巧，对偶的当而已；极美者不过事实繁多，声律调谐而已”[①]。此文体严重脱离社会生活，而且对儒家孜孜以求的圣人之道有害无益，进而提出文章应当明道致用，贴近日常生活。针对隋唐以来崇奉佛教和道教之行为，孙复作《儒辱》，讨伐佛道。石介更是站在华夷之辩的角度激烈抨击佛道。在此基础上，泰山学派旗帜鲜明地提出了自己的“道统”之说，提出孔孟传承，即“舜——禹——汤——文——武——周公——孔子——孟子——荀卿——扬雄——王通——韩愈”。

泰山学派主张从儒家经典本身出发阐述蕴含其中之义理，而不专拘泥于经学家们的注解，对宋代儒学复兴起了关键作用。学派代表人物重义理轻注疏之风向，开宋代理学之先声。如孙复《春秋尊王发微》一书对《春秋》的解释中就有许多怀疑经文、不用注疏甚至驳斥注疏之处。石介更是说：“是非相扰，黑白相渝，学者茫然慌忽，如盲者求诸幽室之中，恶睹夫道之所适从也？”[②]正如宋儒黄震所论：“宋兴八十年，安定胡先生、泰山孙先生、徂徕石先生始以师道明正学，继而濂、洛兴矣。故本朝理学虽至伊洛而精，实自三先生而始。”[③]朱熹也是在这个意义上肯定评价泰山学派“推明治道”之功绩：“如二程未出时，便有胡安定、孙泰山、石徂徕，他们说经虽是甚有疏略处，观其推明治道，真是凛凛然可畏。”[④]

四、元明清时期儒学在泰山的传播和发展

金元易代，山东地区遭受战争的摧残，元代著名诗人元好问发出如此感叹：“呜呼！兵兴三十年，河朔之祸惨矣！盛业大德、名卿巨公之后遭罹元元，遂绝其世者，多矣！仅得存者，亦颠沛之不暇也。”[⑤]在这一境况下，社会文化遭受极大破坏。蒙古太宗七年（1235），作为归顺元廷的地方世侯，严实被元廷任命为东平路行军万户，组建东平府学，扛起复兴儒学的大旗，聚集了元好问、宋子贞、王磐、康晔、李昶、刘肃、张特立、徐世隆、张防、商挺、杜仁杰、孔元措等一大批生活于颠沛流离之境的

① 〔宋〕石介：《上赵先生书》，陈伯海主编：《历代唐诗论评选》，保定：河北大学出版社，第 244 页。
② 〔宋〕石介：《上孙少傅书》，《徂徕石先生文集》，北京：中华书局，1984 年，第 173 页。
③ 〔明〕黄宗羲：《宋元学案》，清道光刻本，第 2 页。
④ 〔宋〕朱熹：《朱子全书》（第 17 册），上海：上海古籍出版社、合肥：安徽教育出版社，2002 年，第 2868 页。
⑤ 〔元〕元好问：《冠氏赵侯先茔碑》，姚奠中编：《元好问全集》卷三十，太原：山西人民出版社，1990 年，第 695 页。

儒者。东平府学也由此成为金元之际北方文化中心，为儒家文化的传承和发展作出了重大贡献。

元代，私人讲学之风渐盛，促进了元代儒学的传播和发展。如新泰人孙甫中进士后，心性淡薄，不喜入仕，在新甫山之阳隐居，以儒学教授家乡弟子，前来学习者络绎不绝。

明代，程朱理学成为官方哲学，泰山地区儒学的主流也是程朱理学。早在北宋崇宁年间（1102—1106），二程理学便传入泰山地区。是时，程颐弟子马伸担任奉符县丞，在职期间，以《二程语录》传授奉符县人孙傅，此为理学在泰山地区传承之开端。值得注意的是，明清时期，除了程朱理学外，泰山也成为阳明心学传播的重镇。

弘治十七年（1504），刑部主事王守仁主持山东乡试期间，游泰山，曾作《泰山高次王内翰司献韵》，诗中抒发了其慨叹千年儒学之衰微，抒己奋发重振道统之志向，可见，阳明学在其肇兴之始，便与泰山发生了联系。

阳明心学真正开始在泰山地区传播，始于王阳明门人王艮弟子王栋。嘉靖四十五年（1566），王栋任泰安州学训导，每日在岱麓仰德堂以其所著《古大学解》及《一庵会语》十二卷启迪诸生，“命诸士昕夕体验，不数月诸士悦服，佥曰：‘兀不枉过此生！’”[①]。仰德堂自此成为阳明心学在泰山传播的重要场所。

隆庆年间，阳明心学传人邹东廓之子邹善任山东提学，其在泰安大力提倡阳明心学，成为泰山王学的杰出代表，泰安士子李汝桂曾追随其学习。万历十五年（1587），李汝桂在泰安州黄前里崖下村（今岱岳区山口镇东太平村）创设育英书院。书院教学谨遵泰州家法，讲授阳明心学。慕名而来者，竟达数千人之多。甚至大参甘一骥，也拜李汝桂为师。万历二十二年（1594），肥城知县马经纶建至道书院，聘汝桂及王嘉宾主讲，阳明心学由泰城传至肥城，是时马经纶率门下士二百人，拜师李氏。李汝桂对泰山阳明心学的传播，起了重要作用。

在王栋、邹善及李汝桂的大力弘扬之下，泰山成为阳明心学传播之重镇。在其渐为兴盛之时，程朱理学与陆王心学之斗争在泰山也有所体现。如泰山经石峪所刻《大学》即展示了理学与心学之争。明代《大学》有两个版本，即古文本和今文本，古文本为王阳明所倡导，今文本则为朱熹选定。嘉靖四十年（1561），山东布政司经历汪坦在经石峪刻《大学》，选用了朱熹今文本，原因即在于其父对阳明学说持有成见，故不选

① 康熙《泰安州志》卷二，民国二十五年铅印本，第20页。

古文本。隆庆二年（1568）四月，王阳明弟子、总督泰山香税、青州同知王简将王阳明《泰山高次王内翰司献韵》诗刊石立于泰山。泰安州儒学前坊有邹善所立绰楔，上书“见大心泰”，以表心学大旨。之后不久，张天祚刻《朱夫子格言》于泰安儒学明伦堂，另外岱顶大观峰上闽人林焞刻朱熹为岳麓书院所题格言“忠孝廉节”。孔子崖也出现“朱晦翁石迹”及“朱子题名”。

第二节 泰山地区书院的兴替

书院这一名称，最早出现于唐代。唐玄宗时，设“丽正书院”“集贤书院”，作为官方藏书、校书的地方。五代，开始出现了聚徒讲学之书院。北宋初期，官学教育还没有完全恢复，朝廷实行重文轻武政策，书院将教育、教学和学术研究结合起来，成为独立于官学之外的特殊的教育组织，各地书院也如雨后春笋般涌现。泰山书院就是在这一背景下创建起来的。清代末年，诸书院改为学堂，书院退出历史舞台。

一、北宋泰山书院及徂徕书院

北宋天圣年间，广川清远县（今广东清远）知县、泰山云亭乡（今岱岳区大汶口镇申村一带）儒士姜潨，在徂徕山石室教授五经，邹鲁一带名士如李穆、石介等聚集在姜潨周围，切磋学问，首开泰山书院之先声。

泰山书院之创建与徂徕大儒石介关系密切。石介（1005—1045），字守道，兖州奉符县商王村（今岱岳区徂徕镇桥沟村、北望村）人，年少时就读于范仲淹所办的宋城（今河南商丘）南都学舍。天圣八年（1030）中进士，官至太子中允。景祐元年（1034），石介担任南京留守推官，任职期间，通过士建中的介绍，认识了孙复。孙复（992—1057），字明复，号富春，晋州平阳（今山西临汾）人。虽饱读六经，但孙复四举进士不中。景祐元年（1034）四月，孙复和石介第一次见面，二人一见如故、相谈甚欢。石介作《寄明复熙道》诗，以韩愈、孟郊再世相称，并执弟子礼，称孙复“富春先生”。景祐二年（1035），孙石二人再次相见。同年冬，石介为孙复在泰山之麓筑室定居，邀请孙复来泰山讲学授徒。石介率济北张洞、楚丘李缊等拜孙复为师，学习《春秋》，世称孙复为“泰山先生”。在泰山讲学的孙复声名渐起，一时之名士，争相前来求学。孙复对山东一带教育有重要影响，恰如晁补之所称：“泰山孙复家居传经，声闻山东，其一时贵人贤士争师之。”[①]

景祐五年（1038）正月，孙复在岱庙东南隅（今岱庙汉柏院南端）建信道堂，聚徒传授儒学。后因东岳庙拓建，孙复将信道堂迁移到泰山西南麓凌汉峰下。

信道堂建立后不久，成为泰山一带传播儒学、研究儒学的中心，孔子第十代传人、兖州知州孔道辅两次慕名前来，与孙复相会于信道堂。孔道辅《访隐居孙明复山斋》诗“轲能养浩雄能默，今复渊源见此君”[②]之句，以孟轲、扬雄相拟，对孙复推崇备至。在孙复的影响下，孔道辅重修了邹城孟子庙，并在孔庙西侧建五贤祠，供祀孟子、荀子、扬雄、王通、韩愈，宣传泰山学派之主张。

康定元年（1040），石介撰《泰山书院记》，称：“先生（孙复）亦以其道授弟子，既授之弟子，亦将传之于书，将使其书大行，其道大耀。乃于泰山之阳起学舍，构堂，聚先圣之书满屋，与群弟子而居之。”[③]明确提出泰山书院的职责为教育、教学和学术研究。“泰山书院”之名始于此，孙复主持的学馆从此称为“泰山书院”，后来清乾隆二十九年，泰安城西新建“泰山书院”，此处被称为“泰山上书院”。

景祐三年（1036），石介任嘉州军事判官，因母亲去世，归家奔丧。至庆历元年（1041），石介在徂徕山长春岭下建讲易堂，以《易》学教授诸生，被时人尊称为“徂徕先生”。石介讲学处，世称“徂徕书院”。宋人范成大《骖鸾录》称：“使诸郡未命教时，天下有书院四：徂徕、金山、石鼓、岳麓。”[④]近人陈登原《国史旧闻》称：“与其谓为四大书院，无宁为八大书院。石鼓一也，白鹿二也，龙门三也，嵩阳四也，岳麓五也，应天六也，徂徕、金山七也、八也。”[⑤]将徂徕书院列为宋代四大或八大书院之一，其地位由此可见一斑。

庆历二年（1042）夏，石介服丧期满，被朝廷任命为国子监直讲。石介进入国子监后，作《明隐》篇举荐孙复，称赞孙复得明通周公孔子之道，不独善其身，向往兼济天下。十一月，宋廷召孙复为秘书省校书郎、国子监直讲，孙复在太学积极改革，

---

① 〔宋〕晁补之：《进士清河张君墓志铭》，《全宋文》卷二四七六，第127册，上海：上海辞书出版社，2006年，第152页。

② 《永乐大典》卷二五三九《七皆 · 斋》第2册，北京：中华书局，1986年，第1206页引《泰山雅咏》。

③ 〔宋〕石介：《泰山书院记》，《徂徕石先生文集》卷十九，北京：中华书局，1984年，第222–224页。

④ 顾宏义、李文编：《宋代日记丛编》第3册，上海：上海书店出版社，2013年，第831页。

⑤ 《陈登原全集》第8册，杭州：浙江古籍出版社，2014年，第173–174页。

使生徒人数骤增至数千人。随着孙复、石介两人先后赴京就职，泰山、徂徕书院结束，泰山、徂徕书院讲学活动从景祐二年至庆历二年（1035—1042），前后共持续八年。

三、元明时期泰山地区的书院

泰山、徂徕书院所开启的书院之风，千年中绵延不绝，泰山地区先后创建了许多书院，诸书院无不继承孙石宗旨，以泰山书院的治学精神教授生徒。

（一）金元时期泰山地区的书院

由于史料原因，金代泰山地区书院状况不明。元至元二十八年（1291），元廷下诏，命令在“先儒过化之地，名贤经行之所”设立书院，各地纷纷开设书院。

这一时期，泰山一带可考的书院有四个：第一个是贾氏书院（故址在今新泰前柴城村东南角），书院位于云云山（今新泰楼德境）西，为泰安进士贾元坤读书处。《泰山道里记》云：“云云山……西下一石，刻‘贾氏书院’四字，传为元贾进士读书地。”[①]又《泰山志·金石记》记载：“贾氏书院题名，在云云山朱珪题名之上。”[②]第二个是长川书院。根据《（宁阳）颜氏族谱》卷六“泗皋户·常庄支”的记载，颜回第四十九代嫡孙太平镇巡检颜伟奉敕监修泗皋村（今宁阳鹤山乡）祖庙，并于庙左修建长川书院，专门为颜氏子孙传授知识。第三个是野斋书院。嘉靖《山东通志》曰：“野斋书院：在县□堂子社，元翰林承旨李野斋谦之故宅也。谦卒，诏立书院，设山长以掌其祀事，今废。”[③]李谦，字受益，号野斋，官至翰林承旨，皇庆元年（1312），李谦去世后，朝廷诏令在其故居东阿旧县堂子社（今泰安市东平县斑鸠店镇东堂子村）建野斋书院，并设山长一名。第四个是为耶律有尚所建书院。根据《皇元故昭文馆大学士兼国子祭酒赠河南行省右丞相耶律文正公神道碑铭》的记载，耶律有尚去世后，“监察御史王笴请即公乡建书院祠宇，垂范后学，廷议是之”[④]，可见，元廷曾在东平为耶律有尚建书院，遗憾的是，书院详情不考。

以上关于元代泰山地区创建的四所书院的分析表明，长川书院、野斋书院和为耶律有尚所建书院均为官修，贾氏书院的创建缘于此处为贾进士曾经的读书处，极有可能也是官修。同时，除了贾氏书院之外，其余三所书院有着明显的祭祀先贤的功能。

---

① 〔清〕聂鈫撰：《泰山道里记》，第819页。
② 〔清〕金棨：《泰山志》卷十八《金石记》，第100页。
③ 嘉靖《山东通志》卷十六，第18页。
④ 〔元〕苏天爵《滋溪文稿》卷七《碑志一》清抄本，第18页。

（二）明代泰山地区的书院建设

明代初期，朝廷对书院采取管制的态度，如洪武元年（1368），朱元璋下令“改天下山长为训导，书院田皆令入官”[①]；洪武五年（1372），又下令“革罢训导，弟子员归于邑学。书院因以不治，而祀亦废”[②]。在这种状况下，明初全国书院不显，泰山地区亦没有新创建或延续元代之书院的记载。

直至明正德年间，泰山地区才出现了书院的记载。泰山地区有记载的第一个明代书院为肥城大成书院。明正德十六年（1521），肥城知县刘赞将之前供奉孔子、老子及佛像的晒书城（今肥城桃园镇西里村村东）改为大成殿三间、东西配房五间，门匾“大成书院”。书院殿内供祀孔子及四配颜子、子思、曾子、孟子像。书院设看门人员1名、负责祭祀礼仪的礼生4名。每年春秋，刘赞亲自率领师生致祭。从大成书院的创建过程来看，其为官方书院，集教书与祭祀于一体。大成书院的创建，带动了泰山地区书院的发展。

嘉靖年间，官学日渐僵化、流于形式，有条件的士子们纷纷创建书院，读书其中，如约明嘉靖十一年（1532），尹庭在肥城金牛山建金峰书屋，读书其中。经过苦学，尹庭于嘉靖二十九年（1550）中进士。

同期，许应元担任泰安知州，见文风凋敝，于是“修拓泰山书院，崇重先贤，简拔诸才彦，延名师教之，时复亲为课艺，磨濯不变。自后连举乡试者，皆出其门”[③]。泰山书院原址即为宋代孙复、石介所建泰山学院，许应元以知州的身份重修泰山书院，其目的在于培养科举人才，因而其挑选才德兼备的士子来书院就读，延请名师执教。由此可以看出，此时的泰山书院以科举考试为中心。许应元试图借助重修先贤所创书院，重振泰安士气，尽管乡试捷报飞传，成为官学的有益补充，但是已经失去了宋代书院初创时的初衷。嘉靖十六年（1537），山东按察佥事卢问之于泰山书院故址建仰德堂三楹，祀宋儒孙复、石介，自此，泰山书院从单一的教书育人之地转变为教育与祭祀合一之地。随着泰山书院的发展，其内奉祀先儒日渐增多。

隆万年间，随着阳明思想在泰山的传播，泰山地区兴建了一批教授阳明心学为主要内容的书院。隆庆三年（1569），邹善于长清县王遇岭（今长清区五峰街道讲书院村东）建愿学书院，书院聘请阳明弟子、前在平教谕张后觉等讲学其中，有许多士子慕

① 雍正《宁波府志》卷九《学校》，清雍正十一年刻乾隆六年补刻本，第50页。

② 雍正《宁波府志》卷九《学校》，第50页。

③ 〔明〕王子卿撰、周郢校证：《泰山志》卷四《治绩》，《泰山志校证》，第612页。

名前来学习。万历元年（1573），东昌知府罗汝芳捐银于长清县王遇岭西建见泰书院。万历十五年（1587），泰安名儒李汝桂创建育英书院，宣讲阳明之学，前来从学者数百人，其中著名的有张至发、张中发、韩浚、王嘉宾等。育英书院在当时声倾儒林。万历二十八年（1600），李汝桂去世，育英书院停办，书院前后持续十四年左右。万历二十二年（1594），肥城知县马经纶建至道书院，聘请李汝桂担任主讲，马经纶率学院二百余人同汝桂学习阳明学。邹善、张后觉、罗汝芳、李汝桂均为阳明派传人，四位心学大师在泰山创办书院，传播阳明心学，致使泰山成为阳明心学在北方传播的重镇之一。阳明学派书院采取讲会方式，自由讲学之风颇为流行，学术思想十分活跃。

与阳明派书院相互辉映的是由乡贤所建的书院，如万历六年（1578），都察院右副都御史李邦珍告老回乡后，在自己少时读书处肥城牛山建同川书院。书院性质为李氏家塾，李邦珍“聚六经群书数百千卷，俾我同志及我子孙讲习其中，以广其学”[①]。邦珍且“手仇章句而课晨昏”[②]。除了创建同川书院外，李邦珍还修复了大成书院。隆庆年间，莱芜知县傅国璧于孔子观礼处建垂杨书院，又名观礼书院。万历年间，泰山学者宋焘罢官归田，创建青岩居，著书讲学，泰安进士王楫、举人尚天助等人出其门下。青岩居除了教授弟子经义之外，还与东林党人联系密切，针砭时弊。

无论阳明传人所建书院还是乡贤所建书院，均有利于摆脱官学教育的死板僵硬，活跃了泰山地区的学术氛围，而且这些书院密切关注时政、针砭时弊，在一定意义上恢复了泰山书院的活力和职能。另一方面，随着隆万时期书院的兴盛，这一时期的书院活动主要以学术交流和针砭时弊为主，因而遭到了很多人的反对，宰相张居正就是其中之一。万历三年（1575），张居正在《请申旧章饬学政以振兴人才疏》中说：“圣贤以经术垂训，国家以经术作人。若能体认经书，便是讲明学问。何必又别标门户，聚党空谭。今后各提学官督率教官生儒，务将平日所习经书义理，着实讲求，躬行实践，以需他日之用。不许别创书院，群聚徒党，及号招他方游食无行之徒，空谭废业，因而启奔竞之门，开请托之路。违者，提学御史听吏部、督察院考察奏黜；提学按察司官听巡按御史劾奏；游士人等，许各抚、按衙门访拿解发。”[③]明确提出了限制新建书院的说法。万历七年（1579），张居正以施观民“科敛民财私创书院”为由，以万

① 〔明〕李邦珍：《同川书院记》，光绪《肥城县志》卷二《古迹志》，第10页。

② 〔明〕邢侗：《祭肥城大中丞同川李公》，宫晓卫、修广利辑校：《邢侗集·来禽馆集》卷二十《祭文》，济南：齐鲁书社，2017年，第536页

③ 〔明〕张居正著，〔明〕张嗣修、张懋修编撰：《张太岳集》上卷四，北京：中国书店，2019年，第78页。

历皇帝之名义，颁诏禁毁天下书院。在这次废止书院的诏令下，愿学书院于万历九年（1581）奉文拆毁。

综上所述，明代泰山一带新建书院大部分由官方主持，展示了书院的官方色彩，成为传播儒学的重要机构。除此之外，民众也参与了书院创办，如隆庆年间泰安乡民自发在金山下（今烈士陵园之南）建岱麓书院。

四、清代泰山地区的书院

清初，为了防止汉族士人运用书院讲学进行反清活动，国家对书院控制较为严苛，下令“不许别创书院，群聚徒党，及号召他方游食无行之徒，空谈废业”[①]，并规定：“每乡置社学一区，择其文义通晓、行谊谨厚者补充社师，免其差役，量给康饩养赡。提学按临日造姓名册申报查考。”[②] 三藩战乱平定后，社会趋于安定，加上康熙皇帝对书院的大力扶持，使得书院进入了发展的兴盛期。

清康熙年间泰安地区新创书院主要有青岩书院和徐公书院。康熙四十七年（1708），泰安学者赵国麟在明代宋焘青岩居故址（今泰城灵芝街南端）建讲书堂，聚徒讲学，名为“青岩义社”，赵国麟被尊称为“青岩先生”。康熙五十三年（1714），山东巡抚蒋陈锡捐资扩修学舍，改名为“青岩书院”，书院由私人办学转为官方办学。同年，赵国麟于青岩书院中建宋先生祠堂，奉祀宋焘。至此，青岩书院兼具讲学与祭祀两种功能。这一时期，程朱理学成为官方哲学，书院主要以教授程朱理学为主，青岩书院即是以八股文为讲学重点，以经义策论、制艺帖括来帮助士子准备科举考试为主要功能，四方士子前来学习者达百余人，主要有张希杰、史本、赵元昌、赵晋昌、赵瀛、赵浴、赵沅、江永鼐、徐孔博、范文煜、宋祯等。康熙五十八年（1719），赵国麟出任长垣知县，青岩书院停办。与青岩书院的官办身份不同，徐公书院为康熙五十一年（1712）泰安州民众为泰安知州徐肇显所建生祠，由于徐肇显坚决推辞，州民遂以祠宇创办义学。这一时期，泰山书院也获得重修，康熙四十八年（1709）六月，山东学政黄叔琳视察泰安学政，访问三贤祠遗址，见其凋零破落，于是应州人之请，捐金重修。三贤祠重修完成后，一时间文人墨客纷纷至此题咏刻石，有文献可考的有韩伯端、徐肇显、王臬、任宏业、徐祖望、鲍钤、赵国治、李朴、胡楷、徐钦祉、赵国安、赵国麟

① 〔清〕伊桑阿等：《大清会典》卷五十一，南京：凤凰出版社，2016年，第583页。

② 〔清〕伊桑阿等：《大清会典》卷五十一，第581页。

等人。

雍正皇帝继位后，一改康熙时期对书院大力支持的态度，转而采取限制的政策，雍正元年（1723），他下令“各直省现任官员自立生祠、书院，令改为义学，延师授徒，以广文教”①，致使雍正时期书院发展趋于停滞。泰山地区有书院活动的时间为雍正五年至七年（1727—1529），赵国麟创立的青岩书院短暂复兴，当时高苑（今山东高青）进士蔡澍主讲书院。

乾隆年间，书院呈现了最为兴盛的局面。乾隆皇帝亲自下令修复京师金台书院，带动了全国书院的迅速发展。这一时期，泰山一带新建了一批书院：乾隆八年（1743），宁阳县知县李梦雷捐俸在县东金羊山建东山书院。乾隆二十五年（1760），东平知州普尔泰于州城北建龙山书院。乾隆二十九年（1764），青岩书院日渐倾颓，泰安知府姚立德、知县程志隆在泰安城西汶阳桥（今泰城上河桥）购买宅地，新建讲学之所，题名“泰山书院”。乾隆三十八年（1773），新泰知县胡叙宁捐银在县署东侧建青云书院。乾隆五十七年（1792），泰安知府徐大榕、知县嵇承群在泰城冥福寺（今泰安老六中）东建岱麓书院。同时，对原有书院也进行了重修拓建。乾隆四年（1739），泰安知府蒋尚思捐资重修三贤祠，并为三贤祠题匾“高山仰止”。乾隆五年（1740），泰安知府王一夔拓修青岩书院。乾隆二十四年（1759），邑人宋焘后裔宋为燮、赵起鲁等人重修三贤祠，并与诸学子在祠中讲学。乾隆四十八年（1783），泰安训导周桐等在三贤祠东涧上建洗心亭，增加了三贤圣迹。除了新建和重修之外，乾隆五年（1740），尹庭之后贡生尹勋重建金峰书屋，延致四方文士与族中子姓，“严砺其中，所成就甚众”②。

乾隆时期泰山地区书院除了金峰书屋外，基本上为官方创建，旧书院的维修也大部分为官修，因而此时书院的经费来源主要是政府拨款或者官员自捐俸禄。因为经费充足，书院规模较大，如新泰知县胡叙宁创建的青云书院，中间为讲堂，堂后为进德斋、修业斋。再如泰安知府姚立德、知县程志隆在泰安城西创立之泰山书院，规模宏大，有大门三楹、重门七楹、讲堂前后八楹、东西序前后十四楹、学舍四十五楹、书斋廪廨以及庖湢后户共二十五楹。中有文昌祠三楹，供奉文昌帝君；三贤祠三楹，奉祀宋儒孙复、石介、胡瑗。此时书院的主要作用仍然是辅助举子业，但是与前期不同的是，乾隆时期书院的教学活动开始从以程朱理学为中心到以博习经史词章为中心。

① ［清］昆冈等：《钦定大清会典事例》卷三九六，《续修四库全书》第 804 册，第 310 页。
② ［清］沈起元：《金峰书屋记》，乾隆《泰安府志》卷二六《艺文》，第 129-130 页。

乾隆九年（1744），乾隆皇帝颁布谕旨，指出："嗣后书院肄业士子，令院长择其资禀优异者，将经学、史学、治术诸书，留心讲贯，以其余功兼及对偶声律之学。其资质难强者，且令先工八股，穷究专经，然后徐及余经，以及史学、治术、对偶声律。至每月课试，仍以八股为主，或论或策，或表或判，听酌量兼试，能兼长者酌赏，以示鼓励。"[①]之后，在殿试时加上了经史方面的内容。为适应这一科举考试的变化，各地书院一方面在课程教授上作了调整，如乾隆三十六年（1771），泰安知县李品镐撰《泰山书院约言》，内容除了"立功课"一条之外，主要探讨了"读经""读史""读古文""读赋""读诗"的方法和路径。另一方面，各学院纷纷聘请经史研究专家来为学生讲授经史研究。如乾隆四十六年（1781），泰山书院聘请学者唐仲冕任泰山书院山长。青云书院建立后，知县胡叙宁聘请新泰拔贡担任书院山长。尹勋重建金峰书屋后，邀请新泰学者牛士范、牛士瞻两兄弟前来担任教职。为了指导学生治学，很多学院纷纷制定院规。如泰安知县李品镐为泰山学院撰写《泰山书院约言》；泰安知县程志隆为泰山书院制定了规章制度；蒋作锦作《龙山书院条规》，对龙山书院的管理作了详细的规定。

与乾隆时期相比嘉道时期泰山地区书院发展速度明显慢了下来，这一时期新建的书院只有两座。一是道光二年（1822），肥城知县刘宇昌创建鸾翔书院。后肥城知县杨延俊重视科举，编《鸾翔书院课艺》教授学子。之后，鸾翔书院成为肥城较有影响的书院。道光二十九年（1849），知县梁康辰、训导张运长在鸾翔书院内建考棚二座，栅栏门一座，是为鸾翔考院。二是道光十四年（1834），芜湖道员唐鉴、庠生罗维钟等于肥城陶山东（今湖屯镇冯庄）捐资创建岱南书院。嘉道时期泰山地区一些书院得到了重修，嘉庆二年（1797），泰安学者蒋大庆与山东布政司理问贾培荣、监生乔子忠等重修泰山上书院。此次重修配祠，创建配厅和两间讲堂，并将旧考槃亭改为石亭。泰安府教授李席珍为重修后的书院题匾"信道遗规"，知府金棨题匾"泰山上书院"。道光三十年（1850），泰安知府法丰阿重修上书院。同时，蒋大庆编订"贤祠十五景"，邑士范圩为十五景题诗。这一时期，泰安知县徐宗干捐资重建泰城岱麓书院。乾隆五十七年（1792）岱麓书院创建后，因经费不足，日渐废弃。道光七年（1827）徐宗干重建后，亲自为书院制定规章制度，并聘请名师担任山长．先后主讲岱麓书院者有孔传岗、沈毓寅、王恩铨、王家榕、唐鉴、涂宗瀛、王怀曾等。岱麓书院在当时影响很

① 〔清〕昆冈等：《钦定大清会典事例》卷三九五，《续修四库全书》第804册，第304-305页。

大，除了本地读书人前来学习外，还有曲阜、河南等地学子慕名前来。道光十四年，泰安知府郭文汇又捐资重修岱麓书院。随着书院的发展，也出现了一些弊端，如邹峰贤言：“天下书院，虽无讲学之禁，一变而废讲课文，再变而营私射利，三变则庐舍一空。山长有所谓干束脩，生徒有所谓虚廪米者，则书院之设，亦等饩羊之徒存焉。”[①]鉴于此，嘉庆皇帝和道光皇帝先后多次下达谕旨，对书院的山长选择进行规定。

咸同光时期，国家对书院建设进一步支持，泰山地区书院建设也获得了进一步发展。咸丰三年（1853），泰安通判许之瑞捐资于楼德镇（今新泰楼德镇楼德东村）创办怀德书院。举人卢运常卖地数十亩资助书院建设。书院建成后，前来学习士子络绎不绝。同治八年（1869），泰安知县何毓福整顿岱麓书院，同治九年（1870），新泰知县李溱于敖山书院故址改建平阳书院。光绪八年至十四年间（1882—1888），宁阳知县陈文显倡建书院，当地乡绅捐资建设，名“圣邻书院”。光绪八年（1882）新泰知县郎凤来捐修平阳书院。光绪十五年（1889），山东巡抚张曜派人维修废于咸丰年间的怀德书院，得再度复兴。光绪十九年（1893），康敉任泰安知府，重修岱麓书院，增建客房。光绪二十五年（1899），泰安知县朱钟琪在泰山书院建仰德书院，聘知名学者侯兰皋主讲，选当地高才生十人入学，赵正印、赵春芳、李星坡、范炳辰、周艺臣等入选。继任知县毛澂扩充书院，为书院筹集经费、更定章程。

清代是泰山地区书院迅速发展的时期，由于书院发展迅速，出现了学田之争，如康熙乾隆年间，同川书院略有败落，屡有毁坏院内树木的事情发生。又如嘉庆八年（1803），牛山资圣院僧众与李邦珍后人因为山场发生争议，诉讼于官府，泰安知府沈琨下令驱逐游僧，并亲自为书院定山场条约。

五、泰山书院与近现代新式教育的开始

近现代教育理念传入中国后，渐次融入中国社会，泰山书院在此又扮演了重要角色。

光绪二十七年（1901），清末新政，进行教育改革。八月初二，朝廷命将各省书院一律改为学堂。在这一背景下，泰安府采取了以下措施：

第一，将泰山旧有书院改为学堂。如光绪二十七年（1901）遵谕将岱麓书院改为校士分馆。泰安知县李祖年因仰德书院坐落在山麓，不方便就学，将其移至山下西关

① 同治《乐安县志》卷四，清同治刻本，第61页。

（双龙街），改名为“致用学塾”，后知县毛澂又改为师范学堂。至二十九年（1903）学堂停办。光绪三十年（1904），泰安知府段友兰在岱麓书院旧址，进行改建，共建号舍20间，其他用室24间，定名为“泰安府中学堂”。光绪三十一年（1905）夏秋时，泰安知府吴筠孙尽心竭智，筹措经费，对泰安中学堂改良扩充，包括修葺和添建校舍、购置仪器和书籍。学堂此年开始招生，学堂设监督1员，由泰安知府任监督，此外设坐办1员，收支1员，中西教员各1员。设一个教学班，共58名学生。开设修身、英文、经学、国文、历史、地理、算学、体操共8门功课科目。

此后数年之内，泰安各地书院陆续改为小学堂：宁阳圣邻书院于光绪二十九年（1903）改为高等小学堂；肥城鸾翔书院、新泰平阳书院、莱芜汶源书院、东平龙山书院于光绪三十年（1904）改为高等小学堂；怀德书院于光绪三十一年（1905）改为楼德高等小学堂；岱南书院于光绪三十四年（1908）改为岱南高等小学堂。

第二，重新创建新的学堂。这一时期，泰山地区新建的学堂主要有：光绪二十九年泰安知县毛澂在天书观旧址创办县立第一学校，又在全县设立小学一百八十五所；后任知县李于锴在县境捐资添设学堂数十处；光绪三十二年（1906），泰安回族士绅杨玉成及子茂周先后在泰安城出资设杨氏义塾及杨氏私立两等（初、高等）小学校（在西关北新街附近）；泰安留日学生范明枢与留日同学朱承恩、张百源等创办县劝学所，于全县分设学区，推广乡村教育。

民国元年（1912）1月19日，教育部公布普通教育暂行办法通令，规定“从前各项学堂，均改称为学校。监督、堂长，应一律通称校长”。按照这一要求，各学堂进行了以下变更：1913年11月，泰安中学校改名为山东省立第五中学校。1914年8月，省立第五中学校又改名为山东省立第三中学校，并且本年经费全部由省教育厅拨款，共5400元。

传统的泰山书院，从信道堂到泰山书院到岱麓书院，从岱麓书院到泰安府中学堂到泰安中学校，从传统到近代，走过了漫长而坚实的教育演变之路，薪火相传，照耀泰山。

第三节 儒家圣贤奉祀泰山

鉴于孔子在中国传统文化中所起的重要作用，东晋太元元年（376）国学开始建立孔子庙，北魏太和十三年（489）京师建孔子庙，北齐时将孔子庙推广到全国。明代，泰山顶上也有了专门祭祀孔子的庙宇。除此之外，泰山一带还专门兴建了奉祀先贤柳下惠、孙复、石介及林放的祠庙。

一、孔子奉祀

孔子庙是专门供祀孔子之处，在中国传统社会中普遍存在。泰山极顶的孔子庙建于明代。明人查志隆《岱史》详细记载了创建岱顶孔子庙的经过：嘉靖三十九年（1560），山东巡抚朱衡谋划在孔子崖开拓地基，构建祠宇奉祀孔子，因其迁任而未能完成；万历十一、十二年间（1583—1584），济南推官郝大猷在玉帝观之西创建孔子庙，正殿、垣墙、四围等均已完成，但是还没有来得及安放孔子神像，就迁任而去，岱顶孔子庙的建设又暂停下来；万历十四年（1586）十月，山东盐司同知查志隆上书抚按，议请续加构建，得到批复，最终在当年完成了岱顶孔子庙的建设，前后历时 27 年。

除了孔子庙之外，泰山上还有三处供奉孔子神像之所：其一，挟仙宫。挟仙宫位于玉皇顶左侧，内供奉孔子石像，东有“孔子小天下处”碑。康熙年间废。[①] 其二，孔子崖。万历六年（1578），山东巡抚赵贤登泰山，命人于孔子崖建过化亭，奉祀孔子铜像。万历十四年（1586），山东盐司同知查志隆上书抚按，提议重修过化亭及孔子铜像。其三，孔子过化楼。孔子过化楼在十八盘渡天桥斗母宫南，传为孔子过化处。明嘉靖朝儒士创建，供祀孔子铸像。

有清一代，岱顶孔子庙持续不断地重修营造，与泰山相辉映。

入清之后岱顶孔子庙第一次重修的时间为康熙年间，根据孔贞瑄《泰山纪胜》的记载，康熙六年至十二年（1667—1673）期间，曾重建过一次孔子庙，至康熙十二年

① 明人陈文烛于万历六年（1578）九月游泰山所作《游泰山记》、万历十一年（1583）四月福建布政使司参议钟宇淳游泰山所作《泰山纪游》中都记载了挟仙宫状况。隆庆六年（1572）八月，河道总督万恭因治河成功，祭祀泰山，为挟仙宫题匾额曰“凭虚御风”。康熙二十三年（1684），在故址处建乾坤亭。

（1673），祠庙再次倾圮，只剩基址。这次重建孔子庙时，把孔子庙的位置从明代的极顶之西挪到了极顶之东。

到了康熙十五年（1676），感慨于岱顶孔子庙荒圮已久，江西道士吴云建议运使杨霖重建孔子庙，杨霖委托张所存负责整个工程。这次重建之后的孔子庙有以下两点改变：一，孔子及四配神像均由明代的铜像变为石像。二，孔子庙的地址再次发生了变化，据孔贞瑄撰《重建岳顶圣庙碑》和《岱顶重建圣祖庙同吴舫翁相宅》小序记载，孔子庙新址在岱顶东岳庙以东德星岩下。孔子庙修建完成后，杨霖"率州人士飨献作乐，如丁祭礼，告成事焉"[①]。康熙五十六年（1717），泰安州同知张奇逢崇儒重道，修复岱顶孔子庙，地址迁回，为了便于朝拜至圣，一并整修了通往孔子庙的盘路。张奇逢又于庙南立石坊，题曰"望吴圣迹"，以彰圣迹。十月十六日安放新镌圣像，十七日第六十七代衍圣公孔毓圻偕颜曾等五经博士诣顶瞻拜。乾隆三十五年（1770）十月，清高宗为贺六十寿诞，遣内务府大臣刘浩重修岱庙，工程除修缮岱庙外，还重修了孔子庙。同年，乾隆皇帝为孔子庙赐额曰"因高喻大"。道光六年（1826），徐宗干把其在曲阜任职期间所获米芾绘孔子像刻碑，嵌置于岱顶孔子庙之东西壁，并为孔子庙题联"仰之弥高，钻之弥坚，可以语上也；出乎其类，拔乎其萃，宜若登天然"。光绪二十年（1894）毛澂担任泰安知县，任职期间对岱顶孔子庙再次进行了重修。

虽然自古以来，泰山与孔子就有着密切的关系，但直到明代在岱顶立孔子庙起，孔子与泰山的关系才真正成为社会精英们关注的话题，通过时贤们不断思考与建构，泰山与孔子的关系才真正明晰起来。如李邦奇的"泰山，山之至也；圣人，人之至也；经文，文之至也"的判断，如查志隆认为"圣哲中之有孔子，犹山阜中之有泰岳"。清人汪稼门的"孔子圣中之泰山，泰山岳中之孔子"，成为对这一关系最为精准的判断而传颂至今，也标志着孔子与泰山文化主题建设的最终完成。

二、柳下惠奉祀

柳下惠（前720—621），姬姓，展氏，名获，字季禽，又字子禽。世代被尊为泰山圣贤之首，为"道承唐虞，学开孔孟"[②]的儒学宗祖之一。

明万历四十五年（1617），泰安知州侯应瑜在岱庙东南创建和圣祠，柳下惠进入泰

① 〔清〕孔贞瑄：《重建岱顶圣庙碑》，《聊园文集》，《清代诗文集汇编》第131册，上海：上海古籍出版社，2010年，第550页。

② 展恩华：《和圣柳下惠》，海拉尔：内蒙古文化出版社，2013年，第103页。

安官方的祭祀系统，春秋奉祭。

明清易代，泰山和圣祠祀相沿不废。清代和圣祠之修，开始于顺治十三年（1656）。据《泰安县志》载："顺治十三年，济南守道毕振基重修，戴清京曾记之。碑在祠过厅中。"[①] 和圣祠重修告竣后，山东学政施闰章亲自到场祭祀柳下惠。入清后和圣祠第二次修葺，是在乾隆十九年（1754）。乾隆《泰安府志》卷七《祠祀》中记此役云："和圣祠：……乾隆十九年县令冯光宿复加修葺，有碑。"[②] 乾隆五十四年（1789），泰安知府宋思仁、知县嵇承群、县尉张廷模重修和圣祠，工竣，宋思仁撰《重修和圣祠记》。道光九年（1829），泰安知县徐宗干修葺和圣祠。徐宗干此次重修，还有一项重要举措，即将与和圣祠相邻的鲁两先生祠中的孙复、石介像移到柳下惠西侧，自此孙石神位"借住"和圣祠凡八十年，直至宣统元年（1909）方还祀旧所。

民国时期，和圣祠亦数经兴废。其重修之工，起始于1916年。据赵正印《新儒联语录》称："民初五年由皖归，捐资修柳下祠堂，费千元。"[③] 又《重修泰安县志》卷二载："民国五年，邑人赵正印等捐款重修，添置过厅三楹。"[④]

三、孙复、石介奉祀

随着石介、孙复赴朝廷就职，泰山书院、徂徕书院的讲学活动结束了，孙复、石介成为泰山人文的代表，"鲁两先生"一词早在宋代就已经出现。刘挚《正议大夫致仕龚公（鼎臣）墓志铭》中称："鲁两先生，徂徕、泰山。门人达者，公得其传。"[⑤] 围绕其二人产生的庙祠奉祀则开始于金代。

（一）鲁两先生祠（二贤祠）

金大定二十二年（1182）十月，泰安州学诸生及孙石后人联合在岱庙大门之东（今岱庙东墙）建鲁两先生祠，性质为祠堂，即孙石两家家祠。此次创建的鲁两先生祠是目前有资料可据的第一个专门奉祀孙石二人的祠宇。后并入岱庙，元代又归并到资福寺。

明代，朝廷对孙石二先生的祭祀主要通过两个方面展示出来：第一，对鲁两先生祠的重修。明代先后两次重修鲁两先生祠，一次为成化二十二年（1486），根据明代吴

① 民国《重修泰安县志》卷二，民国十八年泰安县志局铅印本，第63页。
② 乾隆《泰安府志》卷七，清乾隆二十五年刻本，第8页。
③ ［民国］赵正印：《新儒联语录》，民国泰山赵氏刊本。
④ 民国《重修泰安县志》卷二，第263页。
⑤ ［宋］刘挚《忠肃集》卷十三，北京：中华书局，2002年，第266页。

宽撰《鲁两先生祠记》的记载，明代鲁两先生祠附于明代州学，规制狭隘，祭祀礼仪也极为简单，泰安知州胡瑄将鲁两先生的情况上报山东巡抚盛禺，盛禺向朝廷请示，礼部下令提高祭祀规格："俾有司每岁春仲祀以羊一、豕一，秩为常典。"[①] 稍后，盛禺在州治（今泰山区委）东南重建鲁两先生祠。祠还没有建完，盛禺去职，继任巡抚吴节继续修建，最终完成。第二次是天启元年（1621）。是年，感于"春秋秩祀，即设于草莽之间。二先生遗像俨然，且与荆棘伍矣"。泰安知州侯应瑜重修了鲁两先生祠，并撰《鲁两先生祠记》，重修之后鲁两先生祠殿寝各三楹，祭库、神厨各二楹，这一格局一直持续到清代。第二，在泰山书院营建奉祀孙石二先生之殿宇。明代除了鲁两先生祠外，还在泰山书院兴建了专门奉祀孙石二先生的殿宇。嘉靖十六年（1537），山东按察佥事卢问之在泰山书院建仰德堂，在堂内奉祀孙复、石介，开辟了孙石奉祀的另外一个场所。

清顺治十五年（1658）时，鲁两先生祠荒废，山东学政施闰章与泰安州人赵弘文等捐资重修。康熙三十九年（1700），山东督学刘谦吉"见门垣尽圮，荆榛满地，而两先生之像更侵于风雨"，于是捐俸委托学正刘炳重修鲁两先生祠。据刘谦吉与泰安学正刘炳所撰碑记，这次维修有石氏后人参与。乾隆五十四年（1789），泰安知府宋思仁与知县嵇承群捐俸倡修二贤祠。乾隆四年（1739），泰安知府蒋尚思捐资重修二贤祠。道光九年（1829），泰安知县徐宗干重修和圣祠，见和圣祠南边鲁两先生祠破败不堪，于是把两先生像移到和圣祠西偏殿供奉。宣统元年（1909），孙复、石介后裔集资重修鲁两先生祠，"倡修祠殿以及神台几案，粉饰墙壁，修造匾联，孙氏重修门垣"。在这次维修中，官方支持官款三百五拾千。重修完成后，山东巡抚孙宝琦篆书"二贤祠"匾额，山东提学使司罗正钧撰联。

明清时期，随着官方对鲁两先生祠的兴建，对其后人也重视了起来，如成化二十二年（1486）对鲁两先生祠重建完成后，守臣"推朝廷尊贤之意"，不但派人维修两先生墓，而且选石介后人担任奉祀生，负责孙石二先生祭祀事宜，石介后裔自兹始置奉祀生员。康熙二十年（1681），泰安学正邓国球向山东学政请求为孙复设奉祀生员，当时孙复后人卖身为杨姓，邓国球捐俸赎回，并令其主祠祀。邓国球还对二先生后人予以关照。

① 〔明〕查志隆：《岱史》卷十《灵宇纪》，《岱史校注》，第170页。

（二）四贤祠

金大安三年（1211）九月，党怀英逝世，为了纪念他，泰安州人在泰安文庙（今泰山区委）附近创建四贤祠，内奉祀羊祜、孙复、石介、党怀英四人。蒙古宪宗五年（1255），四贤祠并入泰安文庙。

根据高晋等纂修《南巡盛典》卷九六《名胜》的记载，乾隆二十一年（1756），为了迎接乾隆帝南巡，将泰安县南魏家庄（今岱岳区大汶口镇卫驾庄）西四贤祠（合祀宋儒胡瑗、孙复、石介、孔道辅）改建为行宫，别称“四贤祠行宫”。遗憾的是，此四贤祠创建无考。

（三）三贤祠

明隆庆年间，邹善在泰山上书院仰德堂增祀胡瑗，并为之改名“三贤祠”，通过建立“授经台”“讲书堂”“侍立石”等刻石，表达了主动构建先儒供祀体系的行为。乾隆四十七年（1782），唐仲冕在三贤祠内增祀明儒宋焘与清儒赵国麟。此举实为泰山五贤祠创建的先声。道光十年（1830），泰安知县徐宗干在三贤祠内增祀明儒宋焘、清儒赵国麟，改称“五贤祠”。

和之前相比，清代孙石祭祀有了以下几点改变：第一，祭祀场所由之前的鲁两先生祠和三贤祠增加为鲁两先生祠和两个三贤祠；第二，鲁两先生祠对象为孙复、石介，两个三贤祠分别在乾隆四十七年（1782）和道光十年（1830）在奉祀孙复、石介、胡瑗基础上增加了宋焘和赵国麟。

四、林放奉祀

林放，字子丘，春秋鲁国人。曾问礼于孔子，后世多将林放与泰山并举。世传林放故里在泰安放城集（今新泰放城镇），唐代于此建有林放祠。至明依旧香祀不绝。入清又复兴盛。顺治初年，新泰知县卢紘寻访林放祠不获，郗姓倡议重修，卢紘撰《先贤林子放祠记》。

道光年间，泰安知县徐宗干曾经至放城，时林子祠已废，宗干有《访林放祠》诗，序云：“泰邑东南乡放城，相传有林放祠，其乡为放故里，距城二百余里。因公前往，访求遗址不可得。”[①] 宗干拟在泰安城和圣祠南建林子祠祀林放，以林氏子孙守之，但

① 〔清〕徐宗干：《斯未信斋诗录》卷四《岱南集下》，《清代诗文集汇编》编纂委员会编：《清代诗文集汇编》第593册，上海古籍出版社，2010年版，第428页。

其工未竟。

五、其他儒贤的奉祀

（一）五贤

岱顶天街处，原有五贤堂，恭祀孟子、荀子、扬雄、王通、韩愈，今已无存。北宋景佑年间，孙复、石介创立泰山学派，景佑五年（1038），孙复建信道堂传授儒学，一时名士如张泂、李缊、祖无择、孔道辅等前来拜师学习。泰山学派注重“道统”。所谓道统，指的是儒家传承的脉络，为了反对佛道，韩愈在《原道》中首倡道统论，并提出了“尧、舜、禹、汤、文、武、周公、孔、孟”的传承体系。泰山学派继承韩愈的道统论，又在韩愈道统论的基础上，加上“荀卿、扬雄、王通、韩愈”之传承，提出了独特的道统理论。在泰山学派的影响下，孔道辅在曲阜孔庙西建立五贤堂，供祀孟子、荀子、扬雄、王通、韩愈。孙复得知孔道辅创建五贤堂后，在《上孔给事书》中称赞道：“近得友人石介书，盛称执事于圣祖家庙中构五贤之堂，像而祠之，且曰‘孔侯之心至矣，吾辈不是之而将何之也！’复闻之，跃然而起，大呼张洞（泂）、李蕴（缊）曰：‘昔夫子之道，得五贤而益尊，今五贤之烈，由龙图而愈明。’”在孔道辅及孙复的影响之下，岱顶建起了五贤堂，祀孟子、荀子、扬雄、王通、韩愈。元祐二年（1087），晁补之游览泰山时，在《谒岱祠即事》中提道：“侧度五贤堂，熊经背逡巡。” 之后五贤堂沿革不详，《泰山道里记》云：“东为天街……此地旧称五贤堂，祀孟、荀、扬、文、韩五子。” 可见，乾隆中期之时，五贤堂已经不存。

（二）左丘明

左丘明（约前556—前451），都君庄（今肥城市石横镇东衡鱼村）人，曾担任鲁国太史，被后世称为“文宗史圣”“经臣史祖”。传东衡鱼村为左丘明传授《春秋》之处，后人在此地建左传精舍，又名左子庙、左子祠。宋大中祥符元年（1008），宋真宗封禅泰山后，“幸曲阜，以太牢祀孔子，追封文宣王。凡属先贤后裔，咸加恩宠”。于是追封左子为瑕邱伯，授予左丘明四十七代孙邱芳衣巾，命他主管祭祀事宜。大中祥符二年（1009）春，范讽担任平阴知县，整修左子庙。元至元十年（1273），赵珪担任肥城县达鲁花赤，创建儒学。之后，在儒学南边建立左氏祠，这是继都君庄左子启之后的又一个左传精舍。明天启二年（1622），肥城知县王惟精重修左传精舍，河南右参政孟成已出资为左传精舍购买祭田二十二亩九分，修治祭器品物。第二年，王惟精在左氏家谱的基础上，编辑《左传精舍志》五卷。清乾隆十六年（1751），肥城知县李芬捐俸重修左传精舍，又向朝廷申请设立奉祀生，得到朝廷的应允。嘉庆八年（1803），山东巡抚铁保根据《左传精舍志》，上奏朝廷请增设左丘明后裔肥城邱氏为世袭五经博士，礼部尚书纪昀以其查无确证驳回。嘉庆九年（1804）十月十四日，清仁宗为此传谕内阁，称："所称左丘明墓在肥城一节，前人屡经辨论，亦在疑似之间。是该处住居邱姓，亦难定为嫡派后裔。铁保学问尚优，何以不加详察，滥行申请？殊不可解。礼部所驳甚是。"驳回铁保的申请。至清末，左氏精舍又多次重修。

（三）冉氏五贤

传说孔子弟子三千，贤者七十二，最优秀者"十哲"。其中，冉耕（字伯牛）、冉雍（字仲弓）、冉求（字子有）、冉季（字子产）、冉孺（字子鲁）均位列七十二贤，前三冉又被列入"十哲"。根据现有史料记载，冉耕一系长期定居在今泰安市肥城王瓜店街道冉家庄村，冉氏一族对肥城历史文化有重大影响。明崇祯十年（1637），肥城知县王惟精等创建冉氏五贤祠，恭祀"五冉"。冉氏五贤祠原位于肥城市王瓜店镇冉家庄村南，坐北向南，有正殿三间和东西配房，今不存，原址仅存古碑一通。

第七章
道音梵呗：泰山宗教

现代哲学家张岱年先生说："泰山是中国最重要的名胜之一，泰山有许多庙宇，泰山的宗教传说是中国民间宗教的重要内容，关于泰山的宗教信仰是中国宗教的一个重要方面，研究中国宗教史，必须研究泰山的宗教的历史。"[①] 诚如先生所言，在泰山文化中，宗教占据着重要地位，是泰山文化的重要组成部分。泰山位居东方，为五岳之首，鉴于其在中国传统社会中的重要地位，道教、佛教等宗教纷纷弘道泰山，均在泰山及周边地区有着自己的信仰圈和影响。

第一节 泰山道教

东岳泰山早在远古时代就被视为神仙所居之洞府和方士隐居修道的理想之地，其与道教的渊源由来已久。泰山不仅为道教三十六洞天之第二洞天，而且泰山有仙人居的传说屡见于道教典籍。金世宗末年，全真掌教弘道泰山，之后全真道成为泰山道教主流。

一、金之前的泰山道教

有学者指出："在道教看来，泰山是神仙发源地之一。从《山海经》中记载的昆仑—泰山的巫师活动，到秦皇汉武的求仙寻药；从最早的《太平经》到民间的秘密教

① 张岱年：《张岱年全集》，石家庄：河北人民出版社，1996年，第240页。

派，都把泰山视为洞天福地，作为修炼、长生的灵应仙界，因此泰山成为道教的神山。”①

正如书中所论，泰山被纳入道教信仰，源于战国秦汉时期的方仙道活动。方仙道兴起于齐国，而地处齐地的泰山原来即具有主生主死的“功能”，因此方士们都把泰山鼓吹为仙人之山，秦皇汉武将封禅地点锁定在泰山，与泰山为“不死仙山”也有一定的联系。如汉方士公王带所说：“黄帝封东泰山，禅丸山，合符，然后不死焉。”②就是这一理念的不同表述。恰如学者所论：由于泰山既主生又主死，所以历代帝王热衷于封禅，除了上告天帝领受天命之外，另一个重要的原因，就是希望借此以求长生不死。这样一来，泰山就和后来道教的长生成仙信仰搭上了关系。道教教义最显著的特征在于其对神的崇拜，这也是其信仰的核心。道教神仙思想的两个源头都可以在齐地找到：东有蓬莱、方丈、瀛洲（海上三神山），西有泰山，正符合中国神话西山东福的格局。而且相比之下，泰山神话出现得更早。③泰山作为道家“仙山”，萌芽于此。

秦汉时期活动在泰山附近最著名的方士是安期生。根据汉代刘向《列仙传》的记载，安期生为琅琊人，曾经在海边卖药，被当时的人们称为“千岁翁”，秦始皇东封泰山时，两人见面聊了三天三夜，秦始皇赐予其大量黄金。泰山以东莱芜境有仙人山，传为安期生隐修的地方，后世在这里创建安期观。汉代方士李少君、泰山老父、稷丘君、崔文子、浮丘公等，也都在泰山活动频繁：新甫山下浮邱庄，传为浮丘公故里；莱芜仙人山少君祠，传为李少君隐修之地。方士们积极引导汉武帝大行求仙之举，广建楼观，在泰山留下了众多文化遗迹。

汉末以至六朝，太平道、天师道相继兴起并传入泰山地区，一些著名道士也在泰山隐居传道。晋中山（今河北定县）人张忠“岩栖谷隐，修导养之法”，“劝教但以至道虚无为宗”。张忠的隐修之地，在长清万德镇西野老村。这也是有文献记载的第一个泰山道士。北齐时道士由吾道荣也潜于泰山，隐居修道，他以道术闻名于当世，受到齐帝的礼遇。

魏晋南北朝时，随着道教“清整”，名山信仰在教义中日渐突出，名山被视为传授道书及炼丹之地。此时，泰山也被正式纳入确定后的道教名山体系之中。葛兆光在《中国思想史》指出：“清整道教谱系的背景之二，是古代中国关于地理的观念，以及与地

① 谢路军：《道教概论》卷二八，北京：中央民族大学出版社，2006年，第312页。
② 〔汉〕司马迁：《史记》，第1684页。
③ 〔民国〕易君左原著，周郢续纂：《泰山国山议》，北京：五洲传播出版社，2013年，第83页。

理有关的神话与传说。……从西王母、汉武帝故事演变而来的《五岳真形图序》，除了再一次重复十洲三岛的故事外，又加上了五岳的传说，如东岳‘泰山君主之，……主治死生，百鬼之主帅也’。”[①]《真诰》在开列众真名号时，出现了“东岳司命”“岱宗神侯”“太山君”等与泰山有关的仙真名号。由此可以看出，泰山被充分道教化。

唐代道教鼎盛，兴建了许多泰山道观，唐高宗、武则天封禅完成后，下令在“兖州界置紫云、仙鹤、万岁观”[②]，万岁观就建在泰山附近。泰山道观之中，岱岳观尤为著名。岱岳观原为泰山东岳庙中庙，根据《从征记》的记载，泰山东岳庙有上中下三庙，其中中庙最为恢宏。唐高宗显庆年间，武则天改东岳中庙为岱岳观。之后，岱岳观成为唐代的皇家道观。岱岳观原有双束碑一通。该碑碑身由两块条石组成，上面用一歇山状石盖束合，故又名鸳鸯碑，现存岱庙东碑廊。碑的四面刻满了题记，每面有四五层，每层刻文一至二首。其中唐代题刻共二十九处，纪年跨度自显庆六年（661）至贞元十四年（798），记录了唐朝七帝——唐高宗、唐中宗、唐睿宗、唐玄宗、唐代宗、唐德宗及武则天派遣道士到泰山岱岳观行斋醮科仪并造像的史实。仅武则天时期，就先后派遣东岳真人郭行真等数十人到泰山建醮造像，或为其篡权夺位制造舆论，或借机展示符瑞，宣扬其受命于天，更有祈拜神灵，以求长生，为其政治作种种服务。另外一些道士也在泰山活动频繁，如茅山派道士刘若水到泰山拜东岳任无名为师，后居日观台十余年，声闻内廷。方士丘延翰跟随泰山隐士学习风水堪舆之学，受《海角经》一书。同时又有女道士焦静真居住在泰山，传说当时就有一百岁了，诗人王维、李白、李奇皆曾与之交游。唐玄宗妹妹玉真公主自幼出家为道，屡次前往名岳访道学仙，早年曾“游谒五岳，寓止山中”。

唐代泰山的国家祭祀，也与道教有着密切关系。自北魏时新天师道道士寇谦之奏请修葺各岳祠宇，已使“五岳祭祀蒙上明显的道教色彩”，而自唐开始的道教岳渎“投龙”仪式，使两者的关系更加密切。唐代茅山宗司马承祯奏请在五岳各立真君祠，无疑是以道教理论改造国家五岳祭祀系统的尝试。唐玄宗崇敬司马承祯，答应他的请求在五岳各建真君祠，是为皇家在各岳的专用道场。据《岱岳观碑》记载，东岳真君祠建于开元十九年（731），位于泰山岱麓，之后泰山碑刻经常见到“真君道士”这样的称呼，并且直到宋代，真君观依然在朝廷很有影响，如《续资治通鉴长编》有这样一

① 葛兆光：《中国思想史》第一卷，上海：复旦大学出版社，2001年，第360页。
② ［后晋］刘昫等：《旧唐书·高宗纪》，第90页。

条记载："设道场，礼毕，诣至圣文宣王庙、会真宫、东岳庙、真君观行礼。"[①]学者以为，此事是道徒试图以道教理论来改造国家五岳祭祀，对五岳的道教性质逐步定型起了重要作用。司马承祯在他撰写的《天地宫府图》一书中，称泰山为三十六洞天之第二洞天，"周回一千里，名曰蓬玄洞天"[②]。此后唐末五代道士杜光庭《洞天福地岳渎名山记》中也遵从这一体系，"蓬玄"也成为泰山的别名。从此，泰山作为道教"仙山"的特征进一步明确。

宋代之后，泰山国家祭祀与道教日益合一。宋真宗封禅泰山时，大肆增崇泰山宫观，敕封道教神仙，为青帝加号"广生帝君"，并亲自撰写《青帝广生帝君赞》碑。与此同时，还招揽四方名道来泰山观礼。后又召泰山隐士秦辨入京，赐号"贞素先生"。宋真宗封禅告成后，将封禅暂时居住的奉高宫改名为会真宫，并命"增葺室宇，务从严洁，无事雕饰，自京选名德道士住持焚修"。泰山王母池、升元观、青帝观等在北宋香火也都盛极一时。

二、金元时期泰山道教

全真道于金大定年间兴起于山东登、莱、宁海三州，之后，在很长一段时间内，主要在山东胶东半岛传播。大定九年（1169）十月，王重阳带领丘、刘、谭、马四大弟子北上传道，留守山东的全真道士同时以胶东半岛为中心，往山东其他地区传教。直到金世宗末年，才传入泰山地区。从此，全真道便成为泰山道教的中坚力量，经久不衰。泰山全真道的特色有两个：第一个特色是，全真道自金世宗末年传入泰山地区之后，逐渐成长为一种地域性全真道，与其他地区全真道相比，二者既有共性，又有特殊性。其中，共性决定了泰山全真道在性质上归根结底为全真道；特殊性则表明了泰山全真道不同于其他地区全真道的独有特征，即泰山全真道的地域性。第二个特色是，泰山全真道与社会各阶层之间产生了一种相互依存、各得其所的互动关系，进而形成了以泰山为中心的政教、文教和民教三大社会关系相互影响、相互依存的相对稳定结构。

据现有史料记载，泰山地区较早的全真道观是全真观。全真观位于今岱岳区夏张镇朱家庄村，由巨阳子韩志具于金明昌年间创建，韩志具幼时拜奉高（今泰安城东故

① 〔宋〕李焘：《续资治通鉴长编》卷八十二，第7册，北京：中华书局，1983年，第1875页。
② 吴受琚辑释，俞震等校补：《司马承祯集》卷五，北京：社会科学文献出版社，2013年，第46页。

县村）王道悦为师。大定二十七年（1187）十一月至二十八年（1188）八月之间，金世宗召见王玉阳，途中王玉阳在泰山弘教，韩志具就是此次拜王玉阳为师。韩志具继承全真前两代遗风，以苦己利人为原则，吃苦耐劳，多行善举，日渐有声于齐鲁间，徒众逐渐来集，以致其“度徒凡四百人，置观三十余所”。《云光集》中有数首记载王玉阳沿途度化弟子的诗歌，其中有《泰安州王禀告全家入道》一诗，王禀告全家入道的情况并不多见，所以王玉阳专门写诗相赠。“全真七子”之中，除王玉阳之外，还有多人曾至泰山。丘处机《磻溪集》里有这样一首诗：“五岳曾经四岳游，群山未必可相俦。只因海角天涯背，不得高名贯九州。”① 当时南岳衡山还在南宋统治区内，所以丘处机只游览了四岳，这其中自然就包括泰山，世传丘处机曾在岱阴谷山之金丝洞中炼丹。据传清静散人孙不二也曾在泰山鹰愁涧清净石屋修炼。自是全真派在泰山地区渐次传播。

布山昊天观也是泰山地区较早的全真道观。昊天观位于泰山西南麓的布金山上，该山简称布山，又名瀑布山，今为肥城市所辖。根据杜仁杰《真静崔先生传》的记载，昊天观住持先后有刘志恒和崔道演。崔道演，字玄甫，观州蓨县（今河北省景县）人，号真静，师长生子刘处玄，不但深得师学，而且精通医术，后被弟子刘志恒请到布金山昊天观修行。崔道演对泰山全真道的贡献主要是广度弟子，仅《戊申岁纪海众信士姓氏之图》就记载了他亲传及再传弟子二十二名。亲传弟子有：古嵒子魏志舒、安然子王志冲、葆光大师焕然子范志明、逍遥大师怡然子郝志坚、云峰道人丘志圆、葆真大师湛然子李志清、五峰山主倪然子王志深、筠轩道人季志淳等，再传弟子有：李源洞、曹源炳、马源美、李源固、杨源智、薛源高、王源谦、佐源朗、王源存、陈源觇、马源宗、李源津、翟源洊、王源宣等。崔道演以上弟子大都成为金元之际泰山全真道发展的中坚力量，对泰山全真道的发展做出了重要贡献，如云峰道人丘志圆和葆真大师焕然子范志明就创立了泰山地区著名全真宫观洞真观。

金元易代导致的频繁战乱不仅使泰山全真道道众流失，而且使全真宫观遭到很大破坏，从而使泰山全真道遭受了自传入以来的第一次重创。但是，战乱给泰山全真道带来破坏的同时也给其带来了机遇，对机遇的把握使泰山全真道走出由战乱导致的沉寂状态，首先表现为泰山被毁宫观灵宇的修复以及泰山一带众多全真道观的创立。

金朝末年，由于金统治者在山东地区的经济掠夺加剧，爆发了一系列农民武装起

① 赵卫东辑校：《丘处机集》，济南：齐鲁书社，2005年，第34页。

义。较大的有大安三年（1211）以杨安儿为领导的益都农民武装起义，贞祐二年（1214）李全领导的潍州农民起义，贞祐三年（1215）刘二祖领导的泰安农民起义以及郝定领导的兖州农民起义。起义军声势浩大，给金朝统治者以沉重打击，并且自大安三年始，远在大漠的成吉思汗率部南下攻金，拉开了金元易代频繁战乱的帷幕。在以上多股力量的相互争夺之下，山东地区很快陷于战乱之中。

战乱之前，泰山附近有明确记载的全真道观只有全真观、昊天观和洞真观，并且这三个宫观或者位于泰山支脉上或者在离泰山不远的村落里，无论哪种情况，都处于泰山山脉边缘地带，这一形势对泰山全真道继续向前发展是极为不利的，换句话说，泰山全真道要获得突破性的发展必须向泰山主峰以及泰安州城靠近，但是这对于金世宗末年才传入的泰山全真道来说无疑困难重重。而金元战乱给泰山全真道的发展提供了改变这一情形的机遇：由于战乱，无论是皇帝祭祀的东岳庙还是平民求祈的宫观都损毁殆尽，不但庙堂被毁，而且道徒散尽，由此，众多的灵宇就只剩下了残垣断壁。战后百废待兴，哪个宗教团体能抢占先机修复这些宫观，可以说就对这些宫观有了话语权。事实上，泰山全真道承担起了修复被毁宫观灵宇的任务，并通过这一任务的完成开启了泰山全真道发展的新纪元。战后泰山全真道的发展离不开全真道发展的大背景和当地官绅的支持。

首先，良好的社会氛围是战后泰山全真道得以恢复的前提。丘处机西行觐见成吉思汗后，全真道在元廷的支持下，得到飞速发展，出现了“东尽海，南薄汉淮，西北历广漠，虽十庐之聚，必有香火一席之奉”[①]“南际淮，北至朔漠，西向秦，东向海，山林城市，庐舍相望，什百为偶，甲乙授受，牢不可破”[②]的兴盛局面，这为泰山全真道在战后的复兴提供了契机。

其次，以世侯严实为首的地方官绅的支持。他们对泰山全真道的支持最突出的表现是全真道士张志纯在严实的支持下修复毁于战乱的泰山宫观庙宇。

张志纯，字寿符，世代居住在泰安埠上堡（今肥城市马家埠镇张家安村），原名张志伟，后改名志纯。他天资聪颖，记忆力超强，在六岁的时候就能背诵五经，成了远近闻名的神童，但是与身边同龄的儿童不同，他不喜欢居家，从小便有出尘之心。等张志纯长到十二岁时，就在肥城布山昊天观拜刘处玄门下崔道演为师，学为全真，崔

① 〔元〕高鸣：《清虚宫重显子返真碑铭》，《道家金石略》，北京：文物出版社，1988年，第476页。
② 〔元〕元好问：《紫微观记》，《道家金石略》，北京：文物出版社，1988年，第475页。

道演为他训名志伟，号天倪子。天赋异禀加上勤奋好学，张志纯不久便名满齐鲁，前来拜访者不乏权高位尊之人。这其中就有东平行台严实。严实，字武叔，泰安长清人，元太宗六年（1234）被授予东平路行军万户一职。严实担任东平行台后，所做的第一件事就是招揽由于战乱流离失所的人们“披荆棘”“劝耕稼”以恢复生产，在他努力下，“不三四年，由武城而南，新泰而西，行于野则知其为乐岁，出于涂则知其为善俗，观于政则知其为太平官府”[①]，一派欣欣向荣的景象。

金正大三年（1226），东平大行台严实，多次亲自前往布山邀请张志纯出山维修东平万寿宫。张志纯确实不负严实所托，没用多长时间，就使宫观毁坏的部分得到修理、缺少的建筑得到兴建，“凡所应用，无一不备”。上清万寿宫在张志纯的修复下气势恢宏，严实把他的事迹上报朝廷，元主赐号崇真保德大师，并授紫衣，但是张志纯并不以功自居，仍然回到之前修行的道观布山昊天观。

鉴于张志纯“峻洁知办”的能力和不为名利所左右的淡泊情怀，促使严实再次请张志纯出山修复毁于战乱的泰山庙宇，并答应维修的所有费用都出自官府。这次维修前后历时五十余年，重建了玉女祠、会真宫、玉帝殿、圣祖殿、朝元观、蒿里山神祠等毁于战乱的泰山庙宇。其中值得注意的是，张志纯在修复这些文化古迹的过程中，或者通过为修好的宫观改名，或者入主其中，有意识地把修缮好的古迹纳入全真道的管辖之内，进而增加了全真道宫观数量，扩大了全真道的规模，比如，张志纯修复玉女祠后，为玉女祠改名昭真观，使泰山女神庙宇成为全真道场。

在全真道发展的大背景和以严实为代表的地方官绅的支持之下，泰山全真道摆脱了战乱带来的沉寂状态，并日渐兴盛起来。

第一，鉴于上述泰山全真道士张志纯维修泰山被毁祠宇的成就，朝廷于中统四年（1263）为其加号“崇真明道圆融大师”，并令其提点泰安州教门事[②]。至此，张志纯成为泰安州的宗教领袖，这无论对张志纯本人还是对泰山全真道都意义非凡：对其个人来说，意味着他五十余年的劳碌得到了朝廷的认可；对泰山全真道来说，标志着它摆脱了战前的被动和不利局面，开始从边缘向中心地带发展，这就为其后全真道的发展奠定了良好的基础。

---

① 〔元〕元好问：《东平行台严公神道碑》，《元好问全集》，卷二十六，太原：山西古籍出版社，2004年，第617页。

② 参见杜仁杰：《泰安阜上张氏先茔记》，孔繁信：《重辑杜善夫集》，济南：济南出版社，1994年，第120页。

第二，张志纯在修复这些文化古迹的过程中或者通过为修好的宫观改名[①]，或者入主其中[②]，从而有意识地把修缮好的古迹纳入全真道的管辖之内，进而增加了全真道宫观数量，从而扩大了全真道的规模和影响。战后，泰山全真道宫观数量的增加除了表现在修复宫观上之外，还表现在泰山地区众多新道观的创建上，其中较著名的有长春观、全真观和炼真庵。

第三，泰山全真道获得了全真掌教的支持。如前所述，张志纯在严实的支持下开始修复泰山被毁祠宇，但是这一浩大工程的最后完成，离不开全真掌教的支持。全真第八任掌教诚明真人张志敬曾于中统四年（1263）命其提举维修东岳庙，而全真第十任掌教洞明真人祁志诚则资助其修建未完成的朝元观和蒿里山神祠。

泰山全真道历经战乱后凭借多方面的努力，不但摆脱了战乱带来的不利影响，而且日渐兴盛起来，为之后的进一步发展奠定了良好基础。同时，全真道对泰山祀典产生了重大影响。金末因时局动荡，岳渎祀典全部中断。蒙古宪宗元年（1251），全真道掌教大宗师李志常获得汗廷授权，“代祀岳渎”。李志常（1193—1256），字浩然，号真常子，今河南范县人，曾作为十八大士之一随邱处机西行觐见成吉思汗。太宗十年（1238）在尹志平之后成为全真第七任掌教，李志常担任全真掌教前后共十八年，在位期间，曾为全真道的发展做出了巨大贡献，代祀岳渎即是其中的一项。这是蒙古汗国立国后首次举行的国家祀典，该事在泰山祭祀史及泰山全真道历史上，皆具有非同寻常的意义。李志常通过代祀之礼，促成代表中原传统信仰礼仪的五岳祀典在蒙古汗国全面恢复，此后并成为蒙元定制，有“以夏变夷”之事功。同时，道门中人也由此成为朝廷祭祀岳渎专使，从而彻底实现了五岳国家祀典的道教化。

通过对泰山全真道在战乱中遭受重创及战后发展的分析，可以看出，同全真道初传的发展状况相比，这一时期泰山全真道的发展有了一些新的特征：一，从规模上来看，一方面，这一时期泰山全真道通过修复被毁泰山祠宇和创建新道观增加了全真宫观数量，战前泰山全真道宫观如洞真观、全真观等仍然是泰山全真道发展的重要基地，

① 关于张志纯为修建完成的泰山被毁祠宇改名一事，以岱顶玉女祠为例加以说明：岱顶玉女祠重建后，张志纯为其改名“昭真观”，杜仁杰《天门铭》题名“泰安州刺史张汝霖勒石。渊静大师岱庙观主刘德源、昭真观主程庆真同立”为证。另外，山东科技大学邓东《泰山玉女祠改名昭真观的缘由考辨》一文详细探讨了“昭真”一词的含义及张志纯改玉女祠额为“昭真”的缘由。

② 有关张志纯入主所修道观一事，以会真宫为例，会真宫是北宋一朝在泰山的官方道观，张志纯修缮后，亲自担任会真宫提点，涉及张志纯的早期碑刻如《五峰山洞真观记》《古道德经》等大都署名“提点会真宫事”皆可为证。

其中洞真观发展尤为突出，《松岩纯真子墓碣铭》《宁真子田先辈墓碣》等记载了战后至元末洞真观发展的盛况；另一方面，泰山全真徒众众多，除了早期高道范圆曦、訾道演、韩志具门下弟子度徒众多之外，李志常、范志敦等弟子亦弘道泰山。二，从传播的区域来看，战乱之后，全真道立足泰山本山，摆脱了战前处于泰山边缘的被动局面。三，从地域性全真道来说，在泰山全真高道的努力之下，泰山全真道得到全真道掌教的认可，从而与全真上层联系起来。四，从全真道与国家祭祀的关系来看，泰山全真道士开始住持国家祭祀的场所——东岳庙，标志着泰山全真道参与东岳祭祀，从而为朝廷所接纳。

三、明清时期泰山道教

明中叶以后，由于施行“祀典复古”政策，祭祀泰山使者由朝廷官员充任，不再委任道士。泰山道教宫观也渐呈衰替。如会真宫于万历二十二年（1594）起火，殿宇尽毁，后其故址并入关帝庙，未能复建。明清时期泰山道教主流仍是全真道，相较于金元泰山全真道的发展，明代泰山全真道的发展轨迹略有不同，泰山全真道在明代的发展经历了初兴和高峰两个阶段。

首先，嘉靖初兴。朱元璋建立大明王朝之后，采取“扬正一、抑全真”的宗教政策。在朝廷宗教政策的影响之下，泰山地区全真道活动亦隐而不显，没有记载留世，这一状况持续到嘉靖年间才得到改变。嘉靖年间，泰山全真道开始复兴，表现为三阳观和洞真观的兴盛。

三阳观位于泰山西麓凌汉峰阳，这里松柏葱茂，幽奥静僻。嘉靖年间，道士王三阳云游至此，看到此地风景秀美，因而萌发了建庙修行的想法，在河南士绅张乐峰与德府承奉于志的资助下，修建了庐炼之所。王三阳去世，其徒昝复明住持宫观。三阳观在王公大臣的支持下，度徒众多。据考证，三阳观所传全真派别归属为果老祖师云阳派。

嘉靖年间，泰山较有影响的另外一个全真道观为五峰山洞真观。洞真观又名大庵，由丘处机弟子创建于金元之际，入元以后日渐发展壮大。明代初期洞真观湮没无闻，正德、嘉靖年间，复有声于外。据《提王□□》和《嘉靖十六年洞真观建仙亭桥记》，正德、嘉靖年间，洞真观不但徒众众多，而且得到德王府的护持。另据上述二碑记，五峰山洞真观正德、嘉靖年间全真宗派为华山派。

其次，万历高峰。经过明初几十年的韬光养晦和正德嘉靖年间的复兴，时至万历时期，泰山全真道达到了其发展史上的高峰，表现为万历年间，泰山全真道声名远播，以致上达天听，得到皇室成员的护持和崇奉。万历年间泰山全真道较为发达的道观仍以三阳观和洞真观为主。

万历一朝，三阳观和洞真观的兴盛都与著名的国本之争不无关系。随着三阳观的发展，该观不仅仕宦民间竞相醮祀，就连宫闱内廷也积香前来，三阳观先后成为分藩到济南的德王府及郑贵妃的香火院。现存观中的四方《皇醮碑记》石刻，记录了郑贵妃四次派人来岱祭拜，并在三阳观建醮之事。该观现存建醮祈福碑表明该观被卷入宫廷斗争中来，其命运随着宫廷斗争的进展而跌宕起伏。万历二十七年（1599）郑贵妃转往洞真观建醮祈福之后，三阳观随之没落。

五峰山洞真观除了得到郑贵妃的青睐之外，还成为神宗万历皇帝的私人香火院。万历二十七年（1599）神宗曾赐予洞真观《道藏》一部，之后，神宗又命全真道士周玄贞大规模扩建洞真观，周玄贞不负所托，“大为辟凿，创构宫宇楼殿，岿崇金碧荧煌，号称极盛”[①]。扩建完成后的洞真观赐额“保国隆寿宫”，正殿赐额“三元殿”，此后历经万历、泰昌、天启、崇祯四朝，宫廷派遣内官在洞真观建醮不下数十次，使得五峰香火臻于极盛，与泰山、新甫、灵岩、敖山并称五山。

泰山全真道在万历年间达到发展的高峰，除了通过全真宫观得到皇室护持表现出来之外，还表现在泰山全真道士昝复明和周玄贞的上达天听上。

明代中期，泰山碧霞元君信仰日渐兴盛，其既得到佛道等正统宗教的青睐，亦成为民间宗教附会的对象，各宗教派别争相附会碧霞元君为自己教派神灵。在这一背景之下，泰山全真道凭借其在泰山宗教中的特殊地位及其住持碧霞元君信仰祖庭的优势，成功地把碧霞元君塑造成道教女神，得到朝廷和民众的双重认可，其本身亦凭借碧霞元君获得很大发展。

明代泰山全真道的发展呈现出以下特点：其一，明代泰山全真道上达天听、得到皇室护持，并进而参与宫廷斗争，在宦海中沉浮；其二，明代泰山全真道宗派迭起，出现了华山、龙门华山、果老祖师云阳派等全真支派；其三，明代泰山全真道发展的高峰与其自身的努力不无关系，通过把碧霞元君塑造为道教女神，泰山全真道获得了新的发展空间。

① 〔明〕朱延生：《五峰山创建一天门迎恩阁碑记》，《五峰山志》卷下，清光绪刻本，第11页。

继明代的兴盛之后，清代至民国时期泰山全真道的发展状况如何？清代至民国全真道活动的记载很少见于史籍，不过，泰山道观现存众多的进香碑为我们研究清代泰山全真道提供了难得的史料。

首先，从全真道派系来看，清代至民国泰山全真道的传承除了明代出现的华山派、龙门华山派、果老祖师云阳派等派别外，还出现了几个新的道派传承。如红门附近的关帝庙和山下的灵应宫，在清代传入了一个新的谱系传承，即周祖铁冠派。据关帝庙和灵应宫现存碑刻题名，康熙三十九年（1700）周祖铁冠派传入灵应宫，直到民国年间，灵应宫一直为该派所住持。关帝庙道士为周祖铁冠派的时间比灵应宫稍晚，始于康熙五十年（1711），至光绪二十一年（1895）间周祖铁冠派在关帝庙共传十代。尽管周祖铁冠派传入此二观的时间不同，但是传入的辈分却都是从“镜”字辈开始的。又据现存《清道光二十一年重修礤石峪碑记》《嘉庆十六年徂徕礤石峪重修楼阁殿宇碑记》《清嘉庆二十三年徂徕重修三清殿碑记》《清咸丰元年重修蓬莱观碑记》等碑刻记载，清代徂徕山创立了吕祖蓬莱派，该派别之后流传到东北，又传到山东崂山，影响很大。

其次，从全真道士的活动来看，清代至民国泰山全真道的活动主要有以下几个方面：一，参与民众自发组织的香火会，这是清代泰山全真道士的主要活动。在清代众多香会碑上，均记录了道观道士的名字，遗憾的是，关于他们的具体活动已不能详考。二，为达官贵人修建道观。道光七年（1827），时任河南开归陈许道员的完颜麟庆传书委托山东名匠魏祥创建梦仙龛。魏祥遂连同泰安州道纪禹贞文花了大约一个月的时间建成了梦仙龛。修建完成的梦仙龛由全真道士住持，并且禹贞文在修理通往梦仙龛的路时，“余资除添盖道房三间外，复治田数亩，以备住持焚祝之资”①，此地由此成为禹贞文住持别业。三，参与泰山的基础设施建设。如道纪禹贞文在创修梦仙龛时，对所经道路进行了维修。除此之外，根据《万历四十七年竹林寺僧人宽住修路题刻》记载，岱顶玉皇庙道士也积极参与泰山盘路的修建工程。四，泰山全真道士参与泰山古籍的保存整理，岱庙道士就曾经重刊《泰山道里记》一书。②

再次，从泰山全真道宫观的经济来源来看。清代泰山全真道宫观经济主要来源于

① 〔清〕柴兰皋：《创修梦仙龛碑记》，《岱苹存抄》卷二，《岱苹存抄合编》本，第 40 页。
② 〔清〕武凤明：《泰山道里记序》，《泰山道里记》，光绪二十三年刻本。

香火费、官绅捐施及行会捐赠。[①]香火费是清代泰山全真道宫观经济的最大来源。以三阳观为例，康熙年间三阳观香火旺盛，现存十二块河南信众进香碑为此做了很好的注脚。河南信众不远万里，上香三阳观，不会不对该观布施香火钱，而三阳观也主要靠信众布施的香火钱维持生存。岱麓王母池现存合山会碑刻更是说明了该观在清代的经济来源，其言："王母池为岱麓名胜区，春间香客络绎不绝，兹有城东响善男信女，每岁九月九日建醮于此，名为合山会，今已四年。"[②]清代泰山大部分宫观都是依靠信众的香火会而生存的。清代泰山全真道的经济来源还有一部分是官绅捐施。据现存资料，清代基于此而生存的全真道观有梦仙龛、后石坞元君庙、碧霞祠等。除了香火费和官绅捐施外，清代泰山全真道观还经常得到行会的捐赠，这些行会对泰山宫观殿宇的修护等方面做了很大贡献，最为典型的是红门关帝庙。关帝庙所在地后成为山西会所，其处为在泰山一带山西商人聚会之地，因而，关帝庙修建等工程基本上由山西商人组成的行会捐助。

清代至民国，泰山全真道日渐与民众生活融合在一起，其自身的宗教性趋于消解，相较于泰山全真道在此前的发展来说，清代泰山全真道趋于式微，除了现存碑刻上零落的道士题名外，全真道士活动不见史籍记载。清代泰山全真道式微的状况曾引起前来礼岱的康熙皇帝的高度重视，"询其庙祝，知香火荒凉，日用难给。岱顶诸庙，亦复如之"[③]。嘉庆以后，岱庙道众生计更加艰难，常以典当赡田度日。山顶东岳庙、三阳观、四阳庵、玉皇阁（也就是白鹤泉）也都香火难继，濒于废弃。此外，泰山现存碑刻《清嘉庆二十一年"孟子有言曰"记碑》《清同治十一年岱□□□田记碑》《清光绪十年禁止私卖庙田记碑》几通庙产之争的碑刻，更是说明了这一时期泰山全真道的状况。

全真道士还频繁地参与泰山各种国家祭祀，通过这些活动，延续了自身的法脉和传承。李养正《北京白云观志》所录《诸真宗派谱系》，里面罗列了全真道的 70 个派别，其中在泰山一带能找到明确传承的就有吕祖天仙派、果老祖师云阳派、吕祖蓬莱派、龙门派、华山派、龙门华山派、周祖铁冠派，就分布来看，吕祖天仙派分布在四

① 把泰山宫观经济来源分为以上三个方面，并不是说泰山全真道每一宫观经济来源的单一性。事实上，大部分道观的经济来源都不是一种，而是同时存在几种不同的经济来源，甚至很少有一个宫观的经济来源固定为上述中的一种。

② 清道光二十六年合山会碑。

③ 《康熙起居注》，北京：中华书局，1984 年，第 1826 页。

阳庵，果老祖师云阳派分布在三阳观，龙门派在徂徕山有传承，华山派分布于岱宗坊北玉皇阁和五峰山洞真观，周祖铁冠派分布在红门关帝庙和灵应宫，龙门华山派分布在五峰山洞真观和岱庙。值得一提的是，吕祖蓬莱派创派之地就在徂徕山。

第二节 泰山佛教

佛教传入中国之初，为了方便传播，便在翻译佛经时用“太山”“太山狱”“太山地狱”来译写梵文“捺落家”与“泥犁”，把地狱的梵文“无间”意译作“泰山”。前秦时，高僧僧朗于奉高县金舆谷昆仑山创建朗公寺，此后，泰山成为佛教重要传播地，一时名僧云集。高僧的到来，又促进了泰山地区佛寺的兴建及刻经、造像的兴盛。泰山佛教在唐代进入鼎盛，众多名寺相继创立。元代泰山佛教以禅宗为主。明清时期，泰山佛教呈现衰落状态。许多寺院不得不依附于泰山民间信仰，才能得以延续香火。两位高僧满空和元玉的加入，使泰山禅宇一度中兴。

一、宋以前的泰山佛教

印度佛教传播汉地之初，便与泰山文化发生了联系。由于泰山信仰在中国古代民众中有着深远的影响，佛教为了自身发展壮大，力图与泰山文化相互融合。三国时期中亚古国康居国人康僧会，在翻译佛经时用“太山”“太山狱”“太山地狱”来译写梵文“捺落家”与“泥犁”；当时人还将本意为地狱的梵文“无间”意译作“泰山”，将泰山信仰纳入佛学体系。这一方法为后世汉传佛教所采用，大大增强了泰山在佛教中的地位。

正是由于这个原因，泰山成为佛教高僧讲经传道的必选之地。恰如学者所说：“泰山为自古东岳名山，东晋南北朝佛教兴盛，自为佛徒聚居之所。”[①] 前秦时，西域高僧佛图澄弟子僧朗避后赵之乱，卜居泰山，于奉高县金舆谷昆仑山建精舍，前后居住十余年，前秦天王苻坚、南燕帝慕容德、北魏帝拓跋珪都行以师礼。同时慕容德封僧朗为东齐王，并为他在昆仑谷建朗公寺。朗公寺建成后，上下诸院有十余所，长廊延袤

① 严耕望：《魏晋南北朝佛教地理稿》，上海：上海古籍出版社，2007 年，第 122 页。

千余间，聚僧徒百余名，有学者研究，当时历城地区成为佛教最兴盛的地方与僧朗有重要关系。

由于泰山成为佛教重要传播地，一时名僧云集。东晋时僧道安于金舆谷设法会，邀集僧法和等前来论佛。北魏时僧意“住太山朗公谷山寺，聚徒教授”。释志湛是朗公四传弟子，住人头山衔草寺，读诵《法华经》，其声名远及南国，连梁武帝也遥致礼敬。释法定则是方山灵岩寺的开山祖师，据《灵岩志》的记载：“元魏孝明帝正光初，法定禅师先建寺于方山之阴，曰神宝；后建寺于方山之阳，曰灵岩”，“为开山第一祖”[①]。

与此同时，许多来自印度的高僧也开始叩启泰岳的山门。根据目前所知的文献，最早来泰山的梵僧当推东晋时的佛驮跋陁罗。佛驮跋陁罗为北天竺家罗卫国（今尼泊尔境）人，东晋义熙初年到达青州东莱郡（今山东莱州市），后来到长清建寺修佛法。继佛驮跋陁罗之后，又有一位古印度高僧求那跋摩前来泰山。求那跋摩出身罽宾王室，他舍弃王位，潜迹山泽，二十岁出家受戒，时号三藏法师。入宋后，北游泰山，创建人头山衔草寺。跋摩衔草寺后来由释志湛主持，兴盛一时。还有一位来自中天竺（中印度）的僧人释法洪，驻锡东平时在洪顶山镌制石经，蔚为壮观。

受此影响，泰山郡内名门望族争相崇佛，如泰山新泰羊氏一门世代皆崇奉佛教。据南梁释宝唱《比丘尼传》的记载，当时名尼僧念与竺道馨，都出身于泰山羊氏家族。

高僧大德的到来，促进了泰山地区佛寺的兴建及刻经、造像的兴盛。除了前述谷山寺、郎公寺等寺庙外，至北朝时期，泰山之阳还有不少名寺出现，见于记载者有岱东大云寺（又名云台寺）、徂徕光化寺、四禅寺、汶阳法林寺等。此时出现的著名的摩崖刻经则有泰山经石峪、洪顶山、二洪顶等。其中以经石峪刻经最为闻名，被誉为“大字鼻祖”“榜书之宗”。另外在五峰山莲花洞、仙人台、佛慧山黄石崖、东平司里山，也都有很多北朝时期的佛教造像。

隋代立国后，两代君主都对泰山佛教予以关注。开皇元年（581），隋文帝下诏“于五岳各立寺庙一所”，立在泰山的佛寺命名为岱岳寺。岱岳寺在隋唐时期成为泰山南麓影响最大的寺庙，到了唐代仍有岱岳寺主参与官府致祭，并留名于双束碑，可知此后数百年中犹延续不衰。隋文帝又为朗公寺更名为“神通寺”，并敕令王公分别充任神通、神宝、灵岩等寺的檀越。隋文帝东巡到泰山时，曾经在灵岩寺停留，晋王杨广随行，并撰写了《谒方山灵岩寺》诗。仁寿年间，隋文帝于全国三十州置舍利塔，其中

① 马丛丛：《山东灵岩寺史研究》，山东大学博士学位论文，2020 年，第 27 页。

两函舍利派遣高僧分送于泰山岱岳寺与神通寺。受此影响，开皇年间，在济南玉函山、东平白佛山都出现了大型的石窟造像，这些石窟造像造型生动，雕制精美，展示了那个时代泰山佛教艺术的繁盛。

泰山佛教在唐代进入鼎盛，众多名寺相继创立。如岱阳竹林寺、普照寺、资福寺、天封寺，陶山幽栖寺，新泰宫山寺、崇庆寺等，都是创自李唐一朝。而灵岩寺经过百年发展，至唐代愈加兴盛，其影响超出了神通寺。唐高祖于削平之初，即发愿造“阿阁”于灵岩寺中。贞观年间，高僧慧崇迁建灵岩寺，把灵岩寺从甘露泉西移到今址，同时复建了千佛殿、御书阁等，使得灵岩寺更加声名远播。麟德二年（665），唐高宗李治封禅泰山，沿途停留暂住灵岩寺，之后，“舍以国财”，扩建寺宇规模，先后建造了大悲观音堂阁舍利塔、报身卢舍那等。开元年间，降魔藏师住持灵岩寺，大兴禅教，他以茶助禅，开启了北方饮茶的风俗，灵岩寺也由此成了茶文化的一大祖庭，其他名僧慧、怀辉等也先后为灵岩住持。中唐时期，灵岩寺已与天台国清寺、江陵玉泉寺、南京栖霞寺齐名，跻身天下“四绝”之列。唐末“会昌法难”，虽使泰山佛寺受到一定影响，但随着禁令松弛，“皇恩远降，许令漆饰旧基”，灵岩寺等各寺又陆续复兴。

唐代不仅有众多名僧来泰山弘法，在泰山本地还出现了一位硕学大德，这便是求法西域的义净。义净，俗姓张，字文明，今济南人，中国古代佛教四大译经家之一。义净天资聪颖，七岁就拜师出家，仰慕法显、玄奘，决心前往印度求法。唐高宗咸亨二年（671），他从番禺，也就是今天的广州出发，乘海船沿南方海道西行，挨个拜访天竺佛教圣迹，同时注意搜集各种当地的佛教经典，回国时带回梵本经书近四百部。武则天证圣元年（695），义净回到东都洛阳，住持洛阳佛授记寺，前后历时二十五年，游历三十多个国家，回国后译经传法，被世人尊称为“三藏法师”。后人将义净与法显、玄奘并称为中国历史上到印度求法最著名的三大高僧。义净不仅生于泰山，其出家修行之地也在泰山。根据义净自述，他七岁时在神通寺出家，师事大德善遇、慧智二禅师，后在长清境内的四禅寺修行。义净于长安去世后，他的法嗣把他安葬在四禅寺。宋人苏辙《游泰山四首·四禅寺》诗写道：“双碑立风雨，八分存法则。云昔义靖师，万里穷西域。《华严》贝多纸，归来亲手译。蜕骨俨未移，至今存石室。”[①] 其中描述的便是泰山义净塔景象。

唐代泰山地区的石窟造像也达到了高峰。岱阳阴佛山，岱阴玉函山、龙洞山、佛

① 曾枣庄主编：《三苏全书》第16册，北京：语文出版社，2001年，第171页。

慧山、五峰山、方山及琨瑞山千佛崖，都有唐代佛教造像。千佛崖有大小窟龛 100 多个，佛像 210 余尊，其中主窟分别由唐太宗女儿南平公主、儿子赵王李福及驸马刘玄意等所造，造像面型丰满，慈眉善目，衣纹细密流畅，堪称古代石雕艺术之精品。

五代时期，虽有兵戈法难，但并没有阻挡泰山佛教发展的脚步。岱麓冥福禅院因岱岳镇的崛起而兴盛，后晋时僧众曾写藏经五千卷，保存在寺中。后晋天福九年（944），僧归仁于泰山脚下的蒿里山立《总持经咒幢》，得到了齐、郓、兖各州众多官吏的资助。

二、宋代及其之后的泰山佛教

北宋统治者对佛教十分重视，宋真宗封禅泰山时广泛召集天下高僧随行，封天禅地的大典完成后，又召见诸僧并加恩赏。宋廷还把寺额赐给泰山名寺，如赐灵岩寺额为“景德灵岩寺”，肥城牛山寺额为“资圣院”，长清四禅寺额为“永庆寺”，徂徕光华寺赐额为“崇庆寺”，新泰法云山寺额为“正觉寺”。灵岩寺尤其兴盛，该寺自熙宁年间开始升为十方丛林，住持都是由朝廷直接任免。同时施行寺田制度，使寺院经济繁荣，僧徒众多。根据张公亮《灵岩寺记》的记载，宋代灵岩寺殿堂、廊庑、厨库、僧房共有五百四十间，僧人近百人，光行童也有一百五十多人。前后有多位名僧来灵岩寺弘法，如禅宗云门宗玄公、临济宗黄龙派妙空，都是在泰山开启佛教门派的一代宗师。灵岩寺宋代文物至今留存颇多，如大殿中供奉的四十尊彩塑，据考古专家认定，就是出自宋代工匠之手，这些彩塑造型逼真，被后世誉为“海内第一名塑”。

继北宋建国的金代，其佛教政策深受宋代影响。特别是金世宗时期确定的寺额发卖制度，更使泰山佛寺得到普遍重建。泰山及周边地区借助这一政策获得赐额的寺庙有：岱麓的普照寺、泰安城东的大云寺、泰安城西的妙觉寺、泰安城西南的灵感院、肥城的惠济禅院、徂徕山的四禅寺、长清五峰山的万寿院、历城龙洞山佛隐寺等。修建或重建的有：羊祜城大觉禅寺、陶山幽栖寺、旧县天封寺、东平兴化禅院等。大批名僧来岱弘法，如大定初年北印度密教高僧呼哈罗悉利及其从弟三摩耶悉利等七人至灵岩寺礼佛。金代造像之风也在泰山重兴，岱阴历城东龙洞、黄花山顶，长清水母山今天仍存有金人制作的佛像石刻。

金代各寺仍以灵岩寺为首。皇统年间，法云禅师出任灵岩寺住持，三四年中宗风大振。其他先后住寺的名僧，还有惠才、宗秀、广沉等。谷山寺在金代也十分兴盛。

谷山寺俗称佛爷寺，就是现在的玉泉寺。谷山寺创建于北魏年间，后来寺院毁于战乱，金天眷年间，僧人善宁“锄理荒险，不避寒暑”，来此经营三十余年，重建寺院，拓荒植树，开田种菜，被誉为谷山初祖。谷山寺也成为泰山名刹。之后谷山寺由法朗、智崇住持，金代中期文坛盟主党怀英曾作《谷山记碑》详细记录了谷山寺的历史沿革。

元代“崇奉释教，视前代有加”，这一国策使佛教在泰山得到延续，并有中兴之势。金末毁于贞祐之兵的寺宇，多在蒙古国时得到复建。如兵乱后神通寺住持僧道兴先后重建殿堂、僧寮，度僧百余人。谷山寺也由僧普谨重建。光化寺在兵乱中殿宇堂庑化为灰烬，泰定军节度副使时珍父子延请僧辉担任住持，重建寺宇。入元之后，元帝多次颁布保护泰山寺院之圣旨，新建了藏峰寺、隆兴寺等一批寺院，岱阳竹林寺、岱西大圣院，岱阴谷山寺、神通寺，长清四禅寺，新泰龙泉寺、正觉寺，肥城涌泉寺（又名空杏寺），宁阳灵山寺，肥城万岁寺（又名东幽寺）等也相继扩建或重修。

元代泰山佛教仍以禅宗为主，灵岩寺住持皆由曹洞宗僧人担任，与大都大万寿寺、嵩山少林寺共为华北佛教中心。净肃、正广、觉达、福海、普就等皆为禅宗名僧。僧古岩大德担任灵岩寺住持之时，先后请得皇太子令旨及武宗圣旨，经营山门，使灵岩寺面貌一新。僧智举为灵岩寺监寺，增葺殿宇，请得皇太子令旨、帝师法旨，护持山门。之后，元廷颁布法旨。至元时，住持定岩于寺中创建龙藏殿，葺演法堂，修整御书阁，使寺务大兴。其又请来国师法旨，立碑寺中，以保护寺产。国师法旨碑用汉、藏两种文字书写，为元代正式官文中唯一一通使用藏文书写的碑。其他寺院也不乏大德高禅，如明慧大师法海“闻泰山竹林古基幽僻，有幽焉之意”，于是重建竹林寺。行全往来于奉高山中，在天胜寨上结茅宴坐，民多归信，后住持布山大云寺。不仅如此，元代甚至还有蒙古勋戚来泰山出家。据二王庵碑记载：泰安王博罗欢之女使在祝山二王庵出家为尼，苦心焚修，二王庵由此名传四方。

明清两朝，朝廷对宗教的限制日加严格，泰山佛教也呈现衰落状态。许多寺院不得不依附于泰山民间信仰，才能得以延续香火。不过此时由于两位高僧的加入，泰山禅宇一度中兴。

明代高丽僧满空，住持泰山普照寺，被后世尊为“重开山”第一祖。关于满空身世，据朝鲜《世宗庄宪大王实录》载，满空名信云，俗姓刘氏，乃平安道妙香山内院寺僧人。为弘佛法，永乐十九年（1421）随师适休等数僧浮渡而来。来华之后，“钦奉圣旨，敕赐金襕袈裟，及送光禄寺筵宴，遣官送至南京天界寺住坐。宣德三年，亦钦奉圣恩，着礼部各给度牒壹道，敕令天下参方礼祖。禅师因登泰山访古刹”。满空至泰山后，先重建竹林寺，后复兴普照寺，“佛殿、山门、僧堂、伽蓝焕然一新”。满空在此修行了二十余年，四方前来受法者千余人，其中不乏名公巨卿。满空去世后僧众立《泰安州普照禅寺重开山第一代云公满空禅师塔碑铭记》，以纪念满空法师的弘佛之功。

清初名僧元玉驻锡普照寺，也享誉禅林。元玉号古翁，别号石堂老人，为临济宗木陈敏的再传弟子。康熙间元玉住持普照寺数十年，并在普照寺东边荷花荡兴建石堂，与当时文人名士赵瑗、孔贞瑄、范靖赤、张坦、江天屿及普照寺僧人象干、岳止结社，诗酒唱和，时称“石堂八散人”。元玉诗画在当时就很出名，他主张三教一理，会通儒释，认为“心与性，名别而理同，佛与儒，名异而理亦同”[①]。元玉有《石堂集》十卷传于世，《清诗纪事初编》称赞他“兼通儒学，尤精易理，论学论事，识解甚超，苦口告诫，发人深省”[②]。

由于高僧大德千年的经营，使泰山成为与“四大部洲”（指四大佛山）齐名的“梵呗”圣山。蒲松龄《聊斋志异》卷三《西僧》中记录了一位西域僧人所说的话：“西土传中国名山四，一泰山，一华山，一五台，一落迦也，相传山上遍地皆黄金，观音、文殊犹生，能至其处，则身便是佛，长生不死。”[③] 此话虽是小说家言，却也十分形象地折射出泰山在佛教僧众中影响之巨大。

经过激烈角逐之后，佛教渐被排挤出泰山主要地段。正如研究者所指出：“中国北方佛教传播的中心，但从泰山自身地理区位上讲，佛寺的建设始终未深入到泰山的轴心地带。也就是说，在泰山顶及延续上千年的古登山盘道两侧，佛教寺院没有形成气候，其中的缘由是复杂的，但与中国传统宗教的特殊性有关是毫无疑问的。”[④]

---

① 〔清〕元玉：《与三堂隐君书》，《石堂集》卷三，《清代诗文集汇编》第114册，上海：上海古籍出版社，2010年，第622页。

② 邓诚之：《清诗纪事初编》卷四，上海：上海古籍出版社，1984年，第520—521页。

③ 〔清〕蒲松龄撰，张友鹤会校：《聊斋志异会校会注会评本》卷三，上海：上海古籍出版社，2010年，第385页。

④ 刘慧：《泰山信仰与中国社会》，上海：上海人民出版社，2011年，第303页。

第三节 东岳大帝与碧霞元君

泰山文化史上，有两位影响深远的本土神灵，即东岳大帝和碧霞元君。东岳大帝是国家祭祀泰山之神，其信仰来自上古的山岳崇拜，唐代东岳行祠制度开启后，东岳庙也遍及天下。唐代开始，泰山神被“帝王化”，先后被封为天齐王、天齐仁圣帝、天齐大生仁圣帝。明初施行“祀典复古”政策，去泰山神封号，只称“东岳泰山之神”。碧霞元君是中国传统社会最有影响的女神之一，明清时期素以“南妈祖，北碧霞”相称。碧霞元君信仰发端于宋真宗封禅泰山。玉女信仰由元入明，渐臻鼎盛。明崇祯十三年（1640），明思宗加封“青灵普化慈应碧霞元君”封号。清乾隆二十四年（1759），乾隆皇帝发布诏旨，正式开启遣使泰山致祭碧霞元君的制度。

一、东岳大帝

东岳大帝最初的名字是“泰山神”，其信仰来自上古的山岳崇拜，其形象则源于对山岳的神化和人格化。

泰山神的人格化，在先秦时期已见端倪。《晏子春秋》中，便记载了齐景公过泰山，梦见泰山神现身的神异传闻，但其形象并未定型。汉代以后，由于受到佛教偶像崇拜的影响，岳渎神灵皆效法而立像设，泰山神也由此从抽象的山岳之神完成了神格拟人化的过程。在滕州东汉画像石上，便出现了“太山君”的形象。东晋末僧竺道爽《檄泰山文》中称泰山“伪立神形”，东魏李仲璇曾“虔修岱像”，又隋文帝诏书中有“敢有毁坏岳渎神形者，以不道论”，可以证实晋代以后，人们在庙堂奉祀泰山神像已成定制。

汉魏时期，泰山信仰的另一个鲜明的特点，便是“主生主死”观念的盛行。泰山神由此而被人们视为地府主神。晋代干宝《搜神记》中记载的“胡毋班”“蒋济亡儿”等故事中，都曾写到泰山神主宰地府的神异传闻。这一信仰后来被佛教道教所吸收。汉代道教兴起，汉末天师道文献《女青鬼律》有如下记载：“天六方鬼之主，住在太山东南角道水中，诸死人所归”，“主死人录籍，考计生人罪皆向之”。[1] 在南梁陶弘

① 《女青鬼律》卷一，《中华道藏》第8册，北京：华夏出版社，2014年，第599页。

景所编道经《真灵位业图》中，也将泰山神纳入道教诸神谱系，经称："泰山君，……为四镇领鬼兵万人。"[①] 同时期出现的《五岳真形图序》中也说："东岳泰山君领群神五千九百人，主治死生，百鬼之主帅也。"[②] 佛教传入中国后，泰山神与冥司神合流。汉末安世高、三国康僧会与支谦、西晋竺法护、姚秦竺佛念、东晋竺昙无兰、刘宋释宝云在译经中，均用"太山"来译写梵文的"捺落家"与"泥犁"（也就是地狱），这一方法后来为汉传佛教广泛采用，如佛经中的地府奉教官就称为泰山府君，将中印两神合为一体。经过佛道二教的渲染传播，泰山神作为地府主神的形象最终确立。

由于泰山神人格形象的确立，关于其身世、来历的各种传说也随之大量出现。汉代纬书《龙鱼河图》称："泰山神姓圆，名常龙。"[③]《五岳真形图》又说："东岳岁崇。"《洞天福地记》等书则称："泰山名蓬元。"[④] 有的道书又说泰山神五百年一交替，《夷坚志》还记载了生前正直之人死后充任泰山府君的传说。之后传说越来越多，到了元明时期，又有金虹氏的传奇。托名汉东方朔的《神异经》记载了这样一个故事：盘古的后代少海氏妻弥轮仙女晚上梦到口吞二日，醒了之后发现自己有了身孕。后弥轮仙女生了两个儿子，其中次子金虹氏，即泰山神东岳大帝。到了清末民初时，张想园撰《泰山之神金虹小志》，更杜撰出泰山神的传奇身世，书中说泰山神姓金名虹，山东曲阜县人。因为躲避洪水，跟随母亲来泰山顶上避难，后为了治理洪水，铸剑刺蟒，身受重毒而死，被金天氏封为泰山之神。

泰山神的人格化，直接影响到对泰山的国家祭祀，进而促使泰山神的"帝王化"。唐玄宗开元封禅后，封"泰山神为天齐王"。宋真宗封禅告成之后，加封泰山神为"天齐仁圣帝"，元世祖更加封泰山神为"天齐大生仁圣帝"，使泰山神阶达到了有史以来的最高一级。民间都把泰山神称作"东岳大帝"，便是从元朝的这个封号上来的。有学者称："与府君一身同体的东岳大帝，则每在封禅等国家大典中受供奉一次，随着朝廷的政治意图，其权威即增长一分，具有与人间皇帝匹敌的力量。"[⑤]

明初施行"祀典复古"政策，朱元璋下令去五岳帝号，但泰山神威并未因此减弱，"东岳大帝"的称呼仍然深入人心。特别是明代神魔小说《封神演义》的流行，更

---

① 《洞玄灵宝真灵位业图》，《道藏》第3册，北京：文物出版社，1988年，第281页。
② 《洞玄灵宝五岳古本真形图》，《道藏》第6册，第735页。
③ 《龙鱼河图》，〔明〕孙瑴著录：《古微书》卷三十四，济南：山东友谊出版社，1990年，第715页。
④ 〔清〕陈梦雷编：《古今图书集成·山川典》卷二十二，扬州：广陵书社，2011年，第245页。
⑤ 〔日〕福井康顺等监修，朱越利译：《道教》第1卷，上海：上海古籍出版社，1990年，第139页。

为泰山神形象增加了新的传奇。小说第九十九回《姜子牙归国封神》中敕封黄飞虎为“东岳天齐仁圣帝”之职，又说东岳大帝“执掌幽冥地府一十八重地狱，凡一应生死转化人神仙鬼，俱从东岳勘对”①。东岳大帝为黄飞虎之说在民间成为“定论”，影响很大。

东岳大帝集国家祭祀与民间信仰于一身，其属下组成了一个等级森严的冥冥帝国。汉代已有泰山夫人观念，宋代又增加了淑明后，专祀于岱庙后寝宫中。泰山神有子嗣，始见于《魏书》。唐代泰山三郎信仰风行一时，五代后唐进封威雄大将军，宋代进封炳灵公。其余诸子也都有封赠。元符二年（1099），朝廷诏令封泰山神长子为佑灵侯，次子为惠灵侯，四子为静鉴大师，五子为宣灵侯。另有一女，传嫁为河伯之妇。后世又有碧霞元君为东岳大帝女儿之说。明代笔记小说《剪灯余话》记载的东岳大帝属吏分别有张元帅、康元帅及三曹、六案、七十五司等。在岱庙壁画《泰山神启跸回銮图》上，便生动展示出这一东岳神府气势的宏大与庄严。

东岳大帝信仰，在数千年中传播广泛，信众普及。这一信仰的具体标志——东岳庙也由此而遍及天下。唐代东岳行祠制度开始后，庙祀由山东而渐及北方各州县，唐代的河南、河东、河北等路即今天山东、河南、山西、河北等地，都是较早建立东岳庙的地区。五代两宋时期，由于江南开发与中原移民，泰山信仰由北而南，东岳庙祀在南方开始兴盛。特别是宋室南渡，将东岳崇祀在江南大力推广，更使得南方一跃成为泰山信仰的又一重镇。随着历代王朝对边疆的开发，泰山信仰也开始向边境各地传播。元明时期，先后传入内蒙古、云南、贵州、广西、宁夏等地，郑成功收复台湾，又将东岳大帝信仰远播至台湾。清廷入关后，东岳庙大兴于东北。此后随着清朝先后平定新疆、西藏，促使东岳庙祀又推广到这些边陲地域。

明中叶以后由于碧霞元君信仰的崛起，东岳大帝的崇拜日渐衰落，在泰山本地，东岳大帝祀礼只留存于国家祭典之中。明清学者曾对此泰山信仰的更替作过论述，明人谢肇淛说：“古之祠泰山者为岳也，而今之祠泰山者为元君也。”②

二、碧霞元君

泰山有一位声名赫赫的女神，这位女神的名字叫碧霞元君，碧霞元君全称“天仙

① 〔明〕许仲琳：《封神演义》第九十九回，长春：吉林文史出版社，2017 年，第 633 页。
② 〔明〕谢肇淛：《五杂组》卷四《地理部二》，上海：上海书店，2001 年，第 66 页。

玉女碧霞元君”，又称泰山玉女、泰山老奶奶、泰山娘娘等。这一女神在泰山神祇信仰中具有无与伦比的影响力。作为中国传统社会最有影响的女神之一，明清时期素以“南妈祖，北碧霞”相称。

一般认为，碧霞元君信仰发端于宋真宗封禅泰山时一个“虽小不舍”的举动。马端临《文献通考》记载：“泰山玉女池在太平顶，池侧有石像。泉源素壅而浊，东封先营顿置，泉忽湍涌；上徙升山，其流自广，清泠可鉴，味甚甘美。经度制置使王钦若请浚治之，像颇摧折，诏皇城使刘承珪易以玉石。既成，上与近臣临观，遣使砻石为龛，奉置旧所，令钦若致祭，上为作记。”[①]正是在宋真宗东封泰山时“易以玉石”“砻石为龛”的推动下，泰山玉女信仰得到了更为广泛的传播。此玉女即是后之碧霞元君。

若追溯碧霞元君信仰的起源，则源于东汉之时，当时山川崇拜与神仙家、道家思想交错影响，之后道教吸收山川信仰，认为名山必有仙人居住。因为这个缘故，汉末与道教有密切关系的曹操，在他所作的游仙诗《气出唱》中有“东到泰山，仙人玉女，下来翱翔”[②]之辞。自此“玉女”形象开始于泰山落地生根。三国曹植的《远游篇》、诗仙李白的《游泰山》等诗中，都出现了泰山玉女形象。泰山山顶玉女池及池畔的玉女石像，就是由于此一信仰而设置。宋真宗立龛祀玉女后，至宋元祐年间，已有官员拜谒玉女祠的记载：“兖海守刘衮奉诏祈雪，次谒玉女祠，率巡山刘孟、邑令林会登二绝顶，临四观，遍览胜概。元祐丁卯孟春三日。”[③]但宋代之泰山玉女，仍不脱游仙诗所展示的浪漫女仙色彩，如嘉祐时人王山所撰《盈盈传》中，描述了东山妓吴盈盈“梦玉女命掌奏牍”而卒，后盈盈情人王山在玉女池畔凭吊，玉女与王山宴饮赋诗后，又召盈盈与山同寝。此时，泰山玉女为爱情女神，其情致宛若高唐之神女，而与后世之元君大异其趣。

至金代，泰山玉女崇信进一步扩大，且影响至女真皇室。岱顶大观峰有明昌间濮国公主题名云：“敬诣岱岳，焚香致礼毕，明日遂登顶，拜于玉仙祠下。”[④]公主仍称女神为“玉仙”，说明当时尚无碧霞元君的名号。元代玉女信仰出现一重要变革：开始明确将玉女崇祀纳入道教范畴。元代名士杜仁杰《泰安阜上张氏先茔记》中记载泰山

① 〔宋〕马端临：《文献通考》卷九十《郊社考》，北京：中华书局出版社，1986年，第823页。

② 〔宋〕郭茂倩编：《乐府诗集》卷二十六，上海：上海古籍出版社，1998年，第314页。

③ 〔宋〕刘衮岱顶祈雪题记（镌碧霞祠西墙外天柱峰石），《山左金石志》卷十七，《历代碑志丛书》第15册，南京：江苏古籍出版社，1998年，第139—140页。

④ 〔金〕濮国长公主题记（字今漫漶），《岱览》卷九《分览·岱顶》，第21页。

道士张志纯于金贞祐之乱后重修泰山祠宇，其中就包括位居泰山之巅的玉女祠（今碧霞祠），碑文中说："自绝顶大新玉女祠，倍于故殿三之二；取东海白玉石，为像如人然，一称殿之广袤。"[①] 这是玉女祠自创建以来首次大规模拓建，维修工程由道士主持，祠宇也自然归属道门管理。重修后张志纯把玉女祠额改为昭真观，昭意为昭示、彰明，真则为道徒对仙人的称呼，道籍称老子为真老，化生真妙玉女，昭真观的名字即是取于此。之所以改额"昭真"，其目的在于强化玉女的道神色彩。

玉女信仰由元入明，渐臻鼎盛。除去社会生产方式变化这一深层原因之外，另外两点，则基于泰山祀典的转型与道士对"玉女"形象的再创造。明廷施行祀典复古，下诏去泰山神帝号，同时强化其官方色彩，严禁民间"非礼之渎"，使泰山神信仰由民间祀典向官方祀典回归。民间对于泰山的崇祀活动，只得另寻对象，正如清人孔贞瑄所说："东岳非小民所得祀，故假借碧霞云尔。"[②] 意思是说东岳并不是平民百姓所能祭祀的，所以假借碧霞的名义行祭祀泰山之事。另一方面，道士们大力将泰山女神的形象进行转化，将"泰山玉女"打造成"碧霞元君"。玉女被称为"碧霞元君"，较早的文献见于明许彬天顺五年（1461）撰写的《重修玉女祠记》："予自永乐九年（1411）发解山东，还登此山，距今五十有一年。为天顺辛巳（1461），又得陪巡按山东监察御史康骥德良、按察使王越世昌同一登览，瞻泰山天仙玉女碧霞元君之神……"[③] 在这里面，明确提到了天仙玉女碧霞元君之神。碧霞神名的出现有多种历史原因：一，玉女作为兴起于泰山的民间神，从未列入朝廷祀典，严格说来，属于淫祀，如正德朝工科给事中石天柱等所说："祀典唯东岳泰山之神，无所谓碧霞元君者，淫祀非礼，可更崇重之乎？"[④] 道士们把碧霞元君神名的获得归到宋真宗身上，有助于使淫祀合法化。二，碧霞元君较之玉女之名，更具有道教色彩，进一步明确了碧霞元君神灵的宗教归属：玉女虽早见于道籍，但其名不专属于道教，如世俗称美女为玉女；而元君则为道教专名，没有任何歧义。三，将女神形象从《盈盈传》的青春女性向中老年女性转换，并赋予其主司生育的功能，以适应社会群体"母神"崇拜的信仰诉求。

道士对泰山女神的这番重塑，得到了朝廷与民间的双重认可。在朝廷方面，内廷不断下诏发帑重修岱顶昭真观；至明宪宗继位，"遣廷臣以祀方岳，又时命中贵有事于

① 〔元〕杜仁杰：《泰安阜上张氏先茔记》，孔繁信：《重辑杜善夫集》，济南：济南出版社1994年，第120页。
② 〔明〕孔贞瑄：《泰山纪胜》，《丛书集成初编》第3001册，北京：中华书局，1985年，第11页。
③ 〔明〕许彬：《重修玉女祠记》，弘治《泰安州志》卷六《文》，第30-31页。
④ 《明武宗实录》卷一三九，《明实录》第36册，第2733—2734页。

（昭真）祠”开启了致祭元君的先例；并且成化十九年（1483）下诏重修昭真祠后，明宪宗赐额“碧霞灵应宫”，无疑肯定了道教对女神的形象改造与碧霞封号的真实性。

清廷入主中原后，对碧霞元君信仰有一个逐渐接受的过程。至康熙一朝，以康熙帝登岱致礼碧霞宫，赐匾额“坤元叶应”为标志，宣示了清廷对元君崇祀的认同。雍正帝继承这一政策，曾下诏维修碧霞宫，赐匾额“福绥海宇”，并在《碧霞祠题宝幡步虚词》中以“子视群蒙敷惠泽，母临率土荷帡幪”，“常将天福人间锡，奖孝褒忠佑万方”[①]之词，表露了以元君佐治的政治思想。乾隆帝本人不仅在政治姿态上如此，在个人信仰上也更多接受了碧霞元君，《金川纪略》中记载了当时的一则传闻：乾隆皇后富察氏因皇子夭亡，过度悲伤，某一个夜晚梦见夭折的皇子去了碧霞元君那里，于是乾隆皇帝特意东巡登临岱顶碧霞祠祈福。因此，在乾隆一朝，乾隆皇帝不仅屡次出钱维修岱顶碧霞祠，还在离宫内苑——圆明园与避暑山庄分建广育殿与广元宫，恭祀碧霞元君。乾隆二十四年（1759），乾隆皇帝发布诏旨，正式开启遣使泰山致祭碧霞元君的制度。关于此事，《岱览》记载：“自乾隆二十四年以来，每遇四月十八日，遣内大臣香帛进谒为常。”这一典礼，一直延续至清室逊国，才告终止。

在民间方面，老母形象的碧霞元君更是取得了巨大的成功，以至于出现了“东人望岳如望母”的现象，其神威赫然凌驾于东岳大帝之上。与此同时，元君庙祀亦由泰山渐向周边传播，由京师，而北直，而江南，渐成为普及全国的民俗信仰，最终形成了“南妈祖，北碧霞”的信仰格局，包括山东、河北、河南、山西、北京、天津等省市在内的华北地区，成为碧霞元君信仰传播的核心区域。

① 〔清〕胤禛：《世宗宪皇帝御制文集》卷二三、二六，《清代诗文集汇编》第240册，上海：上海古籍出版社，2010年，第404、437—438页。

第八章
万民朝山：泰山民俗

泰山民俗指在泰山及周边地区广大民众中传承的社会文化传统，包括狭义的泰山民俗和广义的泰山民俗。狭义的泰山民俗，指与泰山相关的民俗。由于泰山在传统社会中的地位和影响，围绕泰山形成了别具特色的民俗事项，如东岳庙会、泰山香社、泰山石敢当习俗等。广义的泰山民俗，指的是生活在泰安地区的民众在长期的生产实践和社会生活中，逐渐形成的世代相传、较为稳定的风俗习惯，包括衣食住行、婚丧嫁娶、祖先祭祀等。本章主要讨论狭义的泰山民俗，兼及广义的泰山民俗。

第一节 泰山节庆风俗

鉴于泰山在传统社会中的地位，在泰山及其周边形成了独具特色的节庆风俗，其中最具代表性的有泰山庙会、天贶节、重阳节、爬桥节等。

一、泰山庙会

泰山庙会是指围绕奉祀主神为泰山神灵的庙宇所形成的庙会。泰山庙会有广义和狭义之分，狭义的泰山庙会指的是在泰山上下举行的庙会，而广义的泰山庙会在范围上比狭义的泰山庙会更广，它包括两个方面的内容：一，狭义的泰山庙会；二，泰山及泰安之外围绕奉祀主神为泰山神灵的庙宇所形成的庙会。狭义的泰山庙会历史悠久、影响广泛，在其基础上“形成我国广大地区的东岳庙会源，这在我国庙会文化乃至世界庙会文化中都是一个典型”[①]。本节主要讨论狭义的泰山庙会。

（一）泰山庙会的起源

泰山庙会历史悠久，最早的记载出现在五代时人景焕《野人闲话》中，该书“抱龙道士”条在讲述抱龙道士的奇人异事时说道：“灌口白沙有太山府君庙，每至春三月，蜀人多往设斋，乃至诸州医卜之人，亦尝集会。”[②]灌口位于今四川省都江堰市灌口镇。根据《野人闲话》的记载，五代时期的川蜀地区已经具备了东岳庙会形成的四个因素[③]：一，奉祀神灵为泰山神灵，并依托其信仰形成了相应的祭祀仪式——泰山府君斋；二，集会发生地为泰山府君庙；三，集会参加人员为蜀地各州县人们及医卜从业人员；四，集会时间固定在每年三月。

最晚五代时期，泰山庙会已经传播到川蜀地区，并且这一时期泰山庙会的主祀神灵为泰山府君[④]。既然《野人闲话》记载了远在四川的泰山府君庙有泰山庙会，泰山神祖庭东岳庙也应有此风俗。因此泰山庙会的起源，可追溯至唐末五代时期，遗憾的是，由于资料原因，这一时期泰山及泰安地区的泰山庙会具体情况已无法确考。

（二）泰山庙会的确立

随着宋真宗封禅泰山，东岳庙宇遍及天下，完整意义上的泰山庙会也在此时正式确立。

宋代泰山庙会的举办地点为岱庙。宋人张师正《括异志》记载：“太山庙据县之中，令兼主庙事，岁三月，天下奉神者悉持奇器珍玩来献。”[⑤]宋人王暐撰《道山清话》也说：“尝闻祖父言：每岁三月二十八日，四方之人集于泰山东岳祠下，谓之朝拜。”[⑥]这两条材料为明确记载泰山东岳庙会的最早记录，其中所提到的“太山庙”“东岳祠”均指今天的岱庙。

宋代泰山庙会的会期为东岳大帝圣诞日前后。宋代诗文中，有多首提及东岳大帝

---

① 高有鹏：《庙会与中国文化》，北京：人民出版社，2008年，第222页。

② 〔五代〕景焕：《野人闲话》，〔宋〕李时人编校：《全唐五代小说》第4册，第2410页。

③ 据刘慧研究，庙会的形成具备四个因素：“一是具备一定的宗教信仰及相应的仪式活动；二是有其所依托的空间场所，也就是说要有活动所依凭的‘庙’；三是要具有广泛的群众基础，其参与性和自发性是必不可少的；四是具有相对稳定的季节时令或固定的日期。”（刘慧：《泰山庙会》，济南：山东教育出版社，1999年，第29页。）

④ 魏晋之后，泰山神开始有了“泰山府君”的称谓，五代时期的四川出现了泰山府君庙。

⑤ 〔宋〕张师正：《括异志》卷四，北京：中华书局，1996年，第49页。

⑥ 〔宋〕佚名：《道山清话》，朱易安等主编：《全宋笔记》第二编第1册，郑州：大象出版社，2017年，第104–105页。

生辰，如胡宿《东岳生辰贺词》："伏以乔岳配天，灵祠在国，大东作镇，生气是司。相沿季春，奉词（祠）诞日，寅修嘉荐，祗率旧章。惟冀居歆，益祈降福。"[①]胡氏诗中记载的东岳大帝的圣诞日为"季春"，即农历三月。王珪《东岳天齐仁圣帝生日祝文》把东岳大帝圣诞日进一步具体化："伏以灵祠在国，阴化维神。相沿既暮之春，实纪乃生之日。爰孚精意，庶格顺祺。"[②]"既暮之春"，指春季最末之日，应即世之所传的三月二十八日。《东岳生辰贺词》《东岳天齐仁圣帝生日祝文》均是在皇帝命令下撰写的祝词，由此可见，宋代前期东岳大帝的圣诞日已经确立。

宋代泰山庙会的会期自三月二十八至四月八日，前后大约十天，赵鼎臣《游山录》记载："至炳灵公祠，因游玉女池，池水尽竭，出败楮钱如山。邂逅县尉曹余庆者，语余曰：'岁至四月八日，则四方之来者益希，因决水取池中所投物，籍而归之观中。县吏察焉，仆为是来也。'"[③]可知当时泰山庙会的会期。

综上所述，北宋时期，以东岳大帝为奉祀神灵，以岱庙为祭祀场所，围绕东岳大帝圣诞开展的庙会活动业已形成并趋向成熟。

（三）泰山庙会的中衰

金代，泰山地区在金朝的统治范围之内。金廷为防民众借庙会生变，于是严加禁止，东岳庙会一度被禁。金世宗大定二年（1162），"除迎赛神佛禁令"[④]，东岳庙会逐渐恢复。大定二十年（1182），杨伯仁《大金重修东岳庙碑》碑文："殿楹高敞，勿事□障，殿阀□□，设为储胥，俾四方士民远致奠献者，皆遂其瞻祷之心，而无亵黩之怠。庙之西南隅旧设舍馆，宾客往来皆止焉，郡吏时率倡乐以娱之，因为□□□□□□□□□□□洞启，或终夜欢哗。"描述了解除禁令之后民众泰山进香的情形。

元代是泰山庙会发展的一个高潮，元人赵天麟在其撰写的《太平金镜策》中说："倡优戏谑之流，货殖屠沽之子，每年春季，四方云聚，有不远千里而来者，有提挈全家而至者。"[⑤]元代泰山庙会的盛况，在《刘千病打独角牛》《黑旋风双献功》《小张屠焚儿救母》《看钱奴买冤家债主》等元杂剧中也有很多记载，如《刘千病打独角牛》

① 《全宋文》卷四七二，第22册，上海：上海辞书出版社，2006年，第326页。
② 《全宋文》卷一一六八，第54册，2006年，第65页。
③ 〔宋〕赵鼎臣《游山录》，《竹隐畸士集》卷二十，文渊阁《四库全书》本，第10页。
④ 〔元〕脱脱：《金史》卷六，《世宗纪》，第125页。
⑤ 〔元〕赵天麟：《太平金镜策》卷四，《四库全书存目丛书》集部，第670页。

第三折称："今日是三月二十八日，乃是东岳天齐大生仁圣帝圣诞之辰，……端的是人稠物穰，社火喧哗。"①《小张屠焚儿救母》第二折《紫花儿序》曲写道："……您觑那车尘马足，作戏敲锣，聒耳笙歌，不似今年上庙的多。普天下名山一座，壮观着万里乾坤，永镇着百二山河。"②《看钱奴买冤家债主》第三折庙祝说："明日三月二十八日，是东岳圣帝诞辰，多有远方人来烧香。"③ 均是对东岳庙全盛状况的记载。

元代，少数民族入主中原，元廷对泰山庙会深怀戒心，不断下令限制东岳庙会。至元二十八年（1291），东平人赵天麟撰《停淫祀》上书元廷，把泰山庙会看作"淫祀"，主张禁止集会。皇庆二年（1313），泰山庙会期间发生了香客刘信在火池焚死其幼子一事，元廷于是借着此事，下令将庙会全面禁绝。延佑四年（1317），中书省再次严令禁止泰山庙会："祈赛神社、扶鸾祷圣、夜聚明散等事已禁治，除五岳四渎等载在祀典者，所在官司依例岁时致祭外，各处一等不畏公法之徒，鸠敛钱物，聚众妆扮，鸣锣击鼓，迎神赛社，不惟枉费资财，又且有妨农务，或因而别生事端，深为未便。今后所在官司，严加禁治。"④ 在元廷极为严厉的整治下，自宋代以来兴盛三百余年的东岳庙会被迫停止了。

（四）泰山庙会的转型

明清时期，宋代以来肇兴的碧霞元君信仰日渐兴盛，获得了越来越多人的认可。与宋元时期相比，明清时期的泰山庙会发生了转型，具体表现在以下三点：

第一，泰山庙会的奉祀主神由以东岳大帝为主转变为以碧霞元君为主。宋元时期，泰山庙会主要围绕东岳大帝展开。从明迄清，虽然以东岳大帝为奉祀主神的泰山庙会仍然存在，如明末学者张岱《岱志》描述道："东岳庙大似鲁灵光殿。棂星门至端礼门，阔数百亩。货郎、扇客，错杂其间，交易者多女人、稚子。其余空地，斗鸡、蹴鞠、走解、说书，相扑台四五，戏台四五，数千人如蜂如蚁，各占一方。锣鼓讴唱，相隔甚远，各不相溷也。"⑤ 又如清嘉庆时唐仲冕《岱览》记载："每当祈赛云集，布幕连肆，百剧杂陈，涩嚚喧豗，肩摩趾错者数月。旧传三月廿八日为岳神诞辰，是日尤盛。"⑥ 从上引以东岳大帝为奉祀主神的泰山庙会的记载来看，明清时期东岳庙会的场面仍然

① 〔元〕佚名：《刘千病打独角牛》，明脉望馆钞校古今杂剧本，第 18 页。
② 〔元〕佚名辑，徐沁君校点：《新校元刊杂剧三十种》，北京：中华书局，1980 年，第 789 页。
③ 〔明〕臧懋循辑：《元曲选》，北京：中华书局，1958 年，第 1600 页。
④ 祖生利、李崇兴点校：《大元圣政国朝典章》卷五七《刑部》，第 454 页。
⑤ 〔明〕张岱著，夏咸淳辑校：《张岱诗文集》，上海：上海古籍出版社，2014 年，第 238-239 页。
⑥ 〔清〕唐仲冕：《岱览》卷六《岱庙上》，第 9 页。

不失热闹非凡。

但是，随着碧霞元君信仰的兴盛，碧霞元君渐有取代东岳大帝的趋势，正如学者所说："自碧霞宫兴，而世之香火东岳者咸奔走元君。近数百里，远即数千里，每岁瓣香岳顶数十万众。"① 围绕其展开的庙会日渐成为泰山庙会的主流。明代碧霞元君庙会的繁盛，在万历年间尤为突出，于慎行《游泰山记》载："若三四月，五方士女，登祠元君，以数十万，夜望山上篝灯，如聚萤万斛，左右上下蚁旋鱼贯，叫诤殷赈，鼎沸雷鸣，弥山振谷，仅得容足之地以上。"② 清代，碧霞元君庄会仍然繁盛，清人程穆衡在其所著《燕程日记》中，记录了他路遇香客进香泰山的情景："（乾隆二年二月）十七日，早过泰安州。……路逢进香者，男妇累累，蓬头垢面，或乘牛车，或骑驴。前负香亭供元君号。一板箱方广二尺许，香贮焉，揭黄布于竿为帜。先是岳庙香税颇重，历代俱设官主之，勒石征之。元泰定帝兔儿年一碑，尤鄙琐可笑。今上登极汰之，故进香者倍常耳。沿途控驴待雇者比比，嚣声聒耳。"③

第二，庙会的举办时间不同。宋元时期，泰山庙会的举办时间从三月二十八日至四月八日，前后十天。明清时期，泰山庙会分为东岳庙会和碧霞庙会两部分，而此二庙会的举办时间较为接近，会期从正月一直持续到四月，涵盖了整个春天。关于此，《养吉斋余录》说道："今泰山岳帝庙及碧霞元君庙香火极盛。正月初开山，进香者络绎至。……四月十三日封山，香会始罢。"④ 正是因为明清时期庙会持续整个春天，所以又被称为"万古长春会"。

第三，以奉祀泰山神为主神的泰山庙会虽名目依旧，但实质上已发生巨大变化，东岳大帝祭祀的官方专办特征使其在民间失去了生命力，导致以祭祀泰山神为中心的东岳庙会难以存续。在此背景下，东岳庙会中便融入了庆祝碧霞元君诞辰的内容。与此同时，泰山东岳庙会开始向重商业娱乐的方向转型，其结果便是造成商贸与娱乐成为东岳庙会的主流。商贸与娱乐本是庙会不可或缺的内容，不过在东岳庙会中，这方面却一枝独大，完全成为庙会的主流。以至于留存到后世的关于泰山庙会的文化记忆，是"岱庙书场"与"岱庙市场"，而不是"岱庙祭场"。

---

① 〔清〕黄钤：乾隆《泰安县志》卷十一《金石·明》，第 45-46 页。
② 《岱史》卷十八《登览志》，《岱史校注》，第 387 页。
③ 〔清〕程穆衡：《燕程日记》，上海：上海古籍出版社，1983 年，第 230-231 页。
④ 〔清〕吴振棫：《养吉斋余录》卷六，北京：中华书局，2005 年，第 404-405 页。

二、爬桥节

爬桥节是在泰安市邱家店镇举行的一项特色民俗活动，其举办日期为每年的正月十六。旧县先后为博邑、博阳、乾封县治所在地，宋开宝五年（972）宋太祖赵匡胤迁乾封县址至岱岳镇，自此旧城废弃，此地始名“旧县”。旧县紧靠大汶河，河上一座南北方向的旧县大桥把汶河两岸连接了起来，爬桥节即在这座大桥上举行。

旧县爬桥节历史悠久，它源自汉族古老的走桥民俗。关于走桥的最早记载疑出现在唐代诗人苏味道的《正月十五夜》一诗中：“火树银花合，星桥铁锁开。暗尘随马去，明月逐人来。”① 可见，唐代的时候，元宵节走桥已经颇为流行。又《宛署杂记》记载：“走桥摸钉，祛百病。正月十六夜，妇女群游祈免灾咎，前令人持一香辟人，名曰走百病。凡有桥之所，三五相率一过，取度厄之意。或云终岁令无百病，暗中举手摸城门钉，一摸中者，以为吉兆。”② 正月十六日晚上，妇女相结成群，过桥度厄，因此，走桥的目的有两个，一是祛百病，二是辟邪度厄。不同地方走桥的时间各不相同，北京一带为正月十五或者正月十六晚上，福建一带为端午节和七夕节，江南一带则多数为正月十五。山东地区走桥的日期也是正月十六，如顺治《招远县志》言：“十六日残灯，皆游玩不禁夜。妇女相伴为秋千戏，又群游郭外及庙宇，谓之走百病，亦曰走桥。”③

据旧县村里的老人说，爬桥节的习俗源自村民的一次偶然的经验。之前的旧县大桥很窄，导致腿脚不灵便的人过桥非常艰难，只能爬行过桥，结果爬过去之后，不灵便的腿脚竟然变好了。一传十、十传百，大家纷纷模仿，到了正月十六，家家都出来爬桥，逐渐形成了一种风俗。因而，旧县爬桥节在本质上仍然是走桥的一种，它的主要目的是祛病。

旧县爬桥节这天会举行许多娱乐活动。民众自发组织的高跷队、秧歌队一边敲锣打鼓，一边甩着红帕子带领当地群众先在村内巡演，接着从旧县桥北走到桥南，再从桥南走回桥北。除踩高跷、扭秧歌表演外，爬桥节上还有露天的戏曲表演、变戏法、舞狮子等丰富多彩的娱乐活动。民众们一边看着表演、赶着大集，一边品尝着摊贩们制作的各式各样的特色美食，气氛热闹非凡。

① 〔唐〕佚名辑：《搜玉小集》，文渊阁《四库全书》本，第 14 页。
② 〔明〕沈榜：《宛署杂记》卷十七，北京：北京古籍出版社，1980 年，第 190 页。
③ 顺治《招远县志》卷四，清顺治十七年刊本，第 6 页。

爬桥节上，还有两个比较特殊的民俗活动。一，拴石头。民众通常会在节前捡好石头，并用红绳或者红布带拴起来，然后在正月十六日天亮前把石头放置在村头的桥上，以此来表达家人平安吉祥的愿望。二，认干娘。家有孩子生病、体弱，或者单传的，就会到正月十六这天，用针穿上线别到别人的身上认干娘，以此来祈求孩子身体健康、长命百岁。

三、天贶节

天贶节是宋朝的官方节日，该节日的设置与泰山有着直接的关系。宋真宗造作天书，标榜其封禅泰山是奉了上天的命令。大中祥符元年（1008）正月，有黄帛降于左承天门南鸱尾上。真宗召集群臣把“天书”迎至朝元殿，号称“大中祥符”。四月，天书第二次降临在大内功德阁。六月初六，天书第三次降临到泰山灵液亭北。借着上天三次降下的天书，同年十月宋真宗率大队人马到泰山封禅。为了纪念泰山封禅圆满成功，宋真宗于大中祥符二年（1009）五月初八下诏：“六月六日天书降泰山日，宜令设醮。”六月又诏：“在京及诸州并赐休假一日。”[①] 又于四年正月下诏：“以六月六日为天贶节，在京禁屠宰九日。诏诸路并禁。”[②] 正式确定六月六日为天贶节。大中祥符五年（1012），宋真宗诏：“天贶节一日毋得行刑。”六月六日当天，再次下诏：“天贶节日，宰臣亲王于上清宫行香赐会，参知政事一员开宝寺塔行香毕，却复上清宫，筵设。”[③] 规定了天贶节这天，北宋政府全体工作人员休假一天；宰臣亲王前往上清宫建道场，并设宴庆祝。甚至为了表示虔诚，连续九日禁止屠宰杀生。直到南宋时期，天贶节仍然是官方节日，如宋宁宗《嘉泰事例》记载：“令诸州立圣祖殿，天贶节长吏率在城官朝谒。”[④]

宋代之后，天贶节已经不再是官方节日，但是这个节日在民间一直流传了下来，成为一个民俗节日。泰山一带民众在这天进行的民俗活动有：一，请姑姑。六月六日正是农闲时间，所以各家都会请嫁出去的姑娘们回娘家小住几天，因而这天又被称作“姑姑节”。二，食肉。在泰安方言中，“六”与“肉”两字发音十分相近，因而在泰安又有“六月六，换块肉”的说法。传说六月六日这天不吃肉的话会咬到嘴或遇到不吉

① 〔宋〕高承：《事物纪原》卷一，文渊阁《四库全书》本，第 12 页。
② 〔宋〕高承：《事物纪原》卷一，第 12 页。
③ 《宋会要辑稿》礼五七，上海：上海古籍出版社，2014 年，第 2003 页。
④ 〔宋〕陈元靓：《岁时广记》卷二十四，清十万卷楼丛书本，第 5 页。

利的事情，因而这天做的菜里会放更多的肉。三，祈雨。每年的六月，北方“三天一小旱，五天一大旱”。遇到旱情，村里的民众会自发于六月六日组织祈雨。祈雨的人头上插着柳枝，敲着锣，打着鼓，成群结队地拥向龙王庙。

四、重阳节

重阳节是我国的传统节日，关于该节日的起源，吴均《续齐谐记》记载：“汝南桓景随费长房游学累年。长房谓曰：‘九月九日汝家中当有灾，宜急去，令家人各做绛囊，盛茱萸以系臂，登高饮菊花酒，此祸可除。’景如言，齐家登高，夕还，见鸡犬牛羊，一时暴死。长房闻之曰：‘此可代也。’”[①] 汝南桓景随仙人费长房游学，后在费长房的指点下，于九月九日登高避祸。又因为九月九日有两个九，古人又将“九”定为阳数，所以这一天被称为“重阳”。

与其余地方不同，泰山一带重阳节的民俗活动主要有三个：一是登山进香，给泰山老奶奶换衣裳。春天碧霞香会的时候，民众们会把碧霞元君的冬装换成夏装，而在重阳节的时候，民众则给碧霞元君换上冬装。二是登虎山，祭祀眼光奶奶。眼光奶奶是碧霞元君的分身之一，其司职是保护民众的眼睛，所以衍生出治疗民众眼疾之神职。《灵应泰山娘娘宝卷》云：“话说天仙圣母又叫（唤）眼光娘娘：‘你看天下众生，贤愚不等，善恶不分，你掌眼光，答救天下大地众生。’眼光娘娘奏上：‘圣母得知我有搽光石、磨光草两桩宝贝，搽光石搽一搽，眼目明亮；磨光草磨一磨，放大光明。’”[②] 万历年间，慈圣皇太后眼睛患疾，据传就是在泰山祈福之后，被治愈的。或许正是因为这个原因，明隆庆三年（1569）民众于泰山下金山上建眼光殿。雍正八年（1730），民众又于岱麓虎山建眼光殿，祀眼光娘娘。为了与之前建的金山眼光殿相区分，金山眼光殿被称为西眼光殿，虎山眼光殿被称为东眼光殿。道光年间，东眼光殿得到重修。在东眼光殿祭祀眼光娘娘的风俗一直持续到清末：“每年重阳日，远自百十里，来进香者颇多。”[③] 三，饮泉水。传说王母泉的泉水是王母娘娘的蟠桃汁化成的，喝了能延年益寿，因而重阳节这天，泰安一带的人们争相去喝上几口王母泉的甜水。[④]

① 〔南北朝〕吴均：《续齐谐记》，明正德嘉靖间刻本，第 6 页。
② 《灵应泰山娘娘宝卷》，明刻本，第 42 页。
③ 《本省新闻：琐事汇志》，《山东官报》1905 年第 60 期。
④ 李伯涛：《泰山民俗》，济南：山东画报出版社，1996 年，第 238 页。

第二节 泰山民间信仰风俗

泰山的民间信仰形式多样，围绕这些信仰，产生了诸多的民间信仰风俗，其中最具特色的为朝山进香、泰山石敢当、蒿里山托司、拴娃娃等习俗。

一、朝山进香

（一）泰山香社

香社，或称作香会，是民众由于信仰志趣相同而自发结成的信仰组织。[①] 泰山香社包括两个方面的含义，一是以泰山神灵为奉祀主神的民间信仰组织，如各地以泰山神灵为奉祀主神的香社、香会都被称为“泰山香社”；二是以泰山神灵为奉祀主神，同时还以到泰山朝拜为结社目的的民间信仰组织。[②] 本书主要讨论的是第二个方面的泰山香社。

1. 泰山香社的历史变迁

唐末五代时期的《太岳溹河将军庙堂记铭并序》里保留了泰山香社的最早记载，其中记述了后晋天福年间一个名为“岳社”的香社的活动情况：

> 天福六年三月十七日，新澶州岳社头郭肇专智，……结集岳社，化彼邑人。不朞月间，总四十户。至天福元年三月十日，社众西自新州，东之太岳。远备牢醴，克置羞荐。……唯柰河□，元非灵庙，……随宜创迹。召公输于鲁甸，招匠石于郢郊。截徂徕之花松，断新甫之文柏。奇材异石，穷神役思以蕴崇；碧瓦铜砖，尽心毕力以骈集。□运斤秉斫，争工不异于雷震；劚木飞绳，竞巧可同于电捷。天福三年五月十日，建就堂一所三间，四下椽周回行。墙二十四堵，门楼一所。……天福五年三月九日，迎入将军、夫人真形两座，厮儿、妮子两人，夜叉一对。[③]

从上引文字可知，后晋天福年间（936—941），新澶州郭肇等四十户结为“岳社”，郭肇担任社头。他们来到泰山祭祀溹河将军，并创建溹河将军庙。“岳社”以“户”为

---

① 叶涛：《泰山香社研究》，上海：上海古籍出版社，2009 年，第 3 页。
② 叶涛：《泰山香社研究》，第 22 页。
③〔后晋〕刘光度：《奈河将军庙碑》，《山左金石志》卷十四，《历代碑志丛书》第 15 册，第 72-72 页。

单位，下设“社头”“副社头”“纠首”“头副样”“勾当人”“勾当副样”等职务，表明澶州的岳社已经形成了较为完备的组织形式。

大中祥符元年（1008）宋真宗封禅泰山后，泰山神信仰的影响日渐扩大，山西等地居民以路途遥远为由，上奏宋真宗，请求于本地兴建东岳行祠祭祀泰山神。大中祥符三年（1010），宋真宗降敕称：“越以东岳地遥，晋人然（虽）备蒸尝，难得躬祈介福，今敕下从民所欲，任建祠祀。”[①] 敕令颁布之后，全国范围内开始兴建东岳庙。宋人陆周在为海盐东岳庙所作碑记中说：“章圣皇帝东封，申严帝号，以彰洪德，允答元功，顺天休命，典册具存，是于今日尤为尊崇，非诸祠庙所得拟议也。”章圣皇帝即宋真宗，其对泰山的崇祀，促使东岳庙祀进一步普及，发展成全国性祠庙。进而，围绕各地东岳庙开展的香会活动日渐频繁。

北宋元丰三年（1080）刻《东岳高里山相公庙新创长脚竿记》记述了当时香社活动情况：“今有古沛张平者，即长河之舟贾也，乃集社聚缗，岁赛于祠下。”该香社在泰山的主要活动为在蒿里山相公庙前“立长脚竿”。另外，该碑下半部所刻《东岳永安香纸经文醮童社建之记》，留存了众多船户、船客的名字，可见，这个香会主要由船户组成。这些船户主要来自徐州、兖州、楚州等地，显示了香社人员构成的跨区域性。这种集资向泰山敬献祭品的行为，是宋代香社活动的一大内容。[②]

以上材料表明，北宋时期，泰山香社不仅组织已趋向完备，活动也日渐固定化、周期化，表明泰山香社发展已日渐成熟。

自明代中叶起，碧霞元君信仰趋向繁盛，随之涌现了大量碧霞香社，四方香众“群聚为会，东祠泰山，南祠武当”[③]，泰山逐渐发展成为与武当、普陀山齐名的全国性朝山进香圣地。“至明代中期，已经出现了以泰山进香为主要目的的香社，而且还有专门的名称，出现了‘泰山香社’‘泰山香会’的称呼。”这些香社不仅仅参与人数众多，而且地域辐射范围广泛。如嘉靖年间天书观铁塔题名列男女善士达万人以上，万历至崇祯间万仙楼社众题名更有三万之多，香社遍及南北直隶、辽东、浙江、河南、

① 〔宋〕王鼎：《大宋国忻州定襄县蒙山乡东霍社新建东岳庙碑铭》，《山右石刻丛编》卷十二，《历代碑志丛书》第15册，第603页。

② 刘慧、陶莉：《关于宋代的泰山香会》，《民俗研究》，2004年第1期，第122–123页。

③ 〔清〕顾炎武：《天下郡国利病书·山东备录上》引于慎行：《兖州府志》语（原标《青城志》疑误），《顾炎武全集》第14册，上海古籍出版社，2011年，第1647页。

山西等地。正如时人诗中所写："铁瓦铜楹佳丽地，进香人自九州来。"①明代香客们进香的盛况，明万历年间于慎行《登泰山记》中有一个形象的记载："若三四月，王方士女，登祠元君，以数十万，夜望山上篝灯，如聚萤万斛，左右上下蚁旋鱼贯，叫呼殷振鼎沸雷鸣，弥山振谷，仅得容足之地以上。"②何起鸣登泰山，记录碧霞香会如下："万历八年，予观风东兖，溯泉源，登泰山之巅，憩焉。俄闻四方以进香来谒元君者，辄号泣如赤子久离父母膝下者。"③

明末清初之际，由于战乱频发，社会动荡，泰山香社走向衰落。但是清代建立之后，社会逐渐安定，经济上得到恢复发展，泰山进香活动也迅速恢复并再次达到兴盛。清人钱兆鹏《游泰山记》曰："途中遇四方进香者，扎黑巾，插无色旗，鸣锣击鼓，口唱佛号，焚香膜拜，后先相望。"④足以想见当时的泰山香社是何等的盛况空前。

光绪年间（1875—1908）甚至出现了民间大型香社组织和大规模的祭祀活动，即"合山会"。"合山会"的称呼最早见于乾隆二十九年（1764）《合山会碑记》中。岱庙遥参亭民国《泰邑合山会姓氏碑志序》记载：

> 泰山为五岳首，庙宇之设、香火之盛，想亦甲诸诸名山。而遥参亭碧霞元君殿，实即泰山之第一行宫也。以故，每岁之春，朝山进香者遐迩辅辏，士女云集，佛号钟声亘数月不绝……邑东旧有合山会，在社者不下数千家。历年春季，齐赴来城，设坛建醮以答神庥，行之既久，入社者亦日益众。己未岁，众善信欲将诸姓氏勒诸石，以示不忘。

如此大规模的香社和进香行为，使得清末民初成为泰山香社又一繁荣时期。⑤

明清泰山进香的一个突出特点是进香民众以女性为主流，清初白话小说《醒世姻缘传》即以生动的笔触，描摹了当时山东妇女结社登山进香的场景。清康熙朝诗人张永铨在《山左竹枝词》中咏泰山香社时，就突出了女性这一特征："士女齐驱拥道旁，鸣钲击鼓列成行。胸悬朱匣描金就，尽说朝山进瓣香。"⑥

2. 泰山香社的组织形式

① 〔明〕陈第：《泰山夫人庙》，《五岳游草》卷五，《四库禁毁书丛刊》集部第57册，北京出版社，1997年，第421页。

② 《岱史》卷十八《登览志》，《岱史校注》，第387页。

③ 〔明〕何起鸣：《宣谕》，《岱史》卷九《灵宇纪》，《岱史校注》，第155页。

④ 〔清〕钱兆鹏：《述古堂文集》卷八，《清代诗文集汇编》第406册，上海古籍出版社，2010年，第729页。

⑤ 叶涛：《泰山香社研究》，第129-130页。

⑥ 〔清〕张永铨：《闲存堂诗集·蓟门游草》，《四库未收书辑刊》第捌辑，第21册，北京出版社，1997年，第614页。

就组织形式而言，泰山香社一般由一村或数村的香客组成，其规模大小不一，人数少到十几人、几十人，多至上百人。香社的组织发起人称为“香首”“会首”“社首”“善首”或“领袖”，一般由当地德高望重的1—3人担任。会首之下有承办人3—5人，负责会员联络、会费收敛、香祭品购置等事宜。香社的名字最初多称“岳社”，明万历以后开始出现“泰山香社”或者“泰山香会”之名，光绪年间又出现了“合山会”。

从持续时间来看，香社有临时香社和长期香社两种。临时香社一般规模较小，结社目的单纯，朝山进香的时间也不固定。长期香社的规模一般比较大，朝山的时间比较固定，其结社目的并非完全出于信仰原因。有时候二者又常常是交叉在一起的，有的长期香社结社宗旨也较单纯，有时临时香社的规模也较大。[①]

（二）进香仪式

泰山香社进香仪式是一种集体进香仪式，该仪式分为进香前的准备阶段、到达泰山的进香过程及下山后的仪式三个方面。

1. 进香日期

泰山进香比较集中的有春香和秋香。春香，指的是春天泰山进香。春香的奉祀对象以王母娘娘、东岳大帝和碧霞元君为主。碧霞元君的祭祀大典人数最多，香火最盛的，当属女神生日那天。明代《玉女卷》在讲述玉女身世时，说玉叶降生于汉明帝中元七年四月十八日子时。明代时期人们都认定，碧霞元君的生日是“四月十八日”。每年的四月十八这天，不仅是泰山周边，在全国各地，只要有元君庙的地方，人们对碧霞元君的朝拜都是盛况非常。明末学者刘侗在《帝京景物略》中写道：“月一日至十八日，尘风汗气，四十是一道相属也。”[②] 由此可见，元君诞辰这天朝拜场景热闹非凡。

四月十八，众人为老奶奶上香的习俗，从明代开始兴盛，一直延续至清代。清初小说《醒世姻缘传》《林兰香》、戏曲《女弹词》中都曾细致描绘过“四月十八”碧霞香会的场景。另外，根据红学家周汝昌先生考证，《红楼梦》第一回中所写“过会的热闹”，所指的也正是四月碧霞香会。“四月十八”的碧霞圣诞，不仅是民间香客的共识，而且也赢得朝廷的认同。康熙皇帝敕编，也就是他亲自下令编纂《御定月令辑要》，“月令”指的是各种节庆日期，此书大致相当于国家认定的节日手册，在这本书上，“四月十八日”一栏，明确标注着“碧霞元君诞”的条目。

① 周谦：《民间泰山香社初探》，《民俗研究》，1989年第4期，第39-40页。
② 刘侗等著：《帝京景物略》，北京：北京古籍出版社，1980年，第133页。

后来乾隆朝封山典制的实行，对泰山香会产生了严重的影响。民众便调整典礼日期至三月十五。这个日期在民间称作“换袍日”。什么是换袍日呢？三月十五这个时候春意渐浓，凡人都要脱去冬装，换上春服，那么在宫殿中的碧霞元君，也应该脱掉冬天的袍服，换上春天的神装，人们就在这天举行为神换袍的仪式，并把这一天称作“换袍日”。于是，天下的香客就避开皇宫朝会，在三月十五这天都来到泰山，在碧霞祠、红门宫、小泰山、灵应宫等地，举行盛大的朝拜元君的典礼。这样约定俗成地，人们也就把老奶奶的诞辰日调整到了三月十五。此后随着清朝的灭亡，四月十八日致祭典礼渐渐地被历史淡忘。而三月十五却成为泰山一个新生的民俗节日，一直延续到今天。

除了春香、秋香外，春节期间前来进香的香社也很多。古代有大年初一烧头香的说法，因而很多香社组织香众大年三十晚上上山，等着烧头香。山东庆云一带至今仍流传着到泰山碧霞祠陪碧霞元君过除夕的习俗。

2. 进香前的准备工作

香社前往泰山进香的准备工作非常繁杂，有时候需要提前半年就开始准备。第一，印发会启。会启，也称会招、会报、会贴，用来联络香社成员。会启的内容包括三部分：一，会所和设驾所；二，守晚或守夜；三，进香过程中的具体工作。第二，烧信香或演社。“烧信香”即给碧霞元君报信，向老奶奶报告香社准备启程上山进香了。有的香社还举行演社的仪式。所谓演社，指的是抬着碧霞元君的圣驾，沿街游行，知会大家香社要前往泰山进香了。第三，进香资金的筹备。进香资金一般来源于会员缴纳的会费。香社规模的大小与进香资金的筹备有重要关系。第四，贡品与祭品。泰山进香最主要的贡品是为碧霞元君准备的袍衣和袍布。祭品则主要有香烛纸蜡、食物酒茶等。

3. 进香的过程

进香香社到达泰山后，入住山下的香客店。住店的时候，先把自带神像“安驾”好，再到香客店内的娘娘庙报到。由于前来泰山进香的人员太多，催生了泰山下香客店的兴盛，最为著名的便是“八大店”。上山的当天，香客们三更便起床，吃了素食后，开始登山。香社大都在碧霞祠正殿前集体参拜，参拜前要首先整理衣冠，然后会首站在队伍前面，率领会员上香、叩头、行礼，并诵读为神灵准备的礼品清单。集体进香的仪式中，有一个仪式尤为重要，即为碧霞元君献换袍衣。春天，为碧霞元君换上夏装；秋天则为其换上冬装。集体仪式结束后，香客们再根据个人的需求单独礼拜神灵。

4. 进完香下山后的仪式

香社进香完毕下山后，香客店会为他们举行“接顶”和“朝山归”的仪式。“接顶”指的是香客店派专人在红门迎接下山的香社，并把酒浇在会首的脚前。当天晚上，香客店会在店内延请香客们，称为“朝山归”。

香社从泰山进香结束返回乡里时，还要举行“烧回香”和家里人为登山进香的亲人“接顶”的习俗。

二、泰山石敢当习俗

泰山石敢当习俗约产生于元代中期，在之后的历史变迁中，日渐产生了石大夫和石将军两种形式，并远播海外。

（一）由“石敢当”到“泰山石敢当”

泰山石敢当习俗源自远古的灵石崇拜。“石敢当”第一次出现，是在西汉黄门令史游所著的童蒙读物《急就篇》中：“令狐横。朱交便。孔何伤。师猛虎。石敢当。所不侵。龙未央。伊婴齐。”[①] 唐人颜师古在给《急就篇》做注解时说：“卫有石碏、石买、石恶，郑有石制，皆为石氏，周有石速，齐有石之纷如，其后以命族。敢当，所向无敌也。”[②] 指出“石”是古代就有的姓氏。可见，作为灵石崇拜的石敢当在当时颇为流行，因而当史游为石姓举例的时候，借用了这个风俗。

唐代，“石敢当”三字开始被写在或刻在石头之上，初步形成了镇宅之石的社会风俗。宋代学者王象之《舆地纪胜·福建路》写道：“石敢当碑：庆历中，张纬宰莆田，再新县治，得一石铭，其文曰：‘石敢当，镇百鬼，压灾殃。官吏福，百姓康。风教盛，礼乐张。唐大历五年，县令郑押字记。’今人家用碑石书曰‘石敢当’三字镇于门，亦此风也。”[③] 这个记载表明，至迟唐大历五年（770）时福建地区就不仅有了在石头上书写“石敢当”的风俗，同时开始寄予了避邪压殃、祈福求康的寓意。现存最老的石敢当碑立在福州市于山山顶的碑廊中，该碑上部是横向书写的“石敢当”，下面刻有：“奉佛弟子林进晖，时维绍兴载，命工砌石路一条，求资考妣生天界。”宋绍兴年

① ［汉］史游撰，曾仲珊校点：《急就篇》，长沙：岳麓书社，1989 年，第 344 页。
② ［元］陶宗仪：《南村辍耕录》卷十七，明成化刻本，第 5 页。
③ ［宋］王象之撰：《舆地记胜》卷一百三十五，杭州：浙江古籍出版社，2013 年，第 3060 页。

间（1131—1162）刻立石敢当碑的原因为祈求亡去的父母能在天上相聚。

之后，在石敢当的历史流变中，日渐与泰山信仰相结合，并最终形成了“泰山石敢当”习俗。现存最老的泰山石敢当碑为元代遗存。2016年，泰山石敢当博物馆征集到一方泰山石敢当碑石，碑阳正中为楷书“泰山石敢当”五字，右上角文已漫漶，左下角之文为“□（大）元延祐五年岁次戊午吉日”。延祐五年即1318年。元延祐泰山石敢当碑位于今肥城北部与长清孝里镇交界处，该碑的发现说明，“泰山石敢当”的发源地应在泰山附近。

（二）由“泰山石敢当”到“石大夫”

明代，山东地区泰山石敢当的功能有了扩展，即由原来的镇宅辟邪，增加了治病的功能，并在北方演化出与泰山石敢当民俗有着密切关系的“石大夫”信仰。如清人王士禛在《古夫于亭杂录》中所说：“齐鲁之俗，多于村落巷口立石，刻‘泰山石敢当’五字，云能暮夜至人家医病。北人谓医士为‘大夫’，因又名之曰‘石大夫’。”[①]

石大夫信仰的最早记载，见于万历《章丘县志·杂录》“东陵石医”条：“东陵山下大石，高丈余，有神异。不时化为人，行医邑中。嘉靖初年，尝化一男子假星命，自号石大夫，至渭南刘家。是时，前令凤池公方为诸生，见其支干，即下拜曰：‘我父母也。异日登第，必令吾章丘。’凤池愕然，后果登进士，谒选得章丘。迹其人，父老并不知，夜石见梦曰：‘我非人，东陵山下亭亭大石即我也！’凤池因往祭其处，留诗刻之，为立庙。邑人有沉疾多往祈祷，辄托之梦寐为人医，无不立愈。”[②]可见，石大夫信仰的策源地为章丘地区。

石大夫信仰在章丘兴起后，很快传遍了泰莱山区，在泰安、莱芜、淄博、邹平、新泰等地，纷纷建起了石大夫庙。石敢当治病救人的形象深入人心。泰安市岱岳区祝阳镇的祝山上，有一座建于清代的石大夫庙。每年农历的九月初九，这里都会举行盛大的石大夫庙会。今尚存道光年间立《石大夫碑》。

（三）由“泰山石敢当”到“石将军”

随着泰山石敢当习俗的传播，山东地区出现了石敢当的另外一个形象，即石将军。随着“石将军”形象的传播，各地除了竖立“泰山石敢当”的石碑外，也开始刻立“石将军”的造像。在造像中，石敢当被塑造成了手执长弓利剑的威猛形象，镇守于桥头、

① 〔清〕王士禛：《古夫于亭杂录》卷六，北京：中华书局，1988年，第125页。
② 万历《章丘县志》卷三十四，万历二十四年刻本，第101页。

街巷的冲口。后世还流传着一首歌咏“石将军”的古诗：“甲胄当年一武臣，镇安天下护居民。捍冲道路三叉口，埋没泥途百战身。铜柱承陪闲紫塞，玉关守御老红尘。英雄来往休相问，见尽英雄来往人。”[①]一个威风凛凛、震服四方的石将军形象跃然纸上。石敢当虽在新起的民间信仰中变为石将军，但在泰山周边流传的关于他的民间故事中，更多的却是以单打独斗、行侠仗义的侠士形象出现。[②]泰山民间传说中的石敢当是徂徕山下桥沟村的石姓后人，石姓家族中，不仅出过宋代名儒石介，还出过一个威名远震的元代大将军石珪。金元之际，石珪虎踞山东，鹰扬中原，被成吉思汗封为兵马都总管，人尊之为“石将军”。正由于这个缘故，民间石敢当故事中，便把石敢当“安置”到这一名族之中。石氏聚居的桥沟村，便相应地成为石敢当的故乡所在。

在距徂徕山不远的旧县村就有一位身披甲胄携带长弓手执宝剑的石刻人像，当地人称为“石人老爷”。说是拜他能驱鬼压邪、阖家安康。后来经过与外国传教士书中所收石敢当版画比对，最终证明这位肃立汶河岸边的石人，就是人们心目中的家乡守护神——泰山石敢当。经中国美术学院毕斐教授考察鉴定，其镌刻年代不晚于明代。

（四）从国内到海外

至迟在元代中期，泰山石敢当习俗业已在泰山一带广泛传播。此后泰山石敢当借助泰山信仰的巨大影响力，开始以泰山地域为中心向四周扩散，进而向包括三字石敢当起源的福建地区逆向传播。泰山石敢当民俗在明清时期走向鼎盛，成为石敢当习俗的主流，绝大多数省份都能看到泰山石敢当的身影。

图 8–5　冲绳久米岛雍正十一年（1733）刻立的泰山石敢当（蒋明超 摄）

除此之外，在日本、越南、缅甸、马来西亚等域外都能看到泰山石敢当的身影。关于泰山石敢当在国内外的传播，叶涛分析道：“泰山石敢当习俗历经千年而不绝，主要是因为它与‘中国人魂归泰山’的信仰结合在一起，同时也与各地的民间信仰和民俗文化相结合，在此前提下，它获得了扎根于相关社区、群体的文化传统，并世代相传。泰山石敢当信仰为中国广大地区和众多民族所认同并远播海外，从一个侧面反映了中华文明的历史

① 〔明〕徐𤊹：《笔精》卷六，福州：福建人民出版社，1997 年，第 231 页。
② 陶阳：《泰山民间故事大观》，北京：文化艺术出版社，1984 年，第 199–206 页。

延续性，因此它具有见证中华民族文化传统生命力的独特价值。”①

日本冲绳岛各地及久米岛、石垣岛、波照间岛等岛屿上都能看到泰山石敢当的身影。由于琉球王国受中原王朝册封，并向中原王朝朝贡，因而冲绳的泰山石敢当主要分布在琉球王族庭园、王府官员居住地和久米岛上的江洲等地。

朝鲜王国与琉球王国一样，也是中原王朝之“熟藩”，因而其在明清时期也吸收了泰山石敢当文化。据学者考察，越南也同样能看到泰山石敢当。②

2006年，“泰山石敢当习俗”入选中国首批国家级非物质文化遗产保护名录。2015年3月6日，时任国务院总理的李克强在第十二届全国人大三次会议主持山东代表团工作的讲话中充分肯定了山东经济社会发展成绩，希望山东勇做“泰山石敢当”，努力攻坚克难，在改革发展上为全国积累经验、提供借鉴。泰山石敢当又被赋予了新的时代精神和当代价值。

三、蒿里山托司习俗

蒿里山，又名高里山、英雄山，位于泰山火车站南，海拔198米。东汉时期，泰山治鬼说开始流行。之后，在帝王封禅、燕齐方士的神仙学说等力量的相互作用下，泰山成为幽冥地府所在，并出现了专门掌管地府的泰山府君。现代考古证明，西汉时期幽冥世界在泰山的观念已经极为流行。晋陆机《泰山吟》中写道：“梁父亦有馆，蒿里亦有亭。幽途延万鬼，神方集百灵。”③又清顾炎武《山东考古录》“辨蒿里山”条说：“自晋陆机《泰山吟》，始以梁父、蒿里并列，而后之言鬼者因之，遂令古昔帝王降禅之坛，一变而为阎王鬼伯之祠矣。’”④随着佛教地狱说的兴起，泰山府君被附会为阎罗王所统十王之一，但是佛教对泰山府君的改造并没有被民间接受，在民间泰山仍然为治鬼之所。

约宋元丰三年（1080）之后，在蒿里山、社首山之间创建了蒿里山神祠。金元战乱中，蒿里山神祠被摧毁。世侯严实倡议重修，后经其子严忠济和全真掌教祁志诚的资助，全真道士张志纯前后历经五十年才最终完成。重修之后的蒿里山神祠规模宏大，

① 叶涛：《泰山石敢当习俗纵横谈》，《文化月刊》，2013年第7期，第21页。
② ［越］阮黄燕：《简论越南石敢当信仰》，《泰山学院学报》，2015年第5期，第21-24页。
③ 〔明〕袁宗儒修、陆钛纂：嘉靖《山东通志》卷五，明嘉靖十二年刻本，第11页。
④ 〔清〕顾炎武：《辨蒿里山》，王晓真：《山东考古录译注》，北京：中国文联出版社，2002年，第18页。

不但创建了三曹六案七十五司[①]的体制，塑了七十五司神像，而且营构了诸司神房，并立《蒿里七十五司神房志》记载七十五司的名字。沙畹《泰山：中国人的信仰》记载蒿里山祠貌如下："由此向北，经过一重由两个面目狰狞的守护神护卫的门廊，就到了森罗殿……沿着围墙的墙壁上排列着地狱七十五司及其惩治罪人的场面……从森罗殿出来后，可看到三栋建筑物，都坐落在蒿里山祠的庙墙之中……三殿之一为阎罗殿……接着来到地藏殿……到了庙墙的尽头，便是位于蒿里山脚下的十王殿。……在庭院之东的建筑是三司。"[②]

清初以来，民间盛行前往蒿里山"托司"的风俗[③]。民间传说，人死后，鬼卒将亡魂先押解于城隍庙，待五七后押赴蒿里山听审。亡魂过渿河及望乡台后，要接受鬼司审判。行善者转入长寿、忠直等善司，轮回转世；为恶者则被投入刑戮、恶报等司，受尽酷刑。所以，人死后，其儿子或者侄子要拿着死者生前的衣服，来蒿里山焚纸祭奠，探问亡者在死后的世界里待遇如何。这种行为，便称为"托司"。为亡者托司的亲属来到蒿里山神祠，在七十五司前面都走上一遍，托司便完成了。之后，亲属到森罗殿神前抽签，从抽到的签文上获知亲人被投在何司。若不幸打入恶司，孝子即要请道士诵经超度，泼汤水、舍香钱，据说这样做可以使亲人免受刑辱。清初西周生《醒世姻缘传》第六十九回《招商店素姐投师，蒿里山希陈哭母》中写生员狄希陈泰山进香时上蒿里山托司的情形："这蒿里山离泰安州有六七里远，山不甚高，也是个大庙，两廊塑的是十殿阎君，那十八层地狱的苦楚无所不有。传说普天地下，凡是死的人，没有不到那里的。……看庙的和尚、道士，又巧于起发人财，置了签筒，签上写了某司某阎王位下的字样。烧纸的人预先讨了签寻到那里，看得那司里是个好所在，没有甚么受罪苦恼，那儿孙们便就喜欢。若是甚么上刀山、下苦海、碓捣、磨研的恶趣，当真

① 关于七十五司的形成过程，参见陈巴黎《北京东岳庙七十六司概述》（载《中国道教》2000年第3期，第47–52页）。据《蒿里七十五司碑》及《蒿里七十五司神房志》，张志纯重修之后蒿里山神祠三曹六案分别为：三曹：判所隶司、判磨勘司、判都察司。六案：判阅众案、判苦楚案、判口口案、判保刑案、判功德案、判注生案。至于七十五司之名，两碑所记已残缺不全，据民国时泰安学者卢逮曾之调查，其各司分别为：举意司、速报司、阴谋司、恶报司、门神司、忤逆司、山神司、毒药司、飞禽司、精怪司、地狱司、土地司、僧道司、子孙司、曹吏司、城隍司、注福司、看经司、水府司、放生司、较量司、还魂司、杀生司、发汗司、促寿司、陈状司、推问司、贵贱司、掠剩司、照证司、堕胎司、孤魂司、疾病司、昧心司、长生司、斋戒司、官员司、鬼魅司、医药司、功德司、忠直司、孝顺司、山林司、水怪司、财帛司、银桥司、金桥司、刑戮司、逼魂司、注死司、法外司、枉生司、送生司、平等司、鳏寡司、走兽司、贫穷司、失魂司、仁义司、冤枉司、减福司、增福司、送病司、法生司、丝蚕司、总统司、风雨司、注禄司、五谷司、烧香司、驿客司、六道司、修庙司、四生司、勾顾司。

② 转引自周郢校证：《泰山志校证》卷二，第392–393页。

③ 关于蒿里山托司习俗，参见逮曾：《蒿里山》，载《北京孔德学校旬刊》第16期，1925年11月11日，第1–3页。

就象那亡过的人在那里受苦一般。”[①] 小说中狄希陈为其母求了一签，却托在五阎王的司里，不禁大哭不止。

托司完后，前来蒿里山神祠托司的亲属把森罗店里求来的谶语和亡者的衣服包在一起，背回家去。明人陆可教曾作《森罗殿》诗嘲讽蒿里山托司风俗：“如何鬼伯持衡在，日向人间乞纸钱。”[②] 蒿里山托司风俗一直延续到二十世纪二三十年代。

正是因为人去世后灵魂被托在蒿里山神祠，所以民间日渐有了前往蒿里山斋醮祭祀先人亡魂的习俗。人们来蒿里山神祠斋醮之后，会在蒿里山山脚下立“三代（或先代）宗亲”碑。现存最早的三代宗亲碑为康熙十七年（1678）十月“山东登州府文登营见在左右乡村”所立“昔故合会各姓门中先远”（下缺数字，当为“宗亲在此享祭之处”）碑。[③] 三代宗亲碑“大多墓石都由一村或数村的信众集资而立”[④]。“碣上皆镌有某省府县庄、某姓先人。飨祀之处，石工数百人，所作之碑文亦如此。”[⑤] 清中叶之后，这种风气更加兴盛，光绪时更是广祀无主孤魂，而立“亡魂受化碑”[⑥]。

四、求子习俗

拴娃娃是民间向泰山祈求子嗣的一种风俗。泰山位居东方，万物所经由始，由此衍生为生命生发之地，因而成为古代祈子之地。人们祈求子嗣的对象，主要落在泰山女神碧霞元君身上。

碧霞元君信仰起源于宋真宗封禅泰山，而真宗开启女神之祀，实缘于“当时一场因太子缺位而造成的皇位危机，真宗希望通过奉祀玉女，以祈皇嗣。此举使泰山女神送子神格逐渐确立。泰山也渐由接通天地的封禅圣山，变为祈嗣求子的生育之山”[⑦]。明代之后，前往泰山祈子的风气大盛，如乐亭人王臣，“年四十七未举子，往祷泰山，梦神告曰：‘以吾二子与尔。’踰年，生太守好学；又三年，生尚书好问。若与梦符”[⑧]。又如福建总兵万邦孚“祷于东岳像设而祀之，先生生而类夫像设者，因

① ［清］西周生著：《醒世姻缘传》第六十九回，天津：天津古籍出版社，2016 年，第 625 页。

② ［明］陆可教：《森罗殿》，《陆学士先生遗稿》卷七，明万历刻本，第 5 册。

③ 2013 年 9 月出土于蒿里山下灵山庄附近，今藏市郊圣元官庄泰山石刻文化博物馆。

④ ［法］沙畹：《泰山：中国人之信仰》，《吉梅博物馆年刊研究丛书》第二十一辑，法国：欧内斯特·勒鲁出版社，1910 年，第 107 页。

⑤ ［清］张锡纯著，王云凯等点校：《医学衷中参西录》第六期第五卷，石家庄：河北科学技术出版社，2017 年，第 910 页。

⑥ 今存亡魂碑为清宁邃儒撰，秦文藻书，年代已残，考秦文藻系光绪时蓬莱生员，其立石当在光绪朝。

⑦ 周郢：《宋真宗崇祀泰山玉女意旨新探》，《世界宗教文化》，2022 第 6 期，第 134 页。

⑧ 光绪《乐亭县志》卷九《人物·乡型》，第 23 页。

以为名”。[①] 嘉靖十一年（1532），由于皇室久无子嗣，皇太后派遣太子太保前往泰山女神碧霞元君殿前求子。碧霞元君分身送子娘娘的出现，正是这一祈嗣热潮影响之下的结果。

碧霞元君祈嗣之神职催生了拴娃娃祈子的习俗。清代学者纪晓岚《阅微草堂笔记》中就记载了其母亲到神庙中拴娃娃回家一事[②]，可见拴娃娃风俗传播范围之广。清代泰安知县徐宗干所作《求嗣》诗：“富媪群生母，红门万丈开。今日搏人去，明年抱子来”[③]，更是对泰山拴娃娃风俗的生动写照。碧霞元君之分身子孙娘娘则是对中国传统农耕社会“多子多福”诉求的回应。

民众来泰山求子的去处主要有四个地方：一是碧霞元君信仰祖庭碧霞祠；二是斗母宫；三是王母池；四是红门宫。这些庙宇大殿的神案上长期摆放着一些姿势各异或坐或站的泥娃娃，有求子意向的民众来庙里求子往往需要经过一定的仪式：“祈子的人来到庙里，首先受到住持的殷勤接待。稍事休息，即被引至神前，烧香磕头，祷告一番，便从神案上选取一个泥娃娃，交给主持仪式的道士。道士取出一根红头绳，拴在泥人的脖子上。红绳的一端系着一个铜钱，道士摇动红绳以钱击盘，一边口中念道：‘有福的小子跟娘来，没福的小子坐庙台。姑家姥家都不去，跟着亲娘回家来。’之后，道士给未来的小孩起一个通俗而吉祥的乳名，嘱咐求子的女人回家把泥娃娃放到卧室中，求子的人将娃娃用红布包袱包起来带走。”[④] 经过上述步骤之后，求子仪式也就结束了。求子的人日后若有了孩子，则要到庙里还愿，还愿的时候要把之前带走的泥娃娃放回到庙里去。如果求子的人三个月没有结果，则可以再求一次，总共能求三次，若三次求子都不能成功的话，说明与泰山无缘，就不能再求了。

来泰山祈子的人中，除了去庙里拴娃娃之外，还有一种押子的习俗。人们认为，在庙宇外面的古老的大树树杈上放上一块石头，有助于得子。如今沿着泰山盘道到处可见古人押子遗留的物证。

---

① ［清］黄宗羲：《黄梨洲文集》，北京：中华书局，2009 年，第 131 页。

② ［清］纪昀：《阅微草堂笔记》卷五，北京：华文出版社，2018 年，第 104 页。

③ ［清］徐宗干：《斯未信斋诗录》卷四《岱南集下》，《清代诗文集汇编》编纂委员会编：《清代诗文集汇编》第 593 册，上海：上海古籍出版社，2010 年，第 430 页。

④ 山曼主编，袁爱国撰：《泰山风俗》，济南：济南出版社，2001 年，第 47 页。

第三节 泰山饮食民俗

泰山得天独厚的自然条件为生活在其周边的民众提供了丰富的食材。有赖于此，当地人民群众创造出泰山煎饼、泰山三美、泰山女儿茶等极具泰山地域特色的饮食民俗。

一、泰山煎饼

泰山煎饼是泰安的特产，是泰安人的主食之一，由于泰山煎饼名气较大，所以民国期间济南、青岛、天津、北京及东北各大城市的煎饼铺，都悬挂"泰安煎饼"招牌吸引顾客。[①] 煎饼的最早记载出现在明代诗人杨慎的《词品》中，其言："宋以前以正月二十三日为天穿节，相传云女娲氏以是日补天。俗以煎饼置屋上，名曰'补天穿'。"[②] 泰山煎饼与女娲补天有没有关系，已无从考证。传说唐末黄巢起义军在泰山驻扎时，当地百姓曾以煎饼相送。泰山煎饼的最早记载出现在万历三十七年（1609）四月，是年，泰安城东郊羊楼村范氏分家，在其分家文书上写道"鏊子一盘，煎饼二十三斤"[③]，可见四百多年前煎饼已经成为泰安民间主食。

煎饼在人们的日常生活中非常普遍，民国《泰山指南·饭庄》记载："此类食品，寻常里巷，售处甚多，价甚廉。"[④] 冯玉祥在泰山隐居时，考察了煎饼的制作及储存："以煎饼为日常食物的只有山东省的旧泰安府属及青州府的一部分。……按泰安府和青州府一带，都是春秋战国时齐鲁之地，各国间的争城夺池的战争，最为频繁……所以煎饼或许是这时候的一种偶然的发明。"[⑤]

泰山煎饼的制作原料为玉米、小米、地瓜、高粱等，其中玉米为主要原料，其制作步骤如下：第一，先把制作原料轧成颗粒较粗的糁子，用水浸泡一天，然后把浸泡过的糁子用石磨（现多用机器）磨成糊子。第二，把制作煎饼的鏊子烧热，舀上经过

① 严澄非：《泰安的煎饼、豆腐》，泰安市郊区政协文史资料研究委员会编：《文史资料选辑》第7辑，第213页。

② 〔明〕杨慎：《词品》卷五，北京：中华书局，2019年，第251页。

③ 陈湘元：《泰安煎饼》，《泰安风物》，济南：山东人民出版社，1986年，第136页。

④ 胡君复：《泰山指南》，上海：商务印书馆，1923年，第38页。

⑤ 冯玉祥：《煎饼：抗日与军食》，时事研究社，1935年，第74-76页。

发酵后的糊子。鏊子是制作煎饼的主要工具，清代泰安知县徐宗干《旅馆戏咏·饼鏊》诗记录了这种煎饼制作工具："爨下摩挲铁未穿，翩反荷叶影田田。三飧努力光阴速，九转成功火候圆。"[①] 第三，用煎饼耙子把鏊子上的糊子摊匀、刮平、烙透，这样一张香酥可口的煎饼就做成了。按照原料的发酵程度，泰山煎饼分为甜煎饼和酸煎饼两种，其中甜煎饼的发酵时间较短、酸煎饼的发酵时间较长。

煎饼作为主食食用起来并不是很讲究，有时候甚至都不需要配菜，在泰安民间流传着一则民谣："吃煎饼，一张张，孬好粮食都出香。省功夫，省柴粮，过家之道第一桩。又卷渣豆腐又抿酱，个个吃得白又胖。"[②] 一张煎饼，一棵大葱，用煎饼把大葱卷进去，一道名吃"煎饼卷大葱"就做成了。

和其他主食相比，煎饼有易加工、耐储存、方便携带等特点，所以泰山挑山工上山携带的粮食也多以煎饼为主。

二、泰山三美

泰山三美是泰安的地方名吃，关于它的最早记载出现在爱尔兰人阿姆斯特朗（Alex. Armstrong，F.E.I.S.）撰写的《山东》一书中："（泰安府）坐落在泰山脚下，每年从朝圣泰山的香客们那里获得丰厚的收入……在当地也有出了名的'三美'：豆腐、白菜和水。即使是小孩，当被问及泰安因什么出名，他们也会唱着回答：'豆腐、白菜、水。'"[③] 可见，光绪年间，泰山三美已经成为泰安的一大名吃，连幼小的儿童都能随口说出来。《泰山药物志》则称："在泰经商者，旅岱之游客咸云：泰山有三美，白菜、豆腐、水，令人久食之不厌耳。"[④]

泰山三美的原料为白菜、豆腐和水三种。白菜在泰安的种植时间较早，弘治年间就已经成为泰山特产，如弘治《泰安州志·土产》记载："葱、韭、芥、蒜、萝葡、白菜、苑菜、茄、瓜瓠、冬瓜、王瓜。"[⑤] 乾隆年间，泰山白菜出现在清宫御膳中。乾隆三十年（1765），清高宗东巡泰安，正月三十日的四贤祠行宫晚膳中，总管孙进朝进献

① 〔清〕徐宗干：《斯未信斋诗录》卷五，《清代诗文集汇编》第 593 册，第 440 页。
② 李伯涛：《泰山民俗》，济南：山东画报出版社，1996 年，第 18 页。
③ 田芬：《十七世纪以来西方人眼中的泰山》，济南：山东大学出版社，2019 年，第 70–71 页。
④ 吕学泰、吕树芸：《泰山药物志点校》卷一《特产门》，青岛：青岛大学出版社，1993 年，第 79 页。
⑤ 弘治《泰安州志》卷三，第 5 页。

“糟火熏炖白菜一品”，高宗赏庆妃“白菜一品”。[1]乾隆三十六年（1771）二月二十五日，泰山行宫晚膳中，皇太后赐乾隆帝“鸭子炖白菜一品”。[2]乾隆四十一年（1776）三月十六日，泰安府行宫晚膳菜品有“肥鸡油煸白菜一品”。[3]从上引宫廷御膳中的食谱来看，是时白菜主要有炖和炒两种方式。泰安白菜有青芽、黄芽之分，其中黄芽白菜最为上乘。民国高宗岳《泰山药物志》卷一《菜蔬类》云：“岱菘：为园养之品。本品名菘，又名白菜。有青芽、黄芽之分，清汤混汤之别，齐鲁之地遍产之，惟产岱岳镇者为最上，因而名之曰岱菘。”[4]民国《重修泰安县志》进一步把“岱岳镇”具体到城南旧镇，因该地所产白菜外表白中透出淡黄，品质特殊，所以特称为“岱菘”。正是因为泰山的白菜出名，引得诗人屡屡吟咏，如道光年间担任泰安知府的觉罗崇恩在其所撰的《初冬郡斋集兴三十二首》中如此赞颂白菜：“剪来韭本三分白，剥取菘心数寸黄。措大家风君莫笑，菜根独带故园香。”[5]

泰山豆腐又称为“神豆腐”，据民间传说，自在泰山脚下建城以后，城郊四周农村豆腐业不断发展，城内出现了“凌晨街街梆子响，傍晚户户豆腐香”的景象。[6]清代，泰山豆腐进入清宫御宴。如乾隆三十年（1765）总管马国用进“炒鸡炖豆腐一品”。[7]乾隆三十六年（1771），乾隆皇帝传“拌豆腐一品”“脍三鲜豆腐一品”。[8]乾隆四十一年（1776）三月十六日泰山朝天阁早膳，菜品有“五香鸡脍煎豆腐一品”。[9]豆腐除了作为食材外，还具有很好的药物作用。《泰山药物志》记载豆腐属性如下：“味甘而咸，性寒而散，清热气，散血淤，和脾胃，消肿胀，下浊气，解酒毒，有腻膈之患，……此物遍地皆产，独泰安泮河两岸，各庄村作者美。”[10]按照高宗岳的记载，豆腐到处都有，泮河两岸各村做的豆腐最为上乘。泰山豆腐在制作的时候，因为用当地产的石膏作为引子，所以制作成的豆腐虽细腻，但是韧性好，煎、炒、炸、做凉菜等均不容

① 中国第一历史档案馆编：《清宫御膳》第1册《乾隆三十年江南节次膳底档上》，浙江：华宝斋书社2010年版，第57-59页。

② 中国第一历史档案馆藏《山东照常膳底档》。

③ 中国第一历史档案馆藏《山东照常膳底档》。

④ 吕学泰、吕树芸：《泰山药物志点校》卷一《特产门》，第78页。

⑤〔清〕崇恩《守岱集》，济南市图书馆藏稿本。

⑥ 严澄非：《泰安的煎饼、豆腐》，泰安市郊区政协文史资料研究委员会编：《文史资料选辑》第7辑，1990年，第216页。

⑦ 中国第一历史档案馆编：《清宫御膳》第1册《乾隆三十年江南节次膳底档上》，第57-59页。

⑧ 中国第一历史档案馆藏《山东照常膳底档》。

⑨ 中国第一历史档案馆藏《山东照常膳底档》。

⑩ 吕学泰、吕树芸：《泰山药物志点校》卷一《特产门》，第79页。

易碎。

水指泰山的山泉水。泰山泉水矿化度低，含锶、硅、锌等微量元素，属低矿化度低钠中性或略偏弱碱性的优质矿泉水，正是因为泰山的水，泰山豆腐才与众不同。泰山泉水是泰山三美的灵魂，是泰山三美中的核心要素。

泰山三美的做法非常简单，用葱姜炝锅后，把黄芽白菜放进去翻炒一会，加入山泉水和豆腐，这样炖出来的泰山三美汤汁乳白，入口甜润，是泰安家家户户都会做的家常菜。

三、泰山茶

泰山饮茶的历史非常悠久，唐开元二十四年（736），降魔藏禅师住持灵岩寺时，“大兴禅教，学禅务于不寐，又不夕食，皆许（一作恃）其饮茶。人自怀挟，到处煮饮。从此转相仿效，遂成风俗”。[①] 降魔藏禅师用饮茶代替晚餐，自此之后，饮茶之风气自泰山一带传播到整个北方地区，灵岩寺也由此成为中国北方茶文化的祖庭之一。

最出名的泰山茶为“女儿茶”。明嘉靖《泰山志》记载：“茶：薄产岩谷间，山僧间有之，而城市则无也。山人采青桐芽，曰‘女儿茶’。”[②] 又明万历年间文士李日华《紫桃轩杂缀》亦载：“泰山无茶茗，山中人摘青桐芽点饮，号女儿茶。”[③] 泰山扇子崖青桐涧旧有青桐，女儿茶或产于此处。女儿茶还被诗人吟入诗章，明万历时泰安诗人宋焘在《我思泰山高》一诗中写道：“携我寻真者，酌彼以青筒（桐）。至味元无味，恬然自不穷。”[④] 清代浙江诗人桑调元于乾隆十九年（1754）游泰山时，也写过一首《女儿茶》诗：“阴崖摘且焙，片片青桐芽。携将圣母水，烹取女儿茶。”[⑤] 在《白鹤泉》诗中又吟道：“青桐芽自春前采（原注：惟岳中岩谷有此茶），试汲铜瓶活火煎。”[⑥]

泰山除了女儿茶外，还有松苔茶、仙人茶、黄芩茶、石花茶等众多的品种。松苔茶是用松树下所生的青苔焙制，其茶中含有松子的清香。清初普照寺住持元玉，在其撰写的诗中曾吟咏松苔茶，如《冬日偶言》诗云：“雪洁松堪煮，天寒兴愈深。一瓯茶

① 〔唐〕封演撰，赵贞信校注：《封氏闻见记校注》卷六《饮茶》，《唐宋笔记丛刊》本，中华书局，2005 年，第 51 页。

② 《泰山志》卷四《物产》，《泰山志校证》，第 636 页。

③ 〔明〕李日华撰，薛维源点校：《紫桃轩杂缀》卷四，江苏：凤凰出版社，2010 年，第 327 页。

④ 〔明〕宋焘：《我思太山高八首》（之三），《青岩居草》，《泰山丛书》本，第 25 页。

⑤ 〔清〕桑调元：《泰山集》卷中，林旭文点校：《桑调元集》，浙江：浙江古籍出版社，2016 年，第 635 页。

⑥ 〔清〕桑调元：《泰山集》卷中，林旭文点校：《桑调元集》，第 604 页。

喫了，百事任浮沉。”[1]后来又兴起一种松子茶，清初金古良《游岱记》说：斗母宫中的住持尼姑，就曾“以松子煮茶饮客”[2]。仙人茶也是用青桐芽焙制，《泰山药物志》称将其“蒸熟阴干，开水泡饮，其味清芬”[3]。黄芩茶则是一种药用茶，具有祛热清肠的疗效，明朝泰安诗人宋焘的诗句：“山僧煎苦茗，更可洗尘纷”[4]，诗中所说的便是黄芩茶。诗人潘曾沂途径泰山时，曾作《泰山纪游杂诗二十绝句》其十六云：“颇念丛桂幽，忽梦竹所快。石上青茶花，向之作三拜。”[5]此中提到的石花茶便是泰山一大茶品。

随着泰山周围饮茶风气的兴盛，形成了独具特色的茶宴、茶祭和施茶等茶俗。茶宴的记载出现在唐代鸳鸯碑上：“检校尚书、驾部郎中、使持节都督兖州诸军事兼兖州刺史、侍御史充本州团练使任要，贞元十四年正月十一日立春祭岳，遂登太平顶宿。其年十二月廿二日立春再来致祭，荼（通茶）宴于兹。”贞元十四年（798），兖州都督任要等前后两次祭祀泰山，其中第二次祭祀泰山时，在为欢迎祭祀人员而设的宴席上，用茶水代替了酒水。

北宋时期，开始有了用茶祭祀泰山的风俗。宣和元年（1119），宋徽宗令袭庆府知府钱伯言视察泰山维修岳祠工程。钱伯言在记述其经历时说道：“遂游白龙潭，奠御苑玉芽于水中。”[6]“御苑玉芽”是徽宗命臣下选用福建白茶制造的一款御用饮品，据《茶录》等书记载：此茶造于大观二年（1108），用“银圈、银模”制成茶饼，每饼“径一寸五分”，为宫廷御茶的极品。[7]钱伯言到达泰山后，前往白龙池致祭，他以御苑玉芽为祭品祭祀白龙神，开启了以茶为祭品致祀泰山神灵的先河。又金大定二十二年（1182）知泰安军事徐伟令岱岳观道士田信言重建毁于正隆兵燹的岩岩亭，建成后，徐伟率领僚吏，用酒肴茶果作为祭品庆祝。

明代，随着碧霞元君信仰的兴盛，前来泰山朝拜者络绎不绝。为了解决远道而来的人们的饥渴之苦，民众自发施茶，他们沿山设置茶棚，免费提供茶水。万历三十三年（1605）道人苏冲气与香众结为会社，于三元宫“施茶三载”。兵部尚书萧大亨家族

① 〔清〕释元玉：《石堂集》卷八，《清代诗文集汇编》第 114 册，第 668 页。
② 〔清〕金古良：《游岱记》，《北京图书馆藏中国历代石刻拓本汇编》第 65 册，第 73 页。
③ 吕学泰、吕树芸：《泰山药物志点校》卷四《通产门》，第 172 页。
④ 〔明〕宋焘：《青岩居草》，《泰山丛书》本，第 44 页。
⑤ 〔清〕潘曾沂：《功甫小集》卷十一，清咸丰四年刻本，第 4-6 页。
⑥ 〔宋〕钱伯言：《游览记》，《泰山志》卷三《登览》，《泰山志校证》，合肥：黄山书社，第 527 页。
⑦ 〔宋〕熊蕃：《宣和北苑贡茶录》，读画斋丛书本，第 11 页。

对此义举进行资助。万仙楼壁有泰安傅家庄、寨子庄以及长清、茌平等县所立施茶碑。红门宫天启六年（1626）《重建一天门碧霞元君行宫碑》言寺僧隆洲等“夏日冬日施茶汤”；此俗一直延续到清末，道光二十八年（1848）美国传教士卫三畏撰《中国总论》，其中第二章《东部各省地理》称：“到顶峰的道路有5英里长，铺得很好，为了朝山的方便，设有客栈、茶座，路上有阶梯，有柏树遮荫。”同治年间，张德彝在随同完颜崇厚出使法国时，返程途径泰山，其于《三述奇》中记云：“一路设有茶棚，兼卖粥、饼、果食。”[①] 光绪二十六年（1900），维新派官员王照于戊戌政变后流亡日本，后扮为台湾僧人潜归国内，曾攀登泰山，其于《行脚山东记》中记述施茶之俗云：“二十余里过一桥，登山至此为及半，有施茶者。”[②]

四、泰山赤鳞鱼、范镇油酥火烧

除了泰山煎饼、泰山三美和泰山茶之外，泰山赤鳞鱼和范镇油酥火烧也是泰山名吃，围绕其产生了特色民俗。

赤鳞鱼，又名螭霖鱼、石鳞鱼，生长于海拔270至800米的泰山山涧溪流中，长不足20厘米，重不过百克。该鱼有正副，正者颜色为黑，只有黑龙潭中有；副者颜色较乌，泰山各石涧均有，俗名铁螭霖。赤鳞鱼方首巨口，圆体细鳞，有翅膀有尾巴，尾巴和翅膀上有红黑点，类似蝴蝶，五彩斑斓，因而又名“斑纹鱼”。赤鳞鱼一般在夏季出现，清人毕海珖《竹枝词游泰山东麓四首》中有“摘尽樱桃夏将半，街头初卖石鳞鱼”[③] 句。由于赤鳞鱼产量很少，所以格外珍贵。乾隆十三年（1748），乾隆皇帝南巡至泰山，吃过赤鳞鱼后，感觉味道鲜美，下令每年向朝廷进贡。泰山名士赵国麟上奏朝廷，称“不常有”，乾隆皇帝于是下旨停止进贡。

范镇油酥烧饼是泰山名吃，传说乾隆皇帝南巡泰安时，泰安官府征召范镇徐家烧饼店二代传人徐亭贵前往乾隆行宫做饼，乾隆帝品尝后大加赞赏，赐“徐家烧饼铺”题字。乾隆三十六年（1771），乾隆皇帝奉母南巡，驻跸泰安，在二月二十五日泰山行宫晚膳中，皇太后赐乾隆帝“发面火烧一品”。“发面火烧”极有可能是范镇烧饼。徐家火烧的传说与此次乾隆御宴有很大关系。范镇制饼当时非常出名，诗人楼锜《新店食饼偶纪，奉寄竹町丈》咏道：“奉符城头吐朝旭，奉符城下车軭辘。千村万落傍云根，

① 〔清〕张德彝：《随使法国记·三述奇》，湖南：湖南人民出版社，1982年，第300页。
② 〔清〕王照：《行脚山东记》，《小航文存》卷一，《清代诗文集汇编》第787册，第554页。
③ 〔清〕毕海珖：《涧堂诗草》，《山东文献集成》第二辑，第32册，第118页。

乱石堆墙茅盖屋。屋底晨炊饼饵香，汲泉煮茗何清淑。指点桥西卖饼家，门外行人暂停毂。坐看铺饦出垆头，软胜于绵白于玉。一枚入手只数钱，两枚便足充我腹。……准备来年打麦忙，饼饵依然得饱尝。却惜故人远离隔，白头但作江南客。风味如斯那得知，一笑归来为君说。”[①]

第四节 泰山演艺风俗

泰山演义风俗是当地民众在长期的生产生活实践中创造出的宝贵遗产，其种类繁多，代表性的有泰山皮影戏、岱庙打擂、泰山戏曲曲艺演出等。

一、泰山皮影戏

皮影戏在我国有悠久的历史，虽形成年代尚无确考，但至迟到北宋时期便已非常盛行。皮影戏种类繁多，流行于全国各地，在泰山地域独有的便是泰山皮影戏。

泰山皮影戏，又名“人子戏”或“挑影子”，相传起源于清代后期泰安城东的霍氏家族，起初仅仅作为家族娱乐的手段，在泰山庙会上演出后，传播范围日渐广泛。早期皮影戏影人的制作原料主要是纸张，但由于纸张易损坏，后改用驴皮制作，所以又称“驴皮影”。

泰山皮影戏剧目丰富，表演素材均取自泰山传说，颇具地方特色。第五代传人刘玉峰在前代传人的基础上，把泰山石敢当与皮影戏相结合，创作了《泰山石敢当》系列剧，使得泰山皮影戏的地域特色更加明显。泰山皮影戏的代表剧目有《西游记》系列、《东游记》系列等。泰山皮影戏演唱剧目没有固定剧本，完全靠演员自己创作。其唱腔丰富，对白均使用泰安方言，通俗易懂，获得了民众的广泛认可。

泰山皮影戏最有特色的是其表演艺术“十不闲”，是我国仅有的一个人演的皮影戏。泰山皮影戏第六代传人范正安在总结演出经验的基础上，灵活运用大脑、五官和四肢，“采用力学原理，以巧妙的设计把鼓、梆、镲等伴奏乐器放到脚上，作为伴奏”[②]，创造出了中华绝技——十不闲，使得整场皮影戏的演出只需要一位演员就能完成了。

① 〔清〕楼锜：《于湘遗稿》卷二，《四库未收书辑刊》第拾辑，第21册，第334-335页。
② 王寿宴、王芹编著：《皮影戏 木偶戏》，济南：山东友谊出版社，2012年，第118页。

二、岱庙打擂

随着泰山庙会的逐渐定型，一些庙会活动渐次展开。庙会活动中，最著名的莫过于在岱庙中举行的擂台演武了，《水浒传》把这一活动称作“岳庙打擂”，其中详细记载了擂台演武的情形：

任原道：“四百座军州，七千余县治，好事香官恭敬圣帝，都助将利物来，任原两年白受了，今年辞了圣帝还乡，再也不上山来了。东至日出，西至日没，两轮日月，一合乾坤，南及南蛮，北济幽燕，敢有和我争利物的么？”说犹未了，燕青捺着两边人的肩臂，口中叫道：“有，有！”从人背上直飞抢到献台上来……任原性起，急转身又来拿燕青，被燕青虚跃一跃，又在右胁下钻过去。大汉转身终是不便，三换换得脚步乱了。燕青却抢将入去，用右手扭住任原，探左手插入任原交裆，用肩胛顶住他胸脯，把任原直托将起来，头重脚轻，借力便旋。五旋旋到献台边，叫一声“下去！”把任原头在下、脚在上，直撺下献台来。这一扑，名唤做“鹁鸽旋”。数万香官看了齐声喝采。[①]

《水浒》中写到的“打擂”，实际上是古代以相扑为主的武术比赛。清人俞樾《茶香室丛钞》卷十八记载：“元吴自牧《梦粱录》云：角抵者，相扑之异名也，又谓之争交。……按今小说家有所谓打擂台者，即此是矣。”[②]相扑又叫争跤、角力、角抵，类似于现代的摔跤，是我国的一种传统体育项目。先秦时已把角抵作为军训项目，秦汉时便已在民间流行。两宋之际，由于城市经济有了较大的发展，各种民间文体活动也广泛开展起来，“擂台争跤”便成为民众喜闻乐见的一种体育形式。遇到盛大节庆，上至宫廷，下至民间，都要举行各种各样的相扑表演或比赛，用以庆祝节日，奉献神灵，兼及娱乐群众。

宋代东岳庙的演武擂台设在大殿嘉宁殿前，即《水浒传》中所说：“朝着嘉宁殿，扎缚起山棚。”其后便是擂台比武之所。当地官吏担任主持兼充当裁判，擂台前摆有香客募献的“利物”（奖品），据《梦粱录》“争交”条记载：“如头赏者，旗帐、银杯、彩段、锦袄、官会、马匹而已。”[③]优胜者不但可以得到优厚的物质奖励，有时还会被官府破格提拔，获得一官半职。是时，演武比赛有一套规则，如允许拳脚相加，摔抱

① 〔明〕施耐庵：《水浒传》第七十四回，四川：四川人民出版社，2020 年，第 744–745 页。
② 〔清〕俞樾：《茶香室丛钞》卷十八，清光绪二十九年刻本，第 10–11 页。
③ 〔清〕俞樾：《茶香室丛钞》卷十八，第 10 页。

扛扭，但不准抓对手“绲儿”“髈儿”，不许使用武器，更不许暗算。相扑不仅是力量的较量，而且更多地依靠技巧和智慧。一般以将对手摔倒在地为胜，采用三回合制，以决输赢。擂台上两雄相搏之际，台下观众的情绪也紧张到极点，整个赛场鸦雀无声，而当台上相扑手使出漂亮的招数时，顿时“庙里的看官，如搅海翻江相似，迭头价喝采”[①]。最后以获胜者取得奖品，到达比赛活动的高潮。

根据宋元小说、戏曲所记，东岳庙擂台赛均在农历三月二十八日东岳圣帝诞辰日举行。这一天，“诸道州郡臂力高强天下无对者”，云集东岳庙中，擂台上你来我往，各显身手。而四方观者更是蜂拥而至，《水浒传》记载：“那日烧香的人，真乃亚肩叠背，偌大一个东岳庙，一涌便满了。屋脊梁上，都是看的人。”[②]

宋代东岳庙擂台之上，除了相扑，还有比棒，在宋代话本《杨温拦路虎传》中，便演绎了号称“拦路虎”的东京武士杨温棒打“山东夜叉”李贵的故事。话本写道：三月二十八日东岳庙会之月，“杨三官人到这岳庙烧香，参拜了献台上社司部署。众社官都在献台上，社司道：‘李贵今年没对。’……李贵遂回头勒那两军使棒：‘谁敢与爷爷做对？’众人不敢则声。那使棒的三上五落。李贵道：‘你们不敢与我使棒，这利物属我。’”“那献台上，人丛里，喝一声道：‘且住！且住！这利物不属你！’……杨三官把一条棒，李贵把一条棒，两个放对使一合。……那杨承局一棒，劈头便打下来，唤做大捷。李贵使一扛隔，杨官人棒待落，却不打头，入一步则半步一棒，望小腿上打着，李贵叫一声，辟然倒地。正是：好鸡无两对，快马只一鞭。”[③] 棒法是中国传统武术的重要门类。《拦路虎》话本细致地描写了发生在东岳庙擂台上的这场棍棒大战，语言形象，逼真地再现了宋代打擂的场面，具有重要的史料价值。

东岳庙打擂至元代形成又一个高潮。元代岳庙打擂，仍以相扑比赛为主。元杂剧《刘千病打独角牛》中便生动展示了元代擂台场景。此剧为中国现存最早的武打戏，演的是刘千打擂的故事：武林败类独角牛在东岳庙打擂所向无敌，他扬言道：“我在这泰安州东岳庙上，每年三月二十八日，东岳圣诞之辰，我在这露台上，跌打相搏，争交赌筹，二年无对手了，今年是第三年也。”饶阳豪杰刘千为报父、妻遭独角牛戏辱之仇，抱病来泰山打擂，仁安殿（岱庙大殿）前，他出奇制胜，终于三败独角牛。剧中关于打擂场景的描写，十分生动。第三折中写道：“今日是三月二十八日，乃是东岳天齐大

① 〔明〕施耐庵：《水浒传》第七十四回，第 744 页。
② 〔明〕施耐庵：《水浒传》第七十四回，第 743 页。
③ 〔明〕洪楩著：《清平山堂话本》，北京：华文出版社，2018 年，第 127–128 页。

生仁圣帝圣诞之辰，……端的是人稠物穰，社火喧哗。”第四折中又通过刘千之口对擂台鏖战几尽渲染：“呀！独角牛拽大拳，刘千见拳来到跟前，火似放过条蚕椽，出虚影到他胸前，刘千使脚去手腕上剪，他敢迤逗的到露台边，接住脚往上掀。胖身躯怎回转？臂力的是刘千！”①

从这段描写里可以窥见相扑功夫的一些路数。另外剧中还有表现袒臂肉搏、筋斗、拳术的武打场面，这些都是元代岳庙擂台演武的真实写照。刘千实为金末元初之著名武师，岳庙打擂情节很可能是根据他的真实经历而搬演舞台的。

三、泰山戏曲曲艺演出

泰山戏曲演艺活动，始于泰山庙会中的祀神演出。目前所知最早的史料，见于宋代元丰年间所立的《东岳永安香纸经文醮会社建之记》，其记载：“奉为当社，每岁须是社首亲诣东都买衡金（纯金）钱纸三百万贯，绢画马三正及兜檐七事，悬挂献□等物，并□三社首（下缺）□□幡五条及造□盘果木诸般之物，打造银楪花胜（首饰）。至清明日，社众开启，鼓乐闻作，□（自）东西二庙，沿路（下缺）圣帝及□（逐）殿呈戏献曲。此社自景祐乙亥年（1035）案起社，每年一会……至今不阙。”② 每年清明日，会社沿路鼓乐，在泰山更是呈戏献曲以娱神。

元代，泰山进香活动繁盛，至元二十八年（1291）士人赵天麟上奏元廷，奏文内有“倡优戏谑之流”之语，便是指的戏曲曲艺艺人，可见泰山庙会戏曲之繁盛。

自明末以来，戏曲活动极为繁盛。张岱《陶庵梦忆》称州城“有戏子寓二十余处”，一店之中“演戏者二十余处，弹唱者不胜计”③。一些名艺人也纷纷至泰山献艺，官署也排演节目，泰安州同张奇逢即曾以违例演戏被劾。④ 乾隆时肥城文士阴良辅家有戏班，“曲尤工昆山魏良辅，选伶串伎，曲尽工妙，一时脍炙人口”。⑤ 清代中期至清末，泰山演剧仍很盛行。嘉庆举人赵以鳌《重修光化寺碑记》言：“丙寅秋，挂锡僧荣林重修工葳，蠲吉九月中旬，集输资之善男信女，演剧而罗拜焉。”⑥ 同光名士李慈铭《羊

① 《病刘千》，《孤本元明杂剧》第 9 册，北京：中国戏剧出版社，1958 年，第 6–10 页。

② 〔宋〕《东岳永安香纸经文醮会社建之记》，拓片见［日］常盘大定、关野贞著，王铁钧、孙娜译《晚清民国时期中国名胜古迹图集》第 11 卷，北京：中国画报出版社，2019 年，第 123 页。

③ 〔明〕张岱：《陶庵梦忆》卷四“泰安州客店”，上海：上海古籍出版社，1982 年，第 39 页。

④ 〔清〕蒋洽秀：《参泰安州州同张奇逢违例演戏开筵》（雍正七年二月十一日），《清代吏治史料·官员管理史料》第 29 册，线装书局，2004 年，第 16985 页。

⑤ 《山左蛇邱阴氏族谱》“屯头支”，清代刊本，第 7–8 页。

⑥ 〔清〕王价藩、〔民国〕王亨豫辑，齐焕美点校：《岱粹抄存续编》卷一，《岱粹抄存合编》本，第 38 页。

流店谒羊太傅祠》诗曰："太山公故乡，荒祠尚歌舞。（自注：是日居人方演剧。）"[①] 又王汝金《余自鲁之齐之燕，见风气之不同，与古不甚相远，因赋此诗》："徂徕新甫快登临……邑有弦歌变古音。"[②] 又光绪进士王善泽（东阿人）《层云馆观优》（馆为岱麓关帝庙内山西会馆正厅）诗有"一曲霓裳奏，蹁跹出月宫。衣冠原假借，巾帼亦英雄"句。[③] 其盛况，由此可见一斑。

清末，泰山戏曲曲艺演出的地点转移到岱庙中去。岱庙内有茶馆、茶棚近十家："庙院阔地皆为茶摊、拉洋片摊、江湖郎中及唱戏说书者所占据。"[④] 其中仁安门内刘、李二家剧场最著名。德州犁铧大鼓女艺人谢大玉初登泰安东岳庙会，博满堂众彩。山东快书早期名家赵震曾与弟子吴洪钧在此对阵，以演唱山东落子闻名的小胡椒李合钧也曾在茶馆旁撂地表演。山东大鼓艺人傅长泰、阎教言，落子艺人孙长瑜、侯教山、琴书艺人张景玉、张景亮、关金城等，山东快书名家于传宾，西河大鼓名家刘泰清、张士权，木板大鼓名家黄春才等都曾在此作场。另木偶、皮影、杂技、洋片等也有演出。世称之为"岱庙书场"。[⑤] 书场每年"从一月山会唱到三月"，至皇帝下旨封山，艺人才前往济南演出。

① 〔清〕李慈铭：《白华绛柎阁诗集》卷戊，清光绪十六年越缦堂集本，第 10 页。
② 〔清〕王汝金：《味谏果斋集》卷四，《清代诗文集汇编》第 645 册，第 96 页。
③ 民国《续修东阿县志》卷十四《艺文下》，第 39 页。
④ 〔英〕慕阿德《泰山》，《皇家亚洲文会北华支会会刊》，1912 年，第 43 卷，第 8 页。
⑤ 车吉心等：《齐鲁文化大辞典》"岱庙书场"，济南：山东教育出版社，1989 年版，第 207 页。

第九章
天门长啸：泰山文艺与学术

清初学者周龙甲在《泰山辑瑞集》序中称：泰山“一方之文献、百代之大典关焉，其为封禅撰著几何家？其为仪制几何则？其为祈祷及修庙之作几何篇？其为登临歌咏几何氏？”悠悠数千年间，文人艺术家竞相登临泰山，感山水，抒奇志，流连瞻顾，俯仰凭吊，神思骀荡，文采斑斓，留下了开阖万端的佳作。另外历代众多学者还致力于泰山研究，留下多部专著，为泰山历史文化增添厚重之笔。

第一节 泰山文学

一、诗歌

泰山题材的诗歌创作，自先秦业已问世。“泰山岩岩”，这一最早专咏泰山的诗句，出自《诗经·鲁颂·閟宫》之中。《閟宫》是《诗经·鲁颂》中的一篇，内容是写春秋时鲁僖公的文治武功。其中有这样的诗句：“泰山岩岩，鲁邦所詹。奄有龟蒙，遂荒大东。至于海邦，淮夷来同。莫不率从，鲁侯之功。”这八句诗意思是说：泰山真是高大森严，鲁邦视为国之尊山。鲁国还拥有龟山蒙山，疆土直到东方海边。海边的淮夷都来拜谒会盟，这都是鲁侯的功业巍然啊。诗中用“岩岩”二字，形容泰山之高大巍峨，赢得后世诗人的无比赞佩，所以有了一个成语，叫作“岩岩气象”。而《閟宫》自然也就成了有史以来第一首歌咏泰山的诗，垂诸史册。

汉末曹植长期生活在泰山周围地区，创作了一批泰山诗文，慷慨悲凉，辞采华茂，情兼雅怨，其《飞龙篇》《仙人篇》二作系泰山最早之游仙诗，想象奇丽。《驱车篇》则临绝巅而怀封禅："驱车挥驽马，东到奉高城。神哉彼泰山，五岳专其名。隆高贯云霓，嵯峨出太清。周流二六候，间置十二亭（此言泰山地域阔大，附近设置有十二亭、堠）。上下涌醴泉，玉石扬华英。东北望（一作希）吴野，西眺观日精。魂神所系属，逝者感斯征。王者以归天，效厥元功成。历代无不遵，礼祀有品程。探策或长短，唯德享利贞。封者七十帝，轩皇元独灵。餐霞漱沆瀣，毛羽被身形。发举蹈虚廓，径庭升窈冥。同寿东父年，旷代永长生。"[①] 想象绮丽、境界开阔，具有很高的艺术水平，按曹植之前，虽偶有诗作现泰山之名，但或为托兴（非实指），或为联类（非专咏），自《驱车篇》出，方诗境新辟。其吟笔所及，游观畅思，莫不紧扣岱畎风物，在泰山诗史上尤具非常之意义。

此后西晋陆机《泰山吟》"幽涂（通途）延万鬼，神房集百灵"，南朝宋谢灵运《泰山吟》"登封瘗崇坛，降神藏肃然"，都是吟岱名篇。东晋女诗人谢道韫《泰山吟》"峨峨东岳高，秀极冲青天"，将泰山直冲云天的气势刻画得栩栩如生，作者将自己置身于渺远山水之间，渴望将自己有限生命融入无限美景之中，有一种忘却自我、乐享天地之美，展示了一种"林下之风"。

至唐代，泰山文学呈现高峰。开元二十四年（736），杜甫漫游齐赵，赋《望岳》诗："岱宗夫如何？齐鲁青未了。造化钟神秀，阴阳割昏晓。荡胸生层云，决眦入归鸟。会当凌绝顶，一览众山小。"对此闻一多作过一番生动描述："子美去省亲，乘便游历了兖州、齐州一带的名胜，诗人的眼界于是更加开阔了。这地方和家乡平原既不同，和秀丽的吴越也两样。根据书卷里的知识，他常常想见泰山的伟大和庄严，但是真正的岱岳，那'造化钟灵秀，阴阳割昏晓'的奇观，他没有见过。这边的湍流，峻岭，丰草，长林都另有一种他最能了解，却不曾认识过的气魄。在这里看到的，是自然的最庄严的色相。唯有这边自然的气势和风度最合我们诗人的脾胃，因为所有磅礴郁结在他胸中的，自然已经在这景物中说出了；这里一丘一壑，一株树，一朵云，都能引起诗人的共鸣。他在这里句留了多年，直变成了一个燕赵的健儿，慷慨悲歌，沉

① 赵幼文校注：《曹植集校注》卷二，北京：中华书局，2016年，第603页。

郁顿挫的杜甫，如今发现了他的自我。”① 杜甫所赋《望岳》诗，气魄雄伟，境界高远，既生动地描绘了泰山苍茫雄奇胜景，更借泰山之雄与高，写其“登泰山而小天下”的广阔胸襟和远大抱负。所以清人浦起龙《读杜心解》说：“公集当以是为首。”“杜子心胸气魄，于斯可观。取为压卷，屹然作镇。岂惟镌刻年月云尔。”不过，《望岳》诗中“会当凌绝顶”的“会”字，引起了人们的争议。郭沫若《读随园诗话札记》中即怀疑杜甫“并未登上泰山”。杜甫作于大历三年（768）的《又上后园山脚》诗中揭开了谜底：“昔我游山东，忆戏东岳阳。穷秋立日观，矫首望八荒。朱岩著毫发，碧海吹衣裳。”可见杜甫确已足临泰山绝巅。有学者论称：“杜甫《望岳》一诗，犹如一粒种子，包孕着诗人一生致君尧舜，生命不息、理想不灭的强大精神动源。……有了杜甫这首《望岳》，所有写泰山的诗似乎都黯然失色，可有可无。”② 因此历代书家纷纷书写此篇，镌之山石，泰山至今犹存清人何人麟、铁保、吴大澂及今人赵朴初、李一氓等所书《望岳》诗刻。

李白于开元、天宝之际，先隐徂徕，后登泰山，在泰山留下多首瑰丽诗作。开元二十八年（740），李白移家东鲁，与山东名士孔巢父、裴政、韩准、张叔明、陶沔等五人隐居于徂徕山之竹溪，世称“竹溪六逸”。他们在此纵酒酣歌，啸傲泉石，后来李白《送韩准裴政孔巢父还山》诗中曾有“昨宵梦里还，云弄竹溪月”之句，便是对这段隐居生活的深情回忆。竹溪遗址在徂徕山乳山之下，今尚留有传为李白所书“独秀峰”题刻。天宝元年（742）四月，李白“从故御道上太山”③。其游从“四月上泰山，石平御道开”，到“山花异人间，五月雪中白”，为时长达一月之久。这种长时间的畅游，在李白游历生涯中是罕见的。“游仙访道实为李白从政的一种手段”④，其于日观台“清斋三十日，裂素写道经”，实有通过泰山道士谋求玉真公主荐举之意图。在这种复杂心绪下，李白所作《登泰山》六首，抒写的正是诗人面对求仙与求官、尘世与天堂、凡人与神仙、实有与虚无的两难抉择与多重困惑。诗中“天门一长啸，万里清风来”；“平明登日观，举手开云关，精神四飞扬，如出天地间”；“独抱绿绮琴，夜行青山间。山明月露白，夜静松风歇”。飘逸诗笔，不仅生动状写了泰山奇丽景象，且把诗人理想

① 闻一多：《唐诗杂论》，长春：吉林出版集团股份有限公司，2017 年，第 120 页。

② 胡晓明：《万川之月——中国山水诗的心灵境界》，北京：北京大学出版社，2005 年，第 78–79 页。

③ 薛天纬：《道教与李白之精神自由》，《20 世纪李白研究论文精选集》，西安：太白文艺出版社，2000 年，第 534 页。

④ 裴斐：《李白十论·论李白的游仙诗》，成都：四川人民出版社，1981 年，第 124 页。

抱负与求仙访道相结合，开创了以神仙道化寓政治思想的崭新手法，“诗人是在追寻一个较之世俗人间美好得多的幻想世界，其性质有如天真的童话，而丝毫不觉得有宗教感化的意味。反过来，倒是宗教被诗意化了。就诗人的人生态度来说，虽曰‘弃世’，却不是消极避世，而是在人生‘宇宙’之外，追求另一个拓展其精神的宇宙空间，显示着生命的向往与激情”。[①]

宋人吟咏泰山的大家名篇，有石介《泰山》、梅圣俞《登泰山日观峰》、苏轼《和子由韩太祝送游泰山》《送杨杰》、苏辙《岳下》等。石介《泰山》：“七百里鲁望，北瞻何岩岩。诸山知峻极，五岳独尊严。寰宇登来小，龟蒙视觉凡。此为群物祖，草木莫锄芟。”描绘泰山的峻极与威严，强调其为群物之祖，称赞其高峻、厚重之品格，“五岳独尊”遂成为泰山代称。苏轼与泰山的因缘，源于其弟苏辙。苏辙于熙宁年间任齐州掌书记，曾游泰山，有《游泰山四首》，分别为《初入南山》《四禅寺》《灵岩寺》《岳下》。其游岱诸诗真实留记当时泰山景观遗迹与社会风貌，诗写泰山北麓“川路”：“兹人谓川路，此意属行客。久游自多念，忽误向所历。嘉陵万壑底，栈道百回屈。崖巘递峥嵘，征夫时出没。行李虽云艰，幽邃亦已剧。坐缘斗升米，被此尘土厄。何年道褒斜，长啸理轻策”；写四禅寺唐高僧义净塔：“双碑立风雨，八分存法则。……蜕骨俨未移，至今存石室。”写灵岩寺禅境：“青山何重重，行尽土囊底。岩高日气薄，秀色如新洗。入门尘虑息，盥漱得清泚。……居僧三百人，饮食安四体。一念但清凉，四方尽兄弟。何言庇华屋，食皆当如荠。”特别是《岳下》中以“车徒八方至，尘坌百里内”与“喧阗六师合，汹涌众流汇”之句，反映了春季朝山进香的繁盛景象。苏轼《和子由四首》中有“恨君不上东封顶，夜看金轮出九幽”之句。苏轼其他诗中，也曾多次提到泰山景物。如《送杨杰并叙》《送顿起》两诗中均曾咏及泰山日出：“天门夜上宾出日，万里红波半天赤。归来平地看跳丸，一点黄金铸秋橘”；“岱宗已在眼，一往继前躅。天门四十里，夜看扶桑浴”。其诗以超拔精神与旷达气象，追摄勾画出泰山变幻多姿的景观，同时又融入自身的身世之感，物我相映。其中《送杨杰并叙》诗中数句，被视为状写泰山日出的经典之作。

词起源于唐，兴于宋，首次在词中明确写到泰山的，应属南宋词人辛弃疾的《水调歌头·巩采若寿》。开篇这样写道：“泰岳倚空碧，汶水卷云寒。”意思是：泰山峰高万仞，高插碧天之中；汶水波滚浪卷，犹似寒云奔涌。写得气势非凡。这首词是辛弃

① 薛天纬：《道教与李白之精神自由》，第534—535页。

疾写给同僚巩采若的祝寿之词，因巩氏是东平人，所以辛弃疾便以他的家乡景物开篇，由此把泰山风光第一次写入宋词之中。辛弃疾把泰山写入词章，其实还有一重原因，就是在他青少年时期，曾有一次难忘的泰山之游，他在一个盛夏之时，登上泰山极顶，寄宿在山中石室，等待日出。到了黎明时分，日轮从云海涌出，把天地山林变成一片赤红。这段游历，给辛弃疾留下了难忘的记忆，数十年后，他还向友人陆游追述过这段泰山往事。所以当他填词为友人祝寿时，便大笔挥动，把魂牵梦萦的泰山胜境写到了词中。由此诞生了历史上第一首写泰山的词作。

金元之际，泰山诗创作涌现出一个新的高峰，文坛巨公如元好问、王若虚、杜仁杰、商挺、阎复、徐琰、王盘、李谦等竞相登岱赋诗。元好问所作长诗《游泰山》郁积着一股浩然之气，升腾着一种宏阔之境："泰山天壤间，屹如郁萧台。厥初造化手，办此何雄哉。"在诗人眸中，泰山亦是有情之物，以其独有方式迎接知己："夜宿玉女祠，崩奔涌云雷。山灵见光怪，似喜诗人来。"名山与诗人，具有了一种高度的心灵投契。在心境与山境的融合中，"眼前有句道不得，但觉胸次高崔巍"。全诗汪洋恣肆，宏放飘逸，显示了牢笼天地的豁达胸襟。较之于李白、杜甫等人的泰山诗，元诗熔铸新意，自成一格，展示了一番新的境界。同时，元好问所作《清平乐·泰山上作》："江山残照，落落舒清眺。涧壑风来号万窍，尽入长松悲啸。井蛙瀚海云涛，醯鸡日远天高。醉眼千峰顶上，世间多少秋毫。"苍凉沉郁、慷慨激越之情溢于纸上。其他如杜仁杰的《天门铭》《太平顶》，郝经的《太平顶读秦碑》等篇，达到了李杜（咏岱）而后的最高水平。此后元诗代表作当推王旭、张养浩之作。王旭《游竹林寺得影字韵》："石径俯云壑，竹林閟幽境。寺古僧徒稀，山深岚气冷。清游未终兴，白日忽倒影。曳杖披暝烟，长歌下前岭。"诗人写景随心而出，寥寥数语便勾勒出竹林寺的"石径""云壑""竹林""山僧""寒风"等景象，营造出了清新自然、隽永幽邃的诗境。全诗过渡自然流畅，一气呵成，毫无滞涩。张养浩《登泰山》诗："风云一举到天关，快意平生有此观。万古齐州烟九点，五更沧海日三竿。向来井处方知隘，今后巢居亦觉宽。笑拍洪崖咏新作，满空笙鹤下高寒。"浓墨重彩摹写泰山观日之美，再转写自己一种近乎哲理化的思想境界上的感受，"方知隘""亦觉宽"写出诗人登泰山后思想上的升华。构思独具一格，立意新奇脱俗。

明清的泰山诗各有千秋，约有万首，不但数量多，且感情真挚，其中李东阳、王世贞、钟惺、施闰章、王士禛、洪升、纳兰性德、查慎行、袁枚、姚鼐、康有为等颂岱诗文，都熔铸新意，自成一格，展示了一番新的境界。兹举数首以见一斑。明人王世贞《登岱》：“尚忆秦松帝跸留，至今风雨未全收。天门倒泻银河水，日观翻悬碧海流。欲转千盘迷积气，谁从九点辨齐州。人间处处襄城辙，矫首苍茫迴自愁。”此诗不但对自然景物写得出色，对历史、人生亦有深刻感悟，毛泽东曾圈点此诗。[①] 屠隆《五大夫松》：“高节栖灵岳，宁污嬴氏官？天风吹不断，涛卷万峰寒。”主题集中，把议论与抒情相结合，意境深远，看似咏松，实则是自己高洁情操的写照。清人施闰章《雪中望岱岳》：“碧海烟归尽，晴峰雪半残。冰泉悬众壑，云路郁千盘。影落燕齐白，光连天地寒。秦碑凌绝壁，杖策好谁看？”意境寥廓，体势雄浑，以大笔勾勒阔大之境，显得沉稳精严，格律老成，气脉沉郁。可直继少陵《望岳》。女天文学家王贞仪《登泰山》“谷云蒸万岫，海日浴三宫”之句，袁枚《随园诗话》中谓之“有奇杰之气，不类女流”！范当世《过泰山下》：“生长海门狎江水，腹中泰岱亦峥嵘。空余揽辔雄心在，复此当前黛色横。蜒蜿痴龙怀宝睡，蹒跚病马踏莎行。嗟余即逝天高处，开阖云雷倘未惊。”泰山峥嵘气象触动诗人身世之感，俯仰山河，将内心的郁闷发之椽笔，情思腾跃，硬语盘空。汪荣宝《奉诏草宪泰山》：“涧响松声策梦醒，四更残月在疏棂。栖迟渐欲忘人境，呼吸初疑接帝庭。坐对岳云笼紫塞，共扶海日上青冥。却思陵谷升沉后，谁向岩居问壁经。”寄寓对刷新时政、奠安国体的深深冀望，意境开阔，激昂沉郁，大开大阖。

明清词曲中亦多佳作。词如清人吴锡麒《齐天乐·游岱宿碧霞宫下》：“丹梯直上凌阊阖，寂寞欲通天语。白细如索，青长不了，铁索一条来路。奇松对舞。早透顶寒涛，暗生云雨。稳着芒鞋，采芝常愿伴框侣。仙灵今夕会好，听瑶环翠玦，飞响何处？引蛇吟，林招鹤梦，拓出琼壶如许。秦碑汉树，要明月呼来，共论今古。海色晴边，一声鸡报曙。”想象奇特，前人谓之“纯雅中有眉飞色舞之致”。清末镇江词人唐煜《金缕曲·登岱》中云：“望中遥见金阊路，人道是孔颜师弟，登临之处。白马当时疑匹练，只今变为烽火，忍细认江南故土。天谓此山南北限，为神京万古撑门户。愁飞鸟，尚难度。”慨江南残破，意惋悲深。词家陈廷焯采入《白雨斋词话》。散曲如明人薛岗〔北中吕·谒金门〕《登岱》二首云：“白云，彩云。拥出山峰峻。萦回曲道上天门，一览长空尽。汉柏风生，秦松雨润。忆登封旧迹存。齐分，鲁分，首五岳东方镇。”“层霄，碧霄。半插苍岩峭。烟笼古殿鼎香飘，灵迹千年照。日观眸舒，云关足跃。觑乾

① 毕桂发主编：《毛泽东批阅古典诗词曲赋全编》（下），北京：中国工人出版社，1997年，第954页。

坤真个小。时遥，岁遥。风雨把秦碑罩。”清人颜鼎受〔北般涉调耍孩儿〕《东岳》：“到青齐途路长，泰山高不可量，天门日观重重上。丈人峰下占云气，没字碑前看夕阳，秦松汉柏浑无恙。拜元君碧云冉冉，望蓬莱沧海洋洋。”这些散曲通过新奇锻造，尽展泰山风情，不仅绘景摹形，且融入深沉的生命感悟。

二、游记

除去诗坛辉煌之外，游记创作也异彩纷呈。东汉马第伯《封禅仪记》是泰山的首篇记游文字，其记登封闻见：“仰视岩石松树，郁郁苍苍，若在云中。俯视溪谷，碌碌不可见丈尺。遂至天门之下，仰视天门，窔辽如从穴中视天。直上七里，赖其羊肠逶迤，名曰环道，往往有絙索，可得而登也。两从者扶挟，前人相牵，后人见前人履底，前人见后人顶，如画重累人矣。所谓磨胸捍石，扪天之难也。初上此道，行十馀步一休，稍疲，咽唇焦，五六步一休。蹀蹀据顿，地不避湿闇，前有燥地，目视而两脚不随。早食上，晡后到天门。”描绘山势的高峻，登山的艰险，皆为作者亲身经历，用心感受而作，所以下笔极为细腻、真挚。读之若足至其境、身历其险。作者通过在不同的高度，俯仰不同景物，所产生的不同感受，来表现山高路险。南宋洪迈《容斋随笔》卷一称“记文之工悉如此，而未尝见称于昔贤。”清王太岳《书〈高平行纪〉后》云：“读马第伯《封禅仪记》，幽敻廉削，时若不及柳氏（宗元）。而宽博雅逸，自然奇妙，柳氏之文盖犹有不至焉。”（《青虚山房集》卷四）清王培荀《乡园忆旧录》卷二云：“应劭《汉官仪》，形容山之高大，用笔古、写景奇，为游山记开山之祖。”马第伯此篇实为中国最早出现的游记，在中国文学史具有特殊价值。

宋人赵鼎臣《游山录》熔写山水、追述往史、考辨地理、采录民俗于一炉，时有文情并茂的动人之笔。如写岱顶观日景象：“复至日观峰上。山间莽苍，晓色未分，俄有赤光发于极望之东，道人曰：‘未也，是阳辉之先至者尔。’须臾，霞采四出，炫晃腾射，众皆注目视之。少顷，金规一缕，隐起于青冥杳霭之间，道人呼曰：‘日将旦矣。’既而大明赫然涌出云端，恍如车轮，万里直上，光耀所烛，东极沧海，波涛动摇，远接天际。是时，山下荫翳，尚未辨色。道人以手加额曰：‘贫道居山七八年，昨宵之月色与今旦之日光，天宇清明，洞彻太虚，殆未曾有也。’”这段日出的景象描写，较之马第伯笔下“鸡一鸣时，见日始欲出，长三尺所”更为绘影传神，也胜于时人邵博《闻见后录》中的传闻之辞，实为最早关于泰山日出的写实生描写。有评者称此篇“精于组织，善于描述，传达出泰山瑰丽雄奇的景致风光，使人情为所牵，如身临其境，艺术感染力十分强烈。世人熟知姚鼐的《登泰山记》为写泰山之景的名篇，而不知前此的赵鼎臣《游山录》亦为写泰山之景的佳构”①。所誉非虚。《游山录》还详细记述没字碑、玉女殿诸遗迹及香会、山轿等民俗，皆具存史价值。

金元之际泰山文学的再度炽盛，也体现在游记创作上，出现了元好问《东游略记》、杜仁杰《东平张宣慰登泰山记》等名篇。元好问《东游略记》叙述先游长清孝堂山、灵岩。到泰安后，出州北门，“经水帘、马棚、回马岭、御帐、护驾泉而上，遂登天门”。在岱顶，诗人调查了“泰山鸡鸣”的异闻：“太史公谓‘泰山鸡一鸣，日出三丈’。而予登日观，平明见日出，疑是太史公夸辞。问之州人，云尝有抱鸡宿山上者，鸡鸣而日始出。盖岱宗高出天半，昏晓与平地异，故山上平明，而四十里之下才昧爽间耳。”称赏王母池一带景色：“岱岳观有汉柏，柯叶甚茂。东有岩岩亭，山水自溪涧而下，就两崖为壁。如香山石楼，上以亭压之。北望天门，屹然如立屏，而浊流出几席之下”，叹为“泰山绝胜处”！简洁明快，状写如画。杜《记》写元初宣慰使张德辉登岱所历，其中对雨中望岳、岱顶观日诸景象的描摹，千姿百态，瑰丽雄奇：“登日观峰，六合褰开，肃然无纤滓。待蒸黍时，东方昽昽，乍离乍合，移晷，日露其半，恍然如入无量金色界中。凡在行者，莫不叹诧。”这一奇笔“把日出一刹那之景，与观日出者惊奇之情融为一体，真乃物与神会，景与情通，达到景情交融的地步”②。而作者于记文之末，复畅论人之“纯诚”可格于天，借山之异景讴歌张德辉促成元廷推行汉法、变夷为夏之伟业，融入了对历史的反思、现实的关切和时代的诉求。

明清时期，泰山游记数量激增，记述更加深入细致，风格亦呈多样化，如明人于慎行《重修三阳观记》碑文，绘声绘色，气韵生动，神采飞扬，虽为碑记，实则为一篇优美的山水游记。其中作者驻足木末亭南望一段尤为出彩：“杂以返照，丹翠异色。徘徊啸歌，暮不得下。顷之，月出东峰，风林飒飒，凭栏上下，灏气回合，如泛银海，肌骨悚悚，不可以留，信乎？仙圣之秘境，环宇之大观也。”张岱《岱志》视角独特，如记岱庙庙市云：“东岳庙大似鲁灵光殿（此指曲阜孔庙），棂星门至端礼门，阔数十亩，货郎、扇客错杂其间，交易者多女人、稚子。其余空地，斗鸡、蹴鞠、走解、说书，相扑台四五，戏台四五。数千人如蜂如蚁，各占一方。锣鼓讴唱，相隔甚远，各

① 岳振国：《赵鼎臣〈竹隐畸士集〉文章论略》，《湘南学院学报》，2010年第1期，第53页。
② 孔繁信：《重辑杜善夫集》，济南：济南出版社，1994年，第114页。

不相溷也。”记朝山香众与沿道丐者云：“出门，天未曙，山上进香人，上者下者，念阿弥陀佛，一呼百和，节以铜锣。灯火蝉联四十里，如星海屈注，又如隋炀帝囊萤火数斛，放之山谷间，燃山熠谷，目眩久之。甫上舆，牙家以锡钱数千搭樏杠，薄如榆叶，上铸阿弥陀佛字，携以予乞。凡钱一贯七分，而此直其半。上山牙家付香客，下山乞人付牙家，此钱只行于泰山之乞，而出入且数百馀金。出登封门，沿山皆乞丐。持竹筐乞钱，不顾人头面。入山愈多，至朝阳洞少杀。其乞法、扮法、叫法，是吴道子一幅地狱变相，奇奇怪怪，真不可思议也。山中两可恨者，乞丐其一，而又有进香姓氏，各立小碑，或刻之崖石，如“万代瞻仰”“万古流芳”等字，处处可厌。乞丐者求利于泰山者也，进香者求名于泰山者也。”[①]文章用语造句求清新、峭拔，侧重写个人观感，打破了常规套路，以轻松诙谐的笔调摹画出一幅朝山图。清人赵国麟《游徂徕山记》情盛意美，洋洋洒洒。尤其是文中作者和解道士的三组问答，“解曰：‘立夏三日，则樱桃熟，赤珠映日，火齐万树，百鸟飞鸣，声中箫管。坐盘石，餐丹砂，吸寒露，沁入心脾。尔时先生肯来游乎？’予曰：‘来。’解曰：‘深秋岩壑尽变，枫林霞烘云染，丹朱万状，猩血浸入袍袖，眩目醉心。尔时先生肯来游乎？’予曰：‘来。’解曰：‘峪东为光化寺，又东为大悲庵，西北为中军幛，又西为紫源池，此徂徕幽境也，先生肯遍游乎？’予曰：‘总候樱桃红叶时，当办几量屐，踏尽徂徕万壑云耳。’”[②]跨越了时间和空间限制，从纵横两个角度全面介绍徂徕胜景，别出心裁，妙手天成。姚鼐《登泰山记》章法严明，文章先写泰山“苍山负雪”的苍茫壮丽，以及夕阳晚照的宁谧画面；至日出景象，则以飞动笔触，敏锐而又巧妙地捕捉瞬息之间的景象变化——从混茫云海到“极天云一线异色”，倏忽间又幻成五彩，丽日勃升，红光摇荡，烘托出岱顶日出所特有的绚丽壮美。笔到神至，成为桐城派古文的典范之作。

三、辞赋

书写泰山的辞赋作品，最早可追溯至司马相如的《封禅文》。此文采用对话体，假大司马与天子的对话，颂美天子“仁育群生，义征不憓，诸夏乐贡，百蛮执贽，德侔往初，功无与二，休烈浃洽，符瑞众变，期应绍至”，继而敦请天子封禅泰山，“舒盛德，发号荣，受厚福，以浸黎民”；赋末曲终奏雅，发警戒之语，以谏天子兢兢业业、

① ［明］张岱著，夏咸淳辑校：《张岱诗文集》，第238—239页。
② 程志隆：（乾隆）《泰安县志》卷十三《文艺四》，第44—45页。

居安思危。此篇开封禅题材辞赋之先河，后扬雄《剧秦美新》、班固、崔骃、刘珍、马融等“东巡颂”之作均深受此文影响。

元代郝经的《泰山赋》是历史上第一篇直接以“泰山”命篇的赋作，郝经通过铺陈扬厉的辞笔，将泰山与海内诸山遍作比较，从而将泰山推为中国第一名山，传达出华夷一家的思想：“孰如兹山，中华正朔。建极启元，衣冠礼乐。……孰如兹山，衮冕黻珽，朱弦疏越。纯粹中正，崇高溥博。”更为特异的是：他以“中华正朔，建极启元”的非凡之辞，将泰山视为中原文明的总体象征与具体代表。其对于泰山文化内涵的认识，远超出同代人的理解，直指泰山文化的本原。赋文“丰蔚豪宕”，辞采丰润，跌宕起伏，气势充沛，论辩有力。在泰山诗赋史上，郝经此篇值得特别关注。

明代苏志乾《岱山赋》、释慧秀《岱宗赋》多铺排笔法，谢肇浙《东方三大赋》、范守己《泰山赋》、马一龙《泰山赋》皆鸿篇巨制，间或采用主客问答的结构形式，声貌夸张。清代辞赋题材内容更趋多元，代表作有陈梦雷《泰山赋》、刘凤诰《泰山观日出赋》、周藩《泰山赋》等。尤以蒲松龄《秦松赋》最为杰出。蒲赋中塑造了一个久经风霜，而又清标独耸，特立不移的古松形象，其写秦松之古：“当必瑶池之花数谢，蓬莱之水三清，始得此苍柯磊落，古鬣鬖髻，直枝百尺，斜影千层，霞侵纹起，日照斑生，貌与石而并古，色比黛而同青。”写秦松之坚挺：“迨夫南雁去，朔风威，坚冰合，冷霰霏，锦残芳歇，蕙折兰摧……尔乃清标独耸，大盖孤垂，意挺挺而自若，似无喜而无悲。”历代帝王封禅泰山，排场何其奢华：“当夫翠华遥临，朱弦乍至，万骑云屯，千乘鼎沸，玉勒光天，金鞍耀地，冠盖旗旌，弥漫无际。”有多少人乘机趋附，转眼之间“皆草腐烟消，香埋珠碎”，只有秦松依然“存昂藏之瘦骨，亘古今而不坠”。最后作者梦见秦松化为一伟男子前来相告：“秦虽以我为大夫，我固未尝为秦大夫也。为鲁连之乡党，近田横之门人，高人烈士，义不帝秦。秦皇何君？而我为其臣！”通篇洋溢着一股浩然正气，一种铮铮傲骨，这正是他自身人格精神的写照。

四、小说

泰山题材小说始于魏晋。晋人《搜神记》中《胡毋班》《蒋济亡儿》皆以泰山神祇与东岳阴府为背景，但情节较为简单，人物形象尚欠丰满。

至唐代，泰山题材志怪类作品开始大量出现。如《冥报记》中的《泰山四郎》、《集异记》中的《泰山三郎》等描述泰山神府故事；《河东记》中的《李敏求》《柳澥》等篇演泰山阴司场景；《集异记》中的《光化寺客》与《宫山僧》，《裴铏传奇》中的《封陟》等以人神恋情与世情公案为题材。这些篇目大都情节曲折，故事生动。

发展至宋，出现了泰山小说中优秀之作《盈盈传》。此篇见于北宋嘉祐年间的王山《笔奁录》中，作者自述薄游东山时，遇歌妓吴女盈盈，其年十四，善歌舞，喜辞翰，遂与相恋。后“予”辞归，盈垂泣悲啼，寝梦红裳美人执书告曰：“玉女命汝掌奏牍。”其夕竟卒。后五年，“予”登岱岳，至绝顶玉女池。是夕梦游日观，与盈盈重会。小说用第一人称写就，时以诗词连缀，幽婉奇幻，意挚情真。小说史家论其篇“笔致婉转，辞藻丰艳，很像唐人传奇”。泰山玉女在此小说中出场：“中有一女子，年可二十四五，玉冠黄帔，衣绛绡曳地。长眸昳容，多发而不妆。”其所司掌，乃普天下为情所困之痴儿怨女，这是古代文学作品中首次出现的爱情女神形象。

元代以后，开始有较多泰山题材的白话小说出现，如话本中的《红白蜘蛛》（即后世之《郑节使立功神臂弓》）、《杨温拦路虎传》，都是以东岳庙会为背景而铺演故事。《水浒传》中燕青打擂一节尤为名篇。清代文言小说《聊斋志异》中，关于泰山的作品共有26篇，《胡四姐》《长亭》《云翠仙》三篇都是写泰山上人狐相恋的故事，《岳神》《布客》则反映了泰山治鬼信仰在民间的影响。这些小说一篇一境界，一事一精神，故事一波三折，摇曳生姿，“叙次忽断忽续，如山势奔腾而来，突成绝壁，令人目眩心迷，中间烟拢雾合，仍一气接入对面，奇观哉！”（但明伦评点《云翠仙》）。而且许多描写还是价值颇高的泰山民俗资料，如《柳氏子》等篇记载了民间结社祭岱进香的习俗，《云翠仙》更具体记载了“跪香”：“有优婆夷、塞，率男子以百十，杂跪神座下，视香为度，名曰跪香。”将所见所闻随手化为小说细节，点染出色，触处生春。

泰山小说创作成就斐然，仅从影响后世的几个事例便可见一斑：《大唐新语》《独异志》所述玄奘“摩顶松”故事，是《西游记》题材小说的开端；《杨温拦路虎传》摹写的岳庙打擂场景，开《水浒传》有关回目的先声；而《盈盈传》不仅“对元明时期《娇红记》《剪灯新话》一类传奇小说当有影响”，更直接启发《红楼梦》“太虚幻境”与“警幻仙姑”的塑造。[①] 此后众多的小说名篇，无论文言还是白话，较多将故事场景置于泰山（如明代《金瓶梅》、清代《醒世姻缘传》《绿野仙踪》等等），似都与泰山小说创作的巨大影响分不开。

① 宁稼雨：《中国文言小说总目提要》，济南：齐鲁书社，1996年，第150页；周郢：《〈红楼梦〉与泰山文化——从“泰岳阴司”到“太虚幻境”》，《红楼梦学刊》，2009年第1期。

第二节 泰山艺术

在艺术领域，此期绘画、书法创作也都充分开展。泰山的奇山异水在吸引众多书法家泼墨创作的同时，也吸引了众多画家的目光，他们丹青挥洒，也创作了大量关于泰山的画作，今以时代为序加以综述。

一、画作

泰山题材的画作，尤其是山水画萌芽于晋代，而六朝时期则是泰山山水画的真正起点。目前所知最早的泰山图就是六朝时代夏侯瞻与陆探微的作品。夏侯瞻，为东晋时期著名画家，其所绘《东岳图》（今藏台北“故宫博物院”）为《天下名山图》之一，图中绘出泰山万壑层云、苍松碧涧的景象。南朝时刘宋宫廷画家陆探微绘制出绢本《五岳图》（今藏台北“故宫博物院”），画作依序分画了西华、北恒、东泰、南衡、中嵩的山川，缀以秋景红叶、高士对语、携琴访友等人物故事，其湿笔重墨，充分展现了五岳的凝重和山林的润泽，不过对这两幅图画的真伪目前学界存有争议。

唐五代时期，以泰山山水图为题材的绘画作品开始出现。王维所绘的《泰岱秦松》图，为今知最早之五大夫松图。李思训绘《泰山图》，南宋时赵伯驹曾加临摹，明人徐幼文称其为“李、赵之笔，超出寻常万万也”。

宋代最具影响的以泰山为题材的绘画，莫过于萧照与赵伯驹之作。萧照尤擅异松怪石，画风酷似李唐，其绘制的《岳祠汉柏图》，或是画岱庙汉柏的最早作品。赵伯驹绘有《岱岳听瀑图》，为立轴，设色纸本，绘中溪景色。

元明之际的画家，最具影响的是出任泰安知州的王蒙，其宦游对其绘画创作产生了重要影响，他“朝夕面泰山作画”，并与同僚—济南府经历陈汝言结为画友。两人合作了一幅泰山巨制，这便是久负盛名的《岱宗密雪图》，其图尤具之特异处，是描摹泰山之奇峰峻石景象，摄魄传神，取象逼真，大不同于昔人悬想虚构之笔。

明初继承王蒙画风的是王绂，所绘的《岱岳春云图》，系纸本长幅水墨山水，图绘泰山春景，石桥茅屋内，意境悠远。明中叶以后，以沈周、文徵明、董其昌等众多大师为引领的文人画崛起于画坛，“吴门派”画家在泰山有较多创作活动。开山画家沈周绘有多幅泰山图。吴派中坚文徵明也有《泰山图》之作，画面右部是泰山主峰，谷道盘曲遥达峦巅，松柏叠翠，楼阁隐现。与祝允明、文徵明并称“吴门三家”的王宠，作《泰山图》轴传世。吴派晚期代表画家宋旭、陈裸、陈焕、张复都曾画过五大夫松。

清初画坛中遗民派的萧云从，自我派的梅清，仿古派的王原祁、王翚等人均有泰山画作传世。王原祁擅画山水，继承家法，学元四家，以黄公望为宗，所绘《泰岱图轴》《东岳泰山轴》，为至佳之作，画风绵密得宜，酣畅淋漓，大气磅礴，渴笔尤妙，皴擦渲染尤见功力。另与王翚等齐名的吴历，摹古而不拘囿古人，间采西法，自创新意，尝绘《泰岱记游图》手卷。清代中期革新派画家代表人物“扬州八怪”，其中多位画家与泰山有着丹青因缘。如华喦所绘《泰岱云海图轴》卷轴，后又绘《泰岱云海图扇》。李鱓喜画松，尝以泰山五大夫松为题材，绘《五松图》，今可见者多达十二幅，构图不同，立意一致。扬州画派中与泰山关系最密、作品尤多者当推罗聘。罗聘一生中曾三绘岱宗图，其中为友人邓琰所绘《邓石如登岱图》轴，用笔挥洒，淡墨皴染中用浓墨点苔，画中人物刻画精细，表现出一代画家凝练的绘画技艺，为罗氏力作。与扬州画派关系密切的朱孝纯，清乾隆时任泰安知府，亦工书画，《随园诗话》称其“作泰山全图，蟠郁苍浑，不愧家风”。在岱庙立《泰山赞碑》，并于碑阴附刊所绘泰山图，生动逼真。

在众多泰山题材的画作中，还有一位不可或缺的代表人物，便是清代帝王乾隆帝所创作的泰山画。乾隆帝多次登临泰山，曾亲铺彩缣，留下了众多的泰山图画。如乾隆帝登泰山后，绘《御制汉柏图》，勒碑于岱庙汉柏院中，尽管乾隆帝所绘“汉柏图”碑今已漫漶，但清宫旧藏《乾隆御笔汉柏图轴》尚完好保存。乾隆帝驻跸灵岩寺时，绘有《朗公石图》与《摩顶松图》。

在清代画家中，画家黄易所绘泰山图独多。所绘粉本二十四幅，题曰《岱岳访碑图册》。图册为纸本手卷，每段一景，各系题记，线条圆厚，不刻意疏密，大智若愚，凸现出一种金石家的典雅气度。嘉庆至清末时期，画家竞相以仿临为尚，山水画创作渐现颓势，此期泰山图创作不及前期之盛，惟张崟、戴熙、陆恢等人所绘堪称名作。张崟所绘《泰岳袖云图》，纸本淡彩，层云叠巘，神出鬼没，南天门一线直上通天，尤见巧思。陆恢所作《泰岱松高图》，设色纸本，后又绘制《泰岱五松图》《岱岳丈峰》《徂徕一角》等作品。传世的历代泰山题材画作成为泰山文化中的瑰宝。

和传统文人创作不同，以历代帝王泰山封禅告祭为主题的艺术作品，多由丹青圣手为之，场景阔大，气势恢宏。汉武帝封禅时，曾获方士公玊带所献《明堂图》，所绘为传说中黄帝封禅泰山时之宫室建置。宋代画家夏侯晟追摹汉武帝登封场景为《汉武封禅图》。隋代兖州刺史薛胄曾遣博士制《封禅图》。唐代随着东封大乐的不断奏响，《封禅图》也成为画家竞相描摹的选题。唐太宗时画家阎立德绘制《封禅图》。唐玄宗封禅泰山，画工竞摹为粉本，最著名者当推吴道子等所作《金桥图》与《东封图》。宋真宗封禅，翰林学士李宗谔上《泰山登封》《社首山降禅》《朝觐图》《祥瑞图》等。董逌《书封禅图后》中描述："龙旌千节，豹尾万纛，……羽卫威仪，稽自典礼，此帝王之盛节。"巨丽壮阔的场景跃然纸上。康熙帝登泰山致祭，宫廷画师王翚等奉诏绘制《南巡图》，其第三卷便是记录康熙帝南巡登岱场景。图卷生动描绘了康熙帝巡礼泰山的景象，构图精制，疏密有致，人物栩栩如生，是康熙帝崇祀泰山的真实记录。

除此之外，同时肇兴的还有泰山壁画创作。唐李隐《大唐奇事》记有泰山人廉广"于壁上画鬼兵百余"之故事，北宋苏辙《游泰山四首·岳下》诗中言泰山古庙中有"旗队""戈矛"之画，说明唐宋时壁画在泰山已多有绘制。今存《泰山神启跸回銮图》绘于岱庙大殿之上，全图高 3.3 米，全长 62 米，生动形象地描绘了东岳大帝出巡和返回的壮观场面。壁画以大殿分门为界，分为东西两部分：东半部为"启跸"，西半部为"回銮"。《启跸图》中泰山神端坐于四轮六马大辇之上，旒冕龙袍，端庄威严。前有泰山三郎与延禧真人，各乘轿侍行。大辇四周文武百官，前簇后拥。驾前祥兽奔腾，鸾旗飞卷，骑士严阵，仪仗分持。再前有宫乐齐奏，夜叉鸣锣，麒麟开道，十八大臣恭迎銮驾。《回銮图》所绘场景与"启跸"相同，仅增加二夜叉抬虎和骆驼驮卷宗，以示出巡圆满成功。整个画面共计六百六十六人，其装束、仪态无一雷同，人物眉目传神，衣着线条清晰，图面色泽绚丽。加以祥兽坐骑，山石林木，宫殿桥涵，疏密相间，繁而不杂。在画法上，既继承了宋代传统笔法（下部人物前后无大小之分，建筑物采用均角透视等），又加以清初传入的西画技法（顶部山石、林木、建筑物运用近大远小的西洋画法）。从而使壁画显现出宋清兼容、中西合璧的艺术风格。岱庙壁画的艺术成就很早便引起世人的惊叹。清代康熙年间诗人唐孙华《东岳庙》诗中云："回眸看四壁，画手亦擅场；虽非吴道子，麾幢自飞扬。"乾隆年间学者张体乾《东游纪略》中称："谒岳庙……四壁图画皆精妙，非俗笔。"画家钱泳《履园丛话》称："登峻极殿，殿壁皆画东岳帝君出巡回驾仪仗，奕奕有神。"俄国汉学家阿列克谢耶夫《1907 年中国纪行》中称："主殿巨大而宽广的墙上是保存完好的宋代壁画真迹，众多的人物形象表现皇帝来此祭拜泰山的景象：……随从、宫人、士卒、帝王的车辇，一切画得细腻、美丽、明快。"民国画家汪孟舒《泰山诗画游记册》称："岱庙壁画，……人马仪仗，不计其数，五色迷离，允为巨观。"学者蒋维乔《泰山纪游》称："壁间绘岳神出巡状，毫发生动，极鬼斧神工之妙。"现代著名美术史家俞剑华先生更给壁画以高度的评价："像这样伟大精密丰富的壁画绝非现代画家们所能措手，这样的构图也绝非现代画家们所能想象""在美术史、绘画史、壁画史上均有它的地位。"①

此期在石窟造像、雕塑等方面，也多精工妙品。如灵岩寺四十尊宋塑罗汉像，被近人梁启超誉为"海内第一名塑"，其技艺为后世叹为观止。

二、书法

泰山秦篆刻石、北朝经石峪刻经、唐玄宗《纪泰山铭》、李邕《灵岩寺碑》等名作，均在中国书法史上具有崇高地位（详写石刻篇）。泰山石刻之外，书写泰山诗文的墨迹亦多有流传，如明著名书法家蒋杰《登岱作》册页，册为纸本，凡二十页。其书时草时行，"笔意随着诗意起伏，时而刚，时而柔，时而迅捷，时而迟缓，时而飘逸，时而沉稳，时草时行，中锋与侧锋并用。书韵纵逸与诗情洒脱相映成趣"②。书法家米万钟《己未春日重登岱岳赋得八律》及"闲曹行役未须嫌"诗轴，今传其书流传于世。黄道周《登岱诗册》"一气挥洒，泪与墨俱，二百年后阅之，犹奕奕有生气""堪称黄石斋书第一"。2007年中国书法家协会命名泰山为"中国书法名山"，从中可以看出泰山书法的影响及其历史价值。

三、乐曲

乐曲之于泰山，最著名的当属《高山流水》。曲为战国楚乐家伯牙所作。伯牙游泰山之阴时，"逢暴雨，止于岩下；心悲，援琴而鼓之。初为霖雨之操，更造崩山之音"，名为《高山流水》。而泰山土风（民间乐曲）则以《梁父吟》最为著名。其曲始出于春秋曾子，汉末诸葛亮幼曾从父泰山任所，后因此而"好为《梁父吟》"。

唐代封禅时，玄宗自"定封禅郊庙词曲及舞"（《唐会要·雅乐上》），后诏以"东

① 俞剑华：《俞剑华美术史论集》，南京：东南大学出版社，2009年，第266页。
② 《明蒋杰行书登岱诗》，上海：上海书画出版社，2004年，第1页。

封太山日所定雅乐”为《大唐乐》，促进了泰山音乐的繁盛。僖宗时东岳道士梅复元尤善《广陵散》，门人陈康士、陈拙得其真传，皆成著名琴家。

泰山道教音乐也蔚为大观，宋人赵鼎臣在《游山录》中记述，时有道人张景岩“倚风歌道家曲数阙，飘飘有出世间意”。明清时期，并有《玉音仙苑》等乐谱传世，成为泰山文化中的瑰宝。

四、戏曲

泰山的戏曲演艺活动，始于东岳庙会中的祀神演出。目前所知最早的史料，见于宋代元丰间立《东岳永安香纸经文醮会社建之记》：“及清明日，社众开启，鼓乐闻作，□（自）东西三庙，沿路□圣帝及□（逐）殿呈戏献曲。”

金大定《大金重修东岳庙碑》云：“庙之西南隅旧设舍馆，宾客往来皆止焉，郡吏时率倡乐以娱之，……终夜欢哗。”从中都可以看出当时岱庙戏曲演出已成风俗，为时人喜闻乐见。金元之际戏曲作家、散乐艺人多趋地于东平，泰山戏苑由此大幕拉开。

元杂剧《小张屠焚儿救母》第二折《紫花儿序》曲写东岳庙景象：“您觑那车尘马足，作戏敲锣，聒耳笙歌，不似今年上庙的多。”东平人赵天麟上策于元廷请严禁香会时称：“夫东岳者，太平天子告成之地，东方藩侯当祀之山。今乃有倡优戏谑之流（戏曲曲艺艺人），货殖屠沽之子，每年春季，四方云聚，有不远千里而来者。”

明末清初，泰山戏曲活动进一步发展，碧霞祠、关帝庙、王母池、城隍庙皆建起戏楼（乐舞楼），弦歌箫鼓相闻。明末张岱《岱志》记岱庙所见：“其余空地，斗鸡蹴鞠，走解说书，相扑台四五，戏台四五。数千人如蜂如蚁，各占一方。锣鼓讴唱，相隔甚远，各不相溷也。”清人唐仲冕《岱览·岱庙》亦载：“每当祈赛云集，布幕连肆，百剧杂陈。”清赵国麟《游泰山记》则记述了天书观演戏场景：“郭西天书宫外，新演梨园。……列坐台旁，观移时。”（赵国麟《拙庵近稿》）一些名艺人也纷纷至泰安作场献艺，明末袁中郎即记述了“齐有优娥”“馆于泰山之逆旅”，并向弟子传授演艺经验的故事。张岱《陶庵梦忆》卷四记称时州城“有戏子寓二十余处”，一店之中“演戏者二十余处，弹唱者不胜计”。清初西周生《醒世姻缘传》六十九回云：“到了店家……摆酒唱戏，公同饯行。当中坐首席的点了一本《荆钗》，找了一出《月下斩貂蝉》，一出《独行千里》。”嘉庆时王培荀《乡园忆旧录》卷五描述：“山下多旅店，专待进香之人。入其宅，五花八门，院院有戏。”清同治时李天隐《天隐北游日记》卷下云：“旅店宿客常千人，搭台唱戏。”清代大关街南刘汉卿店戏班最为著名．民间有“待要听，刘汉卿”之说。乾隆帝东巡泰山时，也在泰安举行戏曲演出。清中叶安徽戏班（徽班）从大运河北上至鲁，有的为适应朝泰山、赴庙会的需要，即从济宁登岸，沿“御道”到泰安一带演艺。其中徽班“老阳春”至泰安，后定居于夏张城子寨王侍郎府（清初户部侍郎王度之族），与梆子结合，逐渐形成“泰山讴”（后称“莱芜梆子”）这一独具特色的地方戏种，频繁地在泰山附近演出。

泰山戏曲的繁荣，引发一个“泰山戏”创作的热潮。如高文秀《黑旋风双献功》以泰安神庙进香为场景；无名氏《刘千病打独角牛》以东岳庙会打擂台为场景；郑廷玉《看钱奴买冤家债主》、张国宾《相国寺公孙合汗衫》皆以东岳庙礼神祈福为主线；无名氏《小张屠焚儿救母》以东岳庙舍身风俗为背景；无名氏《朱砂担滴水浮沤记》以东岳庙命案展开故事。流行于南方的南戏也开始出现此类剧目，《永乐大典戏文三种》中《小孙屠》便演泰山府君降甘露救民还阳故事。泰山杂剧在艺术上也取得了很高的成就，如高文秀《双献功》与康进之《李逵负荆》并称“水浒戏”中之“双璧”；《看钱奴》是我国现存最早的讽刺性喜剧，被戏曲史家王季思列为“中国十大古典喜剧”之一。明代戏曲家潘之恒《三社记》第二十四出《从东》，描述岱游场景，如〔不是路〕写登顶所见：“百尺试摩崖，拂雾挥云石发揩。与次鲁齐名，不枉临行一诺来。山鸣喀，一声长啸壑如雷。换芒鞋，三天已至云端外，文石鳞鳞贝阙开。莫疑猜，原来是碧霞宫观天孙在，且自进前参拜，进前参拜。”又〔二犯降黄龙〕写历览吴观峰、大观峰：“望长安云冉霭，望长安云冉霭，只见洛阳城关粟粒排。吴门拖练白，吴门拖练白，恰如卮水净，晶晶微茫有谁绘色。你看东封颂，唐磨崖，东封颂，唐磨崖，凤翥龙蟠名流万世哉。”[①] 以剧作状岱景，细致传神，别开生面。清初叶承宗杂剧《狗咬吕洞宾》，写八仙之一吕岩游泰山脱度书生石介故事。张伟烈《封禅书传奇》，演司马相如献赋及汉武东封泰山故事；石庞撰《因缘梦记》传奇记明成化中木泾登岱观日，宿秦观峰，与田娟娟之邂逅因缘；又有佚名撰《锦绣旗》传奇，演书生卞泰遂携妻所绣八宝玲珑幡往泰山献于元君娘娘故事。上述都是泰山戏曲中代表作品。

五、曲艺

曲艺中也多描写泰山之作。清末俗曲总集《白雪遗音》中《剪靛花・九座山》写及

① 〔明〕潘之恒：《三社记》卷下，明崇祯必自堂刊本，第25–26页。

泰山附近进香风俗："姐在房中织丝绵，忽听的才郎要褐衫，又添一番难，又添一番难。你要褐衫奴与你做，褐衫上面绣九山，听奴说九山，听奴说九山。走崮山，上泰安，烧香回来捎带着灵岩，这不是三座山，这不是三座山？"

民间乐曲《泰山景》流行于泰安一带，中云："上面写着岱宗坊（是）高又宽，玉石雕花真好看，王母池在路边，能工巧匠塑神仙，好像活人坐上边。三义柏肩并肩，柏树林中红门现。万仙楼起云端，又只见清清的流水响潺潺。忽见（那个）斗母宫玲珑楼阁空中悬。"此曲用"边关调"演唱。江南弹词开篇中亦多述泰山景物："神州东岳泰山名，历代相传胜迹称。毓秀山灵千仞壁，闲云野鹤树成阴。泰安岱庙壮（庄）严相，汉柏重重千载经。山庙登山行数里，岱宗坊兀立在山屏。白鹤泉流不罅漏，玉皇阁洞孙真人。万仙楼缭绕香烟地，黄瓦红墙跨道行。斗母宫中称艳丽，尼姑婆色也娉婷。水濂（帘）洞千脉争流急，南天门溟溟瀑布临。侧耳听，东折行。山民穷苦絮絮闻，游客周全破费银。二虎庙，中天门，岱登已半路高行。小贩摊头食品卖。充饥适口没荤腥。才过快活三里路，曲径羊肠蜀道行。当年避雨秦皇乐，五大夫遗迹尚存建翼亭。对松山对对秦松如拱揖，绵延夹道树青青。十八盘曲折蜿蜒难起步，两旁石级密层层。南天门傍随山案，来往天街商店陈。宋代碧霞宫殿大，铜碑石碣两边陈。玉皇顶上插霄汉，万笏来朝唯我尊。更上泰山极顶处，登封台下远望深。秦皇无道诗书坑，无字碑矗立山头千古存。东望日观峰日出，月观峰西向月明明。舍身崖削壁危墙如履险，丈人峰伛偻拱立似人形。泰山胜景无穷尽，鸿雪当留举目春，畅游行踪屐痕新。"较之士人诗赋，更加生动风趣。

第三节 泰山学术研究

历代记述泰山的各类著作极为丰富。这些专著为研究泰山的历史文化，了解泰山的名胜古迹，以及探讨泰山在中国文化史上的地位，都提供了重要史料。

一、古代著述

"夫昔之志岱宗者，有《泰山记》。"《泰山记》为最早的一部泰山专著，惟其书早已失传，仅有片段载入《初学记》《太平御览》等书中，《泰山记》时代、作者均不详，一般认为出现在东汉末期，作者被认为是曾任泰山太守的应劭。

汉代以后的一千余年中，泰山专著极少，见于著录的仅有北宋刘跂的《泰山秦篆谱》一书。此书为考订泰山秦刻石之作，今已失传。

到明代，各类泰山专著开始陆续问世，共有二十八种之多。其中《泰山志》《岱史》两书对后世产生了较大影响。《泰山志》为嘉靖间汪子卿所撰，全书四卷，卷一为图、志，卷二为遗迹、灵宇、宫室，卷三为登览，卷四为岳治、治迹、人物、物产等。其书详于掌故，“踪迹文字以来，帝王、圣哲、瑰奇、幽异、坛壝、台殿、楼观、亭障、府寺、鸟兽、虫鱼、药草、木石，上下数千百年，……志斯以详矣”，首次对泰山历史地理风物等各方面内容作了全面介绍，草创之功，实不可没。万历间，查志隆复以汪志为基础，加以修订，编为《岱史》一书。全书共十八卷，“《考》凡三，曰图、曰星野、曰形胜；《表》凡二，曰山水、曰疆域；《纪》凡四，曰狩典、曰望典、曰灵宇、曰往迹；《志》凡五，曰宫室、曰物产、曰香税、曰灾祥、曰登览”（毛在《岱史序》）。每卷之前都冠以小序，撮其大旨。虽然此书在编排上“分类杂陈”，但保存的资料极为丰富翔实，是其所长，如《香税志》记载了当时泰山香税的设置和管理情况，是研究泰山经济史的重要史料。又如《山水表》中收录了泰山自然实体、名胜古迹共二百余处，对了解明代泰山旧貌极有帮助。清初张缙彦又对查书予以增补，使其资料更加丰富。后世的泰山著述大多从《岱史》取资。此外，袁稽《泰山搜玉集》专收艺文，“采泰山碑铭艺文汇为一帙”（《四库总目》）；宋焘《泰山纪事》分天、地、人三集，分别记神异、古迹、名宦人物，保留了很多的民间传说；萧协中《泰山小史》“以名胜为纲，每题下列短文叙其崖略，词简意赅，系之以诗歌……为山经之创格”（赵新儒《小史序》），都是明代泰山专著中较有特色的作品。

与明代相比，清代泰山专著更加繁荣，共计有五十一种。由于清代大兴考据词章之学，考订地志、咏叹山水一时成为社会风气，故此时出现的泰山专著不但研究层次不断深入，学术水准明显提高，而且在品类上也呈现多样化，除了舆地著述外，还有金石、艺文、图录等多种作品，使泰山研究进入一个全盛时期。清人著述中，以《泰山道里记》《泰山志》《岱览》三书最负盛名。《泰山道里记》为乾隆间泰安学者聂剑光历三十年，四易其稿而成。其书用纪行体例，“以路为纲”“以山之脉络为文之脉络”“由近及远，由正路以及四隅，较若列眉”。历述岱庙、岱阳、岱顶、岱阴、岱东、岱西诸山，及徂徕、灵岩等支脉，对所记溪谷道路，峰峦寺宇，古迹金石，均考证谨严，记述翔实。而且立论不拘古人，时有创见，如前人书中“肃然山、奉高城、季札子墓与白骡冢俱误指其地；汶、泮、三溪诸水皆牵混源流；岱背琨瑞、灵岩诸山因隶他县而未录”者之类，作者皆“逐加考验，折衷群书，辩讹补缺”。史家钱大昕曾对此书给予高度评价，称其文“质而不俚，简而不漏，洵志乘之佳者”（《泰山道里记序》）。继《道里记》之后，唐仲冕又撰成《岱览》一书。全书共三十二卷，以天章、诏旨、祝文、仪注、颁赐为首编；原岱（泰山概述）、岱礼、岱庙为《总览》（七卷）；岱顶、岱阳、岱阳东西、岱阴东西为《分览》（十二卷）；岱麓诸山、汶水川泉、徂徕、新甫、灵岩、琨瑞为《附览》（八卷）；岳牧、文献、虞衡、齐谐为《博览》（四卷）；陶山及自叙为《叙览》（一卷）。每卷之前，皆列图绘，文中附录金石、艺文。整部著作叙次明晰，搜罗博洽，“征引经籍六百五十五种，录次金石七百七十六通”（许桂林《岱览跋》）。搜集史料洋洋大观。在写法上，作者“力摹班史”，文笔生动传神，一洗志书沿袭之陋，“其每篇叙次处，提顿转折，与山势为起伏，读之如蹑屐登临，心目俱迥”。时人有“真形蓬蓬若峙于方寸，群岫落落多得之一览”的赞语。其书在当时享有盛誉。金棨《泰山志》成书于嘉庆初年，共二十卷，分为《天章记》（二卷）、《盛典记》（一卷）、《图考》（一卷）、《岱志》（三卷）、《支山志》（一卷）、《川泉志》（一卷）、《祠庙志》（一卷）、《秩祀志》（一卷）、《封禅志》（一卷）、《郡邑志》（一卷）、《人物志》（一卷）、《金石记》（四卷）、《逸事记》（一卷）、《叙录》（一卷）。所谓“上纪奎章，下逮逸事，山川脉络，金石琳琅，凡有可征，无不具载”。其书“在山言山，不侈虚幻”“所载故迹，具有古书名目”，而于昔人之误，“间从己意，为之考辩”，编排体例，清晰明了，不乏可取之处。阮元对此书推许甚至，谓之“序述赅备，体例谨严，兼史家之三长”（《泰山志序》）。其他几部地志中，朱孝纯《泰山图志》冠图三十一幅，分列祀典、封禅、山水、祠宇、金石、名迹、艺文、杂缀八卷，“体例悉当，足为后来志山水者之法”（周中孚《郑堂读书记》）；宋思仁《泰山述记》分列星野、胜迹、祀典、金石、艺文、灵异等十卷，录当世艺文尤为丰富，都是较为重要的著作。

此外，专记某一领域的著述中，也有很多佳作。孙星衍《泰山石刻记》著录泰山历代碑刻，尤详于明清，可补它书所不足。马大相《灵岩志》八卷，分为图、封域、人物、古迹、艺文、杂述，记一寺兴革，十分详赅。林杭学《泰山辑瑞集》辑录泰山诗文数以百计，是一部资料库。其他如《泰山纪胜》《近游草》《泰山图说》《岱宗大观》《泰山集》《金阙攀松集》等各记其游岱经历，或诗或文，大都具有一定的文学或史料价值。

二、近代著述

民国时期共有泰山专著三十余种。其中王连儒《泰山游览志》分名胜、金石、古迹、物产等八篇，言简意赅，议论精辟，足使“行游者易以目验，卧游者易以神会”；胡君复《泰山指南》虽主要内容大多因循旧著，但其于名胜之外，着眼于泰安工商业、金融、服务、交通等行业的调查，尤具卓识；赵新儒《新刻泰山小史》对萧协中书加以校注，“考其古迹名胜变迁沿革，证以今世所存泰山诸书，间以摅述所见，笔之书眉”，注中对北伐与中原大战中泰山之役作了较详载录，尤为珍贵；李东辰《泰山石经峪考》等九种，或校录金石文字，或辑抄艺文资料，或记述乡邦掌故，或考证先正事迹，精审赅博，实为巨观；高宗岳《泰山药物志》专门记录泰山出产的中草药，在历代岱著中别具一格，其书以实地考察所得，参以诸家本草及泰山志乘，著录特产药物六十余种，通产药物五百余味，并详记其生长、习性、形态及分布、品种、质地、性能、鉴别等，确能“发前人所未发，以扬泰山之精华”。以上数书，在内容上各擅胜场，均有可观。而这一时期出现的最为重要之书，当推王价藩、王次通父子两代编辑的大型地方文献集——《泰山丛书》。

《泰山丛书》共分四集，以山经水志为甲集（计十三种五十九卷）；以泰山学派著述为乙集（计三种十四卷）；以乡贤别集为丙集（计十四种十七卷）；以史料杂记为丁集（计十种二十卷）；末附其他资料五种。共收录泰山专著及泰安人著作四十五种，一百一十五卷。王氏父子苦心孤诣，历四十年方告成编。凡当时可以觅到的泰山资料，上至巨帙宏著，下至断章零篇，大都收录在这部丛书中，是泰山著述的集大成之作。

第十章
历史石书：泰山石刻

学术泰斗季羡林曾言：“泰山石刻是泰山文化的载体之一，它是在石头上书写的泰山文化，文字记载的泰山文化，客观的泰山文化，是泰山文化的核心。”[①] 泰山石刻源远流长，分布广泛，存于主脉（泰山景区）者约有 1587 处[②]，连同支脉及周边地域数量更多，达 6000 余处[③]。其内容既有封禅之铭、祭祀之辞，又有修造之记、刻经之录、颂岱之咏、题名之文，绚丽多彩，堪称是一部贯穿于中华文明史的石书长卷。本章拟分泰山石刻的历史变迁、泰山石刻的分类、泰山石刻的价值三部分进行简略概括。

第一节 泰山石刻的历史变迁

泰山石刻历经两千年之演进，其发展演变，约可分为以下几个阶段：

一、秦汉时期

泰山石刻文字，始于先秦。在《管子》《庄子》《孔丛记》等书中，均记载泰山有远古帝王封禅石刻，但佚失已久。载于正史且有石迹流传者，首推秦《泰山刻石》。秦始皇、秦二世接踵东巡，在泰山留下诏旨刻石，成为泰山石刻的源头。

---

① 袁明英：《泰山石刻》，第十卷，北京：中华书局，2007 年，第 3190 页。

② 张用衡：《泰山石刻全解》上卷，济南：山东友谊出版社，2015 年，序第 1 页。

③ 袁明英：《泰山石刻》，第一卷，第 33 页。

汉武帝封禅泰山时，不仅“上石立之泰山巅”，还在奉高城外封坛立石纪号，“一纪号石，高丈二尺，广三尺，厚尺二寸，名曰立石。一枚，刻文字，纪功德”。[①] 其文云：“事天以礼，立身以义，事父以孝，成民以仁。四守之内，莫不为郡县。四夷八蛮，咸来贡职。与天无极，人民蕃息，天禄永得。”[②]

代汉自立的王莽新朝，曾准备封禅泰山，不仅刻立封坛玉牒，而且在泰山下建立祖庙并刻石纪事。清末于梁父山下出土石虎及古砖，镌隶文“新政”“监护大夫”等字，据考为新莽遣吏护庙之铭记。[③]

东汉光武帝光复汉朝后，也在泰山举行封禅大典，并刻立洋洋洒洒的纪号文。至东汉末期，开始出现了一些名臣碑石，如新泰有《羊续碑》，东平有《刘曜碑》《张迁碑》，汶上有《衡方碑》。画像石也在此期大量涌现，制作精美，异彩纷呈。

二、魏晋南北朝时期

这一时期的泰山石刻有两个特点，一是世族墓石频繁刻立，二是佛教刻石的大量涌现。

六朝门阀世族肇兴，泰山羊氏成为当朝甲族，名臣辈出，刻立于西晋初的《孙夫人碑》（任城太守羊氏之妻）石碣宏伟，为家族势力之反映。魏晋后墓志产生并成定制，新泰先后出土北朝至隋初羊氏墓志五方，反映了这一家族的鼎盛。

佛教自晋代进入岱谷，经过数百年的发展，梵香四起，僧众认为“缣竹易销，金石难灭，讬以高山，永留不绝”（邹城铁山《石颂》中语），在泰山及附近洪顶山、司里山、银山、徂徕山光化寺及映佛岩等处，皆摹经以传，以经石峪《金刚般若波罗蜜经》最为著名，世称“大字鼻祖”“榜书之宗”。另造像也大量出现，著名者有东魏光化寺羊银光、大云寺胡元方、北齐神通寺杨显叔及隋代岱岳寺（推考）张子初等石。泰山府君信仰这时也镌于碑石，见诸史籍有西晋升平间《泰山君改高楼碑》、后赵建武间《永贵侯上泰山庙金马碑》等。

---

① 〔东汉〕马第伯：《封禅仪纪》，〔清〕孙星衍等辑，周天游点校：《汉官六种》，北京：中华书局，1990 年，第 176 页。

② 王利器校注：《风俗通义校注》，北京：中华书局，1981 年，第 68 页。

③ 〔清〕邢端：《蛰庐题跋·跋汉三十二字砖》，《崇文集·中史文史研究馆馆员文选》，北京：中华书局，1999 年，第 194—195 页。

三、唐宋时期

唐代高宗、玄宗接踵封禅泰山，大举刊石以纪盛举。高宗封禅有《登封纪号文》《小字登封纪号文》《封禅朝觐坛颂》《修封禅坛记》等；玄宗封禅有《纪泰山铭》《社首坛颂》《东封朝觐颂》《造泰山御碑记》等，使泰山石刻呈现一个高峰。唐廷对泰山或加封号，或投龙璧，或祭岳祠，或醮岳观，均记之碑石。有《岱岳天齐王灵应碑》《祭岳颂》、岱庙敕使题记、鸳鸯碑唐六帝及周武则天遣使题记、大观峰董灵宝投龙记、桃源峪王大使题名等刻。唐代泰山佛道双双进入繁盛，佛教有《齐州神宝寺碣》《灵岩寺碑颂》《造舍利函记》《灵岩功德顶佛座题名》《修方山证明功德记》及千佛崖造像丛刻；道教有《造太一真武像碑》《青帝观石刻》。唐代诗歌创作繁荣，泰山碑石中开始出现诗刻一体，如鸳鸯碑上唐人题诗，开后世诗碑之先。

五代虽兵戈频举，仍于泰山立石不绝。后梁有龙德元年（921）凤凰山（今宁阳葛石镇东）结寨题记，后唐有《三郎庙碑》《冥福院牒》《僧智璋等功德顶题名》，后晋有《冥福院经幢》《澶州建奈河将军堂记》《青州临淄县□生幢子》《冥福院新写藏经碑》，后汉有《岱岳祠残碑》《父母恩重经石幢》，后周有《广顺郓州献石盆题名碑》，延续岱刻发展一脉。

宋代是泰山石刻大繁荣时期，各体并现。首先是宋真宗封禅，使岱刻叠现层出，先后刻立《登泰山谢天书述二圣功德之铭》《封祀坛颂》《社首坛颂》《朝觐坛颂》等。又对泰山加号增崇，拓庙建宇，镌立了“祥符碑”“宣和碑”等一批鸿篇巨制。此时佛道碑刻也刻立众多，佛教有《纂公塔铭》《辟支塔题名十石》《千佛殿碑》《灵岩寺敕牒碑》《圆通经石刻》《王唤饭僧记》《陶山竹林寺磨崖图记》《五百罗汉记》《海会塔记》；道教有《青帝观真君殿记》《灵派侯庙木帐记》《回翁留题》《升元观牒碑》。其中《升元观牒》及《陶山竹林寺磨崖图记》均反映了宋末佛道斗争状况。宋初泰山学派崛起，创建书院，刻立《信道堂记》《泰山书院记》等碑。石介《石氏墓表》、欧阳修《孙复墓志》《石介墓志》及同时《李忠信墓表》《李穆夫妇墓志》《姜潜墓志盖》，均关涉泰山学派之变革。宋代文化昌明，登岱题诗、镌文、题名者相继，白龙池、桃源峪、大观峰、振衣冈、避风岩、王母池、灵岩巢鹤岩等皆有众多宋人题名。清顾炎武论白龙池刻云：“其旁皆宋人题名，尚未刓缺。因书之得十五首，其文略无重复。自治平迄宣和六十年间人名字，亦可以想见当日太平之盛。”[①] 入南宋后，泰山沦陷于金，

① 〔清〕顾炎武：《录白龙池题名》，王晓真《山东考古录译注》，北京：中国文联出版社，2002年，第38页。

故叶昌炽《语石》言“南渡以后，神州疆索，沦入金源。长淮、大河以北，无赵家片石”[①]。实则在南宋之初之末皆曾收复泰山，现存建炎建寨、造像及嘉定民间朝山题刻，均纪南宋年号。刘齐统治虽仅昙花一现，却留下《崇法禅院印照》、灵岩寺《□建常住地界公据》《张孝纯诗刻》等重要石刻，供后世考稽。

四、金元时期

除了朝廷官府继续崇祀泰山，制作《大金重修东岳庙碑》等一系列丰碑大碣外，还有三个特点十分突出：

一是全真道传播泰山，先后在泰山刻立《复兴葛氏岩炼神庵之记》《通道观记》《创修通道宫碑》《天门铭》《贫乐岩二圣宫碑》《长春观碑》《贫乐岩铭》《重修高里山祠记》《重修朝元观碑》等名碑，影响广泛。

二是出现多方妇女刻石，因塞北妇女喜游历，其风带至中原，于是出现了金大定唐国公主灵岩题名、明昌濮国公主岱顶题名及元至治年忽都虎郡王太夫人八达氏灵岩题诗等，为贞石增益红妆之色。

三是开始出现少数民族文字碑记，如蒙古八思巴文有《天童和尚默照铭》《灵岩寺执照碑》（碑侧刻蒙古文一行）《唵嘛呢巴弥吽题字》（以上在灵岩寺）、《重修三皇庙碑》（布金山）、《至圣炳灵王庙碑》（宁阳东疏，额用汉字、蒙古字分书）。而灵岩寺《国师法旨碑》用汉、藏两种文字书写，为元代正式官文中使用藏文的唯一事例。

五、明清时期

泰山石刻此期呈井喷态势，无论帝王、大臣镌刻以至民间留题，官祀民祭，佛寺道观，诗文书画，纷繁复杂。明太祖、清康熙帝、乾隆帝均留宸翰，其中乾隆帝一人便镌诗文百余方，为泰山个人碑刻之最。明清时期由于碧霞元君信仰的盛行，泰山出现了大量关于相关碑刻，不仅有宫祠修建碑，如碧霞祠有明万历、天启铜碑及清乾隆玉碑，灵应宫有明万历《灵应宫碑》等；还出现海量进香碑，如红门、万仙楼、灵应宫、灵岩寺均有此类碑林，反映了这一信仰影响之广大。

---

① 〔清〕叶昌炽撰，王其祎校点：《语石》卷一，沈阳：辽宁教育出版社，1998 年，第 20 页。

六、民国时期

除了上述几类题刻继续有增加外，还出现了一些体现时代变革的石刻，如辛亥滦州起事记事碑、袁世凯“总统旨”碑、北伐革命题刻、孙文奉安纪念碑，“还我山河”“洗我国耻”等抗日题刻，解放泰安革命烈士纪念碑等。冯玉祥、赵望云《泰山写生画》尤其别开生面。

另外还出现外国文士的作品，如朝鲜抗日志士李宁斋“笑啼岩”等，使泰山石刻内容益加广泛。

第二节 泰山石刻的形制

泰山石刻形制多样，按其特征分类，大致可分为岩画、碑碣、摩崖、墓志、经幢、画像石、造像及其他杂刻。现分别加以介绍。

一、岩画

主要分布在新泰柴汶河流域的浅山地带，尤以新甫龙山、羊流茨山等地相对集中，已发现岩画点 100 余处。构形有单凹穴、双凹穴、梅花状凹穴、沟槽和棋盘图案等，制作拙朴简率，图式意涵古奥。推测属龙山文化遗留。

二、碑碣

一般将刻写有文字或图案的竖立石头通称碑碣。具体是将方首、圭首的称碑，浑圆式介于方圆之间的称碣。

泰山碑碣的源头可追溯到“刻石”，秦始皇东巡数次于名山刻文以纪功德，世称“秦刻石”。虽当时尚不称碑，但后世多视同碑碣，称之为“秦篆碑”或“秦碣”。

汉代开始出现通行意义上的碑碣，如《张迁碑》《衡方碑》。此后历代所立，蔚为大观。如晋代《孙夫人碑》，唐垂拱丰碑，宋代“阴字碑”（《登泰山谢天书述二圣功德之铭》）、《宣和重修泰岳庙碑》，金代《大金重修东岳庙碑》，元代《太师泰安王博罗欢神道碑》，明《去封号碑》，清满汉文《重修岱庙碑记》等皆称巨制。其他不胜枚举，是泰山石刻中的大宗。

除去常见碑碣外，泰山石刻中还有一方形制独特之唐碑，因碑身系由两块大致相等的条石组成，上覆一歇山状石盖束合，故世称“鸳鸯碑”（也称双束碑）。

三、摩崖

是指利用天然石壁以刻文记事的石刻。从现存实物看，初见于东汉时期。

泰山现存最早的摩崖，为经石峪、徂徕映佛岩等处北齐刻经。唐宋三次封禅，摩崖日盛。元明清三朝，题记、题赞、题名、题联、题诗等各类摩刻大量出现，内容广泛，书体多样，琳琅满目。

尤其是出现了大观峰、振衣冈、白龙池、经石峪等摩崖集群，其中仅大观峰一地，即有自唐迄民国题刻百余处，号称“天下大观”。历代石壁摩崖中尤以清乾隆帝《朝阳洞诗刻》规模最大，石刻高约 30 米，宽 12 米，字径约 1 米，世称“万丈碑”。

四、阙

阙本来指宫门外左右对立的门楼，原来是木构建筑，后来仿照其制，改用石头，垒迭成石门台观，左右对峙，状如门阙，故称石阙（也有单阙），可分为宫阙、庙阙、墓阙等。东汉石阙宏伟壮观，精巧别致。阙上常刻镂浮雕，或线刻各种图案，有的刻有铭文。

无字碑立于玉皇顶，为石柱体，高 6 米，宽 1.2 米，通体无字。此碑形制众说纷纭，“俗云神主石，又云秦无字碑”[①]。今人有谓此非碑而系“阙”。

新泰师旷墓前原有汉代方柱形石阙，身有平面浮雕和阴车马人物、动物图案，现存岱庙。

1956 年在肥城安驾庄发现汉画像石阙。唐代亦有阙，《金石录》著录有唐开元十四年（726）太山石阙题名。以上为泰山周边之阙遗存。

五、墓志

专记死者姓名、籍贯、生平以及生卒年月等内容而置于墓室中的石刻。

泰山附近所出墓志不多，较早者为新泰境内所出北魏至隋代的羊氏家族墓志。

---

① 弘治《泰安州志》卷一《山川》，第 4 页。

唐志有《谢浑墓志》（出土于肥城孙伯）、《范义墓志》（出土于东平）。

宋志有《李穆墓志》《李穆妻任氏墓志铭》（出土于肥城东向）、《龚忠良墓志》（出土新泰青云街道）、《孙觐墓志》（出土新泰楼德）、《姜规墓志》（出土于岱岳区粥店）。

元志有《杜忱墓志》（出土于长清）。

明志有《李钦墓志》（出土于岱岳区山口镇东太平村）、《李邦珍墓志》（出土于肥城）、《范希贤墓志》（出土于泰城东郊）、《徐光前墓志》（出土于新泰）等。

清志有《施天裔墓志》（出土于市区东南郊施家结庄）、《唐仲冕墓志》（出土于肥城、平阴之交牤牛山）等。

上述志主生平多关涉泰山史事，具有重要价值。另泰山石刻文化博物馆（在泰山区邱家店镇圣元官庄村）近年征集有明人安恒、王环、清人赵之辂等乡邦人物墓志数十方，是泰山附近墓志集中收藏地。

六、经幢

古人于祠宇或道桥所立塔形石柱，名曰经幢。其形制为棱形石柱，或为六面、八面不等，而以八棱为多，故俗称“八棱碑”。又因幢上多镌《佛顶尊胜陀罗经》及其经咒，故通称经幢。

泰山所存经幢较早者，当属岱庙西蕃莲纹经幢，分六级八面，通高为6.4米。上为赞尖式顶，二级为檐，三级为身，四级为西番莲花座，五级为腰束，六级为底座。因通体漫漶，字迹无存，俗称“无字碑”。据考其为隋代岱岳寺旧物，十分罕见。

又有唐永徽元年（650）经幢，位于灵岩寺般舟殿遗址；景龙三年（709）经幢，立于莱芜（今济南莱芜区张家洼）；广明二年（881）经幢，立于陶山幽栖寺，现存部分通高259厘米。经序系僧无垢撰，历述寺宇废兴及施主修殿立幢之功德。此后五代后晋天福九年（944）僧归仁立于高里山之《总持经咒幢》，后汉乾祐三年（950）孟知进立于龚丘（宁阳石碣集）之《父母恩重经幢》，元中统二年（1261）立于普照寺经幢也颇著名。

灵岩寺中所存唐宋经幢甚多，如唐天宝建经幢题记、宋于宝残经幢等。此类经幢至清代仍有续立，如斗母宫有康熙间重修西归宝塔，“潭侧一塔六角，雕刻极精，曰西归宝塔。上刻《佛顶尊胜神咒》《佛说涅盘经》《心经》《净土文》《千手千眼无碍大悲阿罗尼经》，下刻十八罗汉像”[①]，其制实为经幢。

七、造像

石造像是以石为质材，雕刻而成的立体造像，其中以佛道二教造像居多。大多数造像旁都存相关题记，内容长短不一，大多历述造像时间、造像信士，所造像主及发愿文、人众题名等。泰山现存较早造像记为东魏兴和三年（541）羊银光造“一佛二菩萨三尊像”（出土于新泰光化寺）。又有新发现的北朝末期红山造像，龛中奉一佛二菩萨之像佛，圆面肉髻，着对襟衣趺坐，两侧胁侍合掌侍立，西壁刻《大般涅盘经》中偈语。另玉函山有李惠猛妻杨静太等人造像，白佛山有王子华等释迦牟尼石窟像，陶山朝阳洞有侯大娘及邑子王猛略等造像，岱北青牛山及五峰山莲花洞有佛造像，多为隋制。唐代石窟造像达到了高峰，岱阳阴佛山，岱阴玉函山、龙洞山、佛慧山、五峰山、方山及琨瑞山千佛崖都有镌造。千佛崖有大小窟龛 100 多区，佛像 210 余尊，其中主窟分别由唐太宗子赵王李福、女南平公主及驸马刘玄意等所造，为古代石雕艺术之精品。宋有舍身崖下文殊菩萨像，长清金牛洞（今大学城附近）陈方造释迦等佛像，陶山玉皇洞建炎佛造像；金有岱阴东龙洞（今历城区港沟镇）造像，黄花山（今历城区仲宫镇）佛与罗汉像，水母山（今长清区归德街道）一佛二菩萨等像，阁老顶（今新泰市放城镇）观世音及文殊化现老人像；元有至正横沟店（今岱岳区北集坡镇洪沟店）佛像；明有陶山朝阳洞、观音洞、东崦三尖洞、棒槌洞等处佛造像；清有岱顶凤凰山康熙道人刘静石造道仙像。民间宗教也有造像之举，如陶山朝阳洞有清末民初理门公所所造的在理教教主杨来如像。不少造像具有颇高艺术价值。

八、画像石

画像石指以图像为平面线刻之石刻。此类石刻清末已有发现，清汪宝树《泰安古迹考》言，“某君博古士也，言曾策蹇过泰山侧，见野寺败垣，砌石刻，有《嘉禾图》，必汉石也。”[②]《重修泰安县志》载石在夏张境“西牛地方马家店东南隅三官庙正殿山墙及北墙，共四石。……按画像题签，笔法苍劲，的是汉分，而画皆黑文凸起，细笔钩勒，既极工致，又极古雅，较嘉祥武梁祠诸石画像，尤为精丽”。

① 〔民国〕蒋叔南：《泰山游记》，《蒋叔南集》，合肥：黄山书社，2009 年，第 181 页。

② 〔清〕汪宝树：《泰安古迹考》，《岱粹抄存》卷二，《岱粹抄存合编》本，济南：山东人民出版社，2018 年，第 52 页。

近百年中泰山地域出土汉画像石甚多，多存于岱庙汉画像石展馆。著名者如双龙瑞鸟图、铺首衔环图、双龙图、三龙相戏图、二鲁角抵图、持戟卫士图、射鸟图、狩猎图、车马出行图、双鸟交颈图、青老禽鸟图、宴乐图、瑞鸟图、车马出行图等。这些画像石内容丰富，取材广泛，或反映王公驱车行进、饮宴乐舞、百戏竞技等生活场景，或描述神话、历史故事，图案工整，形象生动，是研究汉代文化艺术和社会生活的重要实物资料。另肥城、东平、新泰等地亦多出汉画像石名品。

九、其他杂刻

石额，泰山上下各庙门楣多有石额，如飞云阁额为“红门”，南天门阁额为“摩空阁”。石牌坊刻字，泰山上下石坊林立，均有铭题。如岱庙坊建于清康熙十一年（1672），坊起三架，重梁四柱，北南分镌山东巡抚赵祥星与布政使施天裔撰书楹联及诸官题名，通体浮雕，最称精美。

石柱刻字，包括造像石柱，如东魏武定王盖周造像记；纪念性柱刻，如岱庙三茅殿东有宋元祐二年（1087）赵愿施石柱记，后土殿有宋崇宁五年（1106）施石柱记，陶山有宋靖康间施幽栖寺石柱记。

楹联石刻，如王母池七仙殿联刻、后石坞吕祖洞联刻、肥城玉都观联刻等。

幡竿石刻，如北宋崇宁三年（1104）、政和八年（1118）安隆等题记，都刻于王母池前幡竿石上（中上部有圆孔）。

墓塔铭题，灵岩寺、神通寺、幽栖寺、光化寺有众多高僧墓铭，均有铭题。

石香炉题铭，如宋天圣二年（1024）《孙元供石香炉记》“勒石香炉座。座高一尺二寸，围径六寸，八棱，在吴家店地方田家东式三教寺内”[①]。其他还有宋嘉祐六年（1061）《李方等造石香炉记》（在泰安城西南夏张镇）、嘉祐七年（1062）肥城塔山玉皇庙石香炉座题字，金大定十六年（1176）《柏子村广禅侯殿香炉记》（在云亭山）等。

须弥座题铭，如天书观铁塔须弥座石有“泰安州天书观募□院太和同河南彰德府安阳道士王崇霄发心修塔壹座。嘉靖十四年（1535）三月十六日”镌文。

石狮题铭，灵应宫东西石狮分别镌文云：“康熙五十□年四月初五日建立”“本宫住持曹文荘、崔崇和、于文渊、牛智慧置”。因此刻微如手掌，故俗称“巴掌碑”。

① 〔民国〕《重修泰安县志》卷十四《艺文志·金石》，第2页。

石盆题铭，元至元三十一年（1294）泰安大西牛庄北首三官庙莲盆座刻石。

石桌题铭，五贤祠一石桌背面，刻有冯玉祥“为大多数人谋最大幸福为职志”题词。

怪石题铭，岱庙大殿前阁老池中扶桑石，有金大安元年（1209）宣武将军泰安州奉符县令吴衎同母王氏谨献石题记，汉柏院奇石有“云巢”题记。

第三节 泰山石刻的内容

泰山石刻包罗万象，依其主要内容划分，可分为帝王封禅、朝廷致祭、民间进香、庙宇修建、佛道刻经、人物事迹、政令公文、诗文楹联、题词题铭等，今以现存者为主，择要介绍如下：

一、帝王封禅

历代封禅碑记，或出自帝王御制，或诏重臣撰书。其源可追溯至秦始皇之泰山刻石，斯石立于秦始皇二十八年（前219），是泰山现存最早的刻石。据推其铭文分别镌刻于石之四面，共刻铭文二十二行，满行十二字，计二百二十三字。其文曰：“皇帝临位，作制明法，臣下修饬。廿有六年，初并天下，罔不宾服。亲巡远黎，登兹泰山，周览东极。从臣思迹，本原事业，祗诵功德。治道运行，诸产得宜，皆有法式。大义著明，垂于后嗣，顺承勿革。皇帝躬听，既平天下，不懈于治。夙兴夜寐，建设长利，专隆教诲。训经宣达，远近毕理，咸承圣志。贵贱分明，男女体顺，慎遵职事。昭隔内外，靡不清净，施于昆嗣。化极无穷，遵奉遗昭，永垂重戒。”凡48句，三句为韵，12韵，144个字。刻石宣扬始皇一统天下之伟功，表达治理国家之决心。秦二世于前209年东巡时，又在始皇刻石之阴附刻其诏，表彰始皇盛德。二刻皆传为丞相李斯篆书。原在岱顶玉女池旁，后字渐泯灭。北宋末刘跂识读146字，至明嘉靖年间仅存二世诏书29字，移置碧霞祠东庑。清乾隆五年（1740）火灾中迷失，嘉庆二十年（1815）由前任泰安知县蒋因培从玉女池中搜得残石两块，残存十字，后移至山下岱庙。石虽残断，仍可见其奕奕风采。同处于泰山极顶的无字碑，也与秦汉封禅密切相关。碑为石柱体，高近5米。碑立于玉皇顶，“色微黄，光润如蜡”[①]。立此碑者在历史上众说纷纭，无字碑明以前皆谓秦始皇所立，而无异辞。至清初顾炎武始辨为汉武帝所立。[②]后人于顾氏之说或辩或踵，又别有汉章帝立、武则天立诸说。近更有考古学家定为秦石阙。虽时代认识有异，但皆认为是封坛故物。

唐宋封禅更开启了岱顶摩崖巨作。唐玄宗封禅有《纪泰山铭》，开元十四年（726）九月摩刻于岱顶大观峰。碑高13.3米，宽5.7米，铭文连同额款共计一千零八字，历述封禅的始因、规模、仪典及“五圣”功绩，末文谆告来者“道在观政，名非从欲，反映了其盛世雄心及务实精神。通篇为八分隶书，字体遒劲，文辞雅驯。明赵崡《石墨镌华》卷二称此刻：“文词雅驯，而分隶遒逸婉润，最为得意之笔。”[③]清叶昌炽《语石》卷三“封禅”条引《碑版广例》云：“汉以来碑碣之雄，未有逮者。”[④]宋真宗效仿唐帝，也在大观峰上留下《登泰山谢天书述二圣功德之铭》。铭刻于大中祥符元年（1008），系宋真宗亲自篆额并撰书。史载真宗自言：“朕之功德故无所纪，若须撰述，不过谢上天敷佑，叙祖宗盛美尔。”[⑤]故文主颂宋太祖及太宗开国伟业。除刊于大观峰东南德星岩外（世称宋摩崖），同时立碑于下山（俗称阴字碑，已毁）。宋摩崖多被后人题刻凿毁，但碑篆额及部分铭文尚清晰可读。唐宋封禅除摩刻御制之外，还令臣工分撰封祀、社首、朝觐等坛颂，分别刻石，今惟存宋《封祀坛颂》。

二、王朝致祭

历代王朝致祭泰山，也多刻石纪事。今见较早为唐《祭岳敕使题记》残石，列显庆、神龙、景龙各年敕使诣东岳致祭事。又鸳鸯碑记李唐及武周七帝（唐高宗、中宗、睿宗、玄宗、代宗、德宗及周武则天）遣道士诣岱建醮事。此碑身由两石组成，碑题记文字皆刻于石之四周，每面作四五层，每层刻文一二首不等，多作正书。其中唐代（含武周）题刻共二十九则，纪年始于显庆六年（661），迄于贞元十四年（798），时间延续一百三十七年之久。其内容多清词醮章，作功德，言符应，反映了道教对泰山影响之深远。除上碑外，岱顶还有多处道士奉敕投龙题记，如大观峰仰天洞有乾封王行贞等“投龙璧于介丘记”，大观峰有开元董灵宝题记，特别是无字碑上周天授马元贞投

① ［清］叶奕苞：《金石录补》卷二七，《丛书集成初编》本，北京：中华书局1985年，第285页。
② ［清］顾炎武：《辨无字碑为汉立》，王晓真《山东考古录译注》，第16页。
③ ［明］赵崡：《石墨镌华》卷二，知不足斋本，第4页。
④ ［清］叶昌炽撰，王其祎校点：《语石》卷三，沈阳：辽宁教育出版社，1998年，第78页。
⑤ 《文献通考》卷八四《郊社十七》，北京：中华书局，1986年，第771页。

龙记，反映了武周代唐之史实。另此碑上有“震”“威”“极”“为”“帝”诸小字，据考与武则天此祭相关。

历代加泰山神封号，也留下多方碑记。其中宋代《青帝广生帝君赞碑》，御制御书，立于大中祥符元年（1008），记宋真宗加封青帝懿号广生帝君事，碑阴刻同年遣尚书兵部郎中邵晔致祭青帝祝文。《大宋东岳天齐仁圣帝碑》立于大中祥符六年（1013），是宋真宗将泰山神加号天齐仁圣帝之后所立。由翰林学士晁迥撰文，翰林侍诏尹熙古篆额并书，叙自唐至宋为泰山神加封号的经过。碑形制雄伟，与《宣和重修泰岳庙碑》东西相对，并称岱庙两大丰碑。明洪武三年（1370）太祖诏去泰山神封号，特立《去东岳封号碑》昭告天下：“神之所以灵，人莫能测，其职受命于上天后土，为人君者何敢预焉！惧不敢加号，特以‘东岳之神’名其名。”碑势非凡。

历代凡遇大典皆遣使致祭，明清两代祭碑频立。现存有洪武、永乐、正德及清道光、光绪致祭碑。除去致祭泰山神，自明以来皇帝多次遣使祭祀碧霞元君，现存最早者为正德二年（1507）武宗遣御马监太监苗逵致祭告文碑。清代更制定四月十八日封山礼，遣使至碧霞祠进香，祭使题记甚多，十八盘处清宣统元年（1909）朱其煊摩崖，为最后一方致祭元君题记。除皇帝诏祭外，内宫在泰山多立醮祭碑，如三阳庵有明万历郑贵妃修醮四刻，称“贵妃延龄，衍千年于不替；四海澄清，太子纳千祥之吉庆”。五峰山洞真观此时亦先后建立醮碑十余方。

三、创建重修

泰山道宇林立，伽蓝毗邻，贤祠丛建，书院叠兴，凡创建重修，必勒石纪事，留下了难以数计的修建碑记。

现存较早为唐垂拱四年（688）《垂拱造塔记碑》，立于灵岩寺般舟殿遗址。《齐州神宝寺碣》，刻于唐开元二十四年（736），隶书典雅，与汉衡方碑、鲁峻碑相近。碑文记述“寺内有石浮图两所，各十一级，舍利塔一所。众宝庄严，胡门洞启，石户交晖，返宇锵锵”。可见神宝寺盛时景象。李邕《灵岩寺颂并序》刻于唐天宝元年（742），叙述灵岩寺自晋法定始建至唐开元间的兴废，行书遒劲，为后世所珍重。

宋代在泰山广为营建，最著名者为建筑天贶殿，真宗诏令杨亿撰《大宋天贶殿碑》，立于大中祥符二年（1009），由尹熙古行书并撰额。宋徽宗时重修岱庙，“凡为殿、寝、堂、阁、门、亭、库、馆、楼、观、廊、庑合八百一十有三楹”，于宋宣和六年（1124）

立《宣和重修泰岳庙记》，由翰林学士宇文粹中撰，张漴正书并篆额。此碑“规制穹巍，周刻方夔，镌勒工致，实岱庙诸碑之冠也”[①]。

金承宋制，对岱庙续加拓建，“凡殿寝、门闼、亭观、廊庑、斋库，虽仍旧制，加壮丽焉”。大定二十二年（1182）立《大金重修东岳庙碑》以纪此工，由翰林侍讲学士杨伯仁撰，礼部员外郎黄久约书，翰林学士承旨党怀英篆额。文雅书遒，三美荟萃一碑。元代道士张志纯于南天门创建摩空阁，时人称之“破天荒者矣”，杜仁杰为撰《天门铭》以记。铭刻于元中统五年（1264），“铭辞古雅，楷法端严，一佳刻也”[②]。

明清以来，修建庙记制作甚多。如明《重修碧霞灵应宫记碑》《东岳碧霞宫碑》《修建元君行宫记碑》《重建七佛神通寺碑》《建立三阳庵记碑》《三阳庵新建门阁记碑》《重修三阳观记碑》《泰安州重修庙学记碑》《供奉泰山蒿里祠记碑》、清《康熙重修岱庙记碑》《乾隆重修岱庙记碑》《乾隆重修碧霞元君庙碑》《重修普照寺记碑》《重修资福寺记碑》《重修青岩书馆记碑》《泰安州重修三贤祠记碑》《三贤祠改五贤祠记碑》《创修斗母宫钟鼓楼记碑》《重修遥参亭记碑》等。其中乾隆帝重修岱庙碑以满汉双语书写，彰显了独特的皇家气象。

除去上述祠庙书院记，砻碑、建寨、修盘之事，也屡见于碑刻。砻碑如极顶唐总章刻记：“承试郎守兖州金乡县令萧光元发心缮工……总章元年（668）九月三日起作，至二年二月十四日碑成，监讫。”建寨如南宋建炎元年（1127）石匠姜博士建凌汉寨题记，金贞祐三年（1215）修天胜寨题记，元至正十二年（1352）万户郑英修理徂徕独秀峰寨栅题记。修盘道如金天眷元年（1138）张惘捐砌御帐崖下石磴题记，明弘治十五年（1502）泰安州南隅保信士刘云、万历四十七年（1619）竹林寺僧宽住修建西溪盘路题记等。

四、民间进香

自五代宋以来，泰山进香之风渐盛。五代后晋《澶州建奈河将军堂记》及宋元丰《东岳高里山相公庙新创长脚竿记》已出现泰山会社之名目，舍身崖宋元符“社头”题记云：“禹城县口阳乡南本社头朱口、郝进、杨崇，口应岳口，元符二年（1099）三月二十八日。”其中“社头”，系香社首领之名，题名日期为“三月二十八日”乃是传说中

① 〔清〕金棨：《泰山志》卷十七《金石》，第34页。
② 《岱览》卷十《分览一·岱顶下》引聂鈫《泰山金石考》，第22页。

的东岳大帝神诞日，故这一题刻不仅是现存最早的香社石刻，也是关于东岳庙会较早的记录之一。

明代中叶之后，碧霞元君香社大兴，勒碑记名更为一时风尚，明张岱《岱志》中言：“又有进香姓氏，各立小碑，或刻之崖石，如‘万代瞻仰’、‘万古流芳’等字。”[①]现灵岩寺大雄殿壁有题记180余条，红门小碑林有35方，灵应宫有28方，王母池有6方，连同其他各庙总数超过400方[②]，集中反映了明清以迄民国香社的繁盛景象。

除泰山主峰外，徂徕、新甫、五峰也均有较多香社碑，特别是新甫“碑题皆妇女姓氏”[③]，不下百方，极富特色。

五、佛道刻经

最著名的当属经石峪。经文刻于斗母宫东北深谷山涧中巨大的石坪上，自东而西刻《金刚般若波罗蜜经》四十四行，每行一百二十五字或十字不等，凡刻二千七百九十九字。据考为北齐人所书，字大50厘米见方。以隶书为主，兼有楷、行、草、篆笔意。结构宏阔自然，用笔苍劲古拙，字体之大，规模之巨，自古罕见。因经刻不记姓名、年号，关于其书者、时代颇多争议，历代有晋王羲之、北魏郑道昭、北齐王子椿、僧安道壹书诸说。近因在东平洪顶山、二洪山一带发现北齐僧安（道壹）书刻石经多处，书迹颇与经石峪相类，故当代学者多定泰山石经为道壹所书。

其他如徂徕山刻经，一在南麓光化寺附近，一在东麓映佛岩，分刻《大般若经》《文殊师立所说般若波罗蜜经》，都是北齐武平元年（570）冠军将军梁父县令王子椿所刻。

东平洪顶山刻经，在泰山主峰以西120里，东平湖北岸，有《摩诃般若经》《大集经·穿菩提品》及佛名、题记等，时代在北齐河清三年（564）前后。东平司里山刻经，位于东平戴庙镇，刻有《诸行无常偈》《摩诃般若经·明咒品》等经，并有皇建二年（561）造像记。银山刻经，在东平县银山镇，刻有“佛说摩诃般若波罗蜜”经名。

唐宋时也有刻经名品，唐代《佛说蜜多心经》，刻于《齐州神宝寺碣》左侧，无书者姓名，传为李邕所书。宋元符《圆通经碑》，为蔡卞草书，笔若龙蛇，仪态万方。另外在各经幢上多刻《佛顶尊胜陁罗尼经》。至民国犹有李烈钧刻“常乐我净”等经文于

① 〔明〕张岱：《琅嬛文集》卷二，北京：紫禁城出版社，2012年，第68页。
② 张用衡等：《泰山石刻史》，济南：山东人民出版社，2019年，第319页。
③ 〔清〕蒋大庆：《新甫纪游·山下行宫》诗注，《柳园吟草》卷下，《泰山丛书》本，第42页。

西溪馍馍石下。

道教刻经较少，重要者可举明万历《常清静经碑》，为万历皇帝三子朱常洵献于三阳观者，上半刻“太上老君常清静经”，下半刻“太上老君说经图”，生动形象。明代碧霞信仰肇兴后，也形成众多经籍，《太上老君说天仙玉女碧霞元君护世弘济妙经》托言于“太上老君”，备言碧霞元君之来历、职司、诵经功德等。明万历朝御马监太监张忠等录此经于所铸铜钟之上，时人张自玉也将经文节刊于肥城小泰山碧霞宫西壁“起盖娘娘行宫”碑记中，说明经文流布甚广。又肥城安临站镇有无年号《高上玉皇本行集经》（首代题作“上天梯万代帝王尊道赋”）。

除了佛藏道籍，其他学派经籍也在岱石有所刊刻。如明人（据考为嘉靖时汪坦）曾于经石峪刊《大学》《诗经・般颂》，万历时汪应蛟于舍身崖刊《孝经》，乾隆时朱孝纯将其父伦瀚书苏轼《五经论碑》刊石于岱庙，民国冯玉祥于西溪馒头石下刊《墨经》（《非攻》篇）等。

六、人物事迹

主要分布在德政去思碑、墓碑墓志及僧道塔铭中。这其中，展示公卿名士的碑石有《衡方碑》《张迁碑》《刘曜碑》等。

《衡方碑》立于东汉建宁元年（168），为其门生所立颂德碑，历述其“济康下民”之善政，书体浑朴古雅，方正严密。《张迁碑》立于东汉中平三年（186），是谷城旧吏为迁所立去思碑。其中记述黄巾义军攻陷多处郡县，唯张迁所守谷城未破，因其功升荡阴令，词旨淳古，隶书朴茂。

现代先后出土羊族人物墓志五方，分别为羊祉夫妇墓志（北魏）、羊深夫人墓志（东魏）、羊烈夫妇墓志（隋代）。羊祉为北魏名将，《魏书》有传，但志载其历官振军将军、建威将军、征西大将军司马及在梁秦刺史任上“开石门于遂古，辟栈道于荒途”等事，史传都缺记载。

西晋《孙夫人碑》，碑述“夫人在羊氏，沈严有器度，承上接下，众皆悦之”，颂其慈孝贤良之德，书体方整遒劲，与《郛休碑》《太公望表》并称为晋代三大丰碑。

唐宋之后，最为重要的当推姜规、博罗欢二石，新出宋《姜规墓志》，墓主奉符县人，历官将仕郎守郓州助教，此志出土，不仅得知俗传“六郎坟”之真正墓主，且可从中了解宋时乡绅阶层生活状态与道士活动。元《泰安王博罗欢神道碑》，立于元廷祐四年（1317），翰林集贤大学士姚燧撰文并八分书，述元勋臣武穆王忙兀博罗欢生平功德。螭首龟趺，穹高屹立。

明清时期多存德政去思碑，如明正德《泰安守高公（玙）去思碑》、万历《泰安守袁公（稖）去思碑》，清康熙《泰安徐老夫子（肇显）赞碑》《泰安州儒学王师爷（珓）德政碑》，道光《张延龄德政碑》，同治《泽被群黎碑》（泰安知县杨倬云惠政），光绪《甘棠雅化碑》（泰安知县优免差徭事）《泰安县知县毛老父台德政碑》等，反映了泰山地域的吏治一斑。

另外，泰山周边宋代石介墓、元代时珍、明代李汝桂、萧大亨墓、清代赵国麟墓等也多立碑表，记墓主事迹。

在泰山活动的高僧高道，也留下众多塔铭碑记。灵岩寺塔林自唐天宝间慧崇塔始，至清代止，有墓塔167座，碑志铭刻81块。如宋《琦公禅师塔铭》（咸平），金《妙空禅师塔铭》《定光禅师塔铭》《云禅师塔铭》（皇统）、《宝公禅师塔铭》《才公禅师塔铭》（大定），元《清安禅师塔铭》《福公禅师塔铭》《新公禅师塔铭》《肃公道行碑》《提点广公寿碑》（至元）、《达公道行碑》《平公管勾勤迹记》（大德）、《海公道行碑》（皇庆）、《就公禅师道行碑》（延佑）、《举公提点勤绩财记》（天历）、《泉公首座寿塔铭》《亨公寿塔记》《慧公禅师寿塔铭》（至顺）、《提点举公塔铭》《容公禅师塔铭》（后至元）、《息庵禅师道行碑》《提点贞公塔铭》《慧公道行碑》（至正）等。其中《息庵禅师道行碑》，出自求法中国的日本正法禅寺住持邵元之手。另西溪竹林寺、柳埠神通寺、谷山玉泉寺、徂徕光化寺、道朗白马寺、黄山云台寺、邱家店清泉寺各有高僧塔志若干方。普照寺有明正德《重开山记》，此碑系高丽僧满空墓碑，述其在泰山重修各寺之盛举："禅师因登泰山访古刹，始建竹林寺一所，殿宇、圣像俱以完成。复觐普照禅刹……鼎建佛殿、山门、僧堂，伽蓝焕然一新。"是历史上中韩文化交流之实证。

在五峰山、莲台山、三阳庵等处，均留有众多道士碑志。如五峰山元洞真观《真静崔先生画像赞碑》碑阴有杜仁杰《真静崔先生传》，述道演之从道履历及弘道事功。杜仁杰《泰安阜上张氏先茔记碑》记述张志纯历修岱庙、玉女祠、会真宫、玉帝殿等泰山庙宇之善举。五峰山西南道士林有《王氏葬茔之铭》，由杜仁杰撰文，道士张志伟书丹，泰安学正王伯善篆额，述洞真观主王志深创构道观及将父母合葬山中事。三阳观有明《羽化先师王公讳阳辉墓碑》《昝云山炼师碑》《静虚道人墓表》及民国《赞满贵祥大炼师碑》等，反映道教全真派在泰山的传播与影响。

七、政令公文

历代王朝或保护山林，或护持佛道，或端正风俗，或判定案件，发布多种诏旨、公文，很多都刻石于泰山。

诏旨碑如徂徕炼神庵有蒙古成吉思汗、合罕（窝阔台）圣旨及孛罗真皇后懿旨、昔列门太子、和皙太子令旨，岱庙有元泰定、至正圣旨，涌泉寺有皇庆圣旨，五峰山有明万历敕谕。

官府文告如岱岳观有元至元禁污染池水碑，红门有明嘉靖严禁滥征山轿碑，后石坞有明万历禁扰庙产碑；遥参亭有清康熙禁止舍身碑，新泰雁翎关有清光绪《禁止砍伐林木碑》，祝阳永宁庄有民国《祝山古树示禁碑》。明清都以泰山泉水济漕运，官府为护泉源广立禁碑，今泰安水磨泉、新泰西周泉、宁阳庄张家泉等处，尚存正德工部主事尹京所镌碑记。

庙观中还集中出现一些敕牒碑石，记赐土、遣僧、赐额等事，如冥福寺有五代后唐长兴四年（933）敕牒碑，灵岩寺有宋熙宁三年（1070）敕牒碑（有王安石押），升元观有政和八年（1118）敕牒碑，四禅寺有金大定二年（1162）敕牒碑，谷山寺有大安元年（1209）敕牒碑。此外见于著录还有大定年间妙觉禅院、大觉禅院、大云禅寺、灵感院敕等处敕牒碑。

历来庙产争端激烈，因此产生了一批庙产讼案碑，如灵岩寺有刘齐阜昌《□建常住地界公据》碑，后石坞有清康熙恳请执照碑，白衣堂有清乾隆《泰邑南隅关帝白衣二庙住□□□□案庙产碑记》，岱庙雨花道院清光绪《禁止私卖庙田记》，礤石峪隐仙观有清光绪《泰安知县毛澄等堂谕碑》等。

另还有护泉护桥等村规民约碑，如肥城孙伯岈山村有光绪护储水池碑等。

八、诗文楹联

历代文士登临，题咏之作或摩刻于崖壁，或立碑于寺庙。鸳鸯碑上有唐人马克麾《早春陪敕使麻先生祭岳》、公孙杲《赠诸法师诗》、任要与韦洪《白蝙蝠》等诗，为此类题刻发轫之作。

宋代有王钦若《书天门石壁》及田积、滕涉、祖无择、孔舜、张会宗、鲜于侁、杜钦况诸人灵岩寺诗刻。伪齐有张孝纯灵岩寺诗刻，金有刘仲杰《幽栖寺》诗刻，元有徐世隆《记梦五言》《复斋送天倪子还泰山》及贾鲁《登泰山》诗碑。

明清以还，此类刻石数量众多。如岱庙环咏亭碑墙“旧存历代碑刻九十五碣”[①]，和圣祠有明末知州侯应瑜汇刻时人咏岱诗作，凡十一家诗四十余首，总称“岱帖诗刻”。皆萃美一墙，蔚为大观。另乾隆帝一人题诗摩刻碑、崖者亦近百，为数尤多。

除去“诗”为大宗，其他文体也多有石刻。“铭”最为著名者，当为元中统间于南天门西石崖所勒《天门铭》，杜仁杰撰，严忠范书。此刻形制天然，铭词古雅，书法端正，为元碑中之佳作。又岱庙明崇祯《汉柏图赞》，陈昌言正书赞，左佩玹篆书题字。清《泰山赞碑》为乾隆泰安知府朱孝纯书立，有赞语 44 句，铭词端雅，隶书工整。乾隆诗人张开东于岱顶德星岩摩刻所作《泰山铭》，四言铭后系以乱曰：“山岩岩兮高且截，降灵威兮产圣杰，云雨下土兮韦膏泽。”文雄辞壮。

“赋”有金崇庆间完颜祯《灵岩寺赋》，僧永杲为刻石寺中。赋中铺写寺况：“地胜三齐，独占方山之秀；名驰一绝，果为精舍之奇。”岱庙中明万历毕懋康撰书之《岱岳庙碑》，中颂明祀岱之仪及自言谒庙之诚：“阅云封之崔崒，饮香井之清泠，允惭观民之生，莫赞体物之功，是用写其显融，勒诸贞珉。”实为赋体。又环咏亭天启年王应修《古柏赋》，系集右军《圣教序》书，自成一式。“游记”有宋钱伯言《游览记》、清金古良《岱游记》刻石。

“杂文”有经石峪明人汪玉“题二典三谟之文论”，快活三里盘道东侧有民国李星源“泉”题刻：“病后对阿堵物有感曰：是物也，何物也？得之则生，弗得则死，……英雄豪杰为汝坟黑其心，灭其性，变易其操守，至死不悟。”系讽世之文，在岱刻中尤为特异。体裁繁多，难以缕述。

诗文之外，岱庙坊、吕祖洞、七仙殿、孔子登临处坊、天阶坊、壶天阁、南天门、孔子庙等处皆有石刻楹联。

九、题名题记

历代游人登岱，上至帝王相将，下至百姓妇孺，多题名石壁，留记踪迹。现存较早者当推乾封元年（666）正月刘仁愿题名，另鸳鸯碑上也有众多唐人题名，如大历王圆、建中敬謇、口偃，贞元任要等，又如桃源峪有大历王大使题名。宋代之后，题名成为社会风气，在岱顶避风崖、岱阳桃源峪、岱西白龙池及灵岩寺，皆有大量宋人题

① 〔民国〕王亨豫：《访岱庙环咏亭》，《岱粹抄存续编》卷三，《岱粹抄存合编》本，第 104 页。

名。明清后，香客题名渐成主流，如万仙楼外壁嵌明末朝山进香题名碑凡63通，录全国各州县信士三万多人。清人黄国瑾《万仙楼》诗云："熙熙东野人，姓氏铭岁岌。"其盛行可窥一斑。

十、题词题铭

此类题词多作榜书大刻，分布在山间（今见较早者为宋代政和张劢"灵岩观音道场"及金明昌吕子羽"天绅泉"题刻），《泰山石刻史》将此类石刻分为景色题名、景色颂赞两大类。[①] 今以登山中路以至岱顶、岱阴现存者略举数例，以见一斑。

景色题名。"小洞天""万仙楼""漱玉桥""暴经石""歇马崖""柏洞""斩云剑""云步桥""飞来石""秦松""龙门""飞龙岩""翔凤岭""凤凰山""白云洞""振衣冈""德星岩""船石岩""拱北石""瞻鲁台""丈人峰""黄花栈""天空山""双凤岭"等。

景色颂赞。登山中路："天下奇观""入云有路""登高必自""云山胜地""渐入佳境""初步登高""中流砥柱""蔚然深秀""洞天福地""万古凌霄""青未了""岱宗余胜""千古奇观""冷然清韵""梵呗清音""曲蹬盘云""勒马回看岱岭云""峰回路转""山高水长""既雨晴亦佳""云路先声""从善如登""山辉川媚""郁确其高""曲径通霄""人间天上""气象岩岩""海天在目""绝巘飞流""云泉飞瀑""至此始奇""水流云在""在山清""银河落九天""飞泉挂碧峰""涤虑""云桥飞瀑""濯缨""俯瞰群峰""泉清自洁""澄清宇宙""霖雨苍生""月色泉声""红桥飞瀑""泉响云飞""太古清音""河山元脉""排闼送青""栏环翠秀""雄冠五岳""东天一柱""群峰拱岱""登峰造极""维天东柱""松云绝壁""发育万物，峻极于天""空翠凝云""与天地参""万境皆空""山静似太古""松壑云深""千叶石莲""暂远红尘""松涛云壑""至此又奇""风涛云壑""松风泉韵""苍松翠霭""松风吹冷尘心""倚石听涛""涛声云影""振衣千仞""石面迸出水，树头穿破云""月明松翠""升高望远""上天梯""龙门""天门长啸""仰不愧于天，俯不怍于人""绝顶云峰""层岩空谷""神觋崇朝""天地交泰""知止观止""首出万山""山险心平""亦可阶升""共登青云梯""渐入佳境""东柱""万古挺立""果然似我""云路千盘"。

岱顶："气通帝座""日近云低""白云深处""气象万千""琼台遥望""天柱""登

① 张用衡等：《泰山石刻史》，济南：山东人民出版社，2019年，第234页。

泰观海”“天下大观”“天地同攸”“至哉坤元”“弥高”“壁立万仞”“青壁丹崖”“岩岩”“置身霄汉”“山静泉清”“呼吸宇宙”“与国同安”“与国咸宁”“体乾润物”“星辰可摘”“名山圣水”“云峰”“捧日擎天”“日高月同”“超然尘表”“登峰造极”“俯仰乾坤”“天根云窟”“深远高大”“聪明正直”“儿孙罗列”“一览众山小”“俯察万类”“俯视一切”“旷然天际”“青云可接”“天路非遥”“五岳独尊”“昂头天外”“只有天在上”“绝然高大”“惟天在上”“拔地通天”“首出万山”“双流翼注”。

岱阴：“岱岳钟灵”“松籁云壑”“悬崖积翠”“亘古丹丘”“空翠难强名”“松峰叠翠”“入山深处”“云根灵液”“灵山玉柱”“华盖”“作出世想”“雪巘云凝”。

在万仙楼盘道西侧有光绪时刘廷桂“虫二”刻石，喻“风月无边”，为仅见之字谜刻石。

除上列大类，还有其他石刻，附述如下：

十一、其他

世示谱录：大致可为二类，一类为佛道宗系，一类为民间谱系。

前者如祝阳大云寺有金大定《华藏世界海图碑》，灵岩寺有金正隆《释迦宗派之图》；空杏寺有明弘治《重修涌泉寺碑记》、藏峰寺明成化《重修藏峰寺碑》、普照寺明正德《重开山记》、徂徕光化寺清乾隆《重修古刹光华禅寺碑记》等，碑阴均有本宗派系图。斗母宫有清道光二十四年（1844）僧尼世系图碑：“智慧清净，道德圆明，真如性海，寂照普同，心源广绪，本觉昌荣，能仁正果，长衍宽洪，为传法印，金悟惠隆，坚持戒定，永继祖宗。”道教也有类似图谱，如三阳观万历《昝复明墓碑》有果老祖师云阳派宗派、陶山小泰山有明刻薛道光宗派刻石。

民间宗谱碑各乡村留存甚多，宋康定间石介所立《石氏世表》，金明昌间姜孝仪所立《姜氏云亭房题名记》，最为著名。

舆图：宋《种放会真宫诗》题跋碑阴有《泰山之图》（今残存右上角），无年号，似刻于宋元。灵岩寺有金明昌《济南府长清县灵岩寺明昌五年上奏断定田园记碑阴界至图本》，所绘系当时官府划定灵岩寺属地界域，中为寺界址图，下为图记，用传统形象绘法，刻工精巧，线条清晰。两石为泰山现存最古之石刻地图。元中统时镌《东岳图》于岱庙，“上写泰山，下写岱庙”[①]，明成化时王以宾重摹。另“五岳真形图”亦

① 〔清〕孙星衍：《泰山石刻记》，《古学汇刊》本，第22页。

可视为古代舆图。

山水图：灵岩寺有《柳阴垂钓篴头》图碑，系清乾隆帝写仿王谷祥笔意，题有御制诗。岱庙有清朱孝纯所绘《泰山全图》（勒于《泰山赞》碑阴）。乾隆帝尝将内府重摹《兰亭流觞曲水图》刻石颁藏于泰山白鹤泉行宫。①

树木花卉图：泰安西徐庄（今属肥城汶阳镇）延庆寺内明永乐“古槐图”，岱庙有明崇祯、清乾隆“汉柏图”，明崇祯“唐槐图”（清赵怀玉《岱庙双树诗·唐槐》自注“崇祯间人绘槐刻石”）②，汉柏亭壁有清人竹篁“幽兰图”二石，其一跋云：“临东坡笔法于泰山之玉皇阁中。”红门关帝庙及肥城隆庄、金槐皆有明清“风雨竹图”，肥城云琶山有清宣统“丁香图”。

神佛人物图：岱顶孔子庙有线刻孔子行教像，清泰安知县徐宗干跋云：“道光辛已岁（1821），摄篆阙里，得宋米芾所绘圣像一幅，敬谨重勒于岱顶之殿壁间。”又有长清三台山宋元祐“嵩川醉仙神”线刻摩崖，陶山竹林寺宋宣和“弥勒像”，灵岩寺辟支塔塔基宋阿育王传说丛图、灵岩寺金皇统“达摩面壁图”、傅大士梵相十劝词（上层刻傅大士像），五峰山元初“崔真人画像赞图”，三阳观明万历“老子讲经图”，扇子崖清康熙“山神像”，南天门清道光“关帝君画像赞”等。

动物图：快活三里山崖镌有明代“猛虎图”，灵岩寺有明正统七年（1442）“岱宗方山埜释昴和尚牧牛图”六幅，均配以诗。

器物图：清顾炎武《肇域志·山东五》“泰安州碑目”云：“延禧殿前《敧器图碑》，背有汪广洋草书诗一首，《投壶图碑》。”③ 敧器为古一种倾斜易覆之礼器，置于座右以戒满，《韩诗外传》中有孔子于周庙观敧器事。盖岱庙祭器之图谱。

飞天图：唐摩崖底部有阴刻飞天图案，高约 0.85 米，宽 5.3 米。图中绘云纹一朵，上托仙树，两侧各有一身飞天，面容丰满，只手上托，霓裳广带，翩然腾空。系泰山唯一石刻飞天。

风俗图：岱庙雨花道院近出宋代婴戏图刻数方，其中一童子右手执球，左手举一月形球杖，系宋代捶丸景象。又民国冯玉祥所镌《泰山诗画碣》，共 48 石，上为赵望云画，下为冯隶书诗，皆咏绘泰山附近之风俗。

泰山所镌符箓甚多，红门小泰山、天街路北处、五贤祠后墙外、蒿里山之阳、谷

---

① 《岱览》卷十二《分览·岱阳中》，第 34 页。
② 〔清〕赵怀玉：《亦有生斋集》卷八，清道光元年刻本，第 4-6 页。
③ 〔清〕顾炎武：《肇域志》第 2 册《泰安州碑目》，上海：上海古籍出版社，2004 年，第 654 页。

山寺山门里皆有此类石刻。“泰山石敢当”“天仙照鉴”“太极图”及大津口“山海镇”、对松山“永居九幽”等刻也可纳入此类。另乾隆时泰安知府宋思仁曾于岱庙立符箓碑，今多有拓本流传。

古人多于县境、地产旁勒石，以明边界。如宋代有新泰雁翎关元祐年间镌刻，称“西南至泗水县一百里”；金代有灵岩寺天德三年（1151）山场界至石刻；西麻塔村“创修真常观记”称“东至郭念二，南至山，西至石城沟，北至分水岭。四至分明”；元代有空杏寺四至碑；清代有望幡岭“新泰县西界碑”、鹿鸣村四至记；民国有“赵氏祭田界”（凌汉峰）、“徐西北界”（东科学山）、“清祜堂尹氏西北界”（小罗汉崖）及山东省立第三中学校第一林场界、省立农村师范农场界、泮黄岭泰安县学产界等（皆中路盘道侧）。另红石岭沿路以数十“宏”字作界，系冯玉祥山场之标志。

玉女池侧有宋代惠民和剂局所镌药方，清潘康保所撰《洗冤录详义》跋文，中称生附子方“见于古石碣，赵宋时惠民和剂局刻。徐清惠公（宗干）令泰安，搜剔榛莽，始显于世，今在岱顶玉女池侧，故又名‘玉真散’云”[①]。

如万吉山有康熙契约摩崖，烈士祠有民国冯玉祥与普照寺住持义澄所立用地字据等。

清叶昌炽《语石》卷五“吉语”云：“泰山，鼓山苍山洞，均有大‘寿’字。”烈士祠外有民国鹿钟麟书“福”“寿”摩崖，快活三里有民国李和谦“如意”摩崖，皆可归入此类。

此为石刻中颇为独特的一类，即撰书碑非人而系“神”。此类较著名者有长清迟仙亭无年号“吕仙十字碑”，吕祖洞明万历《吕祖自叙碑》，岱庙清乾隆《东岳大帝宝诰碑》，下港麦黄山有民国《十王自叙碑》。

北宋隐士种放《会真宫诗》后题跋者众，有韩琦、蔡襄、范仲淹、欧阳修、石曼卿、苏子美、林逋等，不乏重臣名士，行、楷、隶、草、飞白书皆备。宋熙宁十年（1077）镌石于会真宫，为后世所重。又宋熙宁元年（1068）米芾集王右军书汉司马相如《泰山封禅遗文碑》。清工匠魏祥自叙生平，麟庆、冯云鹏、武隆阿、梁章巨、蒋因培、吴锡祺、徐宗干等名公为之题跋，篇什甚多，祥皆镌石，道光间岱庙道纪禹贞文为砌置于雨花道院壁，凡五十二方，名《槐荫堂自叙册题跋丛刻》（今仅存道光六年南

---

① 〔清〕潘康保：《洗冤录详义跋》，〔清〕许梿：《洗冤录详义（摭遗、摭遗补附）》，《续修四库全书》第 972 册，第 502 页。

海冯赓飏一石，嵌汉柏院北壁）。近代美国旅行家盖洛在《中国五岳》中，提到泰山有《兰亭帖》。其帖为民初山东督军田中玉所书，镌于御帐崖壁；田中玉等在步天桥附近又刻有《集禊帖》，皆系摹王羲之书。

第四节 泰山石刻的价值

泰山石刻历来为金石学界所瞩目，宋人赵明诚和清人顾炎武、钱大昕、阮元、王昶、陆增祥等均有所考论，清代至民国更出现了聂鈫《泰山金石考》、江凤彝《岱宗金石文字》、孙星衍《泰山石刻记》、金棨《泰山金石志》、李东辰《泰山经石峪考》等专著，对此进行系统搜集与研究。近代海外汉学家沙畹等也对此予以关注。近年《泰山石刻》《泰山石刻大观》《泰山石刻大全》《泰山石刻全解》等大型著述相继出版，有力推动了这一研究。

泰山石刻具有多重价值，今以宗教、文学、民俗、书法、史学五个方面为例，略见一斑。

一、宗教价值

泰山历史上重要佛寺道观的兴革，大都在碑石上有所记录。如唐灭佛之劫，广明间《幽栖寺陁罗尼经幢序》中言："像返真空，僧还故里，殿塔成而却摧。"大中间《修方山证明功德记》更称："会昌五年（845）毁天下有额佛寺五千余所，兰若三万余所，复僧尼二十六万七百余人。"

一些佛道教派传承，也多在碑石中镌其谱系。重要僧道人物也可从碑石中见其行迹，如《重兴五峰山云清周法主墓表》记万历全真名道周玄贞族系及生平，徂徕山礤石峪《徂徕山礤石峪赡田碑记》记清康熙吕祖蓬莱派始祖路圆守事迹，大可补史志缺略。许多佛道经文也借助碑石得以传播。

除了前述佛道二教外，天主教、基督教与伊斯兰教文化在泰山碑石中也有反映。如泰安满庄天主教堂中有清康熙十八年（1679）碑，镌"清故显妣仉氏之墓"及"圣母会圣名李伯爵讳守贞号纯一"字。清初天主教至泰安后以满庄为中心，罗马天主教在中国善会组织“天主圣母会”亦在此活动，满庄妇人仉氏入为会士，故其卒后镌以“圣母会圣名”，反映出当时天主教在泰山附近的影响。满庄明清天主教碑石甚多，“王家庄有天主教墓地，有古墓三百”[①]，可惜诸碑在古代未入金石家法眼，无人著录，诚为憾事！另外，在泰山各地清真寺中也碑石林立，泰城西清真寺内有明嘉靖七年（1528）济南掌教陈思撰《来复铭》，是目前所知较早的汉文伊斯兰教碑记。

二、文学价值

文学史上的大家，大都在泰山石刻留其诗踪。如《岱览》卷二十二云：“唐李白题崖：文曰‘独秀峰’。右真书，勒三岭崮北，相传为李青莲笔。”[②]近年徂徕发现此三字楷书摩崖，无年款姓字，其旁有金人石震、党怀英等题记，定为“太白遗刻”，系李白竹溪隐逸之留迹。又灵岩寺有辛弃疾题名勒石，曰“六十一上人”（破辛字），元至元时题刻犹存，可追索其早年游踪。另外石刻中的大量诗文，或可增补各代总集，或可供校勘。如清人朱彝尊举岱岳观任要、韦洪《白蝙蝠》诗刻、“临朐冯氏《诗纪》、海盐胡氏《唐音统签》、泰兴季氏《全唐诗集》皆略而不收”[③]。

一些文学思潮也在刻石中有所体观，如元杜仁杰《天门铭》《东平张宣慰登泰山记》，赋寓了深厚的哲理内涵和文化底蕴；明汪玉经石峪所镌文论，历论“二典三谟之文”，展露其文学复古思想。

三、民俗价值

泰山大量的香社碑中，可以了解香社的组织成员、组织目标、活动流程、社内规定等，也可借以研读古代妇女的户外生活状况。

其他泰山庙祀风俗也多见于碑石，如林立的蒿里山宗亲醮祭碑，为阴府信俗的实物文献。泰山周边的柳大王、石大夫崇信甚广，麻套有《大王庙碑》，祝阳有《石大夫碑》，都展示了这一民间信俗。

肥城白云山桃源观明万历元年（1573）重修道观碑书“施茶年年”，万仙楼楼洞中有万历时苏姓道人及泰安傅家庄、寨子庄、长清、茌平等县所立施茶碑，又新泰峙山有乾隆间《立施茶水碑记》，肥城宝金山有道光间《引水施茶碑》，都是泰山茶俗的珍

① ［法］弗赖之：《在华耶稣会士列传及书目》（上），北京：中华书局，1995年，第562页。
② ［清］唐仲冕：《岱览》卷二二《附览·徂徕山》，第7页。
③ 朱彝尊著，王利民校点：《曝书亭全集》，长春：吉林文史出版社，2009年，第522页。

贵记录。

四、书法价值

泰山石刻诸体详备，书体流变，展现无遗。如泰山秦篆，为古今所师。唐张怀瓘《书断列传》卷三称“斯小篆入神，大篆入妙”；“今泰山、峄山及秦望等碑并其遗迹，亦谓传国之伟宝，百世之法式”[①]。唐李嗣真《书后品》：“李斯小篆之精，古今妙绝。”[②]清康有为《广艺舟双楫》：“相斯之笔画如铁石，体若飞动，为书家宗法。”[③]

汉代晋唐隶书多姿多彩，并称杰作，如《衡方碑》《张迁碑》为法书极则。清翁方纲《两汉金石记》论《衡方碑》“书体宽绰而润，密处不甚留隙地，似开后来颜真卿王书之渐”[④]。清孙承泽论《张迁碑》：“书法方整尔雅，汉石中不多见者。”[⑤]晋《孙夫人碑》出后亦广受书家赞誉，清刘熙载《艺概》称：“晋隶为宋、齐所难继，而《孙夫人碑》及《吕望表》尤为晋隶之最。”[⑥]经石峪《金刚经》书法精良名垂书史，清冯云鹏《金石索》称其“如印泥划沙，草情篆韵，无所不备”。《纪泰山铭》为盛唐时隶书名作，历来皆予佳评，明王世贞《弇州山人题跋》称其“小变汉法而婉缛雄逸，确有飞动之势”[⑦]。

唐后楷、行、草皆有名品，如唐《齐州神宝寺碣》《灵岩寺碑》，宋《天贶殿碑》《禅社首坛颂》《东岳天齐仁圣帝碑》《升元观敕牒》《宣和重修泰岳庙记碑》，金《重修东岳庙碑》《大定重修宣圣庙记碑》《重修天封寺记》《谷山寺记碑》，元《天门铭》《张宣慰登泰山记》《徐世隆题诗碑》，明《高山流水亭记》《晒经石水帘诗》，清草书《秋兴八首》、仿琅琊秦篆刻石等，唐李邕、颜真卿，宋苏轼、蔡卞、米芾，金党怀英，元赵孟頫，明米万钟，清何人麟、吴大澂等书法名家皆在泰山留迹。其中党怀英书法尤多，金赵秉文称其“篆籀入神，李阳冰之后一人而已”，所书《重修谷山寺碑》《重修天封寺记碑》“玉泉”“竹溪”等，篆隶楷皆具风神。名家纷呈，名刻众多，可谓名副其实的“书法名山”！

---

① 〔唐〕张怀瓘：《书断列传》，《中华野史》第1卷，济南：泰山出版社，2000年，第901页。
② 〔清〕倪涛：《六艺之一录》卷二八二，文渊阁《四库全书》本，第11页。
③ 〔清〕康有为：《广艺舟双楫》，北京：北京图书馆出版社，2004年，第90页。
④ 〔清〕翁方纲：《两汉金石记》卷十二，上海：上海古籍出版社，2020年，第666页。
⑤ 〔清〕孙承泽：《庚子消夏记》卷五，清乾隆刻本，第10页。
⑥ 李天纲、张安庆编：《刘熙载卷》，上海：上海文艺出版社，2010年，第95页。
⑦ 〔明〕王世贞《弇州山人题跋》卷十三，浙江：浙江人民出版社，2019年，第335页。

五、史学价值

泰山石刻内容丰富，不仅展示了数千年间泰山文化的荣枯沉浮，而且也反映出中国历史兴衰起伏的轨迹。内中不少关键史料，是补史证史的绝佳材料。如：

羊氏墓志有助于探讨羊氏乡贯、北朝羊氏谱系、联姻及人物生平。陶山幽栖寺唐《赵怀相造像记碑》，涉及唐太宗“征辽”之记载。而岱顶的《刘仁愿等题名》则是探索唐与新罗关系的重要史据。徂徕山炼神庵摩崖节录的成吉思汗圣旨等，绝大部分不见于史籍著录。三阳观明郑贵妃建醮碑记，反映了万历“国本案”的诸多状况。灵岩寺明代《程鹏起诗碑》，收录了诸多明代官吏、文人与程鹏起的赠答诗，内容涉及明朝在“壬辰之役”中拟“借兵暹罗”远征日本等不为人知的历史隐秘，都具有重要的史料价值。

第十一章
万邦瞻岱：泰山与中外文化交流

“为众岳之统宗，万国俱瞻，巍巍乎德何可尚？”（清赵祥星题岱庙坊联）泰山不仅是一座中国名山，也是一座世界名山。泰山与世界发生联系，最早可追溯到西汉时期，汉武帝封禅，当时就有众多西域使节随行。随着唐宋时期对外交往的不断拓展，有越来越多的邦国遣使来到泰山参加封禅大典。在唐高宗、玄宗两次封禅活动中，都有日本、新罗（朝鲜）、天竺（印度）、大食（阿拉伯）等数十国使节与会。宋真宗封禅时，更增添了来自三佛齐（今印尼）、交趾、占城（今越南）等国的贺使。由于这些外交活动频繁发生在泰山，促使泰山文化远播海外。不仅在东方如此，而且影响远及西方，特别是十七世纪地理大发现后，泰山之名传布欧美，大批西方汉学家奔赴泰山，对泰山文化从不同角度展开深入的研讨，在中外文化交流史上留下了重要的一页。

第一节 泰山文化与东方

泰山不仅在中国产生过重大影响，同时也深深影响到与中华一衣带水的扶桑之国。在公元七至九世纪前半叶的二百年间，中日两国之间出现了文化交流的第一个高潮，日本为了学习中国文化，先后向唐朝派出十几次遣唐使团，对推动日本社会的发展和中日友好作出了巨大贡献。其间日本遣唐使节曾两度登临泰山，参加唐廷的封禅大典，对当时中日关系产生重大影响。

遣唐使第一次至泰山，时在唐麟德二年（665）。此次遣唐使舶在日本未留下记录，但在中韩两国的史籍上均有明确的记载。《旧唐书·刘仁轨传》载："麟德二年封泰山，仁轨领新罗及百济、耽罗、倭四国酋长赴会。"[①]《三国史记》卷六《新罗本记·文武王上》："于是仁轨领我（新罗）使者及百济、耽罗、倭人四国使，浮海西还，以会祠泰山。"[②] 两书所云之"倭"，即日本。此次日本使节在唐将刘仁轨导引下，由新罗江口渡黄海以达山东，前来泰山，出席了乾封元年（666）正月唐高宗在泰山举行的封禅典礼。开元十三年（725），日本遣唐使臣第二次至泰山参加封禅。《旧唐书·礼仪志》载：唐玄宗御朝觐帐殿，时"日本、新罗之侍子及使，……咸在位"[③]。惟此次遣使亦未见日本史书记录，故出席封禅大典的使节，有可能是开元五年（717）遣唐使团内的留唐人员。

泰山府君信仰的东传，乃是缘于日本高僧慈觉大师圆仁。圆仁是日本佛教天台宗山门派的创始人，承和五年（838）随第十八次遣唐使来到中国，其间为了求法，历尽劫波。承和六年（839）秋冬间，圆仁在回国途中，遇风飘至登州文登县，遂挂锡于赤山（在今山东荣成海岸）法华院中。唐代泰山神信仰在山东一带极为盛行，《元和郡县图志》载："泰山府君祠，在（鱼台）县西十二里。"[④] 可知当时境内泰山府君行祠甚多。赤山院中可能供奉有府君之像设。其时圆仁誓于神前，曰："正法难，逢真师益难。山神愿加冥助，我归本土，当建禅宇，弘传心印。"[⑤] 八年之后，圆仁踏上归国的商舶，他去世后弟子安慧谨遵遗志，于仁和四年（888）建立起祭祀山神之所。因神尊系从赤山请来，遂被称为赤山大明神，禅院被称为赤山禅院。后世多认为其神即泰山府君的分身。

泰山府君信仰传入日本后，被视为天台宗的护法神，其形象还与素盏明尊、三轮名王、牛头天王等扶桑固有信仰融合，被认为是地藏菩萨在日本的化身，因此在日本古典小说《源平盛衰记》中有"本地的地藏菩萨，叫作泰山府君"之说。天台宗的"火焰魔王天供"（冥府供），则是把泰山府君视为阎魔王的"咒祭"。因此，泰山神在日本身兼数任，成为人们祈求长寿与幸福的偶像。泰山府君还被当时盛行的阴阳道纳入其

① ［后晋］刘昫等：《旧唐书》卷八四《刘仁轨传》，中华书局 1975 年，第 2795 页。
② ［高丽］金富轼著，杨军校勘：《三国史记》，吉林大学出版社，2015 年，第 83 页。
③ ［后晋］刘昫等：《旧唐书》卷二三《礼仪志》，中华书局 1975 年，第 900 页。
④ ［唐］李吉甫：《元和郡县图志》卷十《河南道》，中华书局 1983 年，第 266 页。
⑤ ［日］虎关师炼：《元亨释书》卷三《延历寺圆仁》，《大藏经补编》（32），华宇出版社，1984 年，第 186 页。

神祇体系，被推为最高神，并举行盛大的“泰山府君祭”。这一祭祀由于著名阴阳师安倍晴明的弘扬推广，使之成为一种延续甚久、影响至广的活动。

在日本古代文献中，有多处留下“泰山府君祭”的故事，其中《今昔物语集》卷十九中所记安倍晴明致祭的故事尤为著名：有位高僧染沉疴，他的弟子请来晴明为其举行愈病的祭祀，晴明说：“如有人能与他互换性命的话，也许高僧还能重回人间。”这时走出一个不引人注目的小和尚，表示愿替师傅一死。祭典结束了，高僧身上的病魔终被驱除，而且晴明告知他的祈祷上达后，经过泰山府君的裁夺，师徒两人都被免于一死。[①]《源平盛衰记》写平安末期的中纳言藤原成范在所居之町四周遍植樱花，称作“樱町”。在樱树之中，有一株特别为成范所喜爱，但樱花的花期只有七天，成范为此深感痛惜，便祭祀泰山府君，于是樱花开放的时间又延续了二十一天。《平家物语》书中也有平氏中纳言爱马如狂，“每月朔日都要祭祀泰山府君，为此马祈求息灾延命”[②]的情节。从上引的这些古籍故事中，不难看出泰山府君无所不在的巨大法力。

由于平安、镰仓时期阴阳道的盛行，泰山府君得到了日本皇室和贵族的极大尊崇。自桓武天皇开始，将泰山府君列入“郊祀”。因而在天皇内廷中泰山祭典频频举行，日本史书中便留下不少关于“府君祭”的记载文字。[③]《朝野群载》卷十五阴阳之部，收有后冷泉天皇（亲仁）于永承五年（1050）所作《泰山府君都状》，同书还载有永久七年（1114）大臣藤原为隆的同题都状。[④]镰仓时期，仍不断有天皇行致祭活动。随着时间的推移，泰山神的崇拜也由日本宫廷幕府而流传民间，并反映到“和歌”等文学作品中，取材于中国泰山神传说的谣曲（唐事能）《泰山府君》，曾在日本民间广为流传。在《续词花和歌集》卷十哀伤之部载有一诗云：“双亲祈乞泰山府，愿赴黄泉换儿魂。”表达的是民间痛女早亡的骨肉深情。

缘于泰山府君信仰的盛行，平安朝以后，奉祀府君的处所——赤山禅院也陆续建立，其中京都比睿山横川一带分布较多。而内中规模最宏、影响最大的禅宇，还是禀圆仁遗命而创建的洛北赤山禅院。禅院坐落在京都左京区，为延历寺的别院。禅院建成后受到皇室的崇祀，水尾上皇出巡修学院离宫时，敕命修葺神殿，并赐予了“赤山大明神”的敕额。此后，清和天皇、光孝天皇、宇多天皇、醍醐天皇相继增修殿宇，

① 金伟、吴彦译：《今昔物语集》1，万卷出公司2006年，第947—949页。
② 申非译：《平家物语》，北京燕山出版社，2000年，第322页。
③ ［日］德川光圀：《日本史记》卷五四，安徽人民出版社，2013年，第642页。
④ ［日］福井康顺等监修，朱越利等译：《道教》第三卷，上海古籍出版社，1992年，第24页。

并向赤山明神（泰山府君）加授神阶，其官阶亦由正四位递升至正一位。一千余年过去了，禅院岿然尚存。穿过长满古枫的参道，依次排列着铜屋顶的社殿、拜殿和木地堂。正殿之中，供祀着泰山府君造像，其神造型有如毗沙门天，系武将结束，身着红色战袍，头戴一顶类似印度三宝章的锹形柱状帽壳，两手分持弓箭，威风凛凛。这段“灵威赫赫”的泰山府君“凌万里之沧溟”（日本古代学者桔直斋语）而在东瀛“落户”的故事，即是泰山文化之影响远及世界的一个具体例证。

约在明之前期，盛于闽地之“泰山石敢当”信仰习俗随福建移民传入琉球，此后在当地发展演化，成为其民俗文化的组成部分。清人周煌《琉球国志略》卷五：“居无砖墙，惟迭海崖砺石砌成，贵家有削磨极平者。屋上门前多安瓦狮及立片石，刻‘石敢当’者。”李鼎元《使琉球记》卷三：“人家门前多树‘石敢当’碣。”嘉庆五年（1800）寄尘和尚《琉球竹枝词》其七更以诗笔写此景象：“门巷多安石敢当，家无香火奉神堂。款宾福酒兼烧酒，粔籹人情总著糖。”[①] 今冲绳县久米岛具志川村有一“泰山石敢当”古碑，右刻“雍正十一年癸丑（1733）”。这是目前为止日本发现的最早的石敢当刻石。今冲绳县保存了大量的古近代“石敢当”之外，在筑房修路时树立“石敢当”的风俗也延续至今。此后“泰山石敢当”又从冲绳传入日本列岛，在九州的鹿儿岛、熊本、佐贺，四国的德岛，本州的滋贺、神奈川、东京、宫城、山形、秋田、青森等郡邑亦多有类似碑刻。江户时代学者桔南溪在其1872年所刊《西游记》中记述道：“萨州（今鹿儿岛县）位居日本西南隅，距唐土甚近，船只来往自由，大概昔人在大陆见到石敢当碑，遂在此地亦仿效建立。”

在泰山与日本文化交流史上，圆仁而外，邵元也是值得叙及的人物。邵元号古源，日本镰仓时期高僧。元泰定四年（1327），邵元乘商舶至中国庆元（今浙江宁波），足迹遍布东南及华北等地，在华期间曾为泰山灵岩寺第三十九代主持义让撰写碑记，是为著名的《息庵禅师道行碑》。21世纪初叶，邵元灵岩碑文之讯息被传回日本。明治十一年（1908），桑原骘藏在灵岩寺塔林获见邵元碑后，为之惊喜，随后便向国内公布这一发现，引起了学界的关注。[②]

历史上记述泰山的诸多典籍，也曾随同着中日交流的友好之舶，飞渡瀛海。据清末泰山学者王价藩记称：“客岁游学旧友（按指泰山留日学生赵正印、范明枢等人）自

① ［清］李鼎元：《和寄尘竹枝词十首》引，《师竹斋集》卷十三，《清代诗文集汇编》，第427册，第490页。
② ［日］镰田茂雄：《在中国撰写碑文的日本僧——邵元的伟业》，《中日佛教学术会议论文集1985～1995》，中国社会科学出版社，1997年，第32—36页。

东瀛来函言：彼处图书馆藏泰山先贤著作若干种，名目皆素未闻。不图中原文献转在异国。”[①] 首先披露了泰山文献流播日本的信息。日本汉学家大庭修《江户时代中国典籍流播日本之研究》中对《岱史》《泰山志》《岱览》等多种泰山典籍随唐船东渡赴日情况作了介绍。在东京前田育德会藏有一泰山文献珍本，即清初钱肃润撰《泰山诗选》。[②] 大量的泰山文献舶载来东，为日本学者认识泰山、研究泰山提供了得天独厚的条件。江户幕末名儒斋藤正谦所著《拙堂续文话》卷一中，已出现了对马第伯《封禅仪记》、张公亮《灵岩寺记》、文翔凤《登泰山记》诸文的精彩论述[③]，显示了当时学人对泰山文献的熟稔与偏爱。

明治维新后，日本国门大开，形形色色的日本人物前来泰山，他们将亲身所见所闻或所感所思写入日记、游记等，留下了难得的泰山记录。较早登上泰山的为1879年步兵大尉大原里贤《登泰山》有诗“登高一望乾坤小，真可摩天放眼空”句[④]；1906年学者宇野哲人登泰山，所著《中国文明记·山东纪行》中有“泰安府”“泰山”等篇，书中抒写其身凌岱顶之感怀[⑤]；学者井上圆了赋《泰安晓发》《泰山登临》《山顶远望》，诗中感叹“巍然泰岳镇山东，维石岩岩气象雄”[⑥]；1908年学者桑原骘藏登泰山，在所著《考史游记》中详记于灵岩寺、岱庙、鲁两先生祠等处访古所历。[⑦] 此后慕名登览泰山者还有汉学家内藤湖南、德富苏峰（1917）、田中贡太郎（1923）等。其中田中逸平十次登临岱顶，在其《山东谈丛·十登泰山》中，对泰山文化深诉景慕之辞：“考中国五千年史迹，识中国文化之由来，以卜知将来者，唯独泰山乎？”[⑧] 其间留有泰山专著者，为作家涩川玄耳所著《岱崂杂记》。这是一本以研究泰山与崂山为内容的著作，对泰山景观沿革与信仰变迁作客观、透彻的分析，称“泰山可以称作是石刻的史书”。[⑨] 从上举史实中，不难看出泰山对日本宗教、民俗、学术产生的深刻影响。

---

① ［清］王价藩：《泰岱文史丛稿》《致肥城唐君绳武》，泰山区档案馆1993年，第101页。

② 李锐清：《日本见藏中国丛书目初编》，杭州大学出版社，1999年，第486页；李杰玲：《十八—十九世纪中日沿海地区诗文典籍交流》，山东人民出版社，2016年，第104页。

③ 王水照、吴鸿春编选：《日本学者中国文章学论著选》，上海古籍出版社，1994年，第110、114—115、116—117页。

④ ［日］川口久雄编：《幕末明治海外体验诗集》，大东文化大学，第458页。

⑤ ［日］宇野哲人著，张学锋译：《中国文明记》，光明日报出版社，1999年，第67页。

⑥ ［日］井上圆了：《焉知堂诗集》第1编，（东京）妖怪研究会1918年，第30页。

⑦ ［日］桑原骘藏著，张明杰译：《考史游记》，中华书局，2007年，第125—137页。

⑧ ［日］田中逸平：《山东丛谈》第一辑，济南历下书院1921年刊本，第2页。参樊丽丽：《通论田中逸平泰山诸文》，《泰山学院学报》2018年第5期。

⑨ 王雪：《涩川玄耳的泰山研究》，《泰山学院学报》2013年第5期；李杰玲：《涩川氏泰山和歌与清代泰山诗》，《泰山学院学报》2014年第2期。

二、朝鲜半岛

泰山与隔海相望的箕子之国，自古在文化上就有着密切的联系，不仅泰山信仰很早便已传播影响韩国，在东岳云山间也屡屡留下韩国人士遗踪芳躅与吟咏华章。这些名山轶事，堪称是中韩友谊的历史佳话。

泰山信仰很早便已传入韩国。十九世纪末于朝鲜平壤西南发现东汉建武□（六）年四月戊午立之《秥蝉神祠碑》，中云："□武□年四月戊午，秥蝉长□□□建丞属国会□□宗立（平）山神祠刻石。辞曰，□惟平山君，德配代嵩，承天幽□。□佑秥蝉，兴甘风雨，惠民立工。"碑中之"代嵩"，据劳干考："代就是岱的借字，岱山指泰山。嵩是嵩山。"[①] 此碑立于东汉建武六年（30），其时鲜人已于碑文中拟平山于岱宗，则至迟在两汉之际，泰山信仰已传入朝鲜半岛。

由于深受唐文化的熏染，新罗王朝也效仿中国设立五岳四镇。新罗统一朝鲜半岛之后，确立新罗国"五岳"：东岳吐含山（大城郡）、南岳地理山（菁州）、西岳鸡龙山（熊川州）、北岳太伯山（奈已郡）、中岳父岳（一云公山，押督郡），与"四镇""四海""四渎"同列于中祀。新罗所立东岳为吐含山，属大城郡。[②] 新罗灭百济后，置太山郡（一作泰山郡、大山郡）。[③] 名称规制全仿泰山。[④] 到了高丽王朝时期，肃宗元年（1095）下诏授国内名山大川以德号，这显然是受唐宋加授泰山神封号的影响。高丽太祖朝时还制定了祭祀泰山等名山大川的"八关会"，于每年的阴历十一月十四、十五日举行，后世沿袭不改，成为朝鲜的传统节日。

在朝鲜王朝时期，泰山胜迹之名在朝鲜传播甚广。朝鲜所刊《广舆图》《八道地图》《海东地图》《天下图》都画有中国的泰山。甚至还有《五岳图》版画问世。中宗三十九年（1544）四月，儒者周世鹏（慎斋）命名安东清凉山（今韩国庆尚北道烽火郡境）之十二峰，"名其外峰之长曰丈人，即演大字之义，而远拟泰山之丈岳（即丈人峰）也"[⑤]。韩国叫作"泰山"的地方总共有 14 处，如果再加上"鲁泰山"或"太山"

① 劳干：《秥蝉神祠碑的研究》，《古代中国的历史与文化》，北京：中华书局，2006 年，第 561–562 页。

② ［高丽］金富轼著，杨军校勘：《三国史记》卷三十二《杂志第一·祭祀》，长春：吉林大学出版社，2015 年，第 441–442 页。

③ 魏嵩山：《三千里江山回顾：朝鲜王朝政区建置沿革》，上海：上海人民出版社，1997 年，第 77 页。

④ 华林甫：《中国地名学史考论》，北京：社会科学文献出版社，2002 年，第 248–249 页。

⑤ ［朝鲜］周世鹏：《清凉游山录》，《武陵杂稿》卷七，《韩国文集丛刊》第 27 册，景仁文化社，1990 年，第 39—41 页；李世泽编，李颐淳重修：《清凉志》之三《山川》，全丙哲等编《清凉山山志》，韩国，2008 年，第 36 页。

等名称则更多。由于泰山附近是孔子故乡，在朝鲜儒者心目中具有重要象征意义，因此韩国也出现了许多以“泰山”为名之山，如庆尚北道有“鲁泰山”，意谓是鲁国之泰山；忠清南道天安市也有“鲁泰山”或“小鲁泰山”之地名，因是韩国的泰山，所以在“鲁泰山”之前冠以“小”字。泰山之名作为一种象征，在韩国已经形成了“最高最大的山”这样的极端印象，作为大的代名词被广泛应用于日常月语之中。[①] 另外在明清两朝，北京东岳庙乃朝鲜来华使臣之更衣处。使臣通常先在此小憩，再入朝阳门至下榻地玉河馆。因此在朝鲜诸使《燕行录》中，多有咏唱东岳庙的诗篇，反映了朝鲜人泰山信仰之一斑。[②]

唐宋时期山东沿海为中韩往来的主要口岸，因此两国许多政治、军事、文化活动均涉及泰山。这在泰山文物中多有体现。肥城陶山幽栖寺之唐《赵怀相造像记》碑中记赵怀相之父赵毛（当为肥城一带人）事迹，有“唐授骁都尉，少怀武略，□擅干戈，横行静海水之戎，直踢扫辽城之孽。以兹命赏，克著畴庸。”据铭文中出现之“海水”“辽城”字样，其事当指贞观东征高句丽之役（时称高句丽据有辽东，故此役习称为“征辽”年）。赵毛以水军从征，累有战功，受到唐廷赉赏。另外元和十三年（818）唐廷进讨盘踞东平的藩镇李师道，新罗还曾派遣大将金雄元率军三万助战，参加了这场“旌旗夜照泰山雪”的平叛战役。

唐代两次封禅泰山，朝鲜半岛各国都派遣使节出席这一旷世盛典。唐高宗东封时，唐将刘仁轨于麟德二年（665）八月奉新罗、百济及耽罗（今韩国济州岛）等国使，“浮海西还”（由新罗江口渡黄海以达山东），“会祠泰山”。[③] 高句丽国王高藏，亦“遣其子（太子福男）入朝，陪位于太山之下”[④]。新罗使者为金仁问，“仁问又入唐，以乾封元年护驾登封泰山，加授右骁卫大将军，食邑四百户”[⑤]。百济国使为扶余隆，其“寻奉明诏，修好新罗。俄沐鸿恩，陪觐东岳。勋庸累著，宠命日隆”[⑥]。唐玄宗开元十三年（725）封禅，仍招新罗与会。新罗遣王子及使节赴岱，并出席了十一月壬辰泰山朝觐之典。参加赞礼的还有故高丽王子朝鲜郡王高宝元和故百济王子带方郡王扶余

① ［韩］崔元硕：《韩国的泰山文化》，《泰山文化研究》第一辑，济南：山东人民出版社，2014 年，第 184—185 页。

② 陈进国辑抄：《〈燕行录〉咏北京东岳庙诗抄》，《民俗研究》，2006 年第 3 期。

③ ［宋］司马光：《资治通鉴》卷二百〇一，北京：中华书局，2011 年，第 6344 页。

④ ［后晋］刘昫等：《旧唐书》卷一百九十九上《东夷传·高丽》，第 5327 页。

⑤ ［高丽］金富轼著，杨军校勘：《三国史记》卷四十四《金仁问传》，长春：吉林大学出版社，2015 年，第 628—629 页。

⑥ 《扶余隆墓志》，载罗振玉：《邙洛四编》卷三。

敬。[1] 泰山封禅之说后来对朝鲜王朝产生影响。朝鲜正祖二十二年（1798）八月，正言申若枢上疏，有“名山亲封”之议。[2]

泰山西麓的孝堂山（在今济南市长清区孝里镇）郭巨墓石祠之上，刻有两条关涉韩国历史的刻石。一条是唐显庆五年（660）题记。云：“东都河南县郭楷、高允，为国登□百济，来谒孝堂，三□佑往，回还之日，必再□□。显庆五年三月廿六日。”[3] 百济国是公元一至七世纪之朝鲜古国，七世纪中叶统一于新罗。百济与中国联系甚多，并为中国文化传入日本之桥梁。郭楷等人无职衔，应是往百济从事经贸活动的普通民众。其留记得于孝堂山石祠，足以说明唐代时中韩交往在泰山附近之频繁。另一条为宋元丰六年（1083）题记：“左谏议大夫河南杨景康功，礼宾使太原王舜封长民，奉使高丽，恭谒祠下。元丰六年十二月十七日。李环、李之仪、王彦、潘利仁。”按元丰六年高丽王王徽病逝，宋神宗遣大臣杨景略等往祭。当时登州为中朝往来的主要口岸，当时两国使节由山东至汴京，多经由泰山以西。孝堂山之奉使题名，正是这条宋丽友好之路的实物佐证。史籍中尚有韩国士人僧侣游岱之录。《唐语林》卷四载：“东夷有识山川者，遍礼五岳，一拜而退。”[4] 唐末新罗僧利严随入浙使崔艺熙至华，投洪州道膺法师门下，受禅法。至后梁乾化元年（911）返国。其间曾北游恒岱。[5] 开韩国高僧弘法泰山之先，至明复有满空开山之事。

普照寺有明正德十六年（1521）《重开山记》碑，记述复兴普照高僧“云公满空禅师”事迹：“永乐间，粤高丽僧云公满空禅师等数僧，航海而来，达于京师，钦奉圣旨，敕赐金襕袈裟，及送光禄寺筵宴，遣官送赴南京天界寺住坐。宣德三年（1428），亦钦奉圣恩，着礼部各给度牒壹道，敕令天下参方礼祖。禅师因登泰山访古刹……”据朝鲜《李朝实录·世宗庄宪大王实录》，可知在朝鲜世宗之初，曾发生一次影响颇大的“逃僧”事件：庆尚郡僧人适休，前往妙香山内院寺，招引该寺僧众八人，于永乐十九年（1421）五月十六日乘桴潜渡鸭绿江，逃入明朝统治下之辽东。辽东都司将诸僧送赴北京，受到明王朝的礼待。朝鲜政府除了严缉各僧亲旧，并遣使赍奏明廷，请求交还“逃僧”，被明成祖拒绝。

---

① 〔后晋〕刘昫等：《旧唐书》卷二十三《礼仪志》，第 900 页。
② 《朝鲜正祖实录》卷四九，转引自金智暎等《韩国五岳史料汇编》2008 年，第 78 页。
③ 南阳汉代画像石学术讨论会办公室编：《汉代画像石研究》，北京：文物出版社，1987 年，第 207 页。
④ 〔宋〕王谠：《唐语林》，上海：上海古籍出版社，1978 年，第 137 页。
⑤《有唐高丽国海州须弥山广照寺故教谥真澈禅师宝月乘空之塔碑铭》,《海东金石苑》卷三，清光绪七年刻本，第 1 页。

按《重开山记》所云“高丽僧满空”之“航海而来”，当指此“逃僧”事件。满空便为此“逃僧案”九僧中之“信云”。满空至泰山后，先重建竹林寺，后又复兴普照禅刹，在此驻锡禁足二十余载，名公巨卿待以师礼，最后于天顺七年（1463）闰七月初二日圆寂于寺。临卒留偈曰：“吾年七十五，万物都归土；光明照十方，无今亦无古。”后其法嗣为禅师竖塔镌碑，尊之为“重开山第一代祖师”。满空不屈不挠寻求真鉴的精神，受到人们世代敬仰。

历史上海东众多诗人词客，都曾留下吟咏泰山的诗文名篇。较早咏述泰山者，为高丽末年儒学家李穑，其《云出泰山》诗中云：“云出泰山如盖飞，阳乌忽尔敛光辉。不崇朝已雨天下，却逐长风何处归？”[①] 用泰山之云寄托自己兼济天下之怀。高丽、朝鲜之际著名诗人李詹，出使中国自山东赴南京时，于建文三年（1401）初春过泰安州，有《岱山》诗，中有“岱岳东方镇，华嵩祭秩班。秋来俄瘦骨，冬去更苍颜”及“何时层顶上，登览小群山”句。[②] 朝鲜中宗朝状元朴祥撰有《登泰山小天下赋》，大气磅礴，被当时推为名作。[③] 朝鲜朱子学的主要代表人物李滉也曾留下歌咏泰山的诗篇，所作《郡斋有怀小白之游追次景游用昌黎衡岳诗韵》中云：“恭闻泰山天下大，亦有南岳将无同。圣登贤游象道巍，名与天地相为终。斯人斯世我若及，何用远慕飞升功。”有草圣之誉的书法家杨士彦写的著名的古调诗《泰山》别开生面，侧重于表现积极的人生态度：“泰山虽高，毕竟还在天空下。攀登再攀登，岂能上不去？只怪懒惰在作祟，徒唤山高可奈何？”这首诗调语言流畅，寓意深远而又浅显易懂，迄今广为流传。[④] 李民宬天启朝奉使诣明，过泰山北麓，有《泰山在济南府之泰安州北五里，路上可以望见，而适被云罩，不得见，怅然赋之》诗：“云端终日漫劳神，送目情如望美人。只隔此间青未了，不知那个本来真。肃然梁父封应废，玳检银绳迹已陈。天子想厌秦汉事，茂陵空没老词臣。”诗中有“肃然梁父封应废”“天子想厌秦汉事”句，论及明廷不行封禅之事。[⑤] 其《癸亥朝天录》中泰山人文胜迹云：“竹溪六逸堂在徂徕山，唐孔巢父、李白隐居处。……孙复、石介等墓俱在境内。……羊续、祢衡、高堂隆、管

① 曹春茹：《韩国古代汉诗中的泰山文化旅游资源》，《齐鲁师范学院学报》，2012年第4期。
② ［朝鲜］李詹：《观光录》，《韩国文集丛刊》第6辑，景仁文化社，1990年，第325-344页；李詹《岱山》，《梅庵集》，《韩国文集丛刊》第6辑，第327页。
③ 《朝鲜学论文集》第一辑，北京：北京大学出版社，1992年，第178页。
④ 李岩、池水涌：《朝鲜文学通史》中，北京：社会科学文献出版社，2010年，第565页。
⑤ ［朝鲜］李民宬：《敬亭先生集》卷六，《韩国文集丛刊》第76辑，第295页。

辂、羊祜、孟简皆境内人物。”[①]吴翻天启四年（1624）十月浮海至山东，于济南道中望泰山，有《济上见泰山》诗：“经过默祷愧微诚，云辍俄开黛色呈。七十二君曾问道，恒嵩华岳敢争衡。朝阳洞里群灵集，玉女台前万象清。安得翩然凌绝顶，俯看齐楚小如枰。”诗中“玉女台前万象清”句，为朝鲜人首次论及元君信仰。谢恩、奏请使李德泂有诗唱和，诗题云：“泰山在济南百里之外，且其绝顶高插半空，云雾常暗。故虽中国之人，得见真面目者，绝无而仅有。副使令公，自济南先到陈布政故里，登高而望，阴云四散，众峰呈露，行路叹赏，以为异事。虽韩吏部开衡云，未为过之。余与书状（洪翼汉）日暮赶至，徒闻其事，而不胜钦叹，以诗贺之。”诗云：“天视仙凡元有别，待凡常秘待仙开。夕阳云际呈真面，摸胜还凭绝世才。”[②]肃宗朝曲家金裕器，所作《海东歌谣》中，有一首吟赞泰山之作：“泰山顶上俯四海，大地苍茫天门开。心胸浩然，方知丈夫气概！”意象阔大，浩然之气溢于笔端，金天泽誉之为“说尽情境”。[③]

正祖朝著名“实学派”学者柳得恭，两度随同朝鲜使团访问中国，同纪昀、李鼎元等燕京学人缔交，并因鼎元得观著名画家黄易所绘《李墨庄登岱图》。柳氏挥毫为此图留题了一首七绝：“罗江诗话姓名留，西笑如今又几秋。燕邸青灯东岱帖，梦中人作画中游。”[④]诗中征用《新论》“西笑长安”之典，表达了其仰慕中华文化之情。同为《李墨庄登岱图》题咏者还有沈象奎和洪良浩，他们分别有《书李墨庄登岱图次韵袁随园枚七十八岁旧题》《墨庄李翰林鼎元送示登岱图一帖遂书泰山高歌一篇以归之》。[⑤]洪良浩（乾隆五十九年以冬至使兼谢恩使来华）诗中有“千年石戴尼父屐，何处云霾孙公栖。自怜老夫腋下无羽翰。安得振衣上丹梯。山岩岩兮水渺渺。我向天东君住西。泰山之歌何时续。惟有归云送马蹄。”诗咏及孙复与泰山书院，并抒发了对东岱风光的无尽向往。

朝鲜诗人咏岱虽繁多，但真正登上岱顶者却鲜有其人。全罗道人崔溥于明弘治元年（1488）三月，航海漂至中国，由陆路还国，行经东平州。所著《漂海录》中记述泰

① ［朝鲜］李民宬：《癸亥朝天录中》七月初八日条，《敬亭先生续集》卷之二，《韩国文集丛刊》第76辑，第467页。

② ［朝鲜］吴翻：《济上见泰山》，《天坡集》，《韩国文集中的明代史料》第13册，南宁：广西师范大学出版社，2008年，第24页。

③ ［韩］赵润济著，张琏瑰译：《韩国文学史》，北京：社会科学文献出版社，1998年，第354页。

④ ［朝鲜］柳得恭：《燕台再游录》，（韩）林基中编：《燕行录全集》卷六十，首尔：东国大学校出版部，2001年，第240页。

⑤ ［朝鲜］沈象奎：《斗室存稿》卷一，《韩国文集丛刊》第290辑，第20页；（朝鲜）洪良浩《耳溪集》卷七，《韩国文集丛刊》第241辑，第128页。

山云："又东北望，若有高山连亘数百里，如云气然。（傅）荣指其山，曰：'彼乃泰山，即古岱宗山，虞舜及周天子东巡狩之处也。'"[①]也只是望而未登。得畅游泰山者，当推近代名儒李炳宪。李炳宪字子明，号真庵，庆尚道咸阳郡人。其一生致力于追寻孔佛谛，倡导儒教改革与孔子教运动，所著《儒学复原论》及所创建的培山书堂，都在当时产生了巨大影响。韩国被日本吞并后，炳宪数度渡海来华，吊古于邹鲁之区，并同康有为等人会晤论道，以求经世之学。其车辕载驰中，曾两至泰山，踯躅日观，"以俯渤海"（金泽荣语），并在其《中华游记》中留下了洋洋二千余言的登岱记文。1914年三月，李炳宪自北京往曲阜途中，尝经泰山下，然因行色匆匆，未获一登，为之怅然不已。因赋诗志感："鲁叟何年陟彼山，岩岩千世更谁攀。当年天下犹全省，一望还如指掌间。"后李氏再次来华，终于实现了其登岱的夙愿。1916年七月，李炳宪由曲阜至泰安，在泰之四天中，其先后拜谒了东岳庙，并由中路登山，达于岱顶。泰山丰富的历史文化和壮丽景色，使这位海东游子激动不已。在东岳庙，李炳宪久久徘徊于穹碑阿阁之间，感叹"自汉以来中国祀典之盛，未有如此庙之极者"[②]。行十八盘中，风掀云涌，"如佛之岩，如盖之松，乍隐乍现，或远或近"[③]之景色，更使其叹为巨观。在日观峰上，"东望渤海，与天微茫"，南望吴楚，俯瞰汶洸，故国之思与怀古之情，皆溢心头，不禁振衣啸吟，情驰于山。李氏在游记中，还对泰山宗教、民俗等内容多予留意，如所记岱麓三皇庙两庑所祀先医名氏，为研究泰山神祇之重要资料。[④]李炳宪虽然仅是东岳的一位匆匆过客，但他的登岱长文，却为当时韩国读者了解泰山文化提供了一份详尽文献，其人其书，均在中韩文化交流史上留下重要一页。

近代韩国爱国志士李宁斋，在泰山曾留题一"笑啼岩"刻石。李宁斋在华期间，遍游名山，屐痕所至之处，皆大书"笑啼岩"三字（笑啼典出《周易》爻辞："旅人先笑后号咷"）。二字既寓含宁斋深沉亡国之痛，也表达了对华夏动荡离乱局势的忧虑和叹惋。据李宁斋后裔提供的信息，第四"笑啼岩"，1936年夏刻于泰山大众桥与黑龙潭间。新加坡诗人潘受于1937年游岱时，有《泰山西南麓溪中有石突出，当流而鸣，题曰笑啼石》诗："在山惟恐被山围，出得山来那得归？流水不平生感慨，世间长是笑

① ［朝鲜］崔溥撰，朴元熇校注：《崔溥漂海录校注》卷二，上海：上海书店出版社，2013年，第105页。
② ［韩］李炳宪：《中华游记》卷二，《李炳宪全集》，首尔：亚细亚文化社，1989年，第630页。
③ ［韩］李炳宪：《中华游记》卷二，《李炳宪全集》，第633页。
④ ［韩］李炳宪：《中华游记》卷二，《李炳宪全集》，第631页。

啼非。”[①] 根据潘诗之描写，其刻石很可能在馍馍石附近。因日伪时在此修建黑龙潭水库，地貌改变巨大，题刻久已不存。2003 年 7 月对泰山黑龙潭水库清淤时，挖出一大石块，约长 75cm，宽 40cm，上有两楷体残字[②]，经仔细辨识字形，认定残字为“岩”字，右侧并残存一竖划，分明为“啼”字“口”部之残痕。因此遂可断定，龙潭水库清淤所出残石，便是失传已久的宁斋“笑啼岩”题刻。

三、其他国家

除了日韩之外，历史上泰山还与越南、印度、东南亚、阿拉伯等交往密切。

越南唐宋时先后有占城、交趾之国主或使节参加封禅大典，碧霞元君、石敢当等信仰相继传入越南，明代且有交趾僧人至泰山出家，交趾人陈儒曾撰《重修东岳上庙碑记》，清代越南燕行使节更留下多篇关于泰山吟咏，凡此皆在中越文化交流史上留下重要印记。

伴随古印度佛教的传入，大批印度僧众远涉关山，前来中华弘扬佛法，其中有三位印僧在泰山留下了锡踪禅迹：最早叩访泰岳的印度高僧是东晋时的佛陀跋陀罗，他在泰山以北今长清境内建立的云禅寺，是外国人在泰山建的第一座寺宇；此后故罽宾王子求那跋摩传法泰山，在岱北人头山建衔草寺，成为泰山著名古刹；在泰山以南的东平洪顶山，至今还留有北齐时天竺僧释法洪的多处刻经，这是泰山现存唯一的古印度人石刻。历史上也有泰山僧取经西天的壮举，唐代泰山僧义净从海路往印度求法，历经二十余年，取得梵经二百余部，据考《西游记》中“唐三藏”形象的塑造，便融合了许多有关义净的传说（义净亦曾受封为三藏法师）。

泰山与阿拉伯国家很早就有联系，唐玄宗封禅时，大食（阿拉伯）使节便出现在泰山朝觐坛下的诸国侍祠行列中。在宋真宗封禅大典中，不仅有大食国主阿弥曾“遣使贡方物”，更出现了一支由大食商人组成的赞礼队伍，一位名叫李麻勿的“大食蕃客”向真宗进献了一方祖传玉圭，可见泰山封禅在阿拉伯人心目中的重要地位。

---

① ［新加坡］潘受：《海外庐诗》，福州：海峡文艺出版社，1986 年，第 5 页。

② 柳萍：《残字石刻引出龙潭水库修建谜团》，原载《泰安日报》2003 年 11 月，收入《穿越时空的印记》，济南：山东画报出版社，2008 年，第 252 页。

第二节 泰山文化与欧美

在西方世界，泰山文化同样也有着久远而广泛的影响：十七世纪地理大发现后，第一个把“泰山”之名展示给世界的，是来华的意大利传教士利玛窦（Matteo Ricci）。利氏虽未登过泰山，但所绘《坤舆万国全图》上，于山东共标注了两处地名，其一便是“泰山”，首次在世界地图上出现了泰山的坐标。此后荷兰人纽霍夫所刊《德·戈耶尔和德·凯塞荷兰遣使中国记》中也写到了泰山：“泰山位于济南附近，居民称之为泰山，山顶高度相当于40个罗马赛跑场（长607英尺），当地人说在鸡叫头遍时可在山顶看到太阳。那里有许多寺庙和山洞。”[①] 同时之俄国大臣（罗马尼亚籍）米列斯库《中国漫记》也有类似记载。[②] 虽然描述还失之粗浅，但说明此时欧人已对泰山有了一些具体的了解。

随着近代古老帝国大门的开启，大批欧美人士奔赴泰山，访古览胜，至今五大夫松附近山崖还有“德人巴贺”（清末津浦路工德籍工程师）的题名，便是西风东渐时留下的泰山雪鸿。许多外国汉学专家，更以独特的文化视角，对泰山展开探讨和论说，先后有多种论文专著出版，大大推进了泰山研究。

一、欧洲各国

较早造访泰山的外国学者是德国人李希霍芬。李希霍芬为著名地理学家，他于1869年3月由上海乘船到达江苏，转经沂州府（今临沂），于4月5日来到泰安府，次日由店台、张夏、炒米店往济南。李希霍芬对这一地区的地貌、山脉情况进行了观察记录：“今天泰山终于露出了真面目。它仿佛从泰安南边平地拔起，是一座结晶岩山，尤其是峰顶格外具有此类山体的特点。最高处大概高出泰安1300米，而泰安本身海拔200米左右。山上岩石陡峭，山谷环绕，两条登山路蜿蜒而去，山脚下是一些巨大的球形岩石。……这里的景色十分优美，如果我是一位水彩画家的话，就能借助我

① ［荷］纽霍夫：《德·戈耶尔和德·凯塞荷兰遣使中国记》，原本藏阿姆斯特丹大学图书馆，承马士奎教授摘译此节。

② ［罗］米列斯库著，蒋本良、柳凤运译：《中国漫记》，北京：中国工人出版社，2000年，第109页。

的画笔尽情地描绘这如诗般的美景了”[①]。此行他对泰山岩石进行了深入研究，开启了近代泰山地质学的先河。李希霍芬观望泰山时虽感叹其山的雄伟壮丽，却未认识到其在中国文化中的重要地位，故不曾登顶揽胜，后来他抱憾地写道：“我对当地所知很有限，所以根本没有想到可以去曲阜和泰山。”对于李希霍芬泰安之行，当时新泰县知县徐致愉于《雁翎关山石歌》中曾予记述：“雁山之阴有奇石，掘地求之丈数尺。块然礌砢不可雕，杂理纵横间以铁。山盘气郁产殊姿，忍使球琳久沉压？西来匠石曰佳哉，制器尚象吾能为。”[②]诗中“西来匠石”，即指李希霍芬进行地质考察之事。

德国势力入据青岛后，德土人士在泰山的活动更加频繁，一位德籍天主教士彭安多对泰山钟情最深。彭安多为法属耶稣会士，在中国传教时曾至泰山，1906 年出版所著《泰山及其国家祀典》一书。全书共分五章，分别为《地理与历史介绍》，包括山东之名、泰山高度与里程、泰山与五岳、泰山祭祀、泰山诸神、碧霞元君；《泰安府及泰山圣地》，包括泰安沿革及泰山历史；《岱庙》，包括配天门、仁安门、峻极殿等庙内景观文物；《泰山》（二章），以登山顺序介绍泰山中路与岱顶景点。书中插有酌泉亭、遥参亭等照片共 35 幅。此书大抵以《泰山道里记》为蓝本，结合自身游历，加以记叙。旨在向西方介绍泰山文化。所采资料没有任何新异之处，而且存在一些误读，故沙畹对其书评价不高。彭书的真正价值，在于所记录的亲历亲睹的一些泰山风俗。如书中描述了山中的香客店：“朝圣期间这里的房子都接待客人，这是这里的居民唯一的收入来源。在山上没有农田，客栈、小商店、茶室、水果店等等就是居民的生计。”[③]而经营者又是依托附近之寺庙，定期向其纳税。作者还记下路遇民间艺人的表演：“一人拿着鼓，另一个拿着锣。这些乐器是用来帮助他们找准调的。然后二个小伙子精神奕奕地仰望天空，唱起了传统的中国曲调。锣鼓不断地伴奏。”[④]书中还重点记录了碧霞祠的“施钱”与“扫殿”：“这座藏宝库只能在朝廷最严密的监管下打开。祠堂的管理者当然也会得到一小部分。但是宝藏却是很丰厚，因此所有参与瓜分的利益方都可以得到可观的数目。”[⑤]彭书不仅述说香客施舍的物品种类，还特别指明施物祈佑内容的关系（将身体生病部位造银制模型）。挑夫是泰山上的重要行业，但其生活状况在国内文

① ［德］费迪南德 · 冯 · 李希霍芬著，李岩、王彦会译：《李希霍芬中国旅行日记》，北京：商务印书馆，2016 年，第 130—132 页。

② 光绪《新泰县志》卷十九《艺文增》，第 7 页。

③ ［德］彭安多：《泰山及其国家祀典》，兖州：天主教协会版，1906 年，第 59 页。陈丹宇译（下同）。

④ ［德］彭安多：《泰山及其国家祀典》，第 77 页。

⑤ ［德］彭安多：《泰山及其国家祀典》，第 92 页。

献中几乎为空白，只有彭书描绘了挑夫工作，且对其食物作细致记述：“挑山工疲惫地向上爬着，除了货物，扁担里还有一个大馒头，小麦面做的，好几磅重，用来满足挑山工一天的饮食所需。这东西吃起来一点都不细腻，但是它有优点：营养充分，便于保存”[①] 都十分详尽与生动。建筑师恩斯特·柏石曼穿越中国一二行省，行程数万里，对古建筑进行全面考察，1907 年至泰山，拍摄有灵岩寺、岱庙、盘道、南天门、碧霞祠之照片。他在 1923 年出版的《如诗如画的中国建筑和景观》书中对泰山建筑作了论述：“爬东岳泰山，必须通过一个称作‘天梯’的陡峭石阶，才能到达南天门。泰山在四个方位基点上有四条这样的通道，因此它变成了宇宙体系的一面镜子。泰山的顶上是玉皇庙。人们大都认为玉皇这个至高无上的天神是住在最高的山峰上，因为那儿天地相连。在那儿代表人们灵魂的白云缭绕，在天地之间斡旋。”[②] 彰示了泰山天人合一的建筑特点。

除前述数人外，还有一位汉学大师更是泰山的崇拜者，他就是被尊为“世界公民”的卫礼贤。卫礼贤作为传教士来到山东后，于 1905 年首次登临泰山，对其古老文化一见倾心，在所著《中国心灵·圣山》一篇中，详述了他眼中的名山景象：“在离孔子诞生地曲阜不远的地方，坐落着神圣的泰山，泰山是中国的奥林匹斯山，它是一列大山脉最高的一部分。在中国，从古以来它一直占据着显著的位置。它气势雄浑，庄严肃穆地盘踞在这个地区。从四处汇聚来的清泉从山脚下流过。云雾笼罩着山巅，为这片广阔的土地分配着雨水和阳光。……在过去无数的年代里，人们观察着泰山这种玄妙的变幻。渐渐地，人们认为泰山是具有灵性的。帝王们从远处赶来，在山脚下奉上自己的牺牲。在类似这种活动中，对那些神秘力量所做的分类一直让我颇感兴趣……”[③] 他的最终结论是：泰山是代表着中国人精神世界的一座“圣山”。圣山深深感染着这位来自法兰克福的游子，当 1924 年卫氏准备返回祖国时，特地重登岱巅，他在致友人信函中抒发了此时的感想：“从南天门上来，我们置身于一片浓重的雾霭之中。不一会儿，云开一线。太阳升起之际，刹那间云层、平原、山峦，尽收眼底。中国真美！这里有多少东西，使人流连不舍。”[④] 一声长长的感叹之中，蕴含了对泰山的无比热爱和

① ［德］彭安多：《泰山及其国家祀典》，第 77 页。

② ［德］柏石曼著，沈弘译：《寻访 1906—1909：西方人眼中的晚清建筑》，天津：天津百花文艺出版社，2005 年，第 35—40 页、64—72 页。

③ ［德］卫礼贤著，王宇洁等译：《中国心灵》，北京：国际文化出版公司，1998 年，第 87 页。

④ ［德］莎玻·卫：《卫礼贤——中国与欧洲之间的精神使者》，转引自张国刚《德国的汉学研究》，北京：中华书局，1994 年，第 40 页。

万分留恋之情。

西欧的法兰西，被称为“欧洲汉学中心”。在泰山研究方面，法国学者作出突出贡献的首推汉学大师爱德华·沙畹。沙畹早年受业于法国最高学府巴黎师范大学，此间对中国文化产生浓厚兴趣。1889年被任命为驻清公使专员，在华三年中，利用公务之余从事汉学研究，很快通晓了汉语，并完成《史记·封禅书》的法译，引起学术界的注目。接着他又发表《中国西汉时代的石雕》，对山东武氏祠和孝堂山石刻作了探讨。1893年沙畹回国任法兰西学院教授，主持“中国中原和鞑靼—满族语言和文学讲座”。1895年起任法亚洲学会秘书长，参加东方学杂志《通报》的编辑。1907年再度来华进行考古调查，陟龙门、云岗诸胜，成《北中国考古旅行记》。第一次世界大战爆发后，沙畹因法国卷入战争，郁郁成疾，在巴黎溘然长逝。对历史地理、宗教、古文字学研究，沙畹用力甚勤，成就斐然。著有《西突厥史料》《中国之旅行家》《佛经中五百故事》《斯坦因在东土耳斯坦所获汉文文献》《摩尼教旅行中国考》（与伯希和合撰）等数十种。另外还译有《易经》《大唐西域求法高僧传》《史记》（未全部完成）等汉文古籍多种。尤其是他对出土简牍的校正和西夏文的识读，曾对罗振玉、王国维等人的研究产生过重大影响。陈寅恪《王观堂先生挽词》述王国维之学术交游：“当世通人数旧游，外穷瀛渤内神州；伯、沙博士同扬榷，海日尚书互倡酬。”所言之“沙”，即指沙畹。沙畹因从事《史记·封禅书》的法译，引发了其研究泰山宗教的兴致。1891年1月24日，沙畹首次登临泰岳，此后又于1907年6月17日至25日赴泰安考察。两次泰山之行，沙畹都对其风俗信仰、名胜古迹作了细致调查，收集了较多的地方文献，第二次登山时还拍摄了大量的照片。沙畹回国后，开始了对泰山的案头研究，至1910年推出了《泰山：中国人的信仰》一书。全书分列六章，分别为：《泰山的祭礼》《泰山风景名胜》《封禅资料》《碑铭》《祈祷》《民间信仰》。后附《中国古老的地神》一文。沙畹认为：在中国，每一座山都被认为有神灵主宰，神被视为一种具有思想意识行为的自然力量，而为世人所崇拜、信仰。在中国山神之中，影响最大的是五岳，而五岳里尤以泰山声望最著。因而便以此作为研究专题，试图对泰山崇拜产生的心理动机、宗教意识中山的作用以及造就泰山显赫地位的原因等问题进行探讨。关于泰山崇拜与泰山神信仰，沙畹分析道：在人类意识中，山被认为是神仙出没之处，登山便可同天神接近，于是泰山就成了祭天的理想场所。而山不仅是仙人及天神的居所，同时也是本身山神的所在地。山神作用有两类，一是坐镇一方，能防止地震、阻挡洪水，如同一种稳定的象征；二是因云积于山，故山神能行云布雨，促使人间粮食丰收。此外从历代祭文中还可发现，泰山神与人世皇帝之间有某种假设关系，即它们都是由天意指定，为人民幸福生活承担保证的，一个以其贤明为民众建立一种和谐美好的生活，另一个以其调节才干来维持物质世界的良好秩序。[①] 对于流传极广的泰山地狱这一信仰，沙畹指出：泰山神作为自然崇拜的神祇，并没有介入精神世界的因素，而泰山审判灵魂的观念，却是一种精神思想的作用。这一现象，乃是佛道两教相互影响的结果。道教从佛教中借用了惩罚的精神，完全效仿了佛教的阴府冥司。这就是泰山地狱观念的由来。[②] 延续千年之久的封禅大典，曾对泰山历史产生了深远影响。沙畹则对封禅提出如下假说：泰山和社首山之所以被选为封禅之地，并不仅仅缘于其高者近天、卑者近地的自然外形，而是将它们视为一种神的代表因素，即在天神、地神与人世统治者之间起一个中介作用。[③] 其他如碧霞元君崇拜、石敢当、泰山神府谱系、封禅起源等问题，沙畹也都认真作了研究。由于著者学贯中西，视野开阔，故其中比勘泰山与西方信仰之异同，观点多发前人所未发。其学术价值约略有三：其一，第一个向西方系统地介绍了泰山的历史文化。在沙畹之前，虽西人间有著述，但都浮光掠影，难现全豹，沙畹以汉学专家的高深功力，篦缕百家，首次对泰山宗教作了全方位的研究，将此悠久而丰富的东方文化介绍给欧美。其二，泰山历代著述虽多，但大都限于记叙实景，少作学理探讨。沙著却是较早从这方解读泰山的，他关于泰山崇拜、封禅等问题的探究，皆有独到心得。其三，沙畹以西方学者的眼光，详实地记录了二十世纪初的泰山，其中很多内容都是中国学者未予记录或未予重视的。如记蒿里山神祠时，特别载录了七十二司的奇偶数排列，便是民俗学有用资料。故其书出版后获得广泛推崇，被誉为西方汉学的经典著作。

沙畹是用笔墨来研究泰山文化，他的一位同乡爱伯特·肯恩（Albert Kahn）则是用摄影机来记录泰山的面貌。肯恩是巴黎的一位旅行家和金融家，第一次世界大战前夕，他敏锐地觉察到世界正面临着一次巨大的变革，因此不辞劳苦，环游各洲，纪录世界。1908 年与 1913 年，肯恩两次来到中国，他委派摄影师用当时最先进的彩色摄影技术，到泰山拍摄了大量的彩照。1996 年，收藏这些彩照底片的法国上塞纳省立爱伯特·肯

① ［法］沙畹著，［日］菊地章太日译：《泰山：中国人的信仰》，东京：勉诚出版 2001 年，第 15 页。另参考吴义敏未刊汉译稿本，下同。

② ［法］沙畹著，［日］菊地章太日译：《泰山：中国人的信仰》，第 17 页。

③ ［法］沙畹著，［日］菊地章太日译：《泰山：中国人的信仰》，第 23 页。

恩博物馆，向泰安博物馆赠送了47帧泰山旧照。这其中有百年之前的泰山南天门、泰山伏虎庙坊前的少妇、泰山人家、泰城西门的景象、泰山脚下的香火店、岱庙角楼中的坤楼……这些老照片在凝固逝去历史的同时，也让泰山永远记住了肯恩这位法国友人的名字。

俄国学者阿列克谢耶夫一生译著甚丰，有《中国论诗人的长诗——司空图的〈诗品〉》《中国风情录》《东方学》等，被誉为俄苏汉学的创始人。阿列克于1907年跟随沙畹来到泰山，详细调查了各处名胜、石刻以及民间风俗，且对绘画艺术多加关注。其《1907年中国纪行》述评岱庙壁画："主殿。巨大而宽广的墙上是保存完好的宋代壁画真迹。众多的人物形象表现皇帝来此祭拜泰山的景象：皇帝从京城出发，行进中的队伍，在山顶迎接銮驾。随从、宫人、士卒、帝王的车辇，一切画得细腻、美丽、明快。"[①] 而泰安的纸马（一种民间版画），更引起他浓厚的兴趣，悉心收集，"在这次旅行中，阿列克谢耶夫不仅渴望参观沙畹所特别感兴趣的那些古城、古代文物，而且还渴望真正了解老百姓的生活，继续搜集年画，参观一下年画的产地"[②]。据报道，在前苏联的宗教博物馆、民俗博物馆和列宁格勒宗教历史博物馆皆藏有出自"山东泰安等地的纸马"。其中有一帧《泰山娘娘像》，彩色套印，乃是描画碧霞元君神仪。[③] 泰山大量的民间版画留存至今，不能不感谢这位百年前慧眼独具的俄国友人。

中英文化交流有着漫长的历史，体现在泰山文化领域的，可举理雅各、迪金森等人的相关论说。

汉学家理雅各1873年5月至泰山观光，在日记中称泰山是"最著名"的圣山，不只是古代帝王祭天的圣地，同时也是道教的活动场所，堪称是中国的"朝圣之山"。虽然他对"偶像崇拜"及登山人戴着沉重的枷锁为生病的父母祈福的这种方式不能认同。[④] 浸礼会牧师法思远曾登泰山，于所著《中国的圣省山东》一书中也对泰山的朝圣礼俗颇多感触："泰山的山顶有一座小而朴素的玉皇庙。……上帝的头衔有助于提醒我们这座庙所在的平台就是曾经用来祭天的祭坛。我们不经意站的地方，也许会是尧、舜或其他许多中国伟业的创立者顶礼膜拜的地方；并且这些地方也是历代许多最杰出的学

① ［俄］瓦·米·阿列克谢耶夫著，阎国栋译：《1907年中国纪行》，昆明：云南人民出版社，2016年，第73—74页。

② ［俄］鲍·李福清：《中国年画及其俄国收藏者》，王树村编：《苏联藏中国民间年画珍品集》，北京：中国人民美术出版社、列宁格勒：苏联阿芙乐尔出版社，1990年，第12页。

③ 王树村编：《苏联藏中国民间年画珍品集》，第54页。

④ 姜燕：《理雅各<诗经>翻译与儒教阐释》，济南：山东大学出版社，2013，第95页。

者文人和政治家虔诚拜访过的。”①

曾任宣统帝师的庄士敦，是近现代史上的知名人物。1904 年他任英属威海卫租借地行政长官秘书期间，奉命往曲阜向衍圣公赠送英王肖像，归途登泰山，有《山东纪行：从威海卫到孔墓》中记其游踪。文中追溯了世界范围内的山岳崇拜：“几乎所有亚洲国家都有自己的圣山，通常由一个男神或女神掌管。中国有五座圣山；婆罗门教和佛教神话中有虚构的须弥山；锡兰有著名的亚当峰；日本是富士山；霹雳州有马六甲谷；西藏是布达拉山；印度更是有数不清的山。”②而中国乃以泰山为其国之圣山，“几千年来，它一直是一座圣山。在那些岁月里，它始终成为诗人、圣徒、贤哲、帝王、武士、僧侣、隐士、艺术家和神秘论者灵感和神灵启示的不竭的源泉”③。对泰山文化评价之高可谓无以复加。

英国剑桥皇家学院教授狄更生（一译迪金森），因其盛赞中国文明，被称作是“英国新儒家”。狄更生 1912 年被选为耿亚培奖的领受人，来中国游历，此行专程拜谒了泰山，并对泰山和谐之美表现出由衷的赞叹：“只有中国人才真懂得爱护自然，他们在山水间的点缀是没有一点辜负自然的；实际上他们处处想法去增添自然的美，他们不容许煞风景的事业。他们在山上造路是依着山势回环曲折，铺上本山的石子，就这山道就饶有趣味。他们宁可牺牲一点便利。不愿斫丧自然的和谐。所以他们造的是妩媚的石径；欧美人来时不开马路就来穿山的电梯。他们在原来的石块上刻上美秀的诗文，漆成古色的青绿，在苔藓间掩映生趣；反之在欧美的山石上时见雪茄烟与各种生意的广告。他们在山林浓密处透出一角寺院的红墙，西方人起的是几层楼嘈杂的旅馆。”④甚至狄更生还呼吁西方人要拜泰山为师：“听人说中国人得效法欧西，我不知道应得自觉虚心做学徒的究竟是谁？”十五年后，迪氏的弟子、中国诗人徐志摩在散文《丑西湖》中，深情地引述了其师的这番惊人高论。⑤

英国女画家坎普不仅在所著《中国的面容》叙登泰山闻见，还以其画笔，描画了

① ［英］法思远主编：《中国的圣省山东》，上海：上海广学会，1912 年，转自马修进、孟诗尧摘编《清末外国人眼中的泰山景观》，《寻根》，2014 年第 5 期。

② ［英］庄士敦：《山东纪行：从威海卫到孔墓》，原本藏于英国沃森学院，威海市档案馆藏复制本（全宗号：229-001-040-0174）。郭朋朋译。

③ ［英］庄士敦著，陈时伟等译：《紫禁城的黄昏》，济南：山东画报出版社，2007 年，第 438 页。

④ ［英］狄更生著，卢彦明、王玉括译：《“中国佬”信札：西方文明之东方观》，南京：南京出版社，2008 年，第 132—135 页。

⑤ 徐志摩：《丑西湖》，来凤仪编：《徐志摩散文全编》，杭州：浙江文艺出版社，1991 年，第 59 页。

泰山风光，留下了一帧用西画技法绘制的泰山图。[①]

二、美国

自十九世纪起，泰山文化也受到了远在大洋彼岸美国的瞩目。美国北长老会传教士教育家狄考文1873年2月登泰山[②]，所作题为《泰山之寺庙及其祭拜》之文中[③]，论述了封禅与泰山的关系，指出人们将神的崇拜与山联系起来，正是中外宗教共有的思想。希腊人认为神居住在奥林匹司山上，而中国人以为神住在昆仑山或泰山上。中国人之所以将神庙建于山上，乃因他们相信在高山上才能与居住在天上的神沟通，就像《圣经》中的亚伯拉罕也在磨来亚山上祭祀上帝一样。[④]盛赞泰山是世界上无与伦比的历史名山。这是今天所知最早由美国人所作泰山文章。同为北长老会教士、广文学堂的首任校长柏根1888年登泰山，所作《游历泰山》重点描述岱顶观日出的经历，以“玻璃混合着火光的海”这一形象比喻摹出日出景象，并赞叹泰山历史的久远：自舜以来，150代人（4500年）不断地登山献祭，比希腊史诗早1500年，比摩西站在匹司戈山看着上帝允诺的土地早1000年。[⑤]这些文字留记了美国人最早对泰山的观感。

进入二十世纪后，有更多的美国人来过泰山，著名的有传教士贝克、外交官芮恩施、政治学家费正清、旅行家盖洛等，还有一位被毛泽东称为“中国人民的老朋友”的记者斯诺。这些美国名人都留下了关于泰山的珍贵记录，其中以贝克《泰山：中国东岳》尤为详尽。贝克（Dwight Condo Baker 1892—1971）1920年来华任美以美教会泰安教区教士，此前其教友莱则尔已开始着手《泰山志》的翻译，但不幸英年早逝而中止。莱则尔还制作了一个宝贵的影集，将通往山顶的著名古石路沿途的景点囊括其中。贝克接续他的事业，在友人启发和协助下著成《泰山：中国东岳》，1925年由商务印书馆出版。全书共225页，分为十一章，首章简介泰山的历史地位和地理位置；从第一到五章依次从登山盘路起点写到十八盘与南天门；第六章介绍碧霞元君与碧霞祠；第七章分述岱顶玉帝观与孔子庙；第八章分述吴观峰、北斗台等岱顶祭坛与遗迹；第

① ［英］艾米丽·乔治亚娜·坎普著，晏方译：《中国的面容：一个英国女画家尘封百年的记忆》，北京：中国工人出版社，2009年，第36页。田芬：《一个英国女画家游记里的泰山》，《泰山学院学报》，2017年第2期。

② ［美］费丹尼著，郭大松、崔华杰译：《一位在中国山东45年的传教士——狄考文》，北京：中国文史出版社，2009年，第132页。

③ ［美］狄考文：《泰山之寺庙及其祭拜》，《中国记录者与传教士期刊》10.5（1879年9月至10月），第361-69页；10.6（1879年11月至12月），第403—15页。

④ ［新加坡］苏瑞隆：《西方学者对泰山文化的研究》，《齐鲁文化研究》，2003年第2期。

⑤ ［新加坡］苏瑞隆：《西方学者对泰山文化的研究》，《齐鲁文化研究》，2003年第2期。

九章记岱庙；第十章为泰山编年史；第十一章为附录与索引。全书共附图65幅。作者详列文化遗存与民俗风情，希望通过泰山的讲述“能够帮助西方人理解中华之国伟大而辉煌过去的一部分”，且在书中对泰山地位作了整体评估：“泰山被学者称为全中国的丈人峰，他坐落在东方的尊位，一切生命自此始发。……他的年代可以追溯到远古时期，那时世界还很年轻，传说尧舜之前有七十二帝曾携带宝石和燔祭品，到此设坛祭拜。泰山宏伟的山巅赫然耸立，傲视山东其他的山峰。很可能在历史早期，人们到泰山山麓上躲避黄河泛滥造成的淹水沼泽，然后在此形成了原始的文化中心，后来发展成为我们所称的中国圣地。正如李希霍芬男爵所说：‘圣人孔子通过努力，在鲁国创造了中国历史的古典胜地，新的文明从这片胜地生发，又在泰山接受献祭。’”[①]“中国是包容的，新旧之间没有任何冲突，新事物反而是向旧事物致敬。那些高耸在悬岩绝壁的星罗棋布的寺庙群，便能充分代表中国之特质：古老、耐心、包容、吸收新事物尊重旧事物，像一块永久磁力的磁铁一样，吸纳越来越新的力量，来延续其传统的保守主义。”[②]不仅诠说了泰山的历史沿革，而且对其精神特质亦有较深领悟。

美国驻华公使芮恩施于民国初年登上泰山，后来他曾深情地回忆起泰安古城的浪漫和美丽：“泰山山脚下的城市——泰安，因为有一座非常庄严古老的庙宇而闻名于世。庙中供奉的神象征着以泰山为中心的原始自然崇拜，这种崇拜成为中国各种宗教的历史根源。这座庙宇的广大庭院中有参天的古木和几千年来一些帝王所立的高大的碑碣，这些足以证明中国本地信仰的力量。城里的街道上，每隔一段就有一座刻着动物形状的牌楼。毗列的店铺在晚间点上灯烛，通过店铺的格子窗呈现出里面活动情景。这些连同那偶然在黑暗中看到的高塔和庙宇的阴影，就使得这座古城显得充满了浪漫色彩和出奇的美丽。”[③]同样陶醉于泰山景色的还有考古学家毕士博，他来华考古期间曾游泰山。1921年6月发表《山东，中国的圣地》一文，描述了由岱顶俯瞰的壮观景色：“从圣山南面很难再寻到一处比这更加迷人的景色。从悬崖向下俯瞰，右侧是长长的进香路向上攀升的峡谷。透过早晨的迷雾勉强可以看清在几乎正南方是一个扁长方形，那是泰安城及其护墙。再近处，我们下方的斜坡和陡坡上乱石遍布，风雨侵蚀、罅隙斑斑、充满野性，但都被灿烂秋阳的魔力变形。在我们周围，成片的香薄荷、深红色石竹花、紫苑和蓝色风铃草吸引着成群的蝴蝶和蜜蜂。在空中、在高处，乌鸦、

① ［美］贝克，郭朋朋译：《泰山：中国东岳》，上海：商务印书馆，1925年，第1页。
② ［美］贝克，郭朋朋译：《泰山：中国东岳》，上海：商务印书馆，1925年，第12页。
③ ［美］芮恩施，李抱宏、盛震溯译：《一个美国外交官使华记》，北京：文化艺术出版社，2010年，第51页。

喜鹊和鸢在盘旋、翱翔、栖息。难怪几千年来人们到如此平静的甜美风景地、脱离尘世的完全超然境地，来寻找灵魂的平和、安宁和休憩。”[①] 在他们笔下，泰山几乎成为一处理想中的精神家园。

盖洛是西方颇负盛名的美国旅行家，他在二十世纪初数次来华考察中国的人文地理，足迹遍布长江、长城及 18 行省，其间遍访五岳，于 1926 年出版了《中华五岳》一书。书中第一篇《青色的山峰——东岳泰山》，对泰山的宗教祭祀、与历代王朝的关系、名胜古迹作了全方位解析，且处处与西方文化进行比照。如写到泰山下的泰安城时，特别将它与西亚的圣城耶路撒冷联系在一起：“位于泰山南部山脚下的城市称作泰安，意即太平安宁。这让人联想起一个古代巴比伦名称——耶路撒冷，意为平安之城。这座建在巴勒斯坦五座山上的圣城已经有几千年的历史了。泰安这座城市的历史也相当悠久，但无法与西亚的城市相比，因为它不过是泰山的附属物。泰安城有记载的历史大约有一千年，但此前一个神圣的村落已经在这里存在了数千年，留有多处遗址。”[②] 盖洛书中还收录了摄于泰山的照片，展示了当时山之上下方方面面的场景，为后世留下了极其珍贵的历史镜头。

美国女诗人尤妮丝·汉蒙德·梯金斯，1916—1917 年间受《诗刊》主编蒙罗之委前往中国，她的以泰山为主题的《最神圣的山》，被文学史家称之为“一部伟大的作品”，该诗的第一段这样写道：“广阔空间与天上来自十二方纯净的风。／缓慢地攀登六千级阶梯之后的那种强烈的狂喜，犹如疾声呼喊！／这就是泰山，美丽，最神圣。”诗论家对此评道：“其中的风景被描绘得美妙绝伦，给人一种亦梦亦幻的情景感受，在她的诗中，泰山展现出了疾速的白色祥和的空灵之感，一种初来乍到为之一振的新鲜感。”[③]

埃德加·斯诺作为美国《密勒氏评论报》记者来到中国，1930 年 12 月乘火车到达泰山。[④] 据斯诺生前友人回忆：斯诺登山那天，天气酷寒，雪积成冰，他所穿硬牛皮底皮鞋登山困难，向红门僧人借得布鞋才得以登顶。斯诺在沿途拍摄了不少照片，其中一幅在岱顶小店的留影保存至今。[⑤] 回北京后，斯诺发表了一篇“泰山之巅”的观感。

① ［美］毕士博：《山东，中国的圣地》，《博物馆杂志》12.2，1921 年 2 月，（6），第 105 页。参郭朋朋：《他者视阈下的泰山：以 20 世纪早期英语泰山游记为中心》，《泰山学院学报》，2017 年第 5 期。

② ［美］盖洛著，沈弘等译：《中国五岳》，济南：山东画报出版社，2006 年，第 21–22 页。

③ 曾繁健、魏琳：《英诗中国元素赏析》，北京：冶金工业出版社，2012 年，第 179 页。

④ ［美］埃德加·斯诺：《我在旧中国十三年》，北京：生活·读书·新知三联书店，1973 年，第 4 页。

⑤ 孙健：《斯诺与泰山》，《山东旅游：泰山专辑》，1988 年第 5 期。

当 1936 年在延安采访毛泽东时，两人还扯起关于“山东的神岳”的话题。[1]

德国杰出的文学家歌德在《中德四季晨昏杂咏》诗中留下这样的名句：“视线所窥，永是东方。”众多汉学家与传教士从西方文化视角，书写了他们对泰山文化的理解，虽不乏文化差异导致的误读，却为我们勾画了迥异于以往的泰山形象。如借用歌德诗句，用以形容诸多西方汉学家对泰山这座东方神岳的密切关注、热心研究和无比倾倒，或许也是恰当的吧。

① [美]埃德加·斯诺著，董乐山译：《红星照耀中国》(原译名《西行漫记》)，北京：作家出版社，2008 年，第 104 页。

第十二章
华夏之魂：泰山精神

泰山文化几经演进，当历史车轮驶入近代后，其文化特质又有了新的彰示——随着民族精神的觉醒与文化的自觉，人们对泰山精神内蕴有了更深入的开掘和把握。如果说泰山在先秦至秦汉时期为“政治山”形成期，魏晋南北朝为“宗教山”形成期，唐宋金元时期为“文化山”形成期，明清两代为“民俗山”形成期，那么近现代完全可称之为“精神山”彰显期。

第一节 泰山精神的古代揭析

古人在关注泰山外在之同时，已试图揭析其精神内蕴。

一、先秦至唐代的相关论述

先秦时期，在孔子等儒家心目中，泰山是宏伟高大、厚重的象征。《孟子·尽心上》中称：“孔子登东山而小鲁，登泰山而小天下。”[①] 古人对山川高度的认识，是根据直观决定的。泰山突兀于天半，所谓“泰山之高，参天入云”[②]，予人以巍巍荡荡之气

① 〔清〕焦循撰，沈文倬点校：《孟子正义》卷二七，《新编诸子集成》本，北京：中华书局，1987 年，第 913 页。

② 这八字赞不见于《孟子》七篇，而只见于《文选》古注的引文中。《文选》李善注引此语凡三见（《送应氏二首》《登临海峤》《别赋》）。今人列此语入《孟子佚文》中（刘培桂：《孟子大略》，济南：泰山出版社，2007 年，第 153 页）。

象，“因而，‘登东山而小鲁，登泰山而小天下’所表现的心态，具有向上伸张的精神欲求，是孔子远大抱负、精进生命的一种象征”[①]。《孟子·梁惠王上》中又云：“挟太山以超北海，语人曰：‘我不能’，是诚不能也”[②]，此泰山为喻，突出了其山的高大厚重形象。另一儒宗荀子也曾畅论泰山，《荀子·正论》篇有“譬之是犹以砖涂塞江海也，以焦侥而戴太山也，蹎跌碎折，不待顷也”的比喻，焦侥指三尺侏儒，意思是用侏儒去顶负泰山，顷刻间就会仆倒于地，身碎骨糜，以此衬托泰山之高厚。同时泰山还是圣人孔子及其道德学问的象征。孔子自比泰山，他去世之前在《临终歌》中唱道：“泰山其颓乎！梁木其坏乎！哲人其萎乎！”孔子弟子子贡闻歌而悲：“泰山其颓，则吾将安仰？梁木其坏，哲人其萎，则吾将安放？”意为泰山将要坍塌了，我还仰望什么呢？而《孟子》中的“孔子登东山而小鲁”一节，则引申为进入孔门求学的人，犹如登上了岱顶一般，他家之学一览皆小，也具有同样的含义。正因为孔子、孟子与泰山，儒文化与泰山文化，有着这些割不断的血肉联系，所以在后世人的心目中，泰山就是儒学思想的象征，是儒家的圣山。古今学者均对此做过生动比拟：“孔子圣中之泰山，泰山岳中之孔子”[③]；“东周出孔子，南宋有朱熹。中国古文化，泰山与武夷”[④]。

在道家著述中，对泰山之高之大也多有表述，《庄子·逍遥游》篇用泰山来比喻大鹏鸟脊背巨大无比，“有鸟焉，其名为鹏，背若太山，翼若垂天之云”[⑤]。通过背如泰山之鹏与小泽之雀对比，来比喻大小之别。另《庄子·齐物论》中“天下莫大于秋毫之末，而大（太）山为小”[⑥]，以两种差别极大事物的对比来突显泰山的伟岸博大。泰山也多次出现在法家著作中，《韩非子·功名》云：“故太山之功长立于国家，而日月之名久著于天地。”[⑦]以泰山日月并举，譬喻丰功伟绩之不朽；《说疑》篇云：“以其主为高天泰山之尊，而以其身为壑谷鬴洧（四旁高而中央卑）之卑；主有明名广誉于国，而身不难受壑谷鬴洧之卑。”[⑧]以高天、泰山和峡谷、釜洧水相对，突出了泰山的雄伟尊贵。可知先秦时期无论在儒家、道家和法家学者眼中，泰山都是以宏伟高大厚重的

① 胡晓明：《万川之月——中国山水诗的心灵境界》，北京：北京大学出版社，2005 年，第 75—78 页。

② ［清］焦循撰，沈文倬点校：《孟子正义》卷三，《新编诸子集成》本，第 85 页。

③ ［清］汪志伊：《东岳》，《稼门诗钞》卷四，《清代诗文集汇编》第 406 册，第 467 页。

④ 陈支平、曾荣华主编：《儒家文化现代透视：安溪文庙始建千年学术研讨会论文集》，厦门：厦门大学出版社，2002 年，第 229 页。

⑤ ［清］郭庆藩撰，王孝鱼点校：《庄子集释》卷一上，北京：中华书局，2012 年，第 14 页。

⑥ ［清］郭庆藩撰，王孝鱼点校：《庄子集释》卷一下，第 79 页。

⑦ ［清］王先慎著，钟哲点校：《韩非子集解》卷八《功名第二十八》，北京：中华书局，1998 年，第 209 页。

⑧ ［清］王先慎著，钟哲点校：《韩非子集解》卷十七《说疑第四十四》，第 404 页。

形象出现的。[①]

在秦代，李斯在《谏逐客书》中以“泰山不让土壤，故能成其大；河海不择细流，故能就其深；王者不却众庶，故能明其德”之语，奠定了泰山具有包容万物、博大虚怀的形象。这在荀子与韩非子著述中也有相似表述，如《韩非子·大体》所云：“太山不立好恶，故能成其高；江海不择小助，故能成其富。”[②] 而李斯以其形象表述，使之成为流传千古的名言。

秦汉之际，泰山之安的理念得到彰显。泰山山体结构“雄重盘礴”，且“泰”字除训有“大”意外，也包含“安”意，《字汇》：“泰，安也。”《庄子·庚桑楚》：“宇泰定者，发乎天光。”[③] 古代“治而通”的政局也称之为“泰”。于是泰山进而有了平安、安定、康泰之山的文化内蕴。《战国策·秦策五》记载吕不韦与阳泉君的对话，“其宁于太山四维，必无危亡之患矣”[④]。以泰山的安定譬喻阳泉君的安危。汉高祖与诸侯白马盟誓曰：“使河如带，泰山若厉。国以永宁，爰及苗裔。”[⑤] 以泰山小的像磨刀石这种永不可能发生之事，反语见意，寓江山永固之义。而西汉淮南王也将泰山安引申到国家层面，其在《上武帝书》中说：“天下之安，犹泰山而四维之。”[⑥] 意思是：一个国家的安定状况，就像压上泰山，再系上四条结物的大绳那样牢不可移。泰山从此成为“国泰民安”的民族价值观念的最佳载体。金初“泰安”开始作为地名而使用，并一直沿用至今，泰山的极顶也由此得名“太平顶”。

泰山精神在汉代的另一发掘，是史家司马迁提出的“重于泰山”，其《报任少卿书》中称：“人固有一死，或重于泰山，或轻于鸿毛。”其句源自《燕丹子》卷下荆轲语：“今轲常侍君子之侧，闻烈士之节，死有重于太山，有轻于鸿毛者，但问用之所在耳。”（原校：此语今本又作“死有轻于鸿毛，义有重于泰山”）[⑦] 虽本意谓应根据死亡时的具体情势、趋归而采取或轻视或珍重的不同态度，然后世多借“泰山”比喻死的意义和价值之大，从而发掘了泰山所蕴含的人格价值。[⑧] 如宋石介《南霁云》“身轻鸿毛，

① 燕生东、甲宗杰：《先秦诸子的泰山观》，《齐鲁文化研究》第十二辑，2012 年。

② 〔清〕王先慎著，钟哲点校：《韩非子集解》卷八《大体第二十九》，第 210 页。

③ 〔清〕郭庆藩撰，王孝鱼点校：《庄子集释》卷八，第 791 页。

④〔西汉〕刘向集录，范祥雍笺证：《战国策》卷七《秦五·濮阳人吕不韦贾于邯郸》，上海：上海古籍出版社，2006 年，第 455 页。

⑤ 〔汉〕司马迁：《史记》卷十八《高祖功臣侯者年表》，第 1049 页。

⑥〔东汉〕班固：《汉书》卷六四上《严朱吾丘主父徐严终王贾传》，北京：中华书局，1962 年，第 2785 页。

⑦ 〔秦汉之间〕佚名撰，〔清〕孙星衍校，王根林校点：《燕丹子》，《汉魏六朝笔记小说大观》，上海：上海古籍出版社，1999 年，第 42 页。

⑧ 王永照：《半肖居笔记》，上海：东方出版中心，1998 年，第 167-169 页。

名重泰山”，宋王炎《吊祢正平》“处士一死泰山重”。类似警句在古籍中层出，“重于泰山”遂成泰山一大文化符号。

魏晋时期，时人对泰山内蕴有了更多精到的认识，这可以泰山“元气说”为例。元气在中国哲学中指构成万物的原始物质，亦泛指天地正气。其说出自三国何晏之《无名论》。《列子·仲尼》篇张湛注引何说云：“夫唯无名，故可得遍以天下之名名之。然岂其名也哉？惟此足喻而终莫悟，是观泰山崇崛而谓元气不浩茫者也。”[①] 虽以反诘语出之，然以“元气浩茫”以喻泰山气象，其意甚明。后人多袭用其语，如“峥嵘介丘像，澒洞元气屯”（宋晁补之《谒岳祠纪事》），“扶舆磅礴元气钟”（明王守仁《泰山高》），“泰山丑寅交代之地，万物怒生，于此首建，元气磅薄”（明王思任《观泰山记》），“泰山元气浑厚，绝不以玲珑小巧示人”（明张岱《岱志》），“扶舆元气在，浩劫尚蒙蒙”（清高珩《泰山》），“苍茫元气合，积厚极高空”（清宋弼《登泰山》），“嵯峨一万仞，元气开浑蒙”（清陶季《望岱》）；“胚胎元气厚，结成泰岱尊”（清陈作霖《望岱》）；“元气自天地，清晖无古今”（清李慈铭《太安道中望岳》）；“自含天地气，长让华衡高”（清王闿运《东岳》）；“三代后留元气在，九州中让此山尊”（清易顺鼎《重登泰山书感》），已触及泰山山水的特异之处。

唐代泰山作品中，开始出现对登攀的讴歌。唐杜甫《望岳》之“会当凌绝顶，一览众山小”，虽是取意于“登太山而小天下”之典，但极力彰显的乃是奋发攀登精神。又王勃《八卦卜大演论》中云：“据沧海而观众水，则江河之会归（意即会合）可见也；登泰山而览群岳，则冈峦之本末（指山巅与山麓）可知也。”[②] 也是对这一含意的发挥。尔后文士竞师其旨，成为泰山诗文中之重要主题。同时纳入唐人笔端的，还有泰山日出之胜，如李德裕《泰山石》之“沧海似熔金，众山如点黛”，韩偓《晓日》之“直须日观三更后，首送金乌上碧空”，丁春泽《日观赋》尤铺以长篇：“夫其夜刻未终，曙色犹昧，彼穷高之极远，此有进而无退，未辨昏明，斯分覆载。屡闻鸣雁，犹阴沉而不睹；忽听晨鸡，即曈昽而可爱。于是渐出旸谷，将离地维，岩峦既秀，草树生姿。气则赫艳，人皆仰之。其望也如烛，其照也无私。”[③] 将日出视为泰山精魂所寄而予以热情礼赞，开后世颂日华章之先河。

① 杨伯峻：《列子集释》卷四《仲尼篇》，《新编诸子集成》本，北京：中华书局，2018 年，第 121 页。

② 〔唐〕王勃：《八卦卜大演论》，《王勃集》，长沙：岳麓书社，2001 年，第 89 页。

③ 〔宋〕李昉等编：《文苑英华》卷二九《赋》，北京：中华书局，1966 年，第 130 页。

二、宋金明清的相关论述

宋金时人对泰山精神有了新的把握，即突出其山的“正朔”与“独尊”。宋人石介《泰山》诗云：“诸山知峻极，五岳独尊严。”[①] 石介基于生长岱下的经历以及华夷相争的时局，对泰山文化内涵有了更深刻的体验与认知，自此“五岳独尊”成为泰山地位的标志符号。宋人刘大方《咏泰山》：“万古春之主，群山孰可曹？都因敦厚大，不是崄巇高。”[②] 所咏“敦厚”一语，已触及泰山“中正刚健”德性特点。宇文粹中承秦汉“泰山安”之说，又做了进一步引申：“泰山之高，泰山之久；圣人之业，圣人之基，泰山之固，泰山之维。”[③] 金元之际郝经的《泰山赋》中写道：“粤惟兹山，首出庶岳……孰如兹山，中华正朔，建极启元，衣冠礼乐。天宇夷而皞皞，王道裕而绰绰……孰如兹山，衮冕黻珽，朱弦疏越。纯粹中正，崇高溥博。”[④] 郝经不仅以“纯粹中正，崇高溥博”赞辞为泰山精神做整体概括，且以“中华正朔，建极启元”的非凡之辞，视泰山为中原文明的象征与代表，将泰山精神与中华国魂紧密绾合。

这一泰山独有的文化特质与精神内涵，在明清人笔下得到进一步升华。如张岱《泰山》：“正气沧茫在，敢为山水观？阳明无洞壑，深厚去峰峦。”[⑤] 林古度《登岱》：“落落具威仪，诸灵悉来会。人民既祚生，邦国实攸赖。”“暄凉备四气，何物更重大。吁嗟天地功，于焉见涵盖。”[⑥] 阎尔梅《登泰山》：“看他深厚处，无复盛衰时。光韦如君子，尊严若老师。垂绅云汉上，华夏古威仪。”[⑦] 叶燕《过泰山》：“更无奇色相，独具大庄严。”[⑧] 洪贻孙《行泰山下书所见》：“积厚不可仰，高标迥层穹。崔巍压坤舆，元气有独隆。诸山左右环，大小皆朝宗。峨峨镇东方，亘亘垂苍龙。”[⑨] 汪志伊《东岳》：“见其大者心泰然，人心中自有泰山”“浩然之气塞天地，刚大宛肖泰山意。”[⑩] 黄景仁《别岱》：“是有轩冕气，不与寻常同。”[⑪] 宝廷《岱宗行》：“古今圣人不一人，

① ［宋］石介：《泰山》，《徂徕石先生文集》卷九，北京：中华书局，1984 年，第 42 页。

② ［宋］刘斧撰，施林良校点：《青琐高议》，上海：上海古籍出版社，2012 年，第 164 页。

③ ［宋］宇文粹中：《宣和四年修岳庙颂》，吴洪泽编：《宋代蜀文辑存校补》三，重庆：重庆大学出版社，2014 年，第 1198 页。

④ ［元］郝经：《泰山赋》，秦雪清校点：《郝文忠陵川文集》卷一，太原：山西人民出版社，2006 年，第 9–10 页。

⑤ ［明］张岱著，夏咸淳辑校：《张岱诗文集》（增订本），第 83 页。

⑥ ［清］郑杰等辑录：《全闽诗录》四（明诗传卷四三），福州：福建人民出版社，2011 年，第 1567 页。

⑦ ［明］阎尔梅著，王汝涛等编注：《白耷山人诗集编年注》，北京：中国文联出版社，2002 年，第 181–182 页。

⑧ ［清］叶燕：《白湖诗稿》卷七，《清代诗文集汇编》第 441 册，第 296 页。

⑨ ［清］洪贻孙：《行泰山下书所见》，《青埵山人诗》卷十，《清代诗文集汇编》第 508 册，第 437 页。

⑩ ［清］汪志伊：《东岳》，《稼门诗钞》卷四，《清代诗文集汇编》第 406 册，第 467–468 页。

⑪ ［清］黄景仁：《两当轩集》卷十五，上海：上海古籍出版社，1983 年，第 371 页。

惟我夫子超群伦，来开往继维乾坤。天下名山非一山，惟此泰岳尊齐天，挺然独立青究间。盖倚舆扶神秀钟，为五岳长称岱宗。维岳降神诞至圣，人山两绝天之东。吁嗟乎！岱宗之高，吾不知其几万仞；岱宗之大，吾不知其几千里；岱宗之神，吾不知其几万载。……南衡北恒中嵩西华各分据，五岳冠首同推崇。亦如伊任夷清惠和互称圣，惟此圣之时者为中庸。不与群峰斗秀奇，不与众壑争险危。岩岩气象自足压一切，下视千岩万壑皆成卑。譬彼夫子之道忠恕而已矣，索隐行怪将何为。龟蒙凫绎莫肩及，何论新甫兼徂徕。”[①] 王廷赞《登岱》：“日月犹在上，垓埏何处了。抗怀天地大，一切都包埽。”[②] 赵尔巽《望岳》：“此是两间真气象，不容凡笔得追摹。”[③] 陶康令谓“泰山之胜，在高大严整，与他岳不同”[④]。啸霞山人（程鹏翥）《登岱纪略》云：“天下名山，瑰奇妍巧者多矣，兹独岩岩然。正大中见丰神，雄挺中见瑰丽，九州元气，皆孕于此，此其德之甲于天下欤！余目为圣山，虽创号，实确评也。（原注：长歌有云：唯此圣山生圣人，欲窥神秘终难了。）”[⑤] 其称此为“创号”，则“圣山”之称或始于此。这些特质的昭示，缘自明清鼎革与近代巨变予诗人的强烈刺激，波澜壮阔的时代风云，加深了诗人对泰山的感悟与阐释。正如研究者所论：“泰山于齐鲁平原上突兀而起，巍然屹立于天地之间，故而显得格外的醒目与高大，每一个看到泰山的人都会从心灵上感到一种震撼。张岱敏锐地抓住了这种感觉，并把它加以提炼和升华。他的《泰山》诗一开始就指出‘正气苍茫在，敢为山水观？’对泰山绝不能以普通的自然山水来看，泰山是山魂，体现出的是一种天地正气。正因为如此，泰山的那些作为自然景观的不足反倒成了一种优点，所谓‘阳明无洞壑，深厚去峰峦。’无洞壑之幽，正表明了泰山的阳明无私；无峰峦争出，更显出泰山的浑厚与朴实。泰山实际上已成为一种象征，一种人格的象征，一种道德的象征，一种文化的象征，一种民族的象征，敬畏之情，令人油然而生。”[⑥]

上述论断，都已触及“长期以来朦朦胧胧、欲浮欲现的泰山文化底蕴与本质”[⑦]，尚未系统化。对泰山精神做全面总结，则到近代方才出现。

---

① 〔清〕宝廷，聂世美校点：《偶斋诗草》，上海：上海古籍出版社，2005 年，第 718 页。

② 〔清〕王廷赞：《岱岳》，民国《重修泰安县志》卷十二《艺文》，第 48 页。

③ 〔清〕赵尔巽：《望岳》，《岱粹抄存》卷七，《岱粹抄存合编》本，第 256 页。

④ 〔清〕诸世器：《菉溪志》卷三，收录于《吴中小志三编》，扬州：广陵书社，2017 年，第 73 页。

⑤ 〔清〕程鹏翥：《登岱纪略》，劳亦安辑：《古今游记丛钞》卷六，北京：中华书局，1936 年，第 76 页。

⑥ 胡益民：《张岱评传》，南京：南京大学出版社，2002 年，第 289-290 页（本段引文源出鲍恒：《一片冰雪铸诗魂——试论张岱诗歌的总体特征》，《文艺理论与批评》，1997 年第 2 期）。

⑦ 袁爱国：《泰山名人文化》，济南：山东友谊出版社，1999 年，第 5 页。

第二节 泰山精神的近代弘扬

由于近代西方科学的输入，改变了中国人固有的自然观念，延续千年的泰山信仰受到时代的挑战。这其中不仅革命党人起而对泰山神化加以猛烈抨击，进步学者也对统治者利用泰山神道设教、愚弄人民的行径予以揭露。另一方面，由于风气开通与境域视野扩大，国人对海内外山岳地理有了较多的认识，从而改变了传统的泰山观，进而对泰山“独尊”的地位提出质疑。民国成立后，不仅包括泰山祀典在内的自然神崇拜皆被政府废除，且受新文化运动激进思潮的影响，对泰山神权的批判渐渐演变成对泰山信仰、泰山文化的全面否定。

一、泰山精神的重新评估

随着对传统文化价值的反思，国人也开始对泰山的精神特质进行重新评估。改良派领袖梁启超较早将泰山与国民精神相结合，标举出“泰山精神”：“国有与立，中华民族数千年生生不已，自有其壮阔善美的国魂即民族精神在。”其所概括之五大中华精神，其一为爱国，而论爱国精神时则以长江泰山为喻：“长江大河一泻千里者，军人之胸臆也；泰岳岩岩雄奇峭拔者，军人之思想也；孤松寒月清傲皎洁者，军人之节操也。”[①] 所著《饮冰室诗话》中又引敬庵诗：“岳岳泰山高，清清长河弥。中国傥真亡，除是藐躬死。”[②] 更有学者将泰山与孔子并举，提出两者同为民族道德、民族精神之寄托：“至圣林庙、名山（泰山）胜迹，民族道德之宗仰，历史文化之关系。……兴复孔子林庙，保存泰山古迹，光大历史民族之精神。”[③]“岱宗如孔孟，骤观止寻常。遵道入深处，高奇固难量。混元涵两仪，严正藐百王”。[④] 更多的诗人则是将“山”与“国”紧密相联系——北平作家许兴凯在所著《泰山游记》中论说：“泰山！五岳之首的泰山！

① ［清］梁启超：《军人之尊贵》，《直说》第2期，1903年。

② ［清］敬庵：《读饮冰室诗话中曹民父感旧述怀六十韵感赋，并述余之忘》，转引自梁启超：《饮冰室诗话》，长春：时代文艺出版社，1998年，第154页。

③ ［民国］赵新儒：《为十九年战役毁坏孔子林庙、泰山古迹致阎锡山书》，《新刻泰山小史》，泰山赵氏1932年刊本，附录第11页。

④ ［民国］柳诒徵：《登泰山作》，吴宓：《空轩诗话》，《民国诗话丛编》第6册，上海：上海书店出版社，2002年，第33页。

本来是我们中国的象征。国是个概念，需要一个具体的东西来代表他。这东西不是河，就是山。比如德国的莱茵河，日本的富士山。我们中国也以河山比譬国土。这河，我以为就是黄河。这山，我以为就是泰山。”[①] 作家老舍新诗《慈母》中也作过类似表述：“泰山、扬子、松花、洞庭，／和那雪掩的金沙的戈壁大沙漠，／听着，虔敬的，我的慈亲，／就是它们的圣母，名字叫中国！”[②] 此外“名山国宝，举世无匹”（冯玉祥《上山的挑夫》）；“五岳独尊非浪语，神州赖以壮国魂”（易行《泰山》）；“泰山永固，民国长安”（蒋中正《泰山题词》）[③]；“五岳之长，举世所尊，……苍然万古，与国并存！”（张振声《泰山高》）等诗也将泰山提升到国之象征的高度。

在当时民族危亡的背景下，泰山精神逐渐被置于时代激流的峰头浪尖。1918 年日本为取得在山东的侵略权益，趁第一次世界大战的时机，对德宣战，出兵占领了青岛，为进一步扩大侵略权益，悍然设立山东民政署。爱国作家味农发表《泰山神驱逐日本民政署檄》，假借泰山神之口痛责日本的不法妄行。文中将泰山作为民族风骨和尊严的体现：“吾官可欺，吾神不可欺也；吾民可虐，吾神不可虐也。……不闻夫泰山石敢当乎？不闻夫登泰山而小天下乎？泰山与北斗齐高，泰山与黄河并寿，为五岳之首，居天下之东，仰之弥高，钻之弥坚，千百年来，古今中外无不知其岩岩者之高且大也！谓予小子，敢尝试乎？”[④] 传统的“泰山石敢当”民间信俗，在此一变其镇宅护路的原有形象，开始充任凝聚人心、鼓舞斗志的象征物。画家高龙生 1938 年创作的画图《泰山石敢当，勇士敌难冲》[⑤]，更把泰山石敢当绘成一位抗日战士的形象。1942 年夏中国远征军由缅甸溃败时，失散士卒多赴阿佤山区抗击日寇，后组合成阿佤山抗日游击队。孤军在其据守山地，镌刻泰山镇石名号，用以励志振气。今云南孟定尖山西南尚存阿佤山游击队所留大字石刻，其文曰“以戈待敌”“泰山敢当”。虽风剥雨蚀，藓点苔斑，仍赫然在目。[⑥]

二、定泰山为国山之议

而最具代表性的，便是“国山”之议被正式提上民国的论坛。“国山”首倡者，系

① 〔民国〕许兴凯（署老太婆）：《泰山游记》，北平：北平读卖社，1934 年，第 17 页。
② 老舍：《慈母》，《老舍文集》第十三卷，北京：人民文学出版社，1988 年，第 350—351 页。
③ 《绸缪月刊》，1935 年第 1 卷第 5 期。
④ 〔民国〕味农：《泰山神驱逐日本民政署檄》，《益世报》，1918 年 1 月 12 日。
⑤ 〔民国〕高龙生：《泰山石敢当，勇士敌难冲》，《抗战画刊》，1938 年第 22 期。
⑥ 黄尧：《世纪木鼓》，昆明：云南人民出版社，1998 年，第 118 页。

民国著名作家易君左。所作《定泰山为国山刍议》写定于民国二十一年（1932）10月，而在众多象征符号中，易君左选择了“国山”，进而举泰山为“国山”，则是缘于他对祖国山水的挚爱及对泰山文化的推崇。古称“山岳以配天”（《左传·庄公二十二年》），说明山在华夏文明中有着举足轻重的地位。而近代以来，海外“国山”说影响中国，“日本以富士山代表其大和魂，号召国民，仰若神圣；美国之若机山（即洛玑山），有黄石、冰河二大公园，为世界之花圃；瑞士之玫瑰峰，群峰簇立，白雪盈颠，湖山之胜，甲于天下；其他如英国之格兰扁山；瑞典、挪威之基阿连山；俄国之厄布鲁大山；横亘德、法两国之阿尔卑斯山等，均为欧洲诸国国民所瞻仰，民族历史家所歌颂，诗人所赞美，以范铸其民族其国民之品格者也”[①]。山岳与其国人民族精神的内在关联，引起易君左的深层思考。特别是其早年留学东瀛，日本以富士山为国山，进而以此宣扬其霸权扩张之“大和魂”，更给易君左以剧烈刺激。“我欲定此山为国山”——“中华国山”之议，便是受此启发而提上了社会论坛。

中华民族对山岳的崇拜和信仰，很早就已跳出了原始自然宗教的框架，跨进伦理哲学的范畴，到达理性精神的殿堂。哲人文士们“从山岳丘壑的万千气象变幻中，演绎出宇宙乾坤构架之原理，感悟出天地自然之道和生命不朽精神”[②]。易君左发现，泰山不仅仅是一座自然之山，而是凝聚民族品格的精神之山。易君左从山体到内蕴，把泰山的品格概括为“刚健中正”四大德性，并指出“泰山之德性，实与吾国民族精神及固有文化完全吻合，吾人为发扬光大中华民族精神及东方固有文化计，则定此唯一痕迹之象征之泰山为中华民国国山，实含有至深至大不可磨灭之哲理”[③]。在对历代泰山封禅祭祀的评价上，易文一方面承认这类山岳祀典“一则纯系帝王个人之夸大狂”“有宗教的臭味”，同时又从中发掘出合理内核：“然泰山为吾国历代所仰重，至屈天子之尊严，代表大自然之威力。此为吾国历史上所特有之事迹，何可忽视？今若由国家定为国山，即‘泰山者，中国国民共有的山，而国民灵魂之所系者也！’其意义，亦即扫除历代封建思想之残痕，唤醒君主专制之迷梦，而复主权于国民，故定泰山为国山，可以一新吾国之历史之纪录，滤清国民之灵魂。”[④]重启泰山“国家之山”的历史记忆的同时，又弃其糟粕，扬其精华，将传统祀典赋予时代精神。

① 〔民国〕易君左等：《定泰山为国山刍议》，《山东民国日报》，1932年10月16日。
② 何平立：《崇山理念与中国文化》，济南：齐鲁书社，2001年，第1页。
③ 〔民国〕易君左等：《定泰山为国山刍议》，《山东民国日报》，1932年10月16日。
④ 〔民国〕易君左等：《定泰山为国山刍议》，《山东民国日报》，1932年10月16日。

易君左充分吸纳世界地质学的新成果，认定泰山踞中国最古老之地层，系全国山脉之中坚，“是定泰山为国山，深合人文地理之真实精神”。除此之外，易文还从民俗学（称岳父为泰山、泰山石敢当风俗、泰山治鬼信仰）、古文字学（“泰”之训义为大）、心理学等多个角度解读泰山，提出“盖吾国国民数千年来，所拥戴之一大自然现象，厥为泰山。社会生活，心理信仰，咸系于此。故定泰山为国山，正见中国民生主义精神”。并最后对泰山文化地位予以论定：“泰山者，中国民族历史之活的典型也。……一入泰山，即不啻翻阅吾民族之光荣史页。”① 在山水审美上，易君左也别具慧眼，他提出：“他山虽奇，而无如泰山之奇中之奇；他山不过奇中之奇，而泰山为奇中之不奇，不奇中之奇；故天下莫与之奇！”② 这一段极具哲理思辨的议论，深刻把握了泰山“中和之美”的内蕴。基于以上一系列论证，易君左认定：泰山正是中华国山的唯一“山选”：“吾国山岭纵横，博大雄伟，为全球冠，顾或因地域窎远，或因与史无关，或因徒拥虚名，或因缺乏景物，求能气魄伟大，形态庄严，傲首嶙峋，丰姿华灿，而又与吾国历史文化及固有道德有密切悠远之关系，且确能代表中华民族精神者，舍泰山而外，将何所求？泰山者，决非山东一省之泰山，而为全中国之泰山，……国民心目中所仰为至高无上之巍帜象征者也。故定泰山为中华民国国山，其理由至为光明正大！”③

需要指出的是，易君左提出的“国山之议”，还具有极强的现实意义。当奋笔疾书《刍议》之时，正值“九·一八”“一·二八”战火相继燃起，国人民族情绪空前高涨之际。“登名山以长啸，招国魂其何方？海东浊浪，塞北愁云，益令人悲歌慷慨而不已”，故拟借议定国山，维民族精神于不堕，激励国人抵御外来侵略之斗志。易君左在文章引题中直书“用泰山的精神消灭富士山之魔影”，已明确揭示了本篇所寓的抗日主旨。在文章中，更是击起大吕黄钟，警示世人：“泰山虽似偏近东隅，然须知今日中国最大之外患，即为日本帝国主义者。泰山至今日已变为吾国东防之壁垒，定泰山为国山，正所以表示抗日救国之坚实意志！且泰山位居鲁省，……惟今日日本帝国主义者已视山东为南满第二，山东形势之转变，关系吾国全局之存亡，定泰山为国山，正所以集中国民之注意力，以图复兴，使倭寇不敢正视而放肆。”④ 在首节结语中，作者

① 〔民国〕易君左等：《定泰山为国山刍议》，《山东民国日报》，1932年10月20日。
② 〔民国〕易君左等：《定泰山为国山刍议》，《山东民国日报》，1932年10月20日。
③ 〔民国〕易君左等：《定泰山为国山刍议》，《山东民国日报》，1932年10月16日。
④ 〔民国〕易君左等：《定泰山为国山刍议》，《山东民国日报》，1932年10月18日。

以日本之富士山为比照，形象地展示了泰山所蕴含的无限生机："吾人欲请定泰山为国山，其主旨，除欲发扬光大伟大的中国民族精神以与万国光明磊落相见而促人类亲和及世界大同外，尚有一严重的意义，即范铸'抗日救国'之全副模型也。日本帝国主义者，以富士山为国山，因而号召其所谓'大和魂'以妄肆侵略而不顾。富士山虽有一万二千三百九十一呎高，然其山巅终年积雪，如白头翁，为民族已衰老之象征，又为火山之遗体，是大和民族已为残骸，又其山土石杂陈，已不纯粹。泰山则不然，'观日'为泰山上之壮举，可以畅吸宇宙之朝气，满山飞瀑如练，象征中华民族活泼泼的精神，全山皆为石山，岩石巍巍，极有骨格，苍松翠柏，最能耐寒，挺秀千古，非如富士之不毛也。"[①] 以岩岩泰山之气象感奋国人，昂扬斗志，可谓用心良苦。易君左于文中感慨兴言："吾国今日最大之外患，为日本帝国主义者，非谋彻底的长期抵抗，国家实无出路，民族绝少生机，顾长期抵抗之方法虽多，然使全国国民集中精力于巩固的政府指挥之下而共戴一伟大的象征，从认清当前之敌体以歼灭不世之寇雠，似为不可或少之事。故吾人欲请定泰山为国山，正因泰山足以代表中国之国魂，全体国民应共戴此一伟大的国魂，而谋彻底的长期抵抗。质言之，即应运用泰山的精神以消灭富士山之魔影！人人知有泰山，人人知有国魂，人人知国魂上有创痕，则仇可报，耻可雪，万恶的帝国主义者可打倒，民族精神可复兴！国际地位均可提高矣！"[②] 作为历史上"配天作镇""与国咸宁"（泰山石刻语）的王朝首山，经过易君左的提炼升华，将其置于时代激流的风头浪巅，使之充任能凝聚人心、鼓舞斗志，并激励人们实现中华民族伟大复兴的象征物。从这个意义说，《定泰山为国山刍议》堪称是一篇激荡人心的泰山颂，一卷义正词严的抗日檄，一首振聋发聩的正气歌！[③]

易君左"泰山国山议"提出后，在当时文化界产生了一定反响。芮麟、老舍等人皆在作品中呼应了国山之说，泰安乡村师范校长徐瑞祥参加国大代表竞选，拟呈报大会的议案即是"定泰山为国山"。民国时期"国山"概念的正式提出，表明了国人对泰山的文化内涵与精神特质，有了更为明晰的认识和更加深入的揭示。

① 〔民国〕易君左等：《定泰山为国山刍议》，《山东民国日报》，1932 年 10 月 20 日。

② 〔民国〕易君左等：《定泰山为国山刍议》，《山东民国日报》，1932 年 10 月 20、23 日。

③ 〔民国〕易君左原著，周郢续纂：《泰山国山议》，第 171 页。

第三节 泰山精神的现代阐释

当代在前人研究基础上，结合时代精神与现实需要，对泰山精神的内涵作了进一步阐释。

首先是对“泰山精神”概念作了明确界定：“泰山作为中国的名山、神山、圣山，对中华民族文化的孕育和形成起过重大作用，对中华民族的政治、文化、宗教、伦理乃至风俗、信仰等方面都产生了巨大影响。而民族的政治、文化、宗教、伦理乃至风俗、信仰等方面的历史积淀无不归结到民族心理的发展，作为自然客体的杰出代表——泰山，首先见之于民族的主观世界，形成对应的民族心理，同时中华民族的子孙也在不断地按照自己的意愿去建设泰山、改造泰山，使民族心理在泰山人文景观中得到体现或物化，如此世世代代循环上升，泰山成了中华民族心理承先启后的桥梁。”[①] 在漫长岁月中，人们与泰山朝夕相处，泰山记录下华夏民族精神发展历程中各式各样的心态，又以其自身的特征，导引、框限着人的精神投射方向，引起人们的想象与共鸣。泰山的某些属性与人的意志、理想、追求、性格相契合，于是无生命的山在人们的心目中便具有了一种“精神”，一种人的精神象征和折射。进而这种精神不断积淀、扬弃、出新，辐射到更为广大的地区，得到了整个民族的认同。人们把这种通过泰山传达出来的民族精神，称之为“泰山精神”[②]。

“泰山精神”包括哪些主要内容，研究者各有不同的诠说。[③] 若举其荦荦大端，大致可归纳为五个方面：

一、“会凌绝顶”的攀登意志

泰山拔地通天的巍然雄姿，激发了人们登攀向上的渴求。有人说：泰山之壮美，尽在攀登中。正是在不断攀缘的过程中，实现了人的本质力量；通过攀登的感受，促

① 李国榕、孟万金：《泰山与中华民族心理》，《泰山研究论丛》第三集，青岛：青岛海洋大学出版社，1991 年，第 47 页。

② 张用衡：《“泰山精神”论识》，《泰山研究论丛》第五集，第 3–4 页。

③ 参见张用衡：《“泰山精神”论识》，《泰山研究论丛》第五集；刘凌：《弘扬泰山精神》，《泰安师专学报》1991 年第 4 期；吕芸芳等：《民族思想传统与泰山文化精神》，《山东矿业学院学报（社会科学版）》，1999 年第 3 期；吕继祥：《大力弘扬和培育泰山精神》，《山东科技大学学报（社会科学版）》，2003 年第 3 期。

使人们努力进取，自强不息。对此古今哲人都有大量的论述，从孟子的“登泰山而小天下”（《孟子·尽心》），到杜甫的“会当凌绝顶，一览众山小”（《望岳》）、邹善的“宁不念崎岖，怀此久且亟。……频语鲁诸生，万仞在自力”（《登泰山》）、朱节的“大观荡尘襟，敢辞登陟艰”（《登东岳初出北门次范苏山韵》）等等，都精辟地揭示了这一主旨。在泰山登山沿途的历代题刻中，不少也是昭示攀登主题的：红门有“登高必自”，快活三有“从善如登”，十八盘有“上天梯”“亦可阶升”“共登青云梯”，大观峰有“登峰造极”。其中民国袁家普的一则题刻阐述得最为精当：“愿同胞努力前进，上达极峰，独立南天门，高瞻远瞩，捧日拏云，可以张志气，拓胸襟，油然生爱群救世之心。”[①] 恰切道出泰山攀登精神意义所在。当代文学作品中塑造的泰山挑山工吃苦负重、脚踏实地的感人形象，更成为展示这一攀登精神的具体符号。

二、“重如泰山”的价值取向

由于泰山给人以凝重、稳重的视觉感受，在古人“君子比德”的思维下，泰山就成为某种高尚人格的象征。汉代史家司马迁便振聋发聩地提出“人固有一死，或重如太山，或轻于鸿毛”[②]。这一譬喻，成为中华民族人生价值的衡量标尺，激励着一代又一代优秀儿女为国家民族而奋斗献身。毛泽东在《为人民服务》中又引申此义，称：“为人民利益而死，就比泰山还重。”[③] 赋予了“重如泰山”以时代精神。

三、“不让土壤”的博大胸怀

泰山文化在形成中，广泛吸纳了各区域、各民族、各宗派的优秀文化，呈现一种多元色彩。秦李斯《谏逐客书》中“泰山不让土壤，故能成其大”，正是对这一文化特色的生动檃括。类似的表述还有《韩诗外传》的“太山不让砾石”[④]，元徐世隆的“泰山元不让微尘”[⑤]，清郑世元的“泰山不自高，因丘垤以形”[⑥]，民国熊克武的“能成其大”（云步桥附近刻石），都高度礼赞了泰山包含万物、博大虚怀的气象。而民国邱

① 袁家普题刻，袁明英主编：《泰山石刻》第三卷，北京：中华书局，2007 年，第 929 页。

② 〔汉〕司马迁：《报任少卿书》，〔梁〕萧统《文选》卷四一，上海：上海古籍出版社，1986 年，第 1860 页。

③《毛主席亲致哀悼，警备团追悼战士张思德同志：“为人民的利益而死，是死有重于泰山”》，《解放日报》，1944 年 9 月 21 日第 1 版。

④ 〔汉〕韩婴撰，许维遹集释：《韩诗外传集释》，北京：中华书局，1980 年，第 101 页。

⑤ 〔元〕徐世隆：《蒿里神祠》，诗碑今存岱庙。

⑥ 〔清〕郑世元：《感怀杂诗》，〔清〕沈德潜等编：《清诗别裁集》卷二四，上海：上海古籍出版社，2013 年，第 966 页。

山宁之《泰山赞》诗，正是体现这一意旨的代表之作："泰山何其雄，万象都包容。泰山何其大，万物都归纳。泰山何尊严，万有都包含。一切宇宙事，皆作如是观！"[①]

四、"捧日擎天"的光明追求

"火山乍见焚东海，曦驭俄惊耀上台"（明赵勋《登日观》）。登临泰山，最为激动人心的莫过于那雄浑澎湃的日出奇观了，这一对泰山日出的无比崇拜，正是中华民族追求光明意识的集中体现。在其背后，有着颇为久远的文化背景：在古东夷文化中，东方崇拜与日崇拜便有显著的地位。由于高山之巅距日轮最近，是最先观看到日出的所在，所以在先民观念中，山岳与光明紧密相连。泰山日出观念正是此一信仰的遗存，体现了中国太阳崇拜与东方崇拜的思想精髓。从三国程昱的"梦天捧日"[②]，到宋人梅尧臣的"梦吟日观"[③]，再到元徐世隆的"梦登日观"[④]，都是这种信仰的真实体现。这种对光明的向往，感染着一代又一代的人们。不仅对中国人如此，西方人在泰山之巅也同样感受到这一点，近代德国学者卫礼贤抒写极顶所感："太阳升起之际，刹那间云层、平原、山峦尽收眼底。啊！中国真美啊！"[⑤]联合国教科文官员马约尔也曾感叹："每当在泰山上看到日出时，就感到一种新的活力，感到新的生活正在开始。太阳年复一年、日复一日不断地从东方升起，使我感受到泰山精神的另一方面，那就是坚持不懈的努力。这种泰山精神正激励着我们每一个人。"[⑥]

五、"国泰民安"的美好寄托

泰山"雄重盘礴"[⑦]的山体，自古就是稳定安宁的象征。汉淮南王所谓"天下之安，犹泰山而四维之也"。由于"泰"字除训有"大"意外，也包含"安"意，古代"治而通"的政局也称之为"泰"。由实及名，泰山遂进而成为体现"国泰民安"此一民族

① ［民国］邱山宁：《泰山颂》，刻石在泰山滦州烈士祠卧虎石南侧。

② 《三国志》卷十四《魏书·程昱传》注引《魏书》，北京：中华书局，1971 年，第 427 页。

③ ［宋］梅尧臣：《登泰山日观峰》，《梅尧臣集编年校注》，上海：上海古籍出版社，2006 年，第 707-708 页。

④ ［元］徐世隆：《纪梦》，《全金诗》第 4 册，天津：南开大学出版社，1995 年，第 534 页。

⑤ ［德］莎珑·卫：《卫礼贤——中国与欧洲之间的精神使者》，转引自张国刚《德国的汉学研究》，北京：中华书局，1994 年，第 40 页。

⑥ 杨学锋等：《泰山精神正在激励着我们——访联合国教科文组织总干事马约尔先生》，《走向世界》，1991 年第 5 期。

⑦ ［金］元好问：《五峰山重修洞真观记》，姚奠中编：《元好问全集》卷三十五，太原：山西人民出版社，1990 年，第 21 页。

价值观念的最佳载体。泰山之下所置州府，均循此意而命名为“泰安”，泰山极顶也由此点而得名“太平”。大观峰上明清人题勒“与国同安”“与国咸宁”，都正切中泰山文化的这一精髓。

当然诸家概括的泰山精神并不限于此，其他如担当精神、挑夫精神、和谐精神等等，也都是泰山文化特质的具体体现。

“泰山颂就是民族颂”“泰山精神就是中华民族精神”[①]——经过不断的解读与审视，在当代人的心目中，泰山日益被视为中华民族共同的精神家园，其山与中国民族情感、民族意志、民族心理的形成息息相关，“泰山精神”正是中华民族精神的集中体现。正如学者所指出：“泰山作为中国人民文化精神的象征，已深深地植入每一个中国人的心理潜层，它不断地唤醒着民族的灵魂，滋润着民族的精神，陶冶着民族的集体意识。”[②]“泰山是民族心灵的风骨，是我们民族精神的象征。”[③]

---

① 新华社：《温总理：泰山颂就是民族颂》，《泰山晨刊》，2007 年 8 月 7 日。《季羡林泰山语录》，《泰安日报》，2009 年 7 月 20 日。

② 张用衡：《“泰山精神”论识》，《泰山研究论丛》第五集，第 12 页。

③ 李嗣水等：《中华民族精神论》，济南：泰山出版社，1998 年，第 420 页。

参考书目

[1] 明《泰山志》(《泰山志校证》本),(明)汪子卿撰,周郢校证,黄山书社2006年版。

[2]《泰山搜玉集》,(明)袁祎辑,《四库全书存目丛书》本,齐鲁书社2006年版。

[3]《泰山搜玉集》,(明)江湛然辑,哈佛燕京图书馆藏万历刊本。

[4]《岱史》(《岱史校注》本),(明)查志隆撰,(清)张缙彦增订,马铭初、严澄非校注,青岛海洋大学出版社1992年版。

[5]《泰山纪事》,(明)宋焘撰,《四库全书存目丛书》本,齐鲁书社2006年版。

[6]《泰山小史》,(明)萧协中撰,(民国)赵新儒校勘《新刻泰山小史》。

[7]《泰山辑瑞集》,(清)林杭学辑,康熙八年(1669年)岱署来恩楼刻本。

[8]《灵岩志》,(清)马大相撰,孔繁信点校,山东友谊出版社1994年版。

[9]《泰山道里记》,(清)聂鈫撰,《四库全书存目丛书》本,齐鲁书社2006年版。

[10]《泰山图志》,(清)朱孝纯撰,乾隆三十九年(1774年)刻本。

[11]《泰山述记》,(清)宋思仁撰,乾隆五十五年(1790年)泰安县署刻本。

[12]《岱览》,(清)唐仲冕撰,嘉庆十二年(1807年)果克堂刻本。

[13]《泰山志》,(清)金棨撰,清嘉庆十三年(1808年)刻本。

[14]《泰山石刻记》,(清)孙星衍撰,《古学汇刊》本。

[15]《泰山丛书》，（清）王价藩、（民国）王亨豫编，曲阜师范大学图书馆 1990 年版。

[16]《岱粹抄存合编》，（清）王价藩、（民国）王亨豫编，齐焕美点校，山东人民出版社 2018 年版。

[17]《岱臆》，（民国）王亨豫撰，稿本。

[18]《泰山游览志》，（民国）王连儒著，民国砺志山房刊本。

[19]《泰山药物志点校》，（民国）高宗岳撰，吕学泰等点校，青岛海洋大学出版社 1993 年版。

[20]《李东辰泰山丛书（岱联拾遗、泰山祠庙纪历等）》，（民国）李东辰撰，稿本。

[21]《古老的泰山》，李继生著，新世界出版社 1986 年版。

[22]《泰岱史迹》，崔爱国、吉爱琴著，山东友谊出版社 1987 年版。

[23]《泰山研究论丛》，青岛海洋大学出版社 1992 年版。

[24]《泰山历代石刻选注》，姜丰荣编，青岛海洋大学出版社 1993 年版。

[25]《历代帝王泰山刻石》，姜丰荣编，中国档案出版社 2006 年版。

[26]《泰山石刻大全》（增订本），泰安市文物局编，齐鲁书社 2018 年版。

[27]《泰山名人文化》，袁爱国著，山东友谊出版社 1999 年版。

[28]《泰山石刻大观》，姜丰荣主编，线装书局 2003 年版。

[29]《泰山岱庙考》，刘慧著，齐鲁书社 2003 年版。

[30]《泰山石敢当》，叶涛著，浙江人民出版社 2007 年版。

[31]《泰山石刻》，袁明英主编，中华书局 2007 年版。

[32]《泰山香社研究》，叶涛著，上海古籍出版社 2009 年版。

[33]《泰山信仰与中国社会》，刘慧著，上海人民出版社 2011 年版。

[34]《全泰山诗》，袁爱国编，泰山出版社 2012 年版。

[35]《泰安文物大典》，刘康主编，泰山出版社 2013 年版。

[36]《泰山文化研究》，王雷亭主编，山东人民出版社 2014 年版。

[37]《泰山石刻全解》，张用衡著，山东友谊出版社 2015 年版。

[38]《岱庙碑刻研究》，陶莉著，齐鲁书社 2015 年版。

[39]《泰山国家祭祀史》，刘兴顺著，山东人民出版社 2017 年版。

[40]《考寻泰山石刻随录》，袁明英著，线装书局 2019 年版。

[41]《长清碑刻》，张昭森主编，济南出版社 2020 年版。

[42]《泰安市志》，泰安市泰山区、郊区地方史志编纂委员会编，齐鲁书社 1996 年版。

[43]《泰安市志》，泰安市地方史志编纂委员会编，方志出版社 2009 年版。

[44]《泰安地区志》，山东省泰安市地方史志编纂委员会编，齐鲁书社 1997 年版。

[45]《泰山区志》，泰安市泰山区地方史志编纂委员会编，中华书局 2004 年版。

[46]《山东省志·泰山志》，山东省地方史志编纂委员会编，中华书局 1993 年版。

[47]《徂徕山志》，泰安市地方史志办公室编，方志出版社 2015 年版。

[48]《莲花山志》，新泰史志办公室编，山东友谊出版社 2014 年版。

[49]《泰山·中国人之信仰》，(法国) 沙畹著，(日本) 菊地章太译，勉诚 2001 年版。

[50]《泰山·中国东岳》，(美国) 贝克著，商务印书馆 1925 年版。

[51]《山东地理野外实习》，李殿杰等著，山东省地图出版社 1997 年版。

[52]《泰山世界地质公园古老侵入岩年代格架》，陆松年等著，地质出版社 2008 年版。

[53]《山东省大地构造格局和地质构造演化》，宋明春等著，地质出版社 2009 年版。

[54]《泰山地质综合研究》，田明中等著，山东人民出版社 2018 年版。

[55]《海岱地区考古研究》，栾丰实著，山东大学出版社 1997 年版。

[56]《山东省文物志》，山东省地方志编纂委员会编，山东人民出版社 1996 年版。

[57]《中国早期文明》，李济著，上海人民出版社 2007 年版。

[58]《古史甄微》，蒙文通著，商务印书馆 1933 年版。

[59]《炎黄氏族文化考》，王献唐著，青岛出版社 2006 年版。

[60]《大汶口：新石器时代墓葬发掘报告》，山东省文物管理处、济南市博物馆：文物出版社 1974 年版。

后 记

泰山是中华民族的精神家园，泰山文化是中华优秀传统文化的杰出代表，是解读中国历史文化的一把钥匙。自六十五年前迁校泰山脚下始，泰山学院学人便以泰山文化研究为己任，尤其是改革开放后，几代学人薪火相继，跬步不休，渐成传统。

学校以育人为本，研究的目的在于弘扬与传承。成立二十七年的泰山研究院，与日本、韩国、越南有关山岳研究机构联合成立“东亚山岳研究会”，与相关院校联合成立“世界名山研究联盟”，联手在国内外召开十余次学术年会，以加强名山学术研究与交流。在人才培养方面，除联合泰山管委和泰山文化研究会组织国内外在读博士生、在站博士后，连续开办“泰山文化与泰山文献高级研修班”以壮大研究队伍外，更重要的是，将泰山研究延伸到大学课堂，让泰山文化滋养每一位泰山学子，以期成为学子们的鲜明底色。为此，在学校开设了“泰山文化概论”公共必修课，并出版了我任编委会主任、陈伟军教授任主编的同名教材。经泰山研究院及相关二级学院的教师们十余年的讲授，积累了不少经验心得。新形势新任务，根据近年的研究新进展和师生新需求，遂决定重新编写教材，并把事关泰山文化源头的自然与考古等领域的内容编入，以便更加全面展示泰山文化的发展脉络，教材定名为《泰山概论》。

《泰山概论》面对不同学科专业的学子，在叙述上，尽量变学者们习惯的学术语言为较为通俗的教材语言表述；在材料与观点运用上，广征博取国内外相关文献，并结合作者们多年的研究心得，重在讲清背景与机理机制，且不回避有争论的内容。初衷是不想把教材变成单纯记忆的资料，而希望成为富于启发、利于探究的脚本，让泰山文化成为充满活力的开放性力量，不断启迪、激励和完善人生。

全书由长期从事泰山研究的泰山研究院及相关学院的教授、博士们参加编写。中国地质调查局前寒武纪研究中心陆松年教授，泰山研究院特聘教授、山东大学儒学高等研究院叶涛教授分别担任自然部分与文化部分顾问。我与研究院首席专家周郢教授及聂立申教授、刘兴顺教授、张琰教授讨论拟定编写大纲与体例，并根据教材内容及各位学者的研究专长安排各章节的分工，后对各章节成稿进行集中讨论修改，由张琰教授负责编务，最后由彭淑贞教授和周郢教授分别主审自然部分和考古与文化部分，丁敏教授、杨炯副教授协助彭淑贞教授审定自然部分，张琰教授、山东省文物考古研究院王子孟副研究馆员分别协助周郢教授审定文化部分与考古部分。按章节顺序具体分工为：王雷亭编写绪论、第一章，周晓冀编写第二章，周郢编写第九章、第十一章、第十二章，刘兴顺编写第三章、第四章、第五章，张琰编写第六章、第七章，第八章由张琰与蒋明超联合编写，第十章由周郢与蒋明超联合编写。

三年多的教材编写过程中，除主审、助审外，赵敬民副教授、张连兵副教授、赵秋月副教授等对自然部分提出了修改意见，乔迁副教授修改了相关图片；泗水的杨刚先生帮助校对引文，统一文献格式；泰安市文旅局刘水副局长、泰山管委吕继祥副主任、牛健局长、徂徕山林场焦圣涛副场长、新泰历史文化研究院尹成才院长、肥城文旅局刘任力局长等提供相关资料和图片；陆松年教授携同事李怀坤教授、相振群教授对我们新寻的疑似科马提岩鬣刺结构的标本进行了指导与辨认，陆松年教授悉心审阅了自然部分，并提出宝贵的意见建议，化学化工学院韩银峰教授对此又帮助做了主成分检测，在此一并表示感谢。这部书虽以教材面目出现，但力求反映最新研究成果，当是泰山研究院二十七年尤其近十年来的学术总结，也是泰山研究院联合旅游学院作为首批山东省社科理论重点研究基地及中国旅游研究院山岳旅游研究基地的重要成果。在教材出版之际，我作为第一个泰山研究机构的创办人、泰山研究院的创院院长和本书主编，感谢各位作者的辛勤付出，感谢学校及社会各界对泰山研究院的支持与帮助，感谢责编及山东人民出版社。

“文章千古事，得失寸心知。”限于水平和能力，其中缺点难以避免，恳请读者不吝赐教，督促我们不断改进。

王雷亭

2023 年 7 月 9 日